〔英〕亨利·奥夫利·韦克曼————著　张汉彬————译

法兰西称霸欧洲

THE ASCENDANCY *of* FRANCE

人民东方出版传媒
People's Oriental Publishing & Media
东方出版社
The Oriental Press

图书在版编目（CIP）数据

法兰西称霸欧洲 / (英) 亨利·奥夫利·韦克曼著；

张汉彬译. —北京：东方出版社，2021.3

ISBN 978-7-5207-1902-5

Ⅰ.①法… Ⅱ.①亨… ②张… Ⅲ.①法国—中世纪

史Ⅳ.①K565.3

中国版本图书馆CIP数据核字(2020)第252140号

法兰西称霸欧洲
（FALANXI CHENGBA OUZHOU）

作　　者：[英] 亨利·奥夫利·韦克曼
译　　者：张汉彬
责任编辑：朱　然
出　　版：东方出版社
发　　行：人民东方出版传媒有限公司
地　　址：北京市西城区北三环中路6号
邮　　编：100120
印　　刷：北京兰星球彩色印刷有限公司
版　　次：2021年3月第1版
印　　次：2021年3月第1次印刷
开　　本：710毫米×1000毫米　1 / 16
印　　张：45.75
字　　数：562千字
书　　号：ISBN 978-7-5207-1902-5
定　　价：168.00元
发行电话：（010）85924663　85924664　85924641

前　言

　　本书没有试图详细描述17世纪的欧洲的历史。在许多其他作品中，人们很容易找到关于各种事件的编年史。因此，我尽可能地只关注那些会产生永久性影响的事件和那些对这些事件产生了深刻影响的人物，并且只会顺便提到或者完全不会考虑一些其他事件和人物，如葡萄牙和罗马教廷的历史，以及西班牙、意大利和俄国的内政情况等。以法兰西王国的发展过程为思路，我很自然地发现了一个事实，即17世纪的欧洲历史能化零为整。在法兰西王国的发展过程中，大多数欧洲国家都扮演着自己在世界舞台上的角色。当然，从历史的观点来看，我解读17世纪这一复杂的历史时期的方法可能会遭到反对——把一段历史统一起来解读的做法很容易导致夸张和偏差。本书描绘的画面可能会成为一幅漫画。这幅漫画的一部分反射的光非常强，而其余部分则因此显得黑暗、不成比例——我如果说自己已经避免了这样的情况，那么未免太自以为是了。我要说的是，我写作时，种种危险的想法不断地出现在我的脑海里。然而，我有勇气面对这些危险的想法不仅是因为17世纪的清晰的历史脉络为处理它们提供了条件，而且是因为我坚信这样做对人类心智的训练是非常重要的。我对真实的历史很感兴趣。我认为，一个初学者应该剖析的是一个时期在世界历史中所占的位置，而不是只了解准确的历史细节。了解反宗教改革运动的意义和结果是一种教育，而只知道教皇的学名和小名则意味着一无所知。

关于人名的拼写问题，我会尽量全部遵循自己认为的唯一合理的原则，即习惯的写法。在我看来，写Henri（亨利）、Karl（卡尔）或Friedrich（弗里德里希）与写Wien（维恩）或Napoli（纳波利）一样，都是学究式的，并且毫无例外，都是习惯使用的写法。然而，由于位于边境地区，某些地方的名字的写法有一种以上的拼写习惯，即有时根据一种语言拼写，有时根据另一种语言拼写，如Trier（特里尔）也可写成Treves（特里夫斯），而Mainz（美因茨）则可写成Mayence（马恩斯）。在上述情况下，我遵循的原则是，描写某个国家的某段历史时，采用该国的语言拼写。因此，本书中会出现Alsace（阿尔萨斯）、Lorraine（洛林）、Basel（巴塞尔）、Koln（科隆）、Saluzzo（萨卢佐）等拼写形式。地名的拼写形式参考历史地图上的拼写形式。

亨利·奥夫利·韦克曼

牛津大学万灵学院

1894年3月

目 录

第 1 章

17 世纪初的欧洲

欧洲的 17 世纪是一个被政治斗争和宗教改革撕碎的时代，它在绝对君主制①的背景下以属地主义原则重建了政治体系。欧洲的 17 世纪在法兰西国王亨利四世统治时期拉开序幕，在彼得大帝统治时期落下帷幕，在法兰西国王路易十四与勃兰登堡选帝侯腓特烈·威廉统治时期达到巅峰。17 世纪，法兰西王国主导欧洲大陆事务，并且开始与神圣罗马帝国发生摩擦；在欧洲海洋事务中，英格兰王国居于首要地位；由于神圣罗马帝国皇帝被剥夺了对国家政治的绝对控制权，在多瑙河，神圣罗马帝国皇帝找到了自己的真正的权力中心；普鲁士成了德意志北部的主导邦国；俄国初次攻入普鲁特河与黑海之滨的土耳其偏远地区。总而言之，17 世纪见证了充分体现各国现代利益的法德问题和东方问题的诞生。和 19 世纪末的欧洲版图一样，17 世纪末的欧洲版图四分五裂——显然，意大利是个例外。普鲁士和俄国的版图变得更大，而法兰西王国和奥斯曼帝国的版图则变得更小。奥地利人已然成为神圣罗马帝国皇帝。虽然欧洲出现了不少大的分裂，但欧洲的政治版图基本没有变化。在 16 世纪的宗教战争后重新建立了秩序的欧洲国家演变成为现代的欧洲诸国。相比

---

① 绝对君主制，一种没有宪法限制的君主政体。——译者注

法兰西国王亨利四世

彼得大帝

法兰西国王路易十四

勃兰登堡选帝侯腓特烈·威廉

扩大疆域和影响力，大国更易频繁地改变自身的政府形式。然而，相当了不起的是，除了法兰西王国，现在的欧洲大国都保持和自身在17世纪末相似的政治地位和政府形式。虽然18世纪末的欧洲受到了从法兰西王国涌出的革命浪潮的冲击，但现在，除了从来不是君主制的意大利和已经变成共和国的法兰西王国，不仅其他欧洲大国仍然是绝对君主制，而且君主制都像以前一样稳固。虽然法兰西王国曾经经历过各种政治体制，但没有一种政治体制持续了很长时间。因此，现代欧洲国家的体系的组成要素是17世纪后的各国利益和历史地位的延续，即欧洲大国现在

法兰西王国的盾形徽章

的疆域基本就是以前的疆域，而欧洲大国现在采用的政府形式就是曾经的形式。欧洲大国认为，在欧洲事务中，与其他国家相比，大国享有的地位和影响力都和以前一样。16世纪见证了中世纪欧洲的最后一次分裂，而17世纪则见证了我们现在所了解的欧洲的现代模式的重建。

在深受改革影响的欧洲国家中，法兰西王国是第一个从冲突中崛起的国家。和德意志南部的加尔文主义①不同，法兰西王国的加尔文主义的目标带有更明显的政治色彩。法兰西王国的天主教领袖们——尤其是野心勃勃的吉斯家族的首领们，对扩张的渴望不亚于对至高无上的宗教

吉斯家族的盾形纹章

① 加尔文主义，约翰·加尔文及其追随者建立的神学体系。加尔文主义的特点是强调宿命论、上帝的全能和仅靠上帝的恩典拯救人民。——译者注

的渴望。法兰西王国的宗教战争很快就成为贵族之间争权夺利的派系斗争。宗教分裂使得人与人因对抗而枕戈泣血。所有诚实守法的公民，即坚定的中产阶级，一直是法兰西王国的支柱，也渴望拥有一只强有力的手——无论如何，这只手都应该能使各派保持沉默。在法兰西王国，王权一直是秩序和进步的唯一保证。然而，在瓦卢瓦家族的软弱国王的统治下，秩序和进步的保证不复存在。法兰西王国的天主教领袖们狡猾无比、优柔寡断、反复无常。天主教领袖们喜欢钩心斗角的手腕胜过政治家的手腕，喜欢刺客的匕首胜过士兵的利剑。杀死第三代吉斯公爵亨利一世的法兰西国王亨利三世被雅克·克莱门特用匕首杀死时，法兰西王

第三代吉斯公爵亨利一世被杀

法兰西国王亨利三世被杀

国如释重负。和经历了博斯沃思原野战役①后的英格兰王国一样，经历了
伊夫里战役②的法兰西王国准备拥立一个足以确保和平与压制派系斗争的
征服者。波旁王朝统治法兰西王国的条件和都铎王朝统治英格兰王国的
条件相同，即都没有书面条款的支持。波旁王朝统治法兰西王国的原因

① 博斯沃思原野战役，兰开斯特家族和约克家族在15世纪后半叶的战争。最终，兰开斯特家
　族赢得了博斯沃思原野战役，而兰开斯特家族的领袖亨利·都铎则成为都铎王朝的第一位
　英格兰君主，即英格兰国王亨利七世。——译者注
② 伊夫里战役，发生于1590年3月14日。在伊夫里战役中，法兰西国王亨利四世带领胡格诺派
　和英格兰军队对抗以西班牙军队为主力的天主教联盟。最终，法兰西国王亨利四世取得了
　胜利。——译者注

博斯沃思原野战役

伊夫里战役

是波旁王朝知道如何统治，而波旁王朝的承诺则是维护内部和平和巩固国家。

然而，摆在波旁王朝面前的第一个选项是借鉴都铎王朝的全部经验。然而，借鉴的过程十分艰辛。波旁王朝手里没有什么工具可以用来掩盖自己的随意行为或引导公众舆论。英格兰王国的议会经常会令软弱的国王感到恐惧，而都铎王朝则很快就把议会变成了一个令国王更加强大的工具。在法兰西王国，法兰西国王亨利四世不得不公开依靠国王的权力和军事力量维持权威——议会虽然仍然存在，但很少召开会议。法兰西王国的议会是以神职人员、贵族和市民为代表的三级会议。市民一

三级会议漫画：第三等级（市民）驮着第一等级（神职人员）和第二等级（贵族）

级也叫第三等级，而第三等级的人数则通常是第一等级和第二等级的人数之和。一些条例和传统导致三级会议无法发挥和英格兰王国议会一样的作用。在英格兰王国，支持王室政策和反对王室政策的阶层之间没有政治分歧。与英格兰王国的情况不同，法兰西王国的两大特权等级，即第一等级和第二等级联合反对第三等级。因此，法兰西国王只需要权衡一个等级与另一个等级并且让其相互对抗便可渔翁得利。在英格兰王国的议会的悠久历史中，两个阶层之间未曾出现严重的分歧——攻击或支持王室政策时，无论政策是好是坏，贵族和平民都会共同行动。贵族和平民互相团结并且因此可以有效制约英格兰国王的特权是英格兰王国的议会的最重要的特点。然而，在法兰西王国，情况完全不同——三个等级相互嫉妒、对抗，并且逐渐摧毁了三级会议的政治实用性。由于不能共同行动，三级会议中的三个等级都不能从法兰西国王手中夺取支配钱财、进行立法的权力。三级会议能做的唯一的事就是提出一份申诉单，要求法兰西国王补救某些事情，却没有权力左右法兰西国王。三级会议的三个等级要进行的工作只是各自起草一份清单，列明希望法兰西国王关注的事项，而完成清单后，三个等级会将其正式呈给法兰西国王，等着法兰西国王的正式答复——接受或拒绝。然而，由于三级会议的三个等级得到答复后便会各行其是，法兰西国王不会马上履行自己的承诺。

因此，在作为对政府管理不当的一种制衡这一方面，三级会议几乎没有什么用处。不知不觉间，三级会议的职能已经转而由巴黎高等法院履行了。实际上，巴黎高等法院是由一个位于巴黎的法庭发展而来的。这个位于巴黎的法庭被用来审判和解决国王和臣民之间、臣民和臣民之间的争端。随着时间的推移，这个位于巴黎的法庭成长为一个拥有律师和法官的机构，即巴黎高等法院。巴黎高等法院与英格兰王国的几个律师学院合并成的法律机构不完全相同。一个有渊博学识的人的法庭不可能没有政治影响力。法院的职责是以司法判决的形式来制定大量国家法律。从某些方面来说，巴黎高等法院几乎确定了自己的权力，即通过法兰西国王的法令。巴黎高等法院如果不愿通过法兰西国王的法令——它很容易做到这一点，那么可以间接否决法兰西王室颁布的法规。虽然法兰西国王可以通过出席三级会议和举行所谓的"审判会议"来推翻巴黎高等法院拒绝通过法令，但这种做法不仅会有诸多不便，而且很有可能会激起骚乱。因此，只有在危急时刻，法兰西国王才会诉诸出席三级会议和举行"审判会议"。在法制结构上，法兰西王国变得非常专制。除了巴黎高等法院拒绝通过法兰西国王的法令这种似是而非的权力，根本没有法律手段可以控制法兰西国王的意志。在执行政府的任务的过程中，如果没有法律可以约束法兰西国王的意志，那么法兰西国王会失去可以将自己与人民联系起来的国家机器。法兰西国王独自站在一个孤立无援的堡垒里，面对着贵族，被大臣包围，虽然有军队的支持，但他不仅无法了解人民的需要，而且无法被人民了解。

不幸的情况还有很多。法兰西国王亨利四世必须面对来自国外的公开的敌意，在国内提出宗教和平并且镇压各种纷争。为了实现真正的统治，法兰西国王亨利四世只能改信天主教，并且向大多数臣民证明，他最希望的是成为一个民族的国王，而不是一个政党的国王。缔结于1598年的《韦尔万和约》[1]标志着法兰西王国从宗教斗争的阵痛中解脱了出来——法兰西王国的宗教斗争结束了。在法兰西王国，加尔文主义虽然曾竭力想赢得宗教和政治方面的优势，但失败了。法兰西王国仍然是一个天主教国家。1595年，教皇克莱门特八世将象征赦免的教皇训谕授予法兰西国王亨利四世，说明法兰西国王亨利四世已经改信天主教。然而，教皇克莱门特八世没有完全取得胜利——法兰西王国虽然已经是天主教国家，但其国民还远未成为法兰西国王亨利四世的拥护者。1589

---

[1] 《韦尔万和约》，法兰西代表和西班牙代表在1598年于韦尔万签署的和平条约，不仅迫使西班牙人撤出了法兰西，而且剥夺了天主教联盟对西班牙的支持。——译者注

签订《韦尔万和约》

年，随着法兰西国王亨利三世的去世，法兰西国王亨利四世的统治拉开了帷幕。法兰西国王亨利四世颁布《南特敕令》，宣布了新的信仰自由政策。依据《南特敕令》，法兰西王国的加尔文主义者获得了宗教上的宽容和政治上的认可。加尔文主义者只要向教堂缴纳什一税并且和其他法兰西人一样庆祝宗教节日就可以随心所欲地做礼拜。加尔文主义者可从国家获得一笔报酬，并且和天主教教徒一样有资格担任所有公职。在巴黎高等法院，加尔文主义者有自己的代表。此外，加尔文主义者对法兰西南部和西部的某些城镇，包括尼姆、蒙托邦和拉罗谢尔，拥有八年的控制权。因此，作为一个宗教信徒，加尔文主义者不仅获得了宽容和赠款，而且在某些地方，其团体作为一个政治组织，也获得了认可。政治和解只是一种疗法，而宗教和解则是对伤痛的治愈。没有哪个国

法兰西国王亨利四世颁布《南特敕令》

拉罗谢尔

家的人像法兰西人民那样爱国。没有一个政治制度像绝对君主制那样强大——绝对君主制不仅能够容忍另一个宗教派别，而且可以统治很长时间。然而，在一个信奉天主教的国家里，对加尔文主义者保持容忍是法兰西王国的天才们完全接受的对宗教问题的一种解决办法。宗教容忍使法兰西王国立刻把全部注意力集中在了令自己心驰神往的政治扩张上。在某种程度上，法兰西王国的精英们认为，在追求政治扩张的过程中，法兰西王国没有必要是一个纯粹的天主教国家——这是情有可原的。在严重受到宗教改革的影响的欧洲国家中，法兰西王国是第一个对宗教分裂问题达成令人满意的解决办法的国家。法兰西王国给其他欧洲国家树立了一个解决宗教问题的榜样。在一个曾经顺从却没有彻底皈依天主教的国王的统治之下，尚未统一的法兰西王国已经准备好了被卷入政治阴谋和宗教对抗的大网中。法兰西王国的做法令神圣罗马帝国无助地挣扎着。法兰西王国简单又自私的目标是以践踏邻国来为自己谋利。

神圣罗马帝国皇帝腓特烈一世

　　神圣罗马帝国的情况确实令人同情。神圣罗马帝国皇帝只不过是一个大名鼎鼎的影子。除头衔外，神圣罗马帝国皇帝腓特烈一世的继任者和腓特烈一世毫无相同之处。神圣罗马帝国皇帝可能会遵照仪式，一丝不苟地按照《金玺诏书》①来制定神圣罗马帝国严格的等级制度。然而，人人皆知的是，虽然神圣罗马帝国有一系列的传统规定和法规，但在神圣罗马帝国的政坛上，皇帝的影响力不比自己从世袭领土中获得的权力大多少。在任何情况下，奥地利大公都必须是神圣罗马帝国皇帝。

---

① 　《金玺诏书》，中世纪和文艺复兴时期的拜占庭皇帝和后来欧洲君主颁布的法令，因盖有黄金印玺而得名。——译者注

某位奥地利大公如果碰巧也是匈牙利国王和波希米亚国王，那么会有更大的权力。如果选帝侯们把皇冠加在奥地利大公身上并且尊其为恺撒，那么不仅神圣罗马帝国皇帝的尊严会增加许多，而且神圣罗马帝国皇帝的合法权利也会增加。然而，神圣罗马帝国皇帝的有效权力不会增加。的确，作为凌驾于选帝侯之上的首领和审判官，神圣罗马帝国皇帝的法律地位提高了。因此，与其说奥地利大公是神圣罗马帝国皇帝、奥古斯都和查理曼大帝的代表，倒不如说奥地利大公是神圣罗马帝国的"国王"、"捕鸟者"亨利一世和奥托大帝的继承人。然而，无论从哪个方

"捕鸟者"亨利一世

面看，神圣罗马帝国的法律都赋予了神圣罗马帝国皇帝凌驾于其他选帝侯之上的权力和对选帝侯们之间的争端的决定权，这导致神圣罗马帝国皇帝成为神圣罗马帝国统一事业的唯一中坚力量。

神圣罗马帝国皇帝的权力是借助帝国枢密法院行使的，而帝国枢密法院的成员则主要由选帝侯们提名。为了确保法令的执行，神圣罗马帝国被分成了不同的圈状领地。在这些圈状领地里，担任议员的诸侯和各城市的代表开会讨论决策。诸侯和代表如果认为有必要，那么会集结军队执行自己的意志。然而，自宗教改革开始后，由于宗教斗争，帝国枢密法院这个国家机器很难运转。因此，神圣罗马帝国皇帝开始把出现的一些问题提交宫廷会议审议。宫廷会议代表完全是由神圣罗马帝国皇帝并且在神圣罗马帝国皇帝的影响下被提名的。

自15世纪中叶开始，神圣罗马帝国皇帝已经不得不将所有重要的行政事项和政策都交给宫廷会议审议。然而，宫廷会议，即后来的帝国议会，绝不是构成神圣罗马帝国的各个阶级的代表大会。与英格兰王国及法兰西王国的议会不一样的是，帝国议会只不过是神圣罗马帝国的主要附庸的封建集会。实际上，帝国议会是一个由受宗主国荫庇的小国君主们参与的议会制度。帝国议会分为三个议事团。通常，组成第一个议事团的是七个选帝侯中的六个人，包括三个教会的选帝侯，即科隆、美因茨、特里尔的大主教，以及教会中的未被授以圣职的选帝侯，即萨克森、勃兰登堡和巴拉丁的选帝侯，而在神圣罗马帝国的选举中，第四个平信徒选帝侯，即波希米亚国王，只出现过一次。第二个议事团是诸侯议事团。第三个议事团是自由城市议事团。由于地位不及第一个议事团和第二个议事团，第三个议事团只被允许讨论已经得到其他两个议事团同意的事情。显然，帝国议会仅仅代表着诸侯们的利益，而诸侯们则有建立完全独立的国家的欲望。神圣罗马帝国的政坛上曾经出现过两种截然不同的趋势。一种趋势是，在内心深处，神圣罗马帝国

神圣罗马帝国的宫廷会议

人民有一种模糊的民族主义和爱国主义意识，一种神圣罗马帝国应该统一的模糊欲望，而这种意识和欲望自然被集中在了领袖，即神圣罗马帝国皇帝身上。神圣罗马帝国人民如果想在政治方面独善其身，那么只能将自己置于神圣罗马帝国皇帝的统治下。在地理上被称为德意志的土地上，除了神圣罗马帝国皇帝，没有其他领导人可以解决众多激烈的利益冲突。神圣罗马帝国的政坛上的另一种趋势源自日耳曼民族热衷的地区独立事业。当然，每一个小公爵或诸侯都会试图尽可能地独立于外部的强权。在追求独立的过程中，小公爵或诸侯会发现自己能得到一种地区独立精神的极大帮助。这种地区独立精神总是试图在领地生活的河边的漩涡中，而不是在国家生活的广阔河域中，寻找爱国主义的中心。哈布

哈布斯堡王朝的徽章

神圣罗马帝国皇帝马克西米利安一世

斯堡王朝的君主们已经完全认识到了上述事实。此外，自从神圣罗马帝国皇帝马克西米利安一世开始统治后，哈布斯堡王朝的君主们就坚定地致力于重建神圣罗马帝国的权威，以及让帝国宫廷成为统一的德意志的真正和唯一的中心。实际上，如果宗教改革和与法兰西王国的长期对抗没有发生，那么哈布斯堡王朝的君主们可能会获得成功。宗教改革和与法兰西王国的长期对抗造成的结果就是哈布斯堡王朝的君主们进行到一半的事业被彻底摧毁了。宗教改革把神圣罗马帝国硬生生地分成了两部分——后来，神圣罗马帝国又被分成了三部分。路德教①几乎渗透到德

①　路德教，基督教新教的一个主要分支，由马丁·路德创立于1529年。——译者注

马丁·路德

意志北部主要地区和波罗的海之间的所有国家中，得到了德意志北部的诸侯们的支持。马丁·路德与诸侯和贵族结成的联盟比他与人民之间的联盟更加紧密。在早期的斗争中，马丁·路德向诸侯和贵族请求保护。在后来的权力争夺中，马丁·路德信任并且依靠诸侯和贵族。因此，很自然地，路德教有强烈的独立冲动并且得到了鼓励。德意志北部的诸侯们有和路德教相同的独立欲望，即独立于天主教的神圣罗马帝国皇帝。加尔文主义从瑞士向莱茵河上游蔓延，一直蔓延到神圣罗马帝国腹地，对神圣罗马帝国皇帝的中央集权政策有着致命的影响。加尔文主义具有颠覆性的影响，渴望获得权利，非常厌恶专制制度。此外，宗教改革还导致了神圣罗马帝国的严重分裂。神圣罗马帝国皇帝查理五世是一位强大、谨慎的君主，本应该能渡过难关。如果神圣罗马帝国皇帝查理五世没有连续不断、千方百计地抵抗敌人的阴谋诡计，那么他的特权或影响力将不会受到任何损失。只要法兰西国王弗朗索瓦一世[①]还活着，神圣罗

法兰西国王弗朗索瓦一世

[①] 法兰西国王弗朗索瓦一世（1494—1547），瓦卢瓦王朝的法兰西国王。1515年，由于法兰西国王弗朗索瓦一世的岳父法兰西国王路易十二世没有男嗣，弗朗索瓦一世继承了法兰西王位。法兰西国王弗朗索瓦一世征战欧洲争夺神圣罗马帝国的帝位，而查理五世则通过贿选成为神圣罗马帝国皇帝。法兰西国王弗朗索瓦一世虽然曾先后发动了四场战争攻打查理五世，但没有赢得胜利。——译者注

神圣罗马帝国皇帝查理五世

马帝国皇帝查理五世就永远不会认真地去处理神圣罗马帝国的事务。然而，神圣罗马帝国皇帝查理五世去世时，一切都来不及了。毫无疑问，神圣罗马帝国的宗教分裂受到了一些人的政治野心的影响。显然，宗教分裂是政治原因造成的。神圣罗马帝国皇帝非但不再是公认的神圣罗马帝国的政治领袖，反倒已经沦为了某一个政治和宗教派系的首领。

政治独立于神圣罗马帝国皇帝的愿望与宗教独立于教会的愿望互相呼应、相辅相成。16世纪下半叶，神圣罗马帝国皇帝斐迪南一世、马克西米利安二世和鲁道夫二世根本无法继承，甚至无法保留自己在神圣罗马帝国的特权。然而，16世纪末，路德教和加尔文主义的连续不断的破坏性抗议停止了。宗教改革虽然是一股生命力，但已经到了极限。改革的潮水开始慢慢地转向。在圣伊格内修斯的精神练习①的驱使下，依靠着王权这把利剑，反宗教改革运动使半个德意志重新开始信仰天主教。《韦尔万和约》使法兰西王国得到解脱时，神圣罗马帝国的政权仍然脆弱不堪。在神圣罗马帝国这片不幸的土地上，利益和政治纷争、宗教仇恨随处可见。支持路德教的诸侯们成功地摆脱了神圣罗马帝国皇帝的领导，却没有推出一个领袖或一项政策。莱茵兰的支持加尔文主义的诸侯们被反宗教改革运动的浪潮激怒了。信仰加尔文主义的诸侯们准备把整个德意志扔进坩埚和争夺他们还没有力量赢得的霸权。波希米亚人仍然记得，扬·杰士卡②不仅是不可战胜的，而且迫使罗马教廷和神圣罗马帝国做出了让步。与此同时，在巴伐利亚和哈布斯堡家族的世袭领地上，在耶稣会和有才之士的支持及政府的压力下，新教势力逐渐被反宗教改革运动的浪潮洗刷干净。然而，碌碌无为的神圣罗马帝国皇帝鲁道夫二世是一位忧郁的隐士，擅长占星术，喜欢病态的宗教活动。神圣罗马帝国皇帝鲁道夫二世虽然是最后一位适合领导十字军东征的人，但甚至不能获得人们的尊敬，更不用说命令人们效忠于他。从来没有一个国家的处境比当时的神圣罗马帝国更悲惨。神圣罗马帝国因宗教纷争而被撕裂，并且被来自诸侯的领地上的对抗者刺穿。对抗者如果受到足够的尊重，那么肯定会服从神圣罗马帝国皇帝的命令。在神圣罗马帝国境内，新教也没有统一的政治或宗教理想，失去了最后的希望，即爱国主义和抵抗外国侵略者的力量。16世纪末的神圣罗马帝国就平躺在自己的对手脚下。对手狞笑着手刃神圣罗马帝国时，神圣罗马帝国就像是一个无助的猎物。

---

① 圣伊格内修斯的精神练习，指沉思、祈祷、良心检讨等静修活动。——译者注
② 扬·杰士卡（1360—1424），捷克民族英雄，创造了"战车堡垒"战术，即把战车用铁链子联结起来，围在步兵外面，抵御敌人骑兵的进攻，而躲在"战车堡垒"里面的步兵通过空隙用挠钩把敌人拉下马。——译者注

神圣罗马帝国皇帝斐迪南一世

神圣罗马帝国皇帝马克西米利安二世

神圣罗马帝国皇帝鲁道夫二世

扬·杰士卡

与法兰西王国和神圣罗马帝国不同的是，英格兰王国虽然没有必要让王权成为宗教仲裁人，但同样没有完全解决宗教难题。在英格兰王国，博学多才的英格兰女王伊丽莎白一世提出了宗教问题的解决办法。这个解决办法不仅在历史上是有组织的，而且在教义上是为天主教服务的。然而，这个解决办法是反对教皇的——这一点虽然在西方迄今仍然

英格兰女王伊丽莎白一世

英格兰海军击败西班牙无敌舰队

不为人知，但在东方是公开的秘密。不久后，这个解决办法遭到了天主教教徒和新教教徒一起攻击。在统治期间，英格兰女王伊丽莎白一世依靠自己的性格和成功的策略——尤其是作为代表国家反对西班牙的斗争者和领袖并且在1588年击败了无敌舰队，控制着一些令人不安的因素。1603年，当一位对治国有一定见解但治国能力完全不足的诸侯就职时，人们很快就感到不安。国王和议会就严重的法律问题与宗教纷争纠缠在一起时，很快，英格兰王国便被内部事务弄得焦头烂额，无法在欧洲政坛中与强国对话。在斯图亚特王朝刚开始统治苏格兰、爱尔兰和英格兰的五十年里，就欧洲问题，英格兰王国仅仅能发出外交声音，而其他欧洲大国则只是彬彬有礼地聆听着，不以为意。

英格兰王国正在失去新得到的荣誉，而西班牙则在利用过去的名誉。在一些事务上，西班牙显得非常无力。西班牙国王腓力三世接替西班牙国王腓力二世就是西班牙从一流强国到三流强国的转变的开始，而这一转变没有因各种巨大的失败而受到遏制。由于骄傲和懒惰，西班牙失去了活力；由于巨大的野心，西班牙精疲力竭；由于虚假繁荣的经济，西班牙民不聊生；由于致命的狂热，西班牙疲惫不堪。西班牙已经渐渐陷入了泥沼。然而，从训练有素的步兵和垄断美洲贸易的表现来看，西班牙仍然是一个大国。如果西班牙培养的人才是谋臣而不是傀儡国王，是政治家而不是宠臣，那么西班牙很快就会重拾往日的荣耀。即

西班牙国王腓力二世

西班牙国王腓力三世

使在西班牙国王腓力三世的统治下，西班牙也始终是人们不得不考虑的一支力量。此外，西班牙王室与哈布斯堡王朝的纯粹的家族联盟构成了天主教在欧洲的利益核心。西班牙占据着西属尼德兰、弗朗什-孔泰和比利牛斯山脉等地区，并且因此成了想扩张领土的法兰西王国的最大障碍。

　　爱国主义虽然是西班牙人呼吸的空气，但在意大利，这是一种罪恶——意大利政府无法保证人民的安全。自从法兰西王国和西班牙爆发了争斗并且在意大利开战后，意大利已经名存实亡了。在意大利南部，西班牙人牢牢地掌控那不勒斯；在意大利中部，教会的诸邦国像巨大的楔子一样钉着，将意大利南部和意大利北部分隔开来；在意大利北部，各种敌对势力仍然缠斗着。威尼斯位于意大利东部的海岸，控制着布伦纳山口。威尼斯十分强大，没有受到攻击——实际上，法兰西人和西班牙人都无法得到独立的威尼斯。伦巴第富饶的平原中部属于米兰，被西班牙占领，并且被奥地利或西班牙军队控制着。米兰人不仅与奥地利人通过瓦尔泰利纳和蒂罗尔，而且与西班牙人通过友好的热那亚共和国保持着不稳定的关系。米兰西面的皮埃蒙特和萨伏依两地的公爵虽然由于皮埃蒙特和萨伏依的特殊的地理位置，不得不与法兰西王国保持良好的关系，但只会在必要时履行义务。法兰西王国和西班牙需要的是分裂和被撕碎的意大利，而意大利则随时会提出一系列微妙的国际问题供自己的邻居们争吵。在16世纪和17世纪之交，意大利似乎越来越明白最适合自己的工作就是为欧洲大国的外交棋局提供必要的棋子。

第 2 章

法兰西国王亨利四世统治时期的
法兰西王国

收到天主教联盟[①]服从法兰西王国的消息时，法兰西国王亨利四世喊道："现在，我是国王了！"法兰西国王亨利四世终于可以集中注意力去履行作为国王的真正职责，即建立为人民谋福利的好政府。当时，压在法兰西国王亨利四世头上的三座大山分别是自私而虚伪的贵族、宗教纠纷，以及可耻而混乱的财务管理——法兰西王国如果被国内外战争困扰，那么便不能采取任何措施来应对这三座大山。然而，一旦联盟屈服、法兰西国王亨利四世的赦免为法兰西王国国内带来和平、《韦尔万和约》恢复国外的和平，法兰西国王亨利四世就会发现自己的双手可以自由地打击罪恶的根源。签署《韦尔万和约》大约二十天前，《南特赦令》的颁布终于为法兰西王国找到了解决宗教问题的真正办法。《南特赦令》不仅使信仰加尔文教的人获得了信仰自由，而且让天主教教徒获得了人数等传统要求的宗教优势。教皇克莱门特八世选择向法兰西国王亨利四世妥协，而狂热的天主教联盟则反对教皇克莱门特八世的做法。贵族的虚荣心和混乱的财政给法兰西王国带来了危险，而法兰西王国则不可能找出简单的补救办法。因此，这些危险需要一个可以长时间保持

① 天主教联盟，由亨利一世·德·洛林创立于1576年，意在阻止胡格诺派领袖、后来的法兰西国王亨利四世继承法兰西王位。——译者注

耐心、警惕和坚定的政府去解决。在这些危险存在期间，除了身先士卒和树立榜样，法兰西国王亨利四世无法做更多的事情。为了解决这些危险，法兰西国王亨利四世曾向自己的密友第一代叙利公爵马克西米利安·德·贝蒂纳请教。法兰西国王亨利四世从小就认识第一代叙利公爵马克西米利安·德·贝蒂纳，珍视与第一代叙利公爵马克西米利安·德·贝蒂纳的友谊。法兰西国王亨利四世把整个法兰西王国的内部管理事务都托付给了第一代叙利公爵马克西米利安·德·贝蒂纳。1598年，法兰西国王亨利四世授予第一代叙利公爵马克西米利安·德·贝蒂

第一代叙利公爵马克西米利安·德·贝蒂纳

纳财政监督的头衔，并且赋予第一代叙利公爵马克西米利安·德·贝蒂纳在财政部门的特别权力。

在统治的最后十二年里，法兰西国王亨利四世和第一代叙利公爵马克西米利安·德·贝蒂纳持续密切合作，进行着复兴法兰西王国的伟大事业。法兰西国王亨利四世和第一代叙利公爵马克西米利安·德·贝蒂纳的性格和才能之间的反差使他们更加紧密地结合在一起，共同工作。法兰西国王亨利四世是一位地道的加斯科涅人，坦率、开朗、心胸开阔、和蔼可亲、慷慨大方——也许还有些孤芳自赏，而第一代叙利公爵马克西米利安·德·贝蒂纳则苛刻、严厉、冷淡并且矜持。沄兰西国王亨利四世认为，快乐——甚至是放荡不羁，向来都是最重要的。法兰西国王亨利四世虽然没有幸福的婚姻，但有许多情妇和一大帮私生子。即使加冕为国王以后，法兰西国王亨利四世也仍然不顾一切地挥霍无度。然而，纵然是在以追求享乐闻名的巴黎，法兰西国王亨利四世的挥霍无度也招致了一些丑闻。相比之下，第一代叙利公爵马克西米利安·德·贝蒂纳显得十分沉闷无趣。第一代叙利公爵马克西米利安·德·贝蒂纳虽然在个人生活中十分节俭，甚至会显得小气，但在名利场上贪得无厌，非常担心自己的权威旁落，并且为自己提供的服务感到自豪。第一代叙利公爵马克西米利安·德·贝蒂纳发现自己的快乐源自滥用职权和战胜恶人。法兰西国王亨利四世激发了人们的爱和忠诚，而第一代叙利公爵马克西米利安·德·贝蒂纳则会使人们心怀敬畏。然而，法兰西国王亨利四世和第一代叙利公爵马克西米利安·德·贝蒂纳如果没有彼此，那么都无法完成工作。法兰西国王亨利四世的放荡不羁、侠肝义胆和男子气概是解读人性的一本书和一种可以被巧妙使用的工具。法兰西国王亨利四世拥有更有创造力的头脑、更宽广的心胸，以及更广泛和深刻的观念。总之，法兰西国王亨利四世是一位政治家，而第一代叙利公爵马克西米利安·德·贝蒂纳则是一位有管理才能的人。法兰西王国需要法兰西国王亨利四世和第一代叙利公爵马克西米利安·德·贝蒂纳的服务。法兰西国王亨利四世足智多谋，快刀斩乱麻似的解决了宗教问题，并且当机立断、勇敢地带领法兰西王国走上了通向伟大国家的道路，而第一代叙利公爵马克西米利安·德·贝蒂纳则谨慎小心，为法兰西王国打造了经济基础，制定了一系列的行政政策，仅凭自己就成就了法兰西王国的政治前途。

第一代叙利公爵马克西米利安·德·贝蒂纳具有自己的经济战略思想。第一代叙利公爵马克西米利安·德·贝蒂纳把法兰西王国看作一个农业大国，认为对法兰西国王亨利四世来说，相比从事工业的人，从事农业的人是更可靠的支持者。因此，第一代叙利公爵马克西米利安·德·贝蒂纳致力于发展农业并且将法兰西王国打造成为欧洲最大的食品生产国。在法兰西王国，沼泽地的水被排干了；林地得到了精心的保护；大片不毛之地都被开垦成农田。很快，法兰西王国的粮食产品变得供过于求。取消玉米的出口关税的做法使法兰西王国能够把盈余的玉米卖给玉米少的国家并且从中赚取可观的利润。实际上，法兰西王国的生活必需品不依赖他国。农业战略展现了第一代叙利公爵马克西米利安·德·贝蒂纳的经济思想。欧洲被宗教问题和政治纷争蹂躏时，尤其是法兰西王国准备称霸欧洲并且引发了一场百年战争时，对政治家来说，一个国家不应该依赖他国获得生活必需品这种经济思想似乎是非常重要的。

与其说这种经济思想是经济政策的原则，不如说它是国家安全的需要。在战争全面爆发或即将爆发的日子里，这种经济思想鼓励各国人民发展国家急需的制造业，尽可能地自力更生，禁止进口高价食品并且在国内尽可能多地保存黄金和白银。单从经济角度来看，17世纪和18世纪盛行的这种保护体制建立在审慎的国家政策的利益基础，而不是虚假繁荣的经济的利益基础之上。然而，实际上，几乎没有政治家会完全意识到17世纪和18世纪的经济有多么凋敝——第一代叙利公爵马克西米利安·德·贝蒂纳也不例外。第一代叙利公爵马克西米利安·德·贝蒂纳费尽心力地鼓励农业发展，有意阻止制造业崛起，对制成品征收关税，禁止金银出口，并且尽其所能地阻碍新工业的建立。幸运的是，富有政治才能的法兰西国王亨利四世纠正了第一代叙利公爵马克西米利安·德·贝蒂纳。法兰西国王亨利四世发现了工业人口和民族工业的政治、经济价值，鼓励里昂和尼姆生产丝绸，鼓励巴黎和讷韦尔生产玻璃和陶器，并且决定促进法兰西王国的公路建设事业和在卢瓦尔河与塞纳河之间开凿大运河。在外交部门，由于第一代叙利公爵马克西米利安·德·贝蒂纳的影响不是十分强大，法兰西国王亨利四世的成就更加引人注目。法兰西国王亨利四世与奥斯曼帝国重新签署了一系列至关重要的协议。这些协议是法兰西王国与奥斯曼帝国结成联盟的坚实基础。因

里昂

此，法兰西王国不仅在君士坦丁堡的宫廷中拥有更大的发言权，而且在与君士坦丁堡的贸易中占有更大的份额。法兰西国王亨利四世与英格兰王国和荷兰签订了商业条约，促进了法兰西王国的葡萄酒的出口和加拿大的殖民化。1608年，在魁北克，萨米埃尔·德·尚普兰建立了殖民地。

第一代叙利公爵马克西米利安·德·贝蒂纳对法兰西王国的最大贡献是金融改革。在突发危机中，一个本来坚持旧政策的国家却改革了行政部门中最重要的金融部门——这真是一件奇怪的事情。从成为一个国家到法国大革命爆发，法兰西只培养了四位伟大的财政大臣，即修道院院长叙热、第一代叙利公爵马克西米利安·德·贝蒂纳、让-巴普蒂

萨米埃尔·德·尚普兰

让－巴普蒂斯特·科尔贝

斯特·科尔贝和阿内·罗贝尔·雅克·杜尔哥，而在这四人中，第一代叙利公爵马克西米利安·德·贝蒂纳和让-巴普蒂斯特·科尔贝是最重要的两个人。与其说第一代叙利公爵马克西米利安·德·贝蒂纳和让-巴普蒂斯特·科尔贝两人是伟大的金融家，不如说他们是诚实和明智的管理者。第一代叙利公爵马克西米利安·德·贝蒂纳的任务是在混乱中建立秩序、打击腐败行为并且公正地治理国家。第一代叙利公爵马克西米利安·德·贝蒂纳没有试图重组法兰西王国的财政制度或引入一种新的、更好的税收制度，更没有大胆地触碰特权阶层的利益。第一代叙利公爵马克西米利安·德·贝蒂纳的做法不可能引发任何税收危机事件。即使有勇气，第一代叙利公爵马克西米利安·德·贝蒂纳也不愿意触碰特权阶层的利益。相反，第一代叙利公爵马克西米利安·德·贝蒂纳接受了现行的税收制度并且乐于严格遵守它。第一代叙利公爵马克西米利安·德·贝蒂纳唯一引入的重要的新制度是一种叫官职税的税收政策。缴纳官职税后，司法官员和金融官员可以将自己的职位交给他们的继承人。实际上，第一代叙利公爵马克西米利安·德·贝蒂纳建立了一种世袭官员的等级制度，为拥有许多特权阶级的法兰西王国又增加了一个等级制度。

法兰西王国的收入来源主要有四种，即人头税、盐税、间接税和关税。在上述四种税收中，人头税所占比例最大。起初，人头税是直接针对财产的征税。然而，随着时间的推移，在法兰西王国的不同地区，人头税的征税方式也变得有所不同。在财政区行省①和那些从一开始就是法兰西王国的属地，如诺曼底、图赖讷、法兰西岛等地，人头税仍然是一种财产税，是根据每个人的财产价值征收的。然而，在三级会议行省和那些在近代才被法兰西王国吞并的省份，如勃艮第、吉耶纳、普罗旺斯等地，由于很多省份在被吞并时获得了财政特权，人头税只是土地方面的税收，而不是财产税。因此，财政区行省的贵族和三级会议行省的封邑贵族都不用缴人头税。此外，教堂的领地也不征收人头税，只征收什一税。人头税虽然本应是公平的，但实际上，几乎完全被强加给了没有政治权利的阶级。第一代叙利公爵马克西米利安·德·贝蒂纳完全不担心自己会树立强大的敌人——征收人头税的诱惑实在是太大了。征收人头税的真正弊端在于财政区行省对财产的估价和征收方式。每个省征收的人头税总额是由政府确定的——还有一个依据是政府与资本家签订的一份合同，即以最优惠的条件允许资本家有唯一权力从所在的省筹集这笔钱。总督是一个省的财政代理人，要负责估算不同的教区应筹集

---

① 财政区行省，即国王领地省或选举省。——译者注

的人头税金额，而包收租税的人则会依次把小额税金的征收包租给自己的下属代理人。最终，每个教区的居民会选出一个财产评估委员会负责配额教区的个人税收。在浪费和不公平方面，这种制度真是无出其右。曾经或当时能对总督产生影响的每一个教区，以及能对财产评估委员会产生影响的每一个居民，都减少了自己的配额，却牺牲了不那么幸运的邻居。每个农场主和小农场主都从不幸的农民身上榨取了最大的利益，并且受到了已经得到所有应得税收的政府的保护。虽然在名义上，审计法院会对农场主的账户进行监督，但实际上，这只是一场闹剧——没有农场主会认真准确地登记他们的税收。虽然政府认为国家的税收是公平的，但事实并非如此——一旦涉及官员的直接利益，税收肯定是不公平的。这种税收制度虽然是一种靠自律才能保证公平的制度，但在整个法兰西王国中，是十分普遍的。由于获得了一定的好处，政府把征税包租的工作给了让人民受苦而肥己的人，逃避了惩处腐败人员的责任。然而，由于收入减少，政府以放弃一项自己的主要职能为代价，使无辜的纳税人遭受了政府的暴政、任性和腐败的税收政策的压榨。据说，第一代叙利公爵马克西米利安·德·贝蒂纳把注意力转向税收制度时，法兰西人民已经缴纳了两亿法郎的税，而政府只收到了五千万法郎！

如果说人头税是最有利可图的税种，那么盐税则是最能压迫人民的税种。政府垄断食盐，并且通常会将盐税包租给资本家。然而，人们对盐税的不满不是因为政府垄断食盐或食盐的质量不好，而是因为政府对盐税的计算方式。政府颁布法令，规定了每个法兰西人需要的盐量或必须购买的最少盐量。因此，每个家庭的盐量就是由家庭成员依法消耗的盐量。温情主义管理思想认为，控制孩子摄入的盐量对孩子有好处。这个想法虽然是荒唐的，但对负担过重的法兰西农民来说，不是什么玩笑。由于不可能使用或消耗足够的盐，农民被迫支付大笔资金购买大量的伪劣食品。因此，食盐问题滋生了腐败和走私。腐败和走私两个妖魔不仅曾经掠夺过有缺陷的财政系统，而且随着文明的发展而不断加大掠夺的力度。1781年，即法国大革命爆发八年前，据计算，政府每年要花费一千八百万金法郎才能从盐税上给国库带来七千二百万金法郎的收入。换句话说，盐税的四分之一都被用于重新征税，而每年走私食盐的犯罪行为则多达三四千起。

间接税和关税大致相当于现代的消费税和关税，没有遭到明显的反对。然而，间接税和关税发挥的作用是抑制贸易发展，并且造成了人民的贫困。几乎法兰西王国的每个地区，都有自己内部的风俗习惯，而征收的税收则几乎禁止了财富的流通。每种间接税都是包租的，产生了造成大量贫困现象的希望靠纳税人的必需品来赚钱的代理人、督察员和税收收集者——这还不是全部。第一代叙利公爵马克西米利安·德·贝蒂纳掌管财政事务时，除了政府要求农场主向财政部上缴的税收，法兰西人民还支付了许多其他税款。实际上，这些税款是长期内战遗留下来的可怕问题。在未经财政部授权的情况下，各省的长官和驻军的司令官不仅征收了维持军队所必需的款项，而且没有提供任何账目。法兰西国王亨利四世认为，通过收买贵族以得到他们的帮助或中立是明智的选择，而贵族中的许多人则以收取某些地区的税款作为报酬。由于政府不会对贵族筹集的款项进行检查，贵族经常会向那些可怜的人征收三到四倍的税款。

税收系统中的苛捐杂税和邪恶的管理制度的目的在于使人民贫穷，使财富的来源枯竭。第一代叙利公爵马克西米利安·德·贝蒂纳没想解决更大的问题，只是鼓励农业和允许玉米自由出口。然而，第一代叙利公爵马克西米利安·德·贝蒂纳勤奋而专注地从事金融管理改革这份不起眼的工作。在金融管理改革方面，第一代叙利公爵马克西米利安·德·贝蒂纳始终坚持两项原则，即坚决要求对人民征收的所有款项必须得到政府的明确授权和执行一套适当的国家财政审计制度。因此，第一代叙利公爵马克西米利安·德·贝蒂纳要求军事长官向财政部申请军队的薪水，解雇了一群无用而高价的代理人并且强迫他们退还了不义之财。第一代叙利公爵马克西米利安·德·贝蒂纳核实并且纠正了财产评估登记册，一举扫除了许多虚假的免税申请——这些免税申请早已被确认为腐败。通过这些措施，很快，第一代叙利公爵马克西米利安·德·贝蒂纳就成功恢复了财政秩序。在长达十二年的严格和公正的管理中，第一代叙利公爵马克西米利安·德·贝蒂纳使法兰西人民免于支付未经授权和非法的税收，每年为人民节省超过一点二亿法郎，向人民偿还了两千多万法郎的欠款，偿还或免除了三点三亿法郎的债务。第一代叙利公爵马克西米利安·德·贝蒂纳为维持一支庞大的军队和一个豪华的宫廷提供了必要的资金，并且在巴士底狱的地窖里储存了巨额财宝以应对不可预见的突发事件。法兰西王国的人民也许会把第一代叙利

巴士底狱

公爵马克西米利安·德·贝蒂纳和法兰西国王亨利四世视为伟大国家的共同缔造者。

法兰西王国国内的长达三十多年的宗教战争结束后，恢复秩序是一项比净化金融系统更加困难和必要的任务。在法兰西王国，国王曾是秩序和集权制度的捍卫者，而贵族则是混乱和地方独立的代表。在英格兰王国，贵族是一个能够承担重任的阶级。然而，在法兰西王国，通过特权，贵族变成了一个与地位低下的人不同的等级。因此，法兰西贵族自然志在扩大特权，强化自己与国王和平民的区别，维护自己的权利，而不是协助维护他人的权利。在英格兰王国的历史上，最重要的事情莫过于在中世纪的宪法斗争中，贵族不仅渴望与人民作为一个整体共同开创一番事业，而且乐意与人民分享胜利成果。英格兰王国的议会是英格兰王国的三个阶级的代表，并且通过三个阶级共同的行动成为自由的捍卫者。在法兰西王国，贵族为自己的阶级利益而斗争。法兰西贵族维护自己的特权并且无论共同利益如何都渴望独立的想法必然会造成对国家的破坏。与此同时，法兰西人民学会了把国王当作保护者，不接受贵族的约束，欢迎力量日益增长的国王——毕竟，国王代表着更好的生活和财产安全。中央集权的绝对统治可能会成为未来的祸患，而分散和独立的贵族则明显会迅速带来灾难。参与三级会议的人是法兰西王国的三个阶级的代表，而没有竞争对手的法兰西国王则会限制三级会议的作用——参与三级会议的人宁愿互相妒忌也不愿团结起来争取自由。

宗教战争给法兰西贵族提供了主张独立的大好机会。许多法兰西贵族接受了加尔文主义，而他们的政治理想，即分裂愿望则获得了宗教认可。据说，《南特敕令》颁布后，在三千五百个城堡中，加尔文主义都是完全合法化的。在法兰西，国王的权力处于弱势时，法兰西人民的内讧会变得更加严重。因此，法兰西国王亨利四世不得不通过贿赂来收买许多小贵族以获得他们似是而非的忠诚，确保王权的稳定性。然而，法兰西国王亨利四世稳固了地位后，法兰西贵族发现自己必须接受亨利四世的领导。法兰西贵族虽然可能是侍臣，但不是政客。法兰西国王亨利四世特意把政府事务委托给地位较低的公职人员——这些地位较低的公职人员不仅会依赖法兰西国王亨利四世，而且嫉妒法兰西贵族。法兰西国王亨利四世严格地调查了法兰西贵族声称拥有的特权，废除了那些无法被证实的权利。官职税制度旨在扶植长袍贵族以抗衡佩剑贵族。决斗虽然是绅士们最喜爱的特权，但也是被绝对禁止的。很快，在法兰西国王亨利四世的强硬手腕下，曾在内战中大肆敛财的法兰西贵族变得焦躁不安。信奉天主教的比龙公爵夏尔·德·贡托和胡格诺派的领导人蒂雷

比龙公爵夏尔·德·贡托

纳子爵亨利·德·拉·图尔·德·奥韦涅与萨伏依王朝和西班牙取得了联系——在某种程度上，这种做法就是对法兰西国王亨利四世的不忠。法兰西国王亨利四世决定重拳出击。比龙公爵夏尔·德·贡托虽然在军队服役期间曾多次受伤，但没有得到法兰西国王亨利四世的赦免。1602年，比龙公爵夏尔·德·贡托被判处死刑。比龙公爵夏尔·德·贡托之死是法兰西国王亨利四世对法兰西贵族发动复仇之战的信号。这场复仇

蒂雷纳子爵亨利·德·拉·图尔·德·奥韦涅

比龙公爵夏尔·德·贡托波判处死刑

之战是由无情的枢机主教黎塞留领导的，并且直到法兰西国王路易十四成功加冕后才停止。最终，蒂雷纳子爵亨利·德·拉·图尔·德·奥韦涅逃去了神圣罗马帝国；昂古莱姆公爵夏尔·德·瓦卢瓦被囚禁了起来；第一代埃佩尔农公爵让·路易·德·诺加雷·德·拉·瓦莱特选择屈服并且得到了赦免。或许，法兰西国王亨利四世根本不敢碰第一代埃佩尔农公爵让·路易·德·诺加雷·德·拉·瓦莱特——第一代埃佩尔农公爵让·路易·德·诺加雷·德·拉·瓦莱特是法兰西国王亨利三世的同伴、半个法兰西王国的管理者、法兰西王国最引以为傲的贵族。

枢机主教黎塞留

昂古莱姆公爵夏尔·德·瓦卢瓦

第一代埃佩尔农公爵让·路易·德·诺加雷·德·拉·瓦莱特

1606年，虽然复仇的热情和威胁法兰西国王亨利四世的情况早已不复存在，但法兰西国王亨利四世的复仇之心犹在。1606年，法兰西国王亨利四世带着一支军队穿过法兰西南部和西南部的拒绝效忠于他的地区，摧毁了几座贵族的城堡。在特别法庭上，煽动骚乱的人均被判处死刑。

法兰西国王亨利四世的才能还充分展现在外交事务中。多年来，法兰西王国在欧洲政局中的地位十分尴尬。人们一定会记得曾竭力保护欧洲人民不受神圣罗马帝国皇帝查理五世奴役的法兰西王弗朗索瓦一世是马德里的背叛者和土耳其人的盟友。法兰西国王弗朗索瓦一世去世后，法兰西王国的国力越来越弱。在宗教战争的压力下，法兰西王国似乎想把自己变成另一个意大利，即一个被欧洲大国投来掷去的玩物。在那个可怕的时刻，把法兰西王国从西班牙国王腓力二世的枷锁中拯救出来的是荷兰人的固执和英格兰女王伊丽莎白一世的诡计，而不是法兰西人的爱国主义。《韦尔万和约》签订后，法兰西国王亨利四世致力于恢复法兰西王国的威望和影响力。由于邻国无力抵抗奥-西哈布斯堡王朝，法兰西王国必须直面来自奥-西哈布斯堡王朝的巨大压力。西班牙控制着鲁西永、弗朗什-孔泰和西属尼德兰，并且有望征服萨伏依。孚日山脉的各处通道都被神圣罗马帝国控制着，而奥-西哈布斯堡王朝则控制着法兰西王国的多处交通命脉。由于被敌人掐住了喉咙，法兰西王国无法呼吸。然而，很快，法兰西国王亨利四世发现，束缚着法兰西王国的锁链的最薄弱的环节位于意大利北部，即是法兰西王国和西班牙的老战场——米兰。米兰拥有一片富饶开阔的土地，依靠要塞和河流来保护自己和抵御攻击。米兰是神圣罗马帝国给西班牙君主的封地，借助友好的热那亚的港口与西班牙进行联系。对米兰来说，由于联系神圣罗马帝国要穿过连接瓦尔泰利纳、布伦纳山口和因河河谷的冗长而崎岖的山路，与西班牙建立海上联系要容易得多。因此，攻打米兰的策略是从西面的萨伏依的山脉和北方的格劳宾登州的山脉发动进攻。通过米兰，西班牙

安特卫普

人可以安全到达德意志南部和弗朗什-孔泰。如果米兰落入法兰西王国手中，那么不仅束缚法兰西王国的锁链会被打破，而且奥-西哈布斯堡王朝在欧洲的影响会受到打击。如果米兰被封锁，那么西班牙的军队和商船去安特卫普和西属尼德兰的唯一可能的方法就是经比斯开湾和英吉利海峡进行远航。然而，经比斯开湾和英吉利海峡去安特卫普和西属尼德兰的航线上危险重重，不仅有菲尼斯特雷角的肆虐的风暴，而且聚集着英格兰王国和法兰西王国的海盗船。

因此，在意大利，法兰西王国取胜的机会便是进攻萨伏依。萨伏依公爵埃马纽埃尔·菲利贝尔的领地一直延伸到罗讷河流域。萨伏依公爵埃马纽埃尔·菲利贝尔曾与法兰西国王弗朗索瓦一世争夺普罗旺斯和多菲内的统治权，而萨伏依则被法兰西王国这个强大的邻国逐渐推向了意大利。在都灵，萨伏依公爵埃马纽埃尔·菲利贝尔站稳了脚跟。萨伏依公爵埃马纽埃尔·菲利贝尔的抱负是成为一位意大利国王。虽然萨伏依

萨伏依公爵埃马纽埃尔·菲利贝尔

公爵埃马纽埃尔·菲利贝尔的权力中心是皮埃蒙特，而不是萨伏依，但萨伏依公爵埃马纽埃尔·菲利贝尔必然会将自己的政策的重点放在萨伏依的边境附近，而不是皮埃蒙特的土地上。萨伏依位于法兰西王国和米兰中间的山区，坐拥法兰西王国和意大利的大门。一旦法兰西王国下达命令，法兰西军队便可以穿过萨伏依山口，冲入伦巴第的肥沃的平原或哈布斯堡王朝控制的平原，进入罗讷河河谷。然而，法兰西王国一贯使用的策略不可能夺得米兰这个具有决定性而危险的位置。法兰西王国必须尽可能长时间地与对手进行较量，不断寻找机会。最终，出于安全考虑，法兰西王国不得不选择一个更强大的盟友。在关键时刻，误读政治晴雨表无异于将国家推向灭亡。从法兰西王国和奥-西哈布斯堡王朝之间的斗争在意大利展开之初，萨伏依公爵就不得不采取灵活的政策。法兰西国王查理八世和路易十二远征意大利时，萨伏依公爵站在胜利的法兰西王国一边。然而，在法兰西国王弗朗索瓦一世和神圣罗马帝国皇帝查理五世的战争中，萨伏依公爵埃马纽埃尔·菲利贝尔站在了神圣罗马帝国皇帝查理五世一边并且因此受到了惩罚——法兰西军队占领萨伏依长达二十五年之久。1559年，在《卡托-康布雷西和约》签订后，虽然萨伏依公爵埃马纽埃尔·菲利贝尔重新获得了领地，但法兰西王国继续占领着包括苏萨和皮内罗洛在内的六个要塞，控制着通往阿尔卑斯山脉的要

签订《卡托－康布雷西和约》

萨伏依公爵查理·埃马纽埃尔一世

道。后来，由于统治法兰西王国的瓦卢瓦王朝遇到了困难，萨伏依公爵查理·埃马纽埃尔一世成功地获得了萨卢佐。虽然《韦尔万和约》曾规定萨伏依公爵查理·埃马纽埃尔一世应该得到萨卢佐，但这一条款只是一纸空文。法兰西国王亨利四世可以把萨伏依纳入法兰西王国的统治之下。1600年，即法兰西国王亨利四世的情妇德·博福尔女公爵加布丽埃勒·德·埃斯特雷斯去世后，法兰西国王亨利四世和自己的第一任妻子瓦卢瓦的玛格丽特协议离婚，并且通过与第二代托斯卡纳大公弗朗切斯科一世·德·美第奇的女儿玛丽·德·美第奇的婚姻加强了对意大利的影响。法兰西国王亨利四世向萨伏依进军，并且很快就占领了萨伏依。1601年1月，法兰西国王亨利四世与年轻的萨伏依公爵查理·埃马纽埃尔一世达成了一项和约。早在1580年，萨伏依公爵查理·埃马纽埃尔一世就接替萨伏依公爵埃马纽埃尔·菲利贝尔统治着萨伏依。因此，萨卢佐落入了萨伏依公爵查理·埃马纽埃尔一世之手，而法兰西王国则得到了布雷斯和比热这两个小公爵领地。根据法兰西国王亨利四世与萨伏依公爵查理·埃马纽埃尔一世达成的和约，萨伏依将以交出一块遥远的土地为代价重新与法兰西王国结盟。都灵宫廷认为，得到这块土地的法兰西王国可以长期威胁萨伏依并且与萨伏依为敌。

在意大利，由于法兰西国王亨利四世奠定了良好的基础，枢机主教黎塞留成功推行了自己的政策。实际上，法兰西国王亨利四世和枢机主教黎塞留这两位伟大的政治家的目的是一样的。奥-西哈布斯堡王朝的衰落对法兰西王国有利，意味着外交政策的开始和结束。然而，法兰西国王亨利四世没有像自己的继任者，即法兰西国王路易十三那样有机会把计划付诸实践。可以说，法兰西国王亨利四世在《叙利回忆录》中提出的"大计划"只是一场梦。政治家们常常有远大的目标，虽然会愉快地建造政治的空中楼阁，但也想摆脱外交方面的日常琐事所带来的倦怠。法兰西国王亨利四世拥有丰富的想象力，很可能构想了一个由自由的国家邦联构成的欧洲，而在这个欧洲，不仅宗教纷争和国家纷争应该停止，而且仲裁法庭应该负责解决各种事务并且担当宗教律法的代言人。法兰西国王亨利四世是精明的天才，有可能预见到，在一个团结依赖于政治邦联、和平靠宗教宽容保障的欧洲，神圣罗马帝国和西班牙君主将没有容身之地。奥-西哈布斯堡王朝的灭亡是"大计划"成功的先决条件。如果法兰西国王亨利四世真的想把那些代表新教的政治力量刬结起来组成一个联盟，并且承认自己会在加尔文派、胡格诺派和天主教的基

德·博福尔女公爵加布丽埃勒·德·埃斯特雷斯

瓦卢瓦的玛格丽特

托斯卡纳大公弗朗切斯科一世·德·美第奇

玛丽·德·美第奇

础上反对西班牙和神圣罗马帝国，那么肯定会在1603年，即英格兰女王伊丽莎白一世去世时放弃这个想法。

几年后出现的机会虽然与法兰西国王亨利四世期待的不同，但以同样有效的方式打击了奥-西哈布斯堡王朝。1609年，于利希-克利夫斯-伯格公爵约翰·威廉无嗣而亡。勃兰登堡选帝侯约翰·西吉斯蒙德和巴拉丁-诺伊堡公爵菲利普·路德维希要求继承于利希-克利夫斯-伯格公爵约翰·威廉的遗产。勃兰登堡选帝侯约翰·西吉斯蒙德的妻子普鲁士和

勃兰登堡选帝侯约翰·西吉斯蒙德

巴拉丁－诺伊堡公爵菲利普·路德维希

于利希-克利夫斯-伯格的安娜是普鲁士公爵阿尔伯特·腓特烈和普鲁士公爵夫人克利夫斯的玛丽·埃莱奥诺雷的孩子。于利希-克利夫斯-伯格公爵约翰·威廉、普鲁士公爵夫人克利夫斯的玛丽·埃莱奥诺雷和巴拉丁-诺伊堡公爵菲利普·路德维希的妻子克利夫斯的安娜的父亲都是于利希-克利夫斯-伯格公爵威廉。在遗嘱中，于利希-克利夫斯-伯格公爵威廉给予普鲁士公爵夫人克利夫斯的玛丽·埃莱奥诺雷的后代的继承权优先于克利夫斯的安娜的后代，而巴拉丁伯爵夫人克利夫斯的安娜则声明

于利希－克利夫斯－伯格的安娜

普鲁士公爵阿尔伯特·腓特烈

普鲁士公爵夫人克利夫斯的玛丽·埃莱奥诺雷

于利希－克利夫斯－伯格公爵威廉

自己的遗产将由血缘最近的亲属，即诺伊堡的巴拉丁伯爵沃尔夫冈·威廉来继承。然而，这一问题因宗教原因而变得复杂了起来。于利希-克利夫斯-伯格公爵约翰·威廉、勃兰登堡选帝侯约翰·西吉斯蒙德和巴拉丁-诺伊堡公爵菲利普·路德维希三位公爵的领地沿着莱茵河向下，从荷兰边界一直到安德纳赫，包括一部分科隆大主教的领地。于利希-克利夫斯-伯格公爵约翰·威廉的人民信奉天主教，而勃兰登堡选帝侯约翰·西吉斯蒙德的后代和巴拉丁-诺伊堡公爵菲利普·路德维希的后代

诺伊堡的巴拉丁伯爵沃尔夫冈·威廉

都是路德教教徒。如果于利希-克利夫斯-伯格公爵约翰·威廉的领地落入路德教教徒之手，那么根据《奥格斯堡和约》规定的"在谁的领地，信谁的宗教"这一原则，不久后，于利希-克利夫斯-伯格公爵约翰·威廉的人民很有可能不仅会成为路德教教徒，而且会动摇科隆大主教的地位。为了防止科隆大主教的地位被动摇，神圣罗马帝国皇帝鲁道夫二世立即声称，在继承问题得到解决前，他有权管理于利希-克利夫斯-伯格公爵约翰·威廉的领地，并且派遣军队占领了于利希。然而，如果天主教教徒不允许于利希-克利夫斯-伯格公爵约翰·威廉的领地落入路德教教徒手中，那么新教和法兰西王国的利益集团不可能看着那些驻扎在荷兰边境、靠近法兰西王国和西属尼德兰边境的神圣罗马帝国军队却无动于衷。无论是对德意志北部的新教，还是对没有赢得独立的荷兰人，抑

《奥格斯堡和约》签订现场

或英格兰王国和法兰西王国，驻扎在莱茵河下游的神圣罗马帝国军队都是一种威胁。

法兰西国王亨利四世抓住这个机会，立刻宣布自己是勃兰登堡选帝侯约翰·西吉斯蒙德和巴拉丁-诺伊堡公爵菲利普·路德维希的权利的保护者和奥-西哈布斯堡王朝的敌人的同盟的首领。英格兰王国、荷兰、德意志新教同盟、威尼斯和萨伏依都响应了法兰西国王亨利四世的号召。法兰西王国的三支部队同时开始行动——第一支部队向比利牛斯山脉进发；第二支部队由莱斯迪吉埃公爵弗朗索瓦·德·博内领导，意图与萨

莱斯迪吉埃公爵弗朗索瓦·德·博内

伏依和威尼斯联合征服米兰；第三支部队由法兰西国王亨利四世亲自指挥，目标是袭击于利希，并且与荷兰和英格兰王国军队以及德意志的新教教徒一起占领于利希-克利夫斯-伯格公爵约翰·威廉的领地。奥-西哈布斯堡王朝的丧钟似乎已经敲响。神圣罗马帝国皇帝鲁道夫二世对政治一无所知，半痴半狂，与波希米亚和匈牙利的不满的臣民发生了严重的争端。在施蒂里亚、克恩滕和卡尼奥拉，由于加尔文主义者甚至威胁到哈布斯堡王朝的世袭领地，在耶稣会的帮助下，神圣罗马帝国皇帝鲁道夫二世的侄子，即后来的神圣罗马帝国皇帝斐迪南二世对加尔文主义者

神圣罗马帝国皇帝斐迪南二世

发动了一场激烈而坚决的战争。奥-西哈布斯堡王朝不仅缺乏金钱、领袖和团结，而且没有军队可以依靠，没有臣民可以信任。西班牙的处境也不好。西班牙国王腓力二世的野心使西班牙精疲力竭。由于西班牙国王腓力二世软弱和大臣的无能，西班牙的国家管理事务十分混乱。显然，除了保卫自己的边界和阻止米兰遭受盟国的攻击，西班牙几乎没有什么可以做的。实际上，天主教联盟的力量，科隆选帝侯巴伐利亚的马克西米利安·亨利的资源，以及蒂伊伯爵约翰·采克拉斯的才能，都是天主

科隆选帝侯巴伐利亚的马克西米利安·亨利

蒂伊伯爵约翰·采克拉斯

教和奥-西哈布斯堡王朝势力在这场生死决斗中所依赖的东西,而西班牙则几乎是在无意中卷入这场决斗的。对奥-西哈布斯堡王朝的援助来自最意想不到的地区。一场可怕而悲剧性的罪行突然打击了法兰西王国,让法兰西王国屈膝并且拯救了奥-西哈布斯堡王朝。法兰西国王亨利四世穿过巴黎的街道去拜访第一代叙利公爵马克西米利安·德·贝蒂纳时,即准备动身参加战斗前，一个叫弗朗索瓦·拉瓦亚克的狂热分子将匕首刺进了法兰西国王亨利四世的心脏。法兰西国王亨利四世遇刺后，在一小支英格兰王国的特遣队的帮助下，拿骚的莫里斯，即后来的奥兰治亲王莫里斯，从神圣罗马帝国手中夺取了于利希，朝着实现波旁王朝的第一个"大计划"的方向迈出了第一步。

　　弗朗索瓦·拉瓦亚克的匕首不仅挽救了奥-西哈布斯堡王朝，而且使法兰西王国陷入了长达十五年的痛苦和耻辱。由于年轻的法兰西国王路易十三只有九岁，摄政统治成为不可避免的事情。第一代埃佩尔农公爵让·路易·德·诺加雷·德·拉·瓦莱特是唯一一个有精力并且能够

弗朗索瓦·拉瓦亚克刺杀亨利四世

弗朗索瓦·拉瓦亚克被处死

镇定下来处理突发的危机的人。第一代埃佩尔农公爵让·路易·德·诺加雷·德·拉·瓦莱特带着自己的军队和可以信赖的其他贵族的军队包围了宫殿和市政厅，进入了巴黎高等法院的议事厅，要求人们立即承认已经成为太后的玛丽·德·美第奇为摄政王。第一代埃佩尔农公爵让·路易·德·诺加雷·德·拉·瓦莱特指着自己的剑，意味深长地说道：“这把剑还在剑鞘里。然而，如果散会前，太后还没有被宣布成为摄政王，那么我肯定会拔出我的剑。”第一代埃佩尔农公爵让·路易·德·诺加雷·德·拉·瓦莱特做的这件事虽然当时毫无危险，但只要晚一天，就不能不经历困难和流血。巴黎高等法院中的许多人看到第一代埃佩尔农公爵让·路易·德·诺加雷·德·拉·瓦莱特突然被提升到法兰西王国的仲裁人这个不寻常的地位，不知所措。还有更多的人发现，第一代埃佩尔农公爵让·路易·德·诺加雷·德·拉·瓦莱特的理由太有力而无法反驳。毫无疑问，巴黎高等法院裁决玛丽·德·美第奇为法兰西国王路易十三未成年前的法兰西王国的摄政王，并且赋予了她全部王权。贵族领袖们立即成立了一个摄政委员会，把法兰西国王亨利四世和第一代叙利公爵马克西米利安·德·贝蒂纳辛辛苦苦建立起来的整个政府机构都搞垮了。贵族们重新坐上了掌管事务的位置。第一代叙利公爵马克西米利安·德·贝蒂纳虽然有足够的影响力可以阻止这起灾难性的事件发生，但失去了勇气，只想确保自己的安全，并且在几次

少年时代的路易十三

无效的抗议后过上了退休生活。第一代叙利公爵马克西米利安·德·贝蒂纳辛辛苦苦积攒起来的财富被贵族们挥霍一空以换取民众对新政府的支持。玛丽·德·美第奇关注西班牙事务，害怕对外战事可能带来的危险，并且因此急忙解散了法兰西国王亨利四世集结的大部分军队，开始与西班牙人展开秘密谈判。1610年9月1日，由于得到于利希消除了神圣罗马帝国在莱茵兰下游入侵法兰西王国的所有危险，玛丽·德·美第奇公开宣布完全退出战争。玛丽·德·美第奇想通过联姻，即把女儿、法兰西的伊丽莎白嫁给西班牙王子，即后来的西班牙国王腓力四世，并且

法兰西的伊丽莎白

让年轻的法兰西国王路易十三娶西班牙国王腓力三世的长女、奥地利的安妮，与西班牙结盟。法兰西国王亨利四世被谋杀六个月后，他在国内外的所有政策都被推翻了。法兰西王国休兵后，反对奥-西哈布斯堡王朝的联盟土崩瓦解。1610年10月，神圣罗马帝国的新教教徒和荷兰人与神圣罗马帝国皇帝鲁道夫二世达成和解并且签订了《威尔施泰特停战协定》。由于遭到了法兰西王国背叛，萨伏依公爵查理·埃马纽埃尔一世必须尽力与西班牙和平相处。然而，萨伏依公爵查理·埃马纽埃尔一世又一次遭到了抛弃。在法兰西，混乱的腐败和无政府状态再次抬头。在一场斗

奥地利的安妮

争中，自私好争的法兰西贵族的政治野心这件薄纱掩盖不住他们对地盘和金钱的贪婪。法兰西贵族把法兰西王国撕成了碎片。

　　法兰西国王亨利四世遇刺后的七年间，玛丽·德·美第奇一直掌管着法兰西。玛丽·德·美第奇是一个自负、易怒却迷人的女人，几乎没有遗传美第奇家族的统治天赋，在很大程度上只体现出了女性的种种特征。在法兰西，玛丽·德·美第奇的这些特征造成了持续多年的纷争和耻辱。法兰西王国真正的统治者是意大利女冒险家莱奥诺拉·多里·加利盖和她的丈夫第一代昂克尔侯爵孔奇诺·孔奇尼。虽然第一代昂克尔

莱奥诺拉·多里·加利盖

侯爵孔奇诺·孔奇尼从未见过一枪一弹，但玛丽·德·美第奇的软弱使第一代昂克尔侯爵孔奇诺·孔奇尼一路高升，官至元帅。法兰西贵族对玛丽·德·美第奇滥用权力的做法感到愤怒，认为担任元帅只是贵族阶层才配得上的殊荣，并且异常嫉妒包括第一代昂克尔侯爵孔奇诺·孔奇尼在内的新贵的影响力。虽然在孔代亲王亨利二世·德·波旁的领导下，贵族们发起了两次起义，但第一代昂克尔侯爵孔奇诺·孔奇尼和玛丽·德·美第奇很清楚该给孔代亲王亨利二世·德·波旁这只看门狗扔点什么东西。1614年5月15日，玛丽·德·美第奇以二十五万金法郎的代价换得了《圣默努尔德条约》，巩固了权力。1616年5月，玛丽·德·美

第一代昂克尔侯爵孔奇诺·孔奇尼

孔代亲王亨利二世·德·波旁

第奇又以六百万金法郎的代价换得《卢丹条约》，结束了第一代昂克尔侯爵孔奇诺·孔奇尼和孔代亲王亨利二世·德·波旁的斗争。玛丽·德·美第奇和第一代昂克尔侯爵孔奇诺·孔奇尼顺利地执行着他们的政策，没有被法兰西贵族的改革要求动摇——实际上，在黄金面前，改革要求已经消失了。在这沉闷的岁月里，垂死的宪政主义发出的光芒十分微弱。玛丽·德·美第奇一方面希望巩固自己的地位，另一方面又想让孔代亲王亨利二世·德·波旁发动起义。因此，玛丽·德·美第奇同意再次组织三级会议征求法兰西贵族的意见，允许人们对法兰西王国表达不满。

法兰西王国召开的这场会议中充满了利益关系，犹如子女争夺临终老人的财产。根据三级会议的制度，这场会议将在1614年10月14日于巴黎召开。参加这场会议的代表包括一百四十位神职人员，一百三十二位贵族，以及一百九十二位第三等级的代表。然而，第三等级代表都不是真正意义上的法兰西王国的平民的代表——商人、农场主和小地主的名字没有出现在第三等级的名单上。大部分第三等级的代表都是官员，包括法兰西王国的较小行政区划的官员，以及金融和市政官员。第三等级代表还包括少量的律师和公民。第三等级代表必须马上承担起自己的任务，即把自己视为官员以与神职人员和贵族抗衡——这三个等级从一开始就互相嫉妒。第三等级的最重要的任务就是保卫官员的特权并且反对贵族，而不是动员全国对国王表达不满，完全无意真正地去监督国王。贵族则坐立不安，以嫉妒的目光看着世袭的官方特权阶级逐渐形成。官方特权阶级可以通过买官和交官职税让自己的职位代代相传，必然会很快发展为第二个贵族阶层。贵族代表的任务主要是废除官方特权阶级的买官权。第三等级拥有"豁免"特权的代表相对较少。第三等级代表紧盯着大贵族享有的不合理的养老金，要求废除养老金制度并且减少人头税。第三等级的要求打击了贵族最薄弱的地方。由于贵族和第三等级的争论变得非常激烈，法兰西王室不得不进行干预并且促成和解。然而，与贵族的争论结束后，第三等级又卷入了与神职人员的争吵中。在对教会的看法问题上，地方官员——尤其是律师，是坚定的教宗权力限制主义者。这意味着，地方官员不仅维护当局管理国家教会的一切事务的权力，而且拒绝教皇干涉国家教会的事务。从本质上说，这些国家教会的事务不是纯粹的精神层面的事情。地方官员非常不喜欢耶稣会会士，并且希望法兰西王国否认特伦托宗教会议的法令——毕竟，法兰西王国尚未正式接受这些法令。因此，在会议记录——或者说一份记录不满事项的清单上，第三等级起草了一项条款以维护法兰西国王的神圣权力，

特伦托宗教会议

谴责弑君的罪行，并且断然否认了教皇废除国王和赦免忠诚的臣民的权力。教宗权力限制主义者和教皇绝对权力主义者之间的所有问题立刻出现了。在一个多月的时间里，第三等级代表没有再讨论其他的问题。贵族站在神职人员一边，并且就代表他们共同观点的二十四项条款达成了一致意见。贵族们认为，承认特伦托宗教会议的法令和维护梵蒂冈教廷的权威，与纳瓦拉-贝阿恩联盟对法兰西王国和废除官职税制度及买官制度同样重要。巴黎高等法院支持第三等级。然而，巴黎高等法院的干涉又引起了一场纷争。最终，法兰西王室不得不再次干预并且命令第三等级从会议记录中删除令他人不满的条款。第三等级的这些争吵虽然证明了三级会议无力承担维护宪法的责任，但不是完全无用的。在几乎所有其他问题上，三个等级都存在分歧，然而，在财政管理改革方面，三个等级一致持反对意见。虽然法兰西王室做出了种种努力，但财政大臣皮埃尔·让南仍然被迫公开了账目。被公开的账目清楚地表明了一个事实，即账目根本经不起公示。最终，法兰西国王路易十三同意大幅度削减养老金，取消官职税，并且专门设立了掌控财政的部门。由于没有被赋予立法权，在完善政府机构方面，三个等级所能做的事就是敷衍塞责。在最重要的行政部门里，三个等级只能互相推诿。三个等级如果一定要做许多事情来破坏自己的影响力并且让自己因嫉妒和争吵而变得荒唐可笑，那么必须记住，除非君主政体摇摇欲坠，没有一个国王敢再召集他们。

皮埃尔·让南

1614年的三级会议召开前，已经十四岁的法兰西国王路易十三被宣布成年。1616年，法兰西王国与西班牙的联姻如期进行。这次联姻虽然令人憎恨，但以玛丽·德·美第奇的胜利而宣告结束。由于和大家一样对第一代昂克尔侯爵孔奇诺·孔奇尼元帅心怀仇恨，法兰西国王路易十三的这场婚姻很快以夫妻分居告终。在法兰西国王路易十三的朋友、贵族活动家吕讷公爵夏尔·德·阿尔贝的敦促下，法兰西国王路易十三决心将政府掌控在自己的手中。1617年年初，贵族第三次发动了起义，宣称要将法兰西国王路易十三从外国人手中拯救出来。玛丽·德·美

吕讷公爵夏尔·德·阿尔贝

第奇虽然支持自己的宠臣第一代昂克尔侯爵孔奇诺·孔奇尼,但没有反对法兰西国王路易十三的任何权力。1617年4月25日,第一代昂克尔侯爵孔奇诺·孔奇尼进入卢浮宫时,法兰西国王路易十三命他交出佩剑。由于第一代昂克尔侯爵孔奇诺·孔奇尼拒绝交出佩剑,警卫开了枪,而第一代昂克尔侯爵孔奇诺·孔奇尼则应声倒地而亡。不久后,莱奥诺拉·多里·加利盖因一项荒唐的巫术指控而被判刑并且被处决了。玛丽·德·美第奇不得不退居布卢瓦。法兰西国王路易十三看到压迫自己的人被如此成功地处置了,觉得他终于当上了国王。然而,法兰西国王路易十三的感觉是错误的——国家只是换了一个主人而已。吕讷公爵夏尔·德·阿尔贝虽然继承了第一代昂克尔侯爵孔奇诺·孔奇尼元帅的权力,但很快就证明自己在管理方面的无能和虚伪,更不讨贵族喜

卢浮宫

欢。玛丽·德·美第奇从未放弃重新夺取权力的阴谋。由于得到枢机主教黎塞留暗中指挥，阴谋变得越来越危险。第一代埃佩尔农公爵让·路易·德·诺加雷·德·拉·瓦莱特、马耶讷公爵洛林的亨利、旺多姆公爵塞萨尔·德·波旁，以及罗昂公爵亨利二世·德·罗昂和第三代图阿尔公爵亨利·德·拉·特雷穆瓦耶领导的胡格诺派联合起来支持玛丽·德·美第奇。法兰西国王路易十三和自己的宠臣们发现，他们不得不与玛丽·德·美第奇达成协议。

签订于1619年2月并且于1620年得到确认的《昂古莱姆条约》恢复了法兰西国王路易十三和玛丽·德·美第奇及贵族之间的和谐。胡格诺派大胆地争取独立，梦想在法兰西王国南部建立一个胡格诺共和国。他们愿意看到法兰西王国四分五裂。1620年，贝阿恩恢复了天主教信仰。胡格诺派感到十分害怕，想大胆地争取独立，即在法兰西王国南部建立胡格诺共和国。如果分裂国家能够满足胡格诺派的野心，那么胡格诺派会乐于看到国家被肢解。放眼法兰西王国的各种利益集团，包括吕讷公爵夏尔·德·阿尔贝和大臣、玛丽·德·美第奇和法兰西国王路易十三、孔代亲王亨利二世·德·波旁和贵族、罗昂公爵亨利二世·德·罗昂和胡格诺派，追求个人目标和野心的景象随处可见。每个人都在为自己牟利，却没有人想为国家谋福祉——虽然这是法兰西王国的领导层的座右铭，但法兰西国王路易十三和枢机主教黎塞留是两个例外。法兰西国三路易十三和枢机主教黎塞留因玛丽·德·美第奇而蒙受耻辱。只有法兰西国王路易十三和枢机主教黎塞留胸中还燃烧着对法兰西王国的热爱，燃烧着纯洁和清白的火焰。然而，把法兰西国王路易十三和枢机主教黎塞留绑在一起为共同的福祉而共同奋斗的时候还没有到来。严重的危机出现时，法兰西国王路易十三会勇敢地面对。军队的冲突和危险的威胁使法兰西国王路易十三更强大了。法兰西国王路易十三批准了《南特敕令》，率领一支大军，并且在平定北方后向拉罗谢尔的胡格诺派要塞进

旺多姆公爵塞萨尔·德·波旁

罗昂公爵亨利二世·德·罗昂

《昂古莱姆条约》寓言：恢复了贵族之间的和平

军。法兰西国王路易十三突破了苏比斯公爵邦雅曼·德·罗昂的防线。命令第一代埃佩尔农公爵让·路易·德·诺加雷·德·拉·瓦莱特围攻拉罗谢尔后，法兰西国王路易十三指挥所有的精锐部队夺取胡格诺派的南部要塞蒙托邦，并且征服了塞文山脉一带。在三个月的时间里，蒙托邦这座坚固的城市抵挡了法兰西军队一次又一次的进攻。1621年11月，

青年时代的路易十三

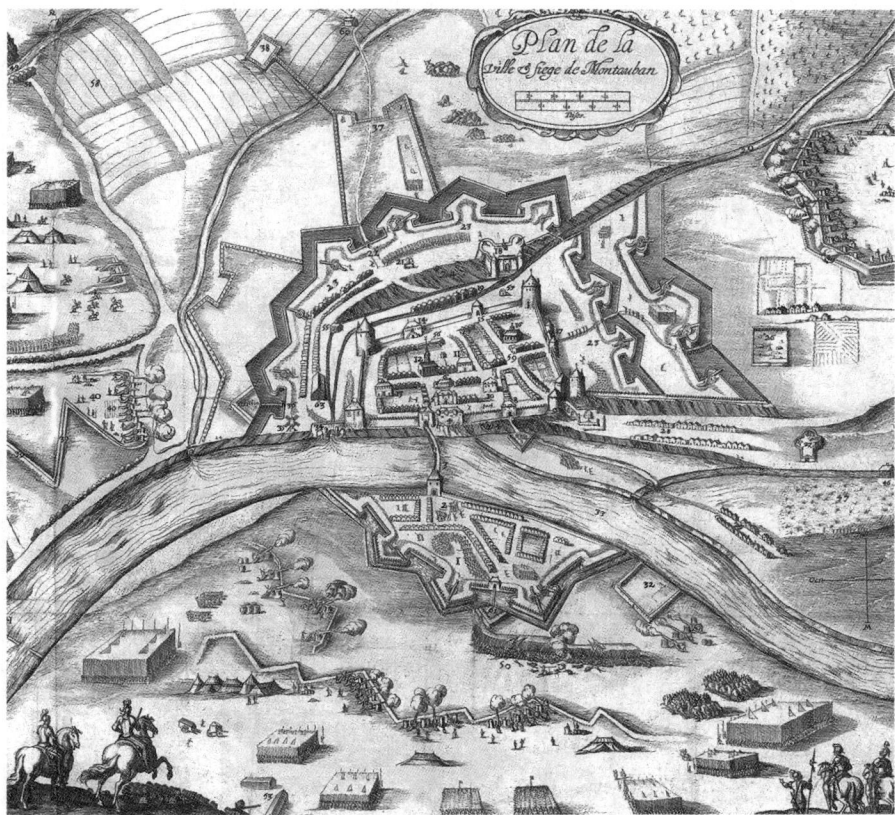

围攻蒙托邦

由于指挥官指挥不当，法兰西国王路易十三郁郁寡欢地撤军了。吕讷公爵夏尔·德·阿尔贝因染热病而亡。吕讷公爵夏尔·德·阿尔贝的死亡对和平的实现起了很大作用。1622年4月，法兰西国王路易十三和孔代亲王亨利二世·德·波旁战胜了苏比斯公爵邦雅曼·德·罗昂。胡格诺派认识到，如果他们得不到外国的援助，那么他们的事业会失去希望。在北方，蒂雷纳子爵亨利·德·拉·图尔·德·奥韦涅一直是不可动摇的力量。胡格诺派领袖莱斯迪吉埃公爵弗朗索瓦·德·博内成了天主教教徒，接过了军队统帅的指挥棒。蒙托邦的英勇捍卫者德·拉·福斯公

德·拉·福斯公爵阿尔芒–纳普尔·德·科蒙

爵阿尔芒–纳普尔·德·科蒙接受了法兰西王国的元帅军衔和二十万克朗的礼物。因此，只有苏比斯公爵邦雅曼·德·罗昂一人还保持着坚定的立场。然而，苏比斯公爵邦雅曼·德·罗昂不得不接受一个事实——胡格诺派的最后的堡垒，即蒙彼利埃将不得不投降。签署于1622年10月18日的《蒙彼利埃和约》标志着法兰西国王路易十三朝取消胡格诺派的政治组织力量迈出了第一步。依据《蒙彼利埃和约》，胡格诺派虽然能获得宗教层面的宽容，但不能举行任何形式的政治集会。此外，胡格诺派建立的所有防御工事都将被拆除，而拉罗谢尔和蒙托邦将成为唯一有安全保障的城镇。法兰西国王路易十三战胜胡格诺派一事产生了深远的影响。法兰西王国如果想恢复秩序，那么必须先恢复个人之间的和谐。在内阁中影响力最大的德·拉·维厄维尔公爵查理一世·科斯卡尔的主持下，法兰西国王路易十三和玛丽·德·美第奇之间的长期悬而未决的问

德·拉·维厄维尔公爵查理一世·科斯卡尔

题得到了解决，而问题得到解决的条件之一是让枢机主教黎塞留加入皇家议会。从法兰西国王路易十三和玛丽·德·美第奇之间的问题得到解决的那天起，法兰西王国迎来了一个新时代。

第 3 章

反宗教改革运动和
神圣罗马帝国的宗教问题

在16世纪的最后几年里，反宗教改革运动拉开了序幕。和所有大型的宗教运动一样，反宗教改革运动也如同一场政治运动。反宗教改革运动的原因错综复杂。在某种程度上，不同民族都坚持自己的主张。大体上来说，犹豫片刻后，罗曼语民族①和斯拉夫语民族②立即明确宣布反对新教。在更大的程度上，一些政治原因决定了政府的态度。在左右臣民的宗教信仰方面，政府能发挥很大作用。西班牙国王腓力二世想成为欧洲统治者的野心极大地影响着西班牙保卫天主教的坚定立场，而英格兰女王伊丽莎白一世反对西班牙则更多的是出于对英格兰王国的独立和商业繁荣的考量，并非因为不同的宗教信仰。正如人们看到的，由于把国家的团结看得比一切都重要，法兰西王国始终明确地支持着天主教，而胡格诺派则是破坏团结的一方。

然而，在各种影响因素中，决定事态发展的因素始终是宗教。起初，新教的产生是一场道德方面的伟大革命，是人类的宗教和道德本性

---

① 罗曼语民族，主要分布于西南欧，包括意大利人、雷托罗曼人、法兰西人、瓦隆人、西班牙人和葡萄牙人等。——译者注
② 斯拉夫语民族，包括俄罗斯、乌克兰和白俄罗斯等地的东斯拉夫语支民族，波兰、捷克和斯洛伐克等地的西斯拉夫语支民族，以及保加利亚、塞尔维亚、克罗地亚、斯洛文尼亚、黑山和马其顿等地的南斯拉夫语支民族。——译者注

奋起反抗一种扭曲的信仰和一种似乎无力改革的不道德的制度的结果。新教主要建立在消极的神学基础之上。只要具有破坏性，新教就会处于强盛时期。新教推翻绑架道德的做法，攻击扭曲的信仰。人们的热情很容易被代表着真理的十字军东征激发。然而，当被要求阐述如何建立自己的体系、制定原则和解释真理时，新教的弱点就显现了出来。很快，新教分裂为以路德和加尔文的名字命名的两大教派。人们发现，新教的两个分支互相严重对立。因此，新教的两个分支的发展趋势需要进一步明确。此外，新教的两个分支仍然在不断分裂。新教虽然试图以清晰、完美、真实的人类语言表达来达到统一，但徒劳无功。新教倡导不断地忏悔，而这种做法导致的唯一结果是更大的分裂。由于想避免分裂并且寻求国家的庇护，路德教逐渐成为为政府服务的道德部门，却慢慢失去了人民支持。从16世纪中期开始，路德教的发展就停滞不前了。宗教改革偃旗息鼓时，反宗教改革运动应声而起。相比路德教，加尔文教更加激进，更加乐于帮助那些反对政府集权的人，表现出了更多的活力。加尔文教不仅有严苛的信条，而且带有强烈的狂热和偏执倾向，呈现出一种永远集中又有效、崇高且严厉的特点。与荷兰和瑞士的爱国主义和自由精神结合时，加尔文教能发挥最大的作用。然而，在法兰西王国和神圣罗马帝国，沦为自私和派系争斗的挡箭牌时，加尔文教会处于最糟糕的境地。加尔文教牢牢地扎根于苏格兰、瑞士、上莱茵兰和荷兰，迅速赢得了英格兰王国、法兰西王国和匈牙利的支持，在奥-西哈布斯堡王朝的世袭领土上取得了长足发展，甚至在意大利北部和西班牙也站稳了脚跟。然而，和路德教一样，加尔文教更适合进攻而不是防守，更适合制胜而不擅巩固。慢慢地，加尔文教的潮水开始消退。加尔文教在西属尼德兰发起的艰苦的长期斗争以领土分割而告终。虽然西班牙国王腓力二世尽了最大的努力，但西班牙北部的七个省仍然宣布独立并且信仰加尔文教。与此同时，斯海尔德河的南部和西部地区依附于西班牙和天主教势力。在英格兰女王伊丽莎白一世的引导下，大部分英格兰人拒绝成为加尔文主义者。然而，许多英格兰人仍然变成了加尔文主义者。正如人们看到的，法兰西王国不得不在加尔文主义和国家统一之间做出选择。最终，法兰西王国不仅选择了保持天主教和国家统一，而且有意消除了胡格诺派的政治影响。

宗教改革的潮水倒退的原因不是新教在哲学、宗教或政治方面的固有弱点，而是天主教的力量获得了极大的增强。16世纪初，新教集中力量抗议邪恶的生活和堕落的制度，而到16世纪末后，这种抗议已经不再有效和被需要了。经历了恐怖的分裂后，天主教虽然承受了在康斯坦茨和巴塞尔举行的几次会议的压力，但仍然拒绝自我改革。最终，天主教响应被教皇亚历山大六世革除教籍的吉罗拉莫·萨伏那洛拉的号召，召

教皇亚历山大六世

开了特伦托宗教会议，并且因新教的成功而被迫进行改革。特伦托宗教会议以两种特殊的方式给罗马教廷留下了印记。特伦托宗教会议决定采取措施建立神学院，加强驻地防守，让神职人员成为人民的教师。特伦托宗教会议还承认了教皇至高无上的地位。毫无疑问，军队受国家领袖的指挥，会服从国家领袖。特伦托宗教会议召开后，虽然相比宗教改革发生前，教皇对欧洲的影响力变小了，但教皇获得了更大的权力去强迫自己的追随者服从他。在宗教改革发生后的一个世纪里，新的宗教秩序的建立和罗马教廷的宗教生活的显著复兴也许是个人虔诚和自我牺牲精神复兴的证明，却不是个人虔诚和自我牺牲精神复兴的原因。然而，耶稣会的建立是世界宗教史上的一个转折点。成为牧师前，圣依纳爵·罗耀拉是一名士兵。耶稣会是一个带有宗教色彩的军事组织。征服异端和

身着铠甲的圣依纳爵·罗耀拉

身着教士服饰的圣依纳爵·罗耀拉

不忠是教会的目标，而服从和克己则是教会首先号召的美德。圣依纳爵·罗耀拉，一个耶稣会会士，被自己心中的秩序的原则所支配，失去自己的个性并且成了一个伟大机器的一部分。圣依纳爵·罗耀拉虽然仍然生活着、运动着、感觉着、思考着，但只存于耶稣会里。在早年的热情和纯粹的狂热中，于教皇的统治下，受一个制度的教育、受一个人的意志的指引、受教皇约束的耶稣会传播到全世界并且形成了一股力量。

在世界历史上，从政府的中央集权和宗教活动的大规模扩散来看，耶稣会的影响是前所未有的。对耶稣会来说，在欧洲，新教是最大的敌人。新教的政策比较灵活，将抓教育作为主要工作。

新教虽然诞生于文艺复兴时期，但在满足日益增长的自由探究精神提出的增加知识的要求方面，做的工作很少。新教培养了一些学者，却对通识教育贡献甚微。耶稣会会士抓住新教的弱点，向全世界免费提供最好的教育。不久后，在教育方面，耶稣会会士就与所有的竞争者拉开了距离。在那些新教势力强大但不占主导地位的国家，耶稣会提供的教育虽然没有为教会创造多大价值，但保证了这些国家不断增长的人才需求。没有天主教国家可以放弃耶稣会会士的支持。即使在加尔文主义盛行的法兰西王国——一个国王的政策能够左右宗教的国家里，遭到了索邦神学院最恶毒和积极的反对，耶稣会会士仍然成功站稳了脚跟。对非常渴望根除新教的巴伐利亚和奥地利的统治者来说，耶稣会会士是无价的。然而，到了16世纪末后，形势已经完全不一样了——热情、奉献、学识、自我牺牲和宗教热情都站在了教会一边。由于在组织、宗教工作和集中程度上的优越性，教会不仅向自己的敌人展示了一条统一而有效的阵线，而且已经做好了准备，即在机会来临时于耶稣会会士的帮助下，发起一场针对新教的十字军东征。耶稣会会士努力传教的工作为耶稣会赢得了大洋彼岸的新世界。

16世纪末，机会出现了。受天主教复兴的影响，中欧的年轻人接受教育并且获得了权力。在西班牙国王腓力二世和卡洛·博罗梅奥的努力下，在宗教裁判所的协助下，西班牙和意大利的新教势力被成功镇压，而异端邪说则被赶回了阿尔卑斯山脉和比利牛斯山脉一带。1587年，在天主教教徒的努力下，瑞典国王约翰三世和凯瑟琳·雅盖隆王后的儿子西吉斯蒙德三世·瓦萨被选为波兰的王位继承人。波兰国王西吉斯蒙德三世·瓦萨是一位虔诚的天主教教徒。即位后，波兰国王西吉斯

瑞典国王约翰三世

西吉斯蒙德三世·瓦萨

蒙德三世·瓦萨立即着手恢复波兰人的天主教信仰。在波兰，西吉斯蒙德三世·瓦萨通过王室赞助给予了天主教教徒广泛的支持。波兰国王西吉斯蒙德三世·瓦萨向耶稣会会士求助，用金钱支持耶稣会会士，并且鼓励贵族子弟上学。在教会建筑的使用权的争议问题上，波兰国王西吉斯蒙德三世·瓦萨利用王权的影响力支持天主教教徒。波兰国王西吉斯蒙德三世·瓦萨有条不紊地开展着工作。据说，在波兰，但泽是唯一一个新教教徒可以继续使用教区教堂的重要城镇。在耶稣会传教士的努力下，没过多久，波兰的所有官员都成了天主教教徒。在广大乡村地区，特别是利沃尼亚和立陶宛，旧的信仰恢复了。因此，神圣罗马帝国不得不采取更有力的措施。根据在1555年签订的《奥格斯堡和约》的原则，

但泽

班贝格主教内塔德·冯·廷根

每一位统治者都有权决定臣民的宗教信仰。因此，1595年圣诞节，班贝格主教内塔德·冯·廷根颁布了一项教令，将所有拒绝按照天主教仪式接受圣餐的人都逐出了班贝格。在班贝格主教内塔德·冯·廷根的鼓舞下，帕德博恩主教菲尔斯滕贝格的迪特里希四世为大教堂捐建了一所耶稣会学院。17世纪初，出于政府的压力和个人的影响，美因茨选帝侯约翰·亚当·冯·比奇肯和约翰·施魏卡德·冯·克龙贝格、科隆选帝侯恩斯特·冯·拜恩和斐迪南·冯·拜恩，以及特里尔选帝侯洛塔尔·约翰·赖因哈德·冯·梅特涅在莱茵河流域的三大教区永久地恢复了天主教信仰。然而，天主教在德意志南部取得的成果是最大的。1596年，长大成人的科隆选帝侯斐迪南·冯·拜恩继承了施蒂里亚、克恩滕和卡尼

约翰·亚当·冯·比奇肯

约翰·施魏卡德·冯·克龙贝格

科隆选帝侯恩斯特·冯·拜恩

斐迪南·冯·拜恩

奥拉的公爵领地。科隆选帝侯斐迪南·冯·拜恩是一个意志坚强、信仰坚定的人。然而，耶稣会的教士把科隆选帝侯斐迪南·冯·拜恩教育得近乎狂热。科隆选帝侯斐迪南·冯·拜恩把恢复天主教看作他一生的特殊工作。科隆选帝侯斐迪南·冯·拜恩跪在洛雷托的圣祠前，庄严宣誓要从自己的世袭领地中根除新教。科隆选帝侯斐迪南·冯·拜恩没有食言。1598年，科隆选帝侯斐迪南·冯·拜恩颁布法令，命令所有新教牧师在十四天内离开他的世袭领地。最终，新教教堂被推倒，牧师被驱逐，居民被迫服从天主教。1599年至1603年，奥地利也颁布了一些法令，将新教牧师赶出了奥地利。然而，神圣罗马帝国皇帝鲁道夫二世没有满足，并且在自己的其他领土上颁布了类似的法令。1602年，神圣罗马帝国皇帝鲁道夫二世镇压了摩拉维亚弟兄会在波希米亚和摩拉维亚的集会并且向匈牙利教会提供武装援助以改变匈牙利人的信仰。在英戈尔施塔特的耶稣会学院的大力协助下，巴伐利亚公爵威廉五世和他的儿子，即1597年即位的巴伐利亚选帝侯马克西米利安一世一起通过使用王权让天主教在巴伐利亚完全占得上风。

因此，17世纪初，一些对教会有利的迹象出现了。教皇保罗五世虽然在某种程度上缺乏教皇西克斯图斯五世的崇高思想和教皇庇护五世与众不同的热情与虔诚，但在担任的崇高的职位方面，在获得特权方面，不输给任何一位前任，甚至也不输教皇格列高利七世。教皇保罗五世的助手们，即西班牙国王腓力三世、巴伐利亚选帝侯马克西米利安一世、科隆选帝侯斐迪南·冯·拜恩和波兰国王西吉斯蒙德三世·瓦萨，把天主教的复兴和壮大作为他们的政策的首要目标，并且已经在波兰和德意志南部取得了成功。反宗教改革运动已经波及整个神圣罗马帝国，而神圣罗马帝国仍然没有明确表态支持哪一方势力。神圣罗马帝国的种种制度甚至也受到了教会的进步的影响。人们注意到，帝国上诉法庭的裁决受到了法官和皇帝的宗教观点左右。更重要的是，当时，帝国上诉法庭被要求决定一个最有趣的政治问题。签署于1555年的《奥格斯堡和约》虽然试图在神圣罗马帝国教会和路德教之间建立和平，但留下了三个没有解决的问题——如果神圣罗马帝国教会和路德教不能达成妥协，那么这三个问题迟早会用武力解决。第一，《奥格斯堡和约》只适用于路德教。《奥格斯堡和约》签署时，神圣罗马帝国的新教诸侯都信仰路德教。神圣罗马帝国的新教诸侯只是想维护自己的利益。因此，在神圣罗马帝国，加尔文主义没有获得任何权利，并且仍然需要获得法律认可。第二，《奥格斯堡和约》规定，神圣罗马帝国教会对路德教诸侯领地内的教会财产不再拥有任何权利——实际上，这些教会财产在1552年前就已被路德教世俗化或为路德教所用了。然而，在这一条款对1552年后的被世俗化的土地的适用问题上，神圣罗马帝国教会和路德教诸侯产生了分歧。虽然教会表示不会对在1552年前被世俗化的土地提出所有权要求，但这也意味着，1552年后被世俗化的土地不受这种豁免的约束，是非法从教堂带走的，应该被立即归还。此外，路德教坚持认为，《奥格斯堡和约》中关于教会财产的条款的目的是制定一项一般规则。这项一般规则将针对类似情况下的非世俗化的所有土地，而生效的日期则是旨在促进宗教和平的《帕绍和约》被签署后。《奥格斯堡和约》和《帕绍和约》不会导致两种不同类型的世俗化土地的形成。自1552年后，随着和平被广泛建立，大量的教会土地被路德教甚至加尔文教的诸侯们世俗化并且被他们用作给自己的年轻的儿子和其他亲属的赠品。第三，关于所谓的教会保留权①，又出现了一个难题——宗教改革早期经常发生一种情况，即一位主教或修道院院长在自己的主教辖区或修道院中是一位领地诸侯——在神圣罗马帝国，很多这样的主教或修道院院长都成为

---

① 教会保留权，16世纪的德意志法律规定，无论有没有教产，一旦皈依其他教派，天主教神职人员就都会被没收教产。然而，后来，皈依新教的教士都保留了地位和薪资，这遭到了天主教的强烈反对。——译者注

巴伐利亚选帝侯马克西米利安一世

教皇保罗五世

教皇西克斯图斯五世

教皇格列高利七世

路德教教徒。因此，为了维护教会的权利，《奥格斯堡和约》规定，信仰路德教的主教或修道院院长应该立即放弃他在天主教教会内的权利。然而，新教教徒坚持认为，所谓的教会保留权虽然适用于一种情况，即主教或修道院院长曾经被天主教承认为天主教教徒，后来又成为新教教徒，但不适用于另一种情况，即曾经是新教教徒的天主教成员成为主教或修道院院长。根据这一论点，实际上，德意志北部的八大主教辖区和各地的许多修道院都已经世俗化了。新教主教或修道院院长没有任何借口再拥有教会的职位或职务权力，只是领土的诸侯，享有主教的头衔——有时甚至只是管理者的头衔，而不是公爵或伯爵的头衔。然而，新教主教或修道院院长对头衔和土地的权利从未得到神圣罗马帝国的法庭或帝国议会的承认。

只要形势朝着有利于新教的方向发展，新教对上述问题的观点自然就会占上风。新教的观点代表着更强的教派，而天主教教徒则只能选择抗议。然而，随着反宗教改革运动的爆发，情况变得截然不同。由于新教内部的分裂非常严重，路德教教徒都不愿染指为加尔文主义者争取宗教和平的事务。天主教教徒有强大的盟友支持，要求得到已经被世俗化的土地——几乎可以被肯定的是，如果这个问题被提交给神圣罗马帝国的法庭裁决，那么判决结果将对天主教教徒有利。因此，上莱茵兰的加尔文主义者发现自己的处境十分危险。加尔文主义者生活在西班牙和巴伐利亚的夹缝中，没有《奥格斯堡和约》这样的合法保护伞，没有机会从北方的路德教诸侯处获得任何援助。仅凭因战胜异端而惹怒他人这一点，加尔文主义者便成为神圣罗马帝国皇帝鲁道夫二世和巴伐利亚选帝侯马克西米利安一世的下一个牺牲品。一个小事件表明了这种危险是真实存在的。1607年，在新教教徒控制的多瑙河河畔自由城市多瑙沃特，一支天主教教徒的游行队伍受到了侮辱，引起了一起宗教纷争。这件事立刻引起了神圣罗马帝国的宫廷议会的注意。神圣罗马帝国的宫廷议会完全由神圣罗马帝国皇帝鲁道夫二世提名的人组成。神圣罗马帝国发布了一条针对多瑙沃特的禁令。巴伐利亚选帝侯马克西米利安一世受命执行这一禁令，立刻率军占领了多瑙沃特。然而，巴伐利亚选帝侯马克西米利安一世不满足于建立秩序和为自己的军队采取安全保障措施，开始把新教教徒逐出教堂，不仅恢复了天主教信仰，而且找借口说新教的建立是非法和不受《奥格斯堡和约》保护的。巴伐利亚选帝侯马克西米利安一世的这种行为被新教教徒看作一种明显并且无可狡辩的侵略行为，而其造成的直接结果是两个阵营的对立。安哈尔特的克里斯蒂安是一个乐观而狂暴的人。安哈尔特的克里斯蒂安参与领导事务必然预示着战争

安哈尔特的克里斯蒂安

和纠纷。1608年，安哈尔特的克里斯蒂安抓住机会，与莱茵兰的新教国家组成了一个联盟。这个联盟一形成，安哈尔特的克里斯蒂安就希望能与奥-西哈布斯堡王朝开战。1609年，颇具实力的自由城市斯特拉斯堡、纽伦堡和乌尔姆也加入了这个联盟。巴拉丁选帝侯腓特烈五世是公认的联盟领袖。安哈尔特的克里斯蒂安和巴登-杜尔拉赫藩侯格奥尔格·弗里德里希任命了将军准备迎敌。因此，神圣罗马帝国的加尔文主义者随时准备誓死捍卫自己的利益，抵御反宗教改革运动的浪潮的入侵。天主教教徒也在紧锣密鼓地准备战争。1609年，在巴伐利亚选帝侯马克西米

巴拉丁选帝侯腓特烈五世

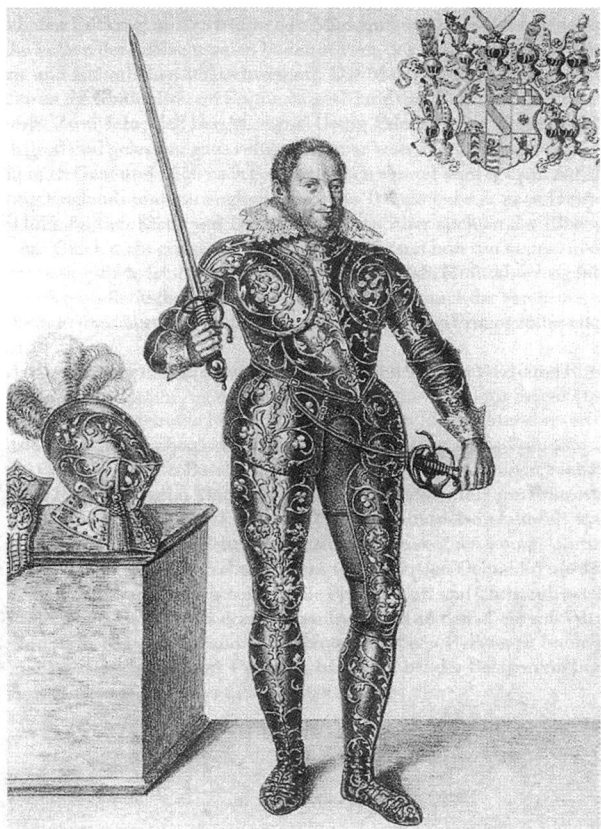

巴登－杜尔拉赫藩侯格奥尔格·弗里德里希

利安一世的领导下，德意志南部的天主教主教成立了致力于维护天主教利益的天主教联盟。对这个天主教联盟，不仅教皇保罗五世表示支持，而且西班牙承诺会提供援助。巴伐利亚选帝侯马克西米利安一世富有远见卓识，指导这个天主教联盟制定了许多政策。巴伐利亚选帝侯马克西米利安一世的财富是军费的来源，而他的训练有素的军队在蒂伊伯爵约翰·采克拉斯的指挥下作战。巴伐利亚选帝侯马克西米利安一世有西班牙和教皇保罗五世可以依靠。在德意志南部进行的这场斗争中，天主教联盟有意与竞争对手拉开距离并争夺领导权。

然而，关于克利夫斯和于利希的继承问题使胜利的天平迅速向另一边倾斜。神圣罗马帝国皇帝鲁道夫二世占领了于利希，而勃兰登堡选帝侯约翰·西吉斯蒙德和诺伊堡的巴拉丁伯爵则共同掌控着克利夫斯。正如人们看到的，在法兰西王国的领导下，一个最强大的新教力量的组合产生了。这个组合不仅推翻了奥-西哈布斯堡王朝，而且阻止了天主教在神圣罗马帝国境内的发展。受到外来威胁时，不幸的神圣罗马帝国皇帝鲁道夫二世发现自己只能听任叛乱的臣民的摆布。1606年，在奥地利和匈牙利，神圣罗马帝国皇帝鲁道夫二世的弟弟，即奥地利的马蒂亚斯利

奥地利的马蒂亚斯

用天主教强制恢复人们——尤其是贵族——的天主教信仰造成的不满情绪，以宗教宽容为策略赢得了主动权。奥地利的马蒂亚斯的叛乱完全成功了。1608年，神圣罗马帝国皇帝鲁道夫二世将奥地利和匈牙利交给了奥地利的马蒂亚斯。在匈牙利，奥地利的马蒂亚斯则任命了一名新教教徒为巴拉丁伯爵并且保证，无论是公开的还是私下的，他的所有臣民都能自由地选择自己的宗教信仰。因此，只有波希米亚和摩拉维亚仍然对神圣罗马帝国皇帝鲁道夫二世忠心耿耿。然而，和奥地利人民一样，波希米亚人很快发现，神圣罗马帝国皇帝鲁道夫二世非常软弱。1609年，波希米亚人民向鲁道夫二世索取了一份《皇家宪章》。根据这份《皇家宪章》，不仅所有人都应该享有信仰自由，而且所有君主领地上的人们都应该享有礼拜自由。然而，在私人领地和城镇，建立任何教堂或任何宗教崇拜场所都必须得到土地所有者和当局的同意。这份《皇家宪章》让皇帝给予臣民宗教信仰自由的想法是完全不切实际的。虽然对《皇家宪章》的解释立即出现了困难，但1611年，即奥地利的马蒂亚斯被承认为波希米亚国王后，一切问题都迎刃而解。1612年，神圣罗马帝国皇帝鲁道夫二世去世后，奥地利的马蒂亚斯被选为新的神圣罗马帝国皇帝——这一变化有利于和平的到来。1610年法兰西国王亨利四世去世，以及随后法兰西王国和英格兰王国从对抗奥-西哈布斯堡王朝的联盟中撤出的行为使得这个联盟不再强大。神圣罗马帝国军队被逐出于利希之后，克利夫斯-于利希问题一直处于搁置状态。然而，由于诺伊堡的巴拉丁伯爵信仰天主教和勃兰登堡选帝侯约翰·西吉斯蒙德信仰加尔文教的情况，问题变得更加复杂了。最终，根据签署于1614年、修改于1630年的《克桑滕条约》，勃兰登堡选帝侯约翰·西吉斯蒙德和诺伊堡的巴拉丁伯爵就一些公爵领地的划分办法达成了一个协议——勃兰登堡选帝侯约翰·西吉斯蒙德获得了克利夫斯、马克和拉芬斯堡，而于利希、贝格、拉芬施泰因则落入了诺伊堡家族手中。终于，神圣罗马帝国从即将来临的恐怖的战争中解放了出来，享受着休战期的和平。然而，在波希米亚，人们仍然能听到一些流言：神圣罗马帝国皇帝马蒂亚斯没有遵守《皇家宪章》，而反宗教改革运动的潮流则仍涌动着。巴伐利亚选帝侯马克西米利安一世一直在训练军队、积累财富，等待着有一天自己能单独以武力方式来解决神圣罗马帝国的宗教问题。

休战状态是被神圣罗马帝国皇帝马蒂亚斯打破的。神圣罗马帝国皇帝马蒂亚斯年老无嗣，而他的弟弟们同样不仅年迈，而且没有子嗣。奥-西哈布斯堡王朝的所有希望都集中在了施蒂里亚大公斐迪南二世身上。施蒂里亚大公斐迪南二世是奥-西哈布斯堡王朝唯一的继承人。因此，神圣罗马帝国皇帝马蒂亚斯必须确保施蒂里亚大公斐迪南二世继承奥-西哈布斯堡王朝在神圣罗马帝国境内的各处领地，并且在可能的情况下可以最终当选为神圣罗马帝国皇帝。为施蒂里亚大公斐迪南二世铺平即位道路成为神圣罗马帝国皇帝马蒂亚斯晚年的政策的核心。虽然奥-西哈布斯堡王朝的世袭统治权的继承只需要得到奥-西哈布斯堡王朝领导阶层和西班牙人的同意——这没有什么困难，但对拥有匈牙利国王和波希米亚国王的身份的神圣罗马帝国皇帝马蒂亚斯来说，让施蒂里亚大公斐迪南二世获得全部继承权绝非易事——毕竟，匈牙利国王和波希米亚国王都是选举产生的。作为匈牙利国王和波希米亚国王，在演说和保证的双重作用下，神圣罗马帝国皇帝马蒂亚斯的政策取得了暂时的胜利——匈牙利正式选举施蒂里亚大公斐迪南二世为匈牙利国王。在普雷斯堡，施蒂里亚大公斐迪南二世加冕为匈牙利国王，并且没有听到任何反对的声音。1617年，一些诸侯突然被召集在一起并且被要求依据世袭权承认施蒂里亚大公斐迪南二世拥有波希米亚王位的继承权。有证据表明，这些诸侯曾承认波希米亚的王位是合法世袭的。由于惊讶和神圣罗马帝国皇室施加的压力，这些诸侯只能默许施蒂里亚大公斐迪南二世拥有波希米亚王位的继承权的说法——实际上，根本没有领导人敢质疑或反驳神圣罗马帝国的这种说法。施蒂里亚大公斐迪南二世被承认为波希米亚国王，并且在加冕时宣誓自己会遵守《皇家宪章》。然而，施蒂里亚大公斐迪南二世刚登上波希米亚的王位，波希米亚的新教贵族就意识到自己做了一件蠢事——波希米亚的新教贵族不仅抬高了自己在宗教方面的敌人的地位，而且抛弃了自己的君主选举制度。波希米亚的新教贵族很有可能否定了自己的重要性。这种不满情绪导致波希米亚的新教贵族找到了一个能干的领袖，即英德日赫·马加什·图尔恩-瓦尔萨西纳伯爵。英德日赫·马加什·图尔恩-瓦尔萨西纳伯爵不仅是另一个安哈尔特的克里斯蒂安，而且立志废黜波希米亚国王斐迪南二世和推翻奥-西哈布斯堡王

英德日赫·马加什·图尔恩－瓦尔萨西纳伯爵

朝。新教成员召开了一次会议，对向神圣罗马帝国皇帝马蒂亚斯的一项请求达成了一致意见。1618年5月23日，针对得到的不利答复，英德日赫·马加什·图尔恩-瓦尔萨西纳伯爵率领一群贵族闯入布拉格的宫殿，抓住了被指控给出了令人厌恶的答复的雅罗斯拉夫·博尔齐塔·冯·马丁尼茨和威廉·斯拉瓦塔·冯·赫卢姆·翁德。英德日赫·马加什·图尔恩-瓦尔萨西纳伯爵以波希米亚人的传统方式把雅罗斯拉夫·博尔齐塔·冯·马丁尼茨、威廉·斯拉瓦塔·冯·赫卢姆·翁德和菲利普·法布里丘斯一起扔出了窗外。奇怪的是，雅罗斯拉夫·博尔齐塔·冯·马丁尼、威廉·斯拉瓦塔·冯·赫卢姆·翁德和菲利普·法布里丘斯虽然从七十英尺高的地方掉到了沟里，但都没有丧生。英德日赫·马加什·图尔恩-瓦尔萨西纳伯爵希望通过这次暴力行动使奥地利和波希米亚之间的和平彻底化为泡影。英德日赫·马加什·图尔恩-瓦尔萨西纳伯爵几乎没有想到自己已经发出了战争的信号，而这场战争将使波希米亚和整个神圣罗马帝国衰退三十年并且在文明竞赛中倒退一个世纪。

第 4 章

三十年战争的起因

在布拉格作乱时，英德日赫·马加什·图尔恩-瓦尔萨西纳伯爵和他的同伴们很有可能只是想挣脱束缚波希米亚的奥-西哈布斯堡王朝的绳索。英德日赫·马加什·图尔恩-瓦尔萨西纳伯爵等人十分鲁莽，把自己想象成独立的信仰新教的波希米亚人，却要接受他们和他们的贵族兄弟选择的傀儡国王的统治。起初，英德日赫·马加什·图尔恩-瓦尔萨西纳伯爵似乎是对的。神圣罗马帝国倾向于让国王和反叛的臣民互相攻伐；萨克森选帝侯约翰·格奥尔格一世和巴伐利亚选帝侯马克西米利安一世拒绝干涉波希米亚事务；西班牙人虽然承诺会提供援助，但没有付诸行动。神圣罗马帝国皇帝马蒂亚斯和波希米亚国王斐迪南二世的军队只是一支由第二代比夸伯爵查尔斯·博纳旺蒂尔·德·隆格瓦指挥的约一万四千名士兵的军队。虽然第二代比夸伯爵查尔斯·博纳旺蒂尔·德·隆格瓦曾在荷兰服役，是一位值得信任的将军，但他率领的这支军队背后是空虚的国库和不满的人民。如果波希米亚人民与瑞士人民和荷兰人民一样，具有冷静无私的爱国主义精神，能做出一切牺牲，并且决心面对一切后果，那么奥-西哈布斯堡王朝的丧钟一定已经敲响了。然而，实际上，不可征服的精神与波希米亚国王斐迪南二世同在。波希米亚革命的领导人有一个卑鄙的想法，即想同时享受胜利的果实和让别人承担责任。波希米亚贵族们领导成立了一个拥有三十位委员的委员会。英德日赫·马加什·图尔恩-瓦尔萨西纳伯爵接管军队时，波希米亚人民举行了一次会议来处理国家事务。招募军队的命令被发布后，问题立刻出现了——谁来担负军费。虽然贵族们最初的想法是城镇应该担负军费，但城镇很自然地拒绝了这种自我牺牲的英雄角色。新的税收政策获得通过后，没有人试图提高税收。第二代比夸伯爵查尔斯·博纳旺蒂尔·德·隆格瓦开始向仍然忠于神圣罗马帝国皇帝马蒂亚斯的天主教城镇布德韦斯进军的消息传出时，波希米亚的委员和国会成员们都陷入了恐慌。一项针对波希米亚男性人口的全面征兵的命令已经被下达了。然而，波希米亚的国会成员没有面对第二代比夸伯爵查尔斯·博纳旺蒂尔·德·隆格瓦开始进军如此令人不快的问题，而是悄悄溜回了家——他们的做法就像学生们在玩反叛游戏。一些应征入伍的兵丁虽然出现在了英德日赫·马加什·图尔恩-瓦尔萨西纳伯爵的军营里，但没有武器。不仅没有军官训练新兵，而且没有人付军饷给新兵——革命可不是这样就能成功的。波希米亚贵族只是一个以自由、爱国主义和宗教等神圣的名义为特权和权力而斗争的派别。如果其他列强没有及时干涉波希米亚革命，那么第二代比夸伯爵查尔斯·博纳旺蒂尔·德·隆格瓦和一万四千名饥寒交迫的士兵一定会让波希米亚贵族为自己的自私和傲慢付出代价。

萨伏依公爵查理·埃马纽埃尔一世对奥-西哈布斯堡王朝的敌意没有减弱。法兰西国王亨利四世去世后，萨伏依公爵查理·埃马纽埃尔一世不得不与西班牙和平相处。萨伏依公爵查理·埃马纽埃尔一世虽然焦躁不安，野心勃勃，但绝不是不谨慎的。一听到波希米亚革命的消息，萨伏依公爵查理·埃马纽埃尔一世就决心尽力秘密帮助波希米亚人的革命事业，并且带着这个目的，开启了与巴拉丁选帝侯腓特烈五世的谈判。1610年，巴拉丁选帝侯腓特烈四世去世后，腓特烈五世继承了选帝侯的职位。巴拉丁选帝侯腓特烈五世虽然年轻、英俊、热情，但缺乏克服遇到的重重困难的智慧。巴拉丁选帝侯腓特烈五世在政治方面是安哈尔特的克里斯蒂安的学生，在宗教方面是狂热的加尔文主义者。巴拉丁选帝侯腓特烈五世自视甚高，也受到别人的尊重。巴拉丁选帝侯腓特烈五世是神圣罗马帝国的加尔文主义者的天生的领袖，也是奥-西哈布斯堡王朝和反宗教改革运动的死敌。由于和美丽的伊丽莎白·斯图亚特的婚姻，巴拉丁选帝侯腓特烈五世对世界的影响更大了。伊丽莎白·斯图亚特是

伊丽莎白·斯图亚特

英王詹姆斯一世的女儿。众所周知，英王詹姆斯一世一心想和西班牙结盟并且卷入了一场欧洲战争。然而，我们同样可以肯定的是，英王詹姆斯一世并没有放弃自己从前任手中继承下来的新教的同盟和捍卫者的地位。此外，英格兰王国拥有一个有影响力的党派，即议会派。英王詹姆斯一世认为自己的女儿伊丽莎白·斯图亚特与巴拉丁选帝侯腓特烈五世的婚姻是他的新教政策的强有力保证。

英王詹姆斯一世

巴拉丁选帝侯腓特烈五世是第一个祝贺波希米亚人革命并且向他们提供帮助的神圣罗马帝国诸侯。1618年7月，巴拉丁选帝侯腓特烈五世派了一名密探去布拉格。巴拉丁选帝侯腓特烈五世向波希米亚的委员会保证，西班牙和巴伐利亚如果向神圣罗马帝国皇帝马蒂亚斯提供帮助，那么波希米亚将得到新教同盟的支持。正是在这个节骨眼上，萨伏依公爵查理·埃马纽埃尔一世出现了。萨伏依公爵查理·埃马纽埃尔一世表示想以巴拉丁选帝侯腓特烈五世的名义派曼斯费尔德伯爵彼得·恩斯特带领两千人立刻去帮助波希米亚人。巴拉丁选帝侯腓特烈五世立刻同意

曼斯费尔德伯爵彼得·恩斯特

了萨伏依公爵查理·埃马纽埃尔一世的想法。实际上，知道真相的人只有巴拉丁选帝侯腓特烈五世、安哈尔特的克里斯蒂安和勃兰登堡-安斯巴赫藩侯约阿希姆·恩斯特。1618年9月，曼斯费尔德伯爵彼得·恩斯特抵达战场，包围了比尔森。与此同时，全世界的人都相信曼斯费尔德伯爵彼得·恩斯特代表着巴拉丁选帝侯腓特烈五世。许多人认为，巴拉丁选帝侯腓特烈五世如果没有得到英格兰王国的支持，那么一定不敢做出如此大胆的举动。曼斯费尔德伯爵彼得·恩斯特解围的时机恰到好处。然而，对有关各方来说，派曼斯费尔德伯爵彼得·恩斯特上战场这

勃兰登堡－安斯巴赫藩侯约阿希姆·恩斯特

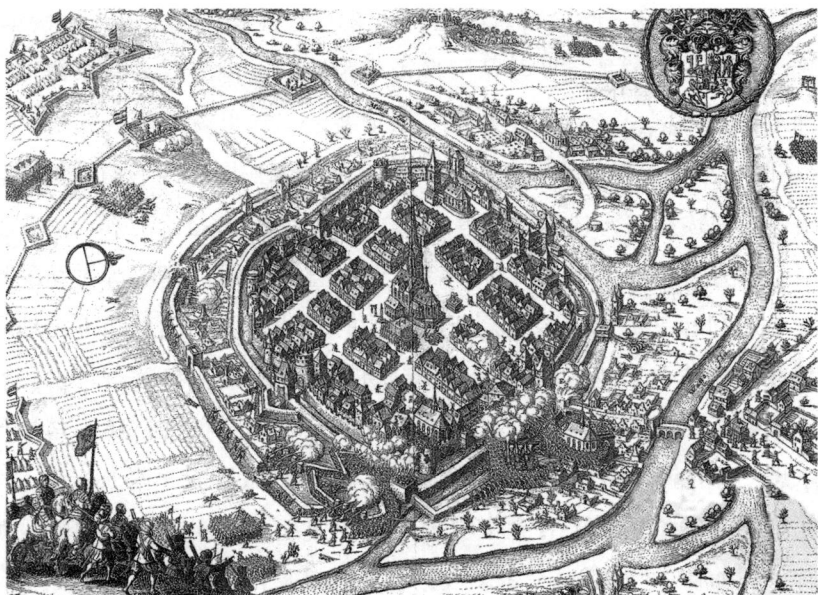

围攻比尔森

种做法不值得赞扬——曼斯费尔德伯爵彼得·恩斯特虽然很有能力，但不仅是一个冒险者，而且是无助和善良之人的灾星。在一场民族斗争开始时，让曼斯费尔德伯爵彼得·恩斯特这样的人掌权就等于把这场斗争立即变成了一场充斥着残暴和掠夺的战争。然而，在比尔森，曼斯费尔德伯爵彼得·恩斯特的出现改变了形势。听到巴拉丁选帝侯腓特烈五世干预波希米亚革命的行动后，西里西亚人派了三千人马去帮助波希米亚人。面对西里西亚人的增援部队，第二代比夸伯爵查尔斯·博纳旺蒂尔·德·隆格瓦不仅中止了对布拉格的进攻，而且很快就被迫退回到布德韦斯。在布德韦斯，第二代比夸伯爵查尔斯·博纳旺蒂尔·德·隆格瓦被英德日赫·马加什·图尔恩-瓦尔萨西纳伯爵包围了。1618年11月21日，比尔森的军队向曼斯费尔德伯爵彼得·恩斯特投降。不久后，掌管波希米亚王国和军队的神圣罗马帝国皇帝马蒂亚斯只剩下了布德韦斯的守备部队了。

1619年，奥-西哈布斯堡王朝迎来了更加黑暗的一年。1619年3月20日，疲惫不堪的神圣罗马帝国皇帝马蒂亚斯去世了。人们觉得，即位为神圣罗马帝国皇帝后，波希米亚国王斐迪南二世就更不会妥协了。如果奥-西哈布斯堡王朝想取得胜利，那么波希米亚国王斐迪南二世必须迅速出击。在埃格河，谈判已经停止了。西里西亚-摩拉维亚和卢萨蒂亚的国会都公开支持波希米亚人的革命事业并且愿意提供军事等方面的援助。上奥地利和下奥地利主要是新教教徒的领地。上奥地利和下奥地利的新教教徒视波希米亚人的事业为自己的事业，投票支持战争，占领和管理着波希米亚国王斐迪南二世的领地，并且想归降英德日赫·马加什·图尔恩-瓦尔萨西纳伯爵和波希米亚军队。英德日赫·马加什·图尔恩-瓦尔萨西纳伯爵乐于看到上奥地利和下奥地利的新教教徒归降。英德日赫·马加什·图尔恩-瓦尔萨西纳伯爵让霍恩洛厄伯爵去监视第二代比夸伯爵查尔斯·博纳旺蒂尔·德·隆格瓦，而英德日赫·马加什·图尔恩-瓦尔萨西纳伯爵本人则负责突袭维也纳。英德日赫·马加什·图尔恩-瓦尔萨西纳伯爵希望以一场漂亮的奇袭结束战争并且确保革命的成功。1619年6月2日，波希米亚国王斐迪南二世感到无助、烦恼和绝望，只能同意接见各个领地的代表。代表们敦促波希米亚国王斐迪南二世承认波希米亚革命的合法性，在奥地利建立一个独立的新教政府，并且指出这是唯一脱困的机会。波希米亚国王斐迪南二世十分清楚一个事实，即如果他拒绝这些条件，那么不仅维也纳的大门将向英德日赫·马加什·图尔恩-瓦尔萨西纳伯爵敞开，而且他可能会被敌人俘虏。然而，在自身和欧洲命运的这场危机中，波希米亚国王斐迪南二世从未动摇过。"如果这场斗争是上帝的旨意，"波希米亚国王斐迪南二世说道，"那么请让我灭亡吧。"波希米亚国王斐迪南二世寸步不让，宁死不屈。代表们群情鼎沸，吵吵闹闹地把波希米亚国王斐迪南二世团团围住，急切、专横地要求波希米亚国王斐迪南二世接受他们的条件。据说，当时，波希米

17 世纪初的维也纳

亚国王斐迪南二世正在和一位大公互相拉扯。突然，大厅里号角长鸣，而街道上则人声鼎沸——这是军队到来的先兆。到来的军队是一支忠诚的骑兵团，是波希米亚国王斐迪南二世从乡下调来的援军先头部队。

危机解除后，惶惶不安的代表们只能四散而去。英德日赫·马加什·图尔恩-瓦尔萨西纳伯爵来到维也纳，发现不仅城门紧闭，而且有人看守城墙。由于没有足够的力量围城，英德日赫·马加什·图尔恩-瓦尔萨西纳伯爵只能匆匆离去，迅速穿过边境撤退。与此同时，第二代比夸伯爵查尔斯·博纳旺蒂尔·德·隆格瓦终于得到了西属尼德兰的增援。留下了一部分军队在布德韦斯监视霍恩洛厄伯爵后，第二代比夸伯爵查尔斯·博纳旺蒂尔·德·隆格瓦突袭了正赶去萨布拉特并且准备与霍恩洛厄伯爵会合的曼斯费尔德伯爵彼得·恩斯特。彻底击垮了曼斯费尔德伯爵彼得·恩斯特的军队后，第二代比夸伯爵查尔斯·博纳旺蒂尔·德·隆格瓦加强了对布德韦斯的攻势。第二代比夸伯爵查尔斯·博纳旺蒂尔·德·隆格瓦驱赶着霍恩洛厄伯爵的军队向波希米亚南部行军。突然，第二代比夸伯爵查尔斯·博纳旺蒂尔·德·隆格瓦被命令去保卫普雷斯堡和维也纳，抵抗刚刚宣布支持波希米亚人的特兰西瓦尼亚亲王加布里埃尔·拜特伦的进攻。此外，在萨布拉特一战中，指挥着一个瓦隆的骑兵团的波希米亚贵族阿尔布雷赫特·文策尔·欧西比乌斯·冯·瓦伦斯坦表现突出。

为了自己的利益，刚从维也纳敌人的进攻中逃脱的波希米亚国王斐迪南二世不得不亲自去法兰克福参加即将到来的神圣罗马帝国皇帝选举。乍一看，波希米亚国王斐迪南二世的成功当选似乎十拿九稳。波希米亚国王斐迪南二世确信，三张教会选票加上他作为波希米亚国王的一张选票将使他获得多数选票。然而，萨克森选帝侯约翰·格奥尔格一世以书面形式反对波希米亚国王斐迪南二世拥有波希米亚国王的选票——只有波希米亚问题得到彻底解决才能表明波希米亚国王斐迪南二世的王位是合法的。人们都认为，在如此艰巨的法律问题得到解决前，进行选举是不安全的做法。因此，加尔文教的代表、巴拉丁选帝侯腓特烈五世

萨布拉特战役

战场上的阿尔布雷赫特·文策尔·欧西比乌斯·冯·瓦伦斯坦

和勃兰登堡-安斯巴赫藩侯约阿希姆·恩斯特仍然有一些办法阻止波希米亚国王斐迪南二世——他们如果不能确保自己提名的人获得选票，那么可以通过巧妙的方法来阻止波希米亚国王斐迪南二世当选；他们如果立刻全力支持萨克森选帝侯约翰·格奥尔格一世的政策并且与新教联合，那么至少会无限期推迟波希米亚国王斐迪南二世的当选。巴拉丁选帝侯腓特烈五世和勃兰登堡-安斯巴赫藩侯希望自己成为皇帝的缔造者。然而，安哈尔特的克里斯蒂安统率着巴拉丁选帝侯腓特烈五世的军队。因此，巴拉丁选帝侯腓特烈五世不能当萨克森选帝侯约翰·格奥尔格一世的副手。安哈尔特的克里斯蒂安长途跋涉，去了都灵，试图与萨伏依公爵查理·埃马纽埃尔一世达成协议，而巴伐利亚选帝侯马克西米利安一世则对此表示明确反对。因此，1619年7月20日，即神圣罗马帝国皇帝的选举会议召开时，加尔文教不仅没有派出候选人，而且没有出台政策。

看到自己的策略被人轻蔑地抛在一边时，萨克森选帝侯约翰·格奥尔格一世感到十分恼火。由于不敢把神圣罗马帝国托付给鲁莽无能的人，萨克森选帝侯约翰·格奥尔格一世只能指示自己的代表撤回他对波希米亚国王斐迪南二世代表波希米亚王国一事的反对意见并且改投赞成票。巴拉丁选帝侯腓特烈五世和勃兰登堡选帝侯约翰·西吉斯蒙德意识到，波希米亚国王斐迪南二世那一票是否有效已经无关紧要——波希米亚国王斐迪南二世已经获得了多数票。因此，巴拉丁选帝侯腓特烈五世和勃兰登堡选帝侯约翰·西吉斯蒙德做出了必要的让步。1619年8月28日，波希米亚国王斐迪南二世全票当选为神圣罗马帝国皇帝。安哈尔特的克里斯蒂安和巴拉丁选帝侯腓特烈五世采取的政策就是让萨克森选帝侯约翰·格奥尔格一世坚定地站在神圣罗马帝国皇帝斐迪南二世一边。

然而，很快，安哈尔特的克里斯蒂安和巴拉丁选帝侯腓特烈五世的政策就结出了恶果。当选十天前，在布拉格，神圣罗马帝国皇帝斐迪南二世的波希米亚国王身份被庄严地废黜了。1619年8月27日，巴拉丁选帝侯腓特烈五世被选为波希米亚国王。然而，巴拉丁选帝侯腓特烈五世必须决定自己是否接受波希米亚王位——这是一项重大的决定。与尚是波希米亚国王的斐迪南二世的斗争如果是由加尔文教领袖和神圣罗马帝国的选帝侯们领导的，那么便不能仅仅被看作是奥-西哈布斯堡王朝和附属国之间的问题。在这场无疑牵涉着神圣罗马帝国的最大利益的争斗中，与奥地利和波希米亚的福祉一样，神圣罗马帝国的福祉岌岌可危。如果在波希米亚，巴拉丁选帝侯腓特烈五世和加尔文主义者能成功地建立自己的政权，那么神圣罗马帝国诸侯们和新教两大派别之间的权力平衡会被粗暴地打破，而神圣罗马帝国的新教教徒的主导地区将从德累斯顿变成海德堡。一方面，人们不愿意看到神圣罗马帝国的独裁者安哈尔特的克里斯蒂安的胜利姿态或日内瓦战胜罗马和威滕伯格的情况；而另一方面，巴伐利亚选帝侯马克西米利安一世和教会的诸侯们是否会乖乖地任人宰割也是一个问题。因为教会诸侯们的领地被剥夺了，所以巴伐利亚选帝侯马克西米利安一世的权力消失了。危险没有结束。已经向神圣罗马帝国皇帝斐迪南二世援助了资金和军队的西班牙会不会因英王詹姆斯一世极力促成的英格兰王国和西班牙的联姻而退出战争？清楚地认识到这场战争同时是一场政治战争和宗教战争时，西班牙会不会把全部力量投入到这场战争中？教皇保罗五世是否会去鼓吹一场反对巴拉丁选帝侯腓特烈五世侵略的十字军东征，让神圣罗马帝国的加尔文主义者成为第二个圣巴多罗买①？如果天主教列强联合起来反对巴拉丁选帝侯腓特烈

耶稣的十二个门徒之一——圣巴多罗买

---

① 圣巴多罗买，耶稣的十二个门徒之一，殉教时被剥皮而死。——译者注

五世，决心冒一切风险并且不会退却，那么英王詹姆斯一世会不会对至亲视而不见，会不会无视英格兰王国的传统政策，会不会不顾国人的看法，拒绝拔刀拯救他的女婿巴拉丁选帝侯腓特烈五世？清醒的人们都会问自己这些问题。惊恐的人们眼前出现了一个宗教战争的幽灵，而这场战争不仅会使神圣罗马帝国走向灭亡，而且会使欧洲走向灭亡。人们想让巴拉丁选帝侯腓特烈五世明白形势的严重性。巴拉丁选帝侯腓特烈五世的母亲、议员、法兰西王国的大使，甚至黑森-卡塞尔伯爵莫里斯，都劝巴拉丁选帝侯腓特烈五世拒绝继任波希米亚国王。然而，安哈尔特的克里斯蒂安和巴拉丁选帝侯腓特烈五世的追随者对危险视而不见，怂恿

黑森－卡塞尔伯爵莫里斯

巴拉丁选帝侯腓特烈五世继续向前。巴拉丁选帝侯腓特烈五世也希望推迟答复时间。首先，巴拉丁选帝侯腓特烈五世要向英格兰王国方面搞清楚一件事，即英王詹姆斯一世是否会提供支持。然而，推迟答复时间不是波希米亚人民或安哈尔特的克里斯蒂安想要的结果。在虚荣心和野心的驱使下，巴拉丁选帝侯腓特烈五世陷入了深渊。1619年9月25日，巴拉丁选帝侯腓特烈五世正式宣布自己成为波希米亚国王。1619年11月4日，在布拉格大教堂，巴拉丁选帝侯腓特烈五世加冕为波希米亚国王腓特烈一世。

巴拉丁选帝侯腓特烈五世在布拉格大教堂加冕

波希米亚国王腓特烈一世加冕后，危险立刻出现了。英王詹姆斯一世虽然企图利用波希米亚革命来调解神圣罗马帝国的天主教教徒和新教教徒之间的矛盾并且建立和平，但从未支持过波希米亚革命。波希米亚国王腓特烈一世的鲁莽行为立刻毁掉了英王詹姆斯一世成功的一线希望。然而，更糟糕的事还在后面。英王詹姆斯一世本有足够的时间研究波希米亚的法律并且判断波希米亚革命的合法性。在英王詹姆斯一世得出结论前，波希米亚国王腓特烈一世却没有承担起自己的责任——虽然这已经够糟糕了，但更糟糕的是，波希米亚国王腓特烈一世竟然采取了一项不仅可能会刺激到西班牙人的敏感神经，而且会危及威尔士亲王查

威尔士亲王查理（即后来的英王查理一世）

西班牙公主玛丽亚·安娜

理和西班牙公主玛丽亚·安娜的婚姻谈判的措施。英王詹姆斯一世把全部心思都放在了联姻谈判上面。英王詹姆斯一世会立刻否认自己与波希米亚国王腓特烈一世串通一气，并且因波希米亚国王腓特烈一世破坏了他在欧洲的如意算盘而愤愤不平。如果获得英格兰王国援助的希望破灭了，那么获得来自萨伏依或神圣罗马帝国的路德教诸侯的援助就更不可能了。波希米亚国王腓特烈一世忙于波希米亚事务时，新教同盟只同意帮助捍卫他的世袭领地。波希米亚国王腓特烈一世必须用自己的力量来面对即将到来的战争。醉醺醺却能干的特兰西瓦尼亚公爵拜特伦·加博尔利用神圣罗马帝国皇帝斐迪南二世去维也纳的时间大肆掠夺。发现自己无法从波希米亚人民那里得到钱时，特兰西瓦尼亚亲王加布里埃尔·拜特伦放弃了支持波希米亚革命的做法。1620年1月17日，特兰西瓦尼亚亲王加布里埃尔·拜特伦与神圣罗马帝国皇帝斐迪南二世签订条约，获得了对匈牙利的大部分基督教地区的主权。此外，因为人们已

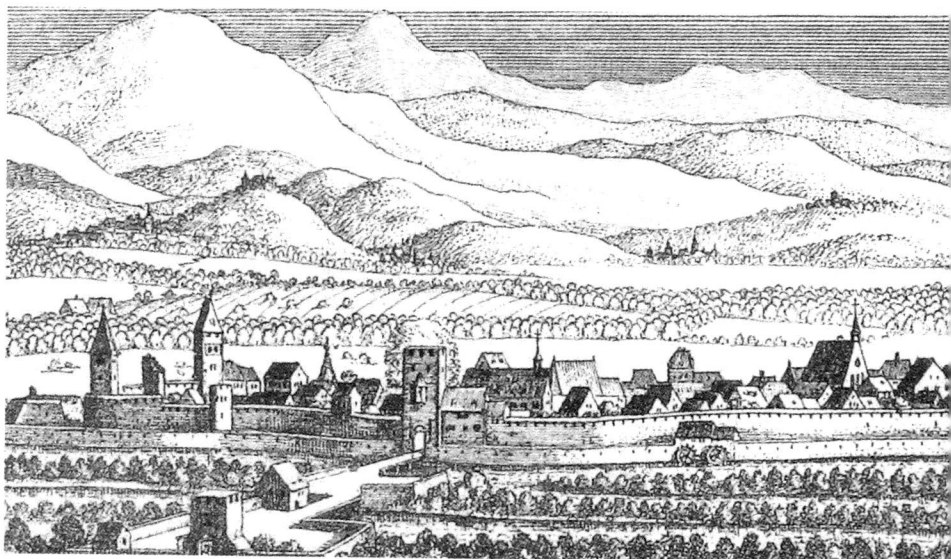

米尔豪森

经意识到波希米亚国王腓特烈一世的行为对神圣罗马帝国构成了很大威胁，所以在争取盟友方面，神圣罗马帝国皇帝斐迪南二世没有遇到什么困难。天主教联盟选定了巴伐利亚选帝侯马克西米利安一世作为首领。巴伐利亚选帝侯马克西米利安一世承诺自己会把军队和天主教联盟的军事力量交由神圣罗马帝国皇帝斐迪南二世支配，而得到的回报则是占领上奥地利和把选帝侯的帽子从波希米亚国王腓特烈一世的头上扯下来。1620年3月，在米尔豪森，巴伐利亚选帝侯马克西米利安一世组织天主教联盟与萨克森选帝侯约翰·格奥尔格一世举行了一次会议。在这次会议上，天主教联盟与萨克森选帝侯约翰·格奥尔格一世达成了一项协议，即如果德意志北部的新教主教和行政官继续忠于神圣罗马帝国皇帝斐迪南二世，那么天主教联盟不会收回新教主教和行政官的土地。虽然教会土地的问题没有得到解决，但无论如何，这种安排都确保了萨克森和路德教诸侯们的中立。教皇保罗五世通过拨款增强了天主教联盟的力量，

而西班牙国王腓力三世则同意从荷兰出兵进攻波希米亚国王腓特烈一世的领地。

因此，1620年的战争背景与1619年已经完全不同——这场战争已经变成了神圣罗马帝国的战争。随着西班牙和教皇保罗五世确定介入，以及英格兰王国可能介入，这场战争有可能蔓延到整个欧洲。在这场战争中，一方是天主教联盟，而另一方则是新教同盟。因此，这场战争成为一场宗教战争。从军事和政治的角度来看，巴伐利亚选帝侯马克西米利安一世加入天主教联盟对神圣罗马帝国皇帝斐迪南二世的事业产生了很大的影响。虽然巴伐利亚选帝侯马克西米利安一世体弱多病、相貌丑陋，但他内心隐藏着钢铁般的意志和无可挑剔的判断力。在同时代的神圣罗马帝国诸侯中，只有巴伐利亚选帝侯马克西米利安一世有政治家的才能，知道什么是可能实现的。巴伐利亚选帝侯马克西米利安一世从未受挫，立场坚定，从不冒险。巴伐利亚选帝侯马克西米利安一世继承的是一个贫困的国家，一处在地域上支离破碎和在宗教层面分崩离析的领地。巴伐利亚选帝侯马克西米利安一世把天主教的至高无上的地位、巩固领土和维护选帝侯的尊严作为自己的政策的目标。通过勤俭节约和良好的管理，巴伐利亚选帝侯马克西米利安一世积累了大量的财富，并且训练出了一支强大的军队。巴伐利亚选帝侯马克西米利安一世把这支强大的军队托付给了蒂伊伯爵约翰·采克拉斯。蒂伊伯爵约翰·采克拉斯被认为是当时最伟大的将军。现在，巴伐利亚选帝侯马克西米利安一世抓住机会，满怀信心地投身于实现个人野心和宗教的战争中，并且认为自己是天主教事业的真正领袖和奥-西哈布斯堡王朝的救星。1620年6月，命途多舛的波希米亚国王腓特烈一世面临种种困境。西班牙国王腓力三世确信，如果他能借助第一代贡多马尔伯爵迭戈·萨缅托·德·阿库尼亚的外交手

第一代贡多马尔伯爵迭戈·萨缅托·德·阿库尼亚

第一代巴尔巴斯侯爵安布罗乔·斯皮诺拉·多里亚

段，那么即使他入侵波希米亚国王腓特烈一世的领地，英王詹姆斯一世也不会打破中立立场。因此，西班牙国王腓力三世向第一代巴尔巴斯侯爵安布罗乔·斯皮诺拉·多里亚将军下达了命令。1620年8月，西班牙军队抵达美因茨。1620年6月底，蒂伊伯爵约翰·采克拉斯越过边境进入奥地利。与第二代比夸伯爵查尔斯·博纳旺蒂尔·德·隆格瓦会合后，蒂伊伯爵约翰·采克拉斯率军缓缓进入波希米亚。在前进的过程中，蒂伊伯爵约翰·采克拉斯占领了一些城镇，把敌人赶回了布拉格。1620年11月8日，蒂伊伯爵约翰·采克拉斯看到了布拉格，并且发现安哈尔特的克里斯蒂安正在城外的白山集结波希米亚军队。虽然第二代比夸伯爵查尔斯·博纳旺蒂尔·德·隆格瓦希望拖延进攻时间，但蒂伊伯爵约翰·采克拉斯坚持立即进攻。战斗打响时，波希米亚国王腓特烈一世正身处布拉格。波希米亚国王腓特烈一世急急忙忙接管了军队，却发现一切都为时已晚。一看到蒂伊伯爵约翰·采克拉斯率领的骁勇雇佣兵，波希米亚国王腓特烈一世的士兵们就惊慌失措、四散而逃。波希米亚国王腓特烈一世也混在人群中溜之大吉了。因此，波希米亚国王腓特烈一世的领土被西班牙人彻底占领了。波希米亚国王腓特烈一世不仅是一个被抛弃的人，而且是一个逃亡者。直到逃至海牙后，波希米亚国王腓特烈一世和奥兰治亲王莫里斯一起找到了避难处，才得以安身。耶稣会会士们讥讽称，波希米亚国王腓特烈一世只能是一个"冬王"——夏天到来时，他会融化。虽然耶稣会会士们的预言应验了，但毁灭波希米亚国王腓特烈一世的不是酷暑，而是秋天的洪水。最终，波希米亚国王腓特烈一世又成了巴拉丁选帝侯腓特烈五世。

白山战役的胜利标志着新教在波希米亚确立霸权的意图的结束。神圣罗马帝国皇帝斐迪南二世立刻派人要来《皇家宪章》并且亲手将其撕毁。革命的领导人都被处死了，而他们的土地也被没收了。神圣罗马帝国不仅禁止巴拉丁选帝侯腓特烈五世回国，而且宣布没收他的土地和头衔。此外，大部分新教的神职人员都被流放了。支付了大量的战争赔偿后，革命分子得到了赦免。天主教和神圣罗马帝国成了新的地主，即被没收土地的占有者，并且使用各种手段，使得波希米亚各地恢复了对天主教的信仰。为了通过教育来巩固已经开始壮大的教会力量，大城镇都建立了耶稣会学院。因此，波希米亚一定会成为欧洲的天主教国家的一员。只有西里西亚和卢萨蒂亚成功地保留了一些原有的权利和宗教。领导斗争的重任落到了萨克森选帝侯约翰·格奥尔格一世肩上。白山战役的结果表明新教同盟必须为和平而战时，新教同盟发现，萨克森选帝侯约翰·格奥尔格一世是靠不住的。1621年1月21日，萨克森选帝侯约

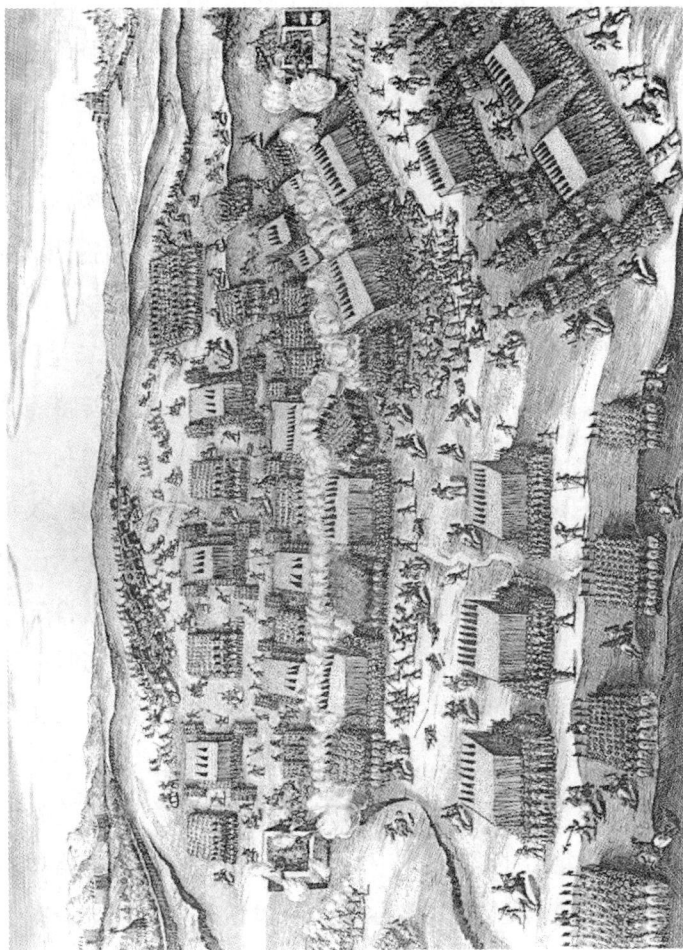

白山战役

翰·格奥尔格一世签订了《和约文书》作为新教同盟与西里西亚和平相处的条件。根据《和约文书》，新教同盟承认神圣罗马帝国皇帝斐迪南二世当选的合法性，并且同意支付三十万金币的罚款，而条件则是新教同盟的政治和宗教自由要受到尊重。神圣罗马帝国皇帝斐迪南二世虽然对《和约文书》中的"民选国王"一词感到非常愤怒，但认为接受《和约文书》比冒犯萨克森选帝侯约翰·格奥尔格一世更加明智。

1621年年初，神圣罗马帝国皇帝斐迪南二世和巴伐利亚选帝侯马克西米利安一世的政策完全成功了——波希米亚革命被粉碎；下巴拉丁被掌握在西班牙人手中；巴拉丁选帝侯腓特烈五世宣布放弃了选帝侯的称号。在奥地利、摩拉维亚和波希米亚，反宗教改革运动取得了胜利。1621年4月，新教同盟自动解散。然而，在前进的道路上，胜利者们还有困难要面对，需要小心解决。西班牙人对巴拉丁选帝侯腓特烈五世的领地被交给巴伐利亚人感到十分愤慨。英王詹姆斯一世因控制了巴拉丁选帝侯腓特烈五世的世袭领地而十分激动。英王詹姆斯一世授权英格兰人在弗兰西斯·维尔将军的带领下保卫下巴拉丁，对抗第一代巴尔巴斯侯爵安布罗乔·斯皮诺拉·多里亚将军。英王詹姆斯一世想将下巴拉丁作为自己与西班牙就家族联盟进行长期谈判的筹码。与此同时，西班牙和荷兰之间的休战期已经随着时间的流逝而结束。奥兰治亲王莫里斯打算把自己无与伦比的军事才能投入到与奥-西哈布斯堡王朝的较量中去。虽然莱茵兰的神圣罗马帝国诸侯们因天主教联盟的胜利而感到恐惧，只能寻找神圣罗马帝国境外的盟友，但除了巴登-杜尔拉赫藩侯格奥尔格·弗里德里希和不伦瑞克-沃尔芬比特尔的小克里斯蒂安，谁都没有行动。巴登-杜尔拉赫藩侯格奥尔格·弗里德里希和不伦瑞克-沃尔芬比特尔的小克里斯蒂安都拥有大片领地，而自《奥格斯堡和约》生效后，这些财产就被世俗化了。因此，反宗教改革运动的胜利导致巴登-杜尔拉赫藩侯格奥尔格·弗里德里希和不伦瑞克-沃尔芬比特尔的小克里斯蒂安再次处于

不伦瑞克－沃尔芬比特尔的小克里斯蒂安

危险中。除了是哈尔伯施塔特的新教主教，不伦瑞克-沃尔芬比特尔的小克里斯蒂安还是一个骑士式的军事冒险家。不伦瑞克-沃尔芬比特尔的小克里斯蒂安喜欢为战斗而战斗，更愿为战斗赋予浪漫的意义。曾经的波希米亚王后伊丽莎白·斯图亚特戴着头盔和手套，十分美丽，而她眼睛里射出的热情的光芒使不伦瑞克-沃尔芬比特尔的小克里斯蒂安摆出了一副骑士风度——他要为不幸的美人而复仇。巴拉丁选帝侯腓特烈五世的新盟友对他没有多大帮助。1621年10月，曼斯费尔德伯爵彼得·恩斯特不得不放弃上巴拉丁并且在阿尔萨斯渡过莱茵河去避难。1622年夏季，曼斯费尔德伯爵彼得·恩斯特与巴登-杜尔拉赫藩侯格奥尔格·弗里德里希和不伦瑞克-沃尔芬比特尔的小克里斯蒂安联合起来，准备夺回下巴拉丁。1622年5月6日，在内卡河畔的温普芬，蒂伊伯爵约翰·采克拉斯设法切断了巴登-杜尔拉赫藩侯格奥尔格·弗里德里希向前的线路。1622年6月20日，在美因河边的赫希斯特，蒂伊伯爵约翰·采克拉斯和不伦瑞克-沃尔芬比特尔的小克里斯蒂安之间爆发了一场战斗。落败后，不伦瑞克-沃尔芬比特尔的小克里斯蒂安和曼斯费尔德伯爵彼得·恩斯特不得不带领残余军队穿过莱茵河撤往洛林并且住在贫民免费提供的住所里。1622年9月16日，海德堡向蒂伊伯爵约翰·采克拉斯投降。1622年11月8日，曼海姆效仿了海德堡的做法。到1622年年底后，弗兰肯塔尔成为世袭领地中的唯一仍然属于不幸的巴拉丁选帝侯腓特烈五世的城市。巴拉丁选帝侯腓特烈五世的土地和财产都被没收了，不得不放弃剩余的军队，不伦瑞克-沃尔芬比特尔的小克里斯蒂安和曼斯费尔德伯爵彼得·恩斯特的军事努力也停止了。虽然巴拉丁选帝侯腓特烈五世发现，在不伦瑞克-沃尔芬比特尔的小克里斯蒂安和曼斯费尔德伯爵彼得·恩斯特面前，他根本没有任何权威，但欧洲人认为，巴拉丁选帝侯腓特烈五世应对不伦瑞克-沃尔芬比特尔的小克里斯蒂安和曼斯费尔德伯爵彼得·恩斯特的罪行负责。1623年2月13日，神圣罗马帝国皇帝斐迪南二世镇压了萨克森选帝侯约翰·格奥尔格一世和西班牙人。在雷根斯堡的会议上，神圣罗马帝国皇帝斐迪南二世郑重其事地将巴拉丁选帝侯腓特烈五世的领地移交给了巴伐利亚选帝侯马克西米利安一世，并且给予了巴伐利亚选帝侯马克西米利安一世上巴拉丁的管理权，作为战争开支的额外保障。

巴拉丁选帝侯腓特烈五世的领地被转移给巴伐利亚选帝侯马克西米利安一世一事恰好标志着三十年战争这出大戏的第一幕的谢幕。因为巴伐利亚选帝侯马克西米利安一世是战争胜利的主要原因，所以我们将波希米亚革命视为三十年战争这出大戏的第一幕的标志。巴伐利亚选帝侯马克西米利安一世指挥军队赢得了胜利，制定了明智的政策，并且提供了大量军费。巴伐利亚选帝侯马克西米利安一世如果能以合理方式实现和平，那么将作为神圣罗马帝国最伟大的政治家和奥-西哈布斯堡王朝的救星站在世人面前。然而，前进的道路上困难重重。自安特卫普休战结束后，荷兰人就与西班牙人展开了公开的战争。1623年年初，由于受到第一代巴尔巴斯侯爵安布罗乔·斯皮诺拉·多里亚将军的压迫，荷兰人请求曼斯费尔德伯爵彼得·恩斯特和不伦瑞克-沃尔芬比特尔的小克里斯蒂安及其残部提供帮助。不知不觉间，战争开始影响德意志北部的诸侯们。德意志北部的许多诸侯认为，如果神圣罗马帝国皇帝斐迪南二世成功镇压不伦瑞克-沃尔芬比特尔的小克里斯蒂安这位哈尔伯施塔特的新教主教，那么其他新教主教可能也会变成神圣罗马帝国皇帝斐迪南二世的囊中之物。因此，新教主教们团结在了不伦瑞克-沃尔芬比特尔的小克里斯蒂安的旗帜下。实际上，下萨克森圈状领地的诸侯也受到了类似的惊吓，开始武装了起来。由于危险近在咫尺，新教同盟只能重新拿起武器。虽然1623年8月，在施塔特洛恩，蒂伊伯爵约翰·采克拉斯对不伦瑞克-沃尔芬比特尔的小克里斯蒂安造成了毁灭性的打击，但这不足以保证和平。由于曼斯费尔德伯爵彼得·恩斯特仍然逍遥在外，战争一直持续到了1624年。令人满意的和平就是神圣罗马帝国利益不受损失，而这种和平的机会已经一去不复返了。

1625年年初，神圣罗马帝国想追求和平，却发现为时已晚。神圣罗马帝国已经成为外来侵略者的战利品。实际上，此后很久，神圣罗马帝国都遭受着基于不同利益的外国人的干预。终于，英王詹姆斯一世不得不承认，通过与西班牙结盟或试图按照自己的意愿解决欧洲事务是毫无希望的——虽然直到1623年访问了马德里后，威尔士亲王查理和第一代白金汉公爵乔治·维利尔斯才看清，但其他国家早已明白这一点。西

温普芬战役

施塔特洛恩战役

班牙提议建立联盟，并且认为建立联盟是防止英王詹姆斯一世在神圣罗马帝国的战争中亮剑的一种手段。天主教联盟是教皇最终恢复权威的一块垫脚石。虽然威尔士亲王查理和第一代白金汉公爵乔治·维利尔斯感到十分愤怒，但胆小的英王詹姆斯一世不愿卷入战争。1624年，英格兰王国的大使匆忙穿梭于瑞典、丹麦和下萨克森圈状领地之间，渴望通过谈判达成一个同盟以夺回巴拉丁。在伦敦，英王詹姆斯一世亲切地接待了曼斯费尔德伯爵彼得·恩斯特，并且允许他在巴拉丁招募两万人参加战争。此外，获得了法兰西国王路易十三的允许后，英格兰军队可以穿越法兰西王国去目的地。英格兰王国船坞里回荡着大规模海上远征的声

第一代白金汉公爵乔治·维利尔斯

音——显然，英格兰王国正准备袭击西班牙港口和来自印度的满载着宝物的宝船。1625年3月，英王詹姆斯一世去世了，而继任国王的英王查理一世和第一代白金汉公爵乔治·维利尔斯则终于可以不再被英王詹姆斯一世这位谨慎的老人阻碍。英王查理一世和第一代白金汉公爵乔治·维利尔斯虽然立刻投身于神圣罗马帝国的战争中，但缺乏巴拉丁选帝侯腓

英王查理一世

特烈五世的远见卓识。丹麦国王克里斯蒂安四世是英王查理一世的政策的受害者，不知不觉地掉进了一个无懈可击的陷阱。和其他路德教的诸侯一样，丹麦国王克里斯蒂安四世焦虑不安地注视着正向德意志北部蔓延的战争。然而，在神圣罗马帝国皇帝斐迪南二世和巴伐利亚选帝侯马克西米利安一世于波希米亚和上巴拉丁建立的天主教联盟对路德教事业的打击下，丹麦国王克里斯蒂安四世退缩了。丹麦国王克里斯蒂安四世同样关心教会的领地问题。丹麦国王克里斯蒂安四世为一个儿子，即后

丹麦国王克里斯蒂安四世

丹麦国王腓特烈三世

来的丹麦国王腓特烈三世争取到了费尔登和不来梅的主教头衔。英格兰
王国提出每月向丹麦支付三万英镑用于补贴派遣海军远征西班牙海岸。
丹麦国王克里斯蒂安四世感觉到，宗教和世俗利益结合在一起并且敦促
着他采取行动。1625年5月，英王查理一世、丹麦国王克里斯蒂安四世和
下萨克森圈状领地的诸侯签订了一项条约。英格兰王国按时支付了给丹
麦的第一笔补贴。

　　然而，从一开始，各方的善意行为就因遭到各种打击而失败了。法
兰西国王路易十三一直记得自己曾口头允许曼斯费尔德伯爵彼得·恩斯
特穿越法兰西王国。然而，曼斯费尔德伯爵彼得·恩斯特的军队被派去

了荷兰。在荷兰，曼斯费尔德伯爵彼得·恩斯特的军队非但没有得到任何报酬或生活必需品，反倒成为病魔的祭品。1625年10月，在第一代温布尔登子爵爱德华·塞西尔的领导下，丹麦海军到达加的斯。然而，除了灾难和蔑视，丹麦海军再没有得到什么东西。英王查理一世和议会之间爆发了争吵。实际上，这次争吵阻止了英格兰王国向丹麦支付补贴。虽然曼斯费尔德伯爵彼得·恩斯特、安哈尔特的克里斯蒂安和丹麦国王克里斯蒂安四世的联合部队的装备很差，但部队的人数仍然远远超过了蒂伊伯爵约翰·采克拉斯和天主教联盟的军队。此外，神圣罗马帝国皇

第一代温布尔登子爵爱德华·塞西尔

加的斯平面图

　　帝斐迪南二世和巴伐利亚选帝侯马克西米利安一世清楚地看到，在西里西亚、波希米亚和奥地利，不满的情绪正在不断升温。特兰西瓦尼亚亲王加布里埃尔·拜特伦再次威胁匈牙利边境，而丹麦军队则开始入侵德意志北部。因此，在战场上部署另一支军队是绝对必要的举措。然而，这支军队从何而来呢？神圣罗马帝国皇帝斐迪南二世不可能屈尊雇用像曼斯费尔德伯爵彼得·恩斯特率领的那种强盗军队。巴伐利亚选帝侯马克西米利安一世和新教同盟掌握的资源都几乎消耗殆尽。受到英格兰王国和法兰西王国威胁的西班牙什么也做不了。神圣罗马帝国皇帝斐迪南二世的金库也是空空如也。

　　在这场危机中，一个人站出来帮助了神圣罗马帝国皇帝斐迪南二世。在某种程度上，这个人是三十年战争中最有趣的一个人物。这个人就是阿尔布雷赫特·文策尔·欧西比乌斯·冯·瓦伦斯坦将军，又名阿尔伯特·冯·瓦尔德施泰因，来自著名的具有斯拉夫血统的波希米亚家族。由于同时接受过摩拉维亚弟兄会和耶稣会的教育，阿尔布雷赫特·文策尔·欧西比乌斯·冯·瓦伦斯坦将军从不武断地信奉哪一种教派，而是兼顾两者，为自己构建了一种神秘的宗教主义。和后来的拿破仑一世一样，阿尔布雷赫特·文策尔·欧西比乌斯·冯·瓦伦斯坦将军的信仰主要表现为对自己的追求保持坚定不移的信念。因此，阿尔布雷

阿尔布雷赫特·文策尔·欧西比乌斯·冯·瓦伦斯坦

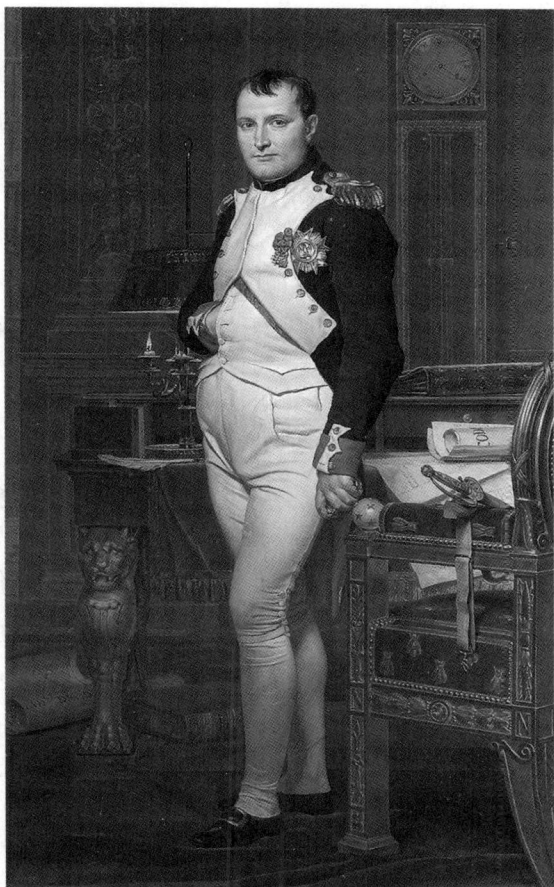

拿破仑一世

赫特·文策尔·欧西比乌斯·冯·瓦伦斯坦将军可以明辨当时的种种争论。阿尔布雷赫特·文策尔·欧西比乌斯·冯·瓦伦斯坦将军能够透过迷雾看清各种事物的本质，而这种迷雾往往会蒙蔽普通政客的眼睛。阿尔布雷赫特·文策尔·欧西比乌斯·冯·瓦伦斯坦将军的政治风桎、兴趣和传统促使他投身于神圣罗马帝国皇帝斐迪南二世的事业。在宗教对立和利益争夺的乱局中，阿尔布雷赫特·文策尔·欧西比乌斯·冯·瓦伦斯坦将军是神圣罗马帝国中最稳定的因素。真正的爱国主义与雄心壮志共同促使阿尔布雷赫特·文策尔·欧西比乌斯·冯·瓦伦斯坦将军冒着巨大的风险把外国人赶出神圣罗马帝国，而一如既往的冷漠则使阿尔布雷赫特·文策尔·欧西比乌斯·冯·瓦伦斯坦将军比别人更清楚地看到，只有包容所有信仰，才有可能实现公民团结。虽然阿尔布雷赫特·文策尔·欧西比乌斯·冯·瓦伦斯坦将军认为政治家和爱国者是神圣罗马帝国真正需要的和抵抗外来势力的必要条件，但他的政治风格和爱国主义无法摆脱征服野心的种种限制。在解决神圣罗马帝国的问题一事上，阿尔布雷赫特·文策尔·欧西比乌斯·冯·瓦伦斯坦将军制定了各种条款。在驱逐外国人和镇压各派的过程中，阿尔布雷赫特·文策尔·欧西比乌斯·冯·瓦伦斯坦将军得到了大部分战利品。虽然阿尔布雷赫特·文策尔·欧西比乌斯·冯·瓦伦斯坦将军是神圣罗马帝国皇帝斐迪南二世的支持者，但这种支持的条件是他的军队要独立；虽然阿尔布雷赫特·文策尔·欧西比乌斯·冯·瓦伦斯坦将军是一个爱国者，但他爱国的前提是他可以扮演独裁者的角色。如果阿尔布雷赫特·文策尔·欧西比乌斯·冯·瓦伦斯坦将军的政策和个人野心与神圣罗马帝国皇帝斐迪南二世及其盟友的政策一致，那么阿尔布雷赫特·文策尔·欧西比乌斯·冯·瓦伦斯坦将军和神圣罗马帝国皇帝斐迪南二世会相安无事。然而，如果阿尔布雷赫特·文策尔·欧西比乌斯·冯·瓦伦斯坦将军和神圣罗马帝国皇帝斐迪南二世之间产生分歧，那么和后来的法兰西王国不能同时容纳督政府和拿破仑一世一样，神圣罗马帝国也不能同时容纳神圣罗马帝国皇帝斐迪南二世和阿尔布雷赫特·文策尔·欧西比乌斯·冯·瓦伦斯坦将军。

然而，种种麻烦如期而至。神圣罗马帝国皇帝斐迪南二世需要一支纪律严明的军队和一个能力出众的将军，因此，阿尔布雷赫特·文策尔·欧西比乌斯·冯·瓦伦斯坦将军提出，在不增加神圣罗马帝国财政负担的情况下，他可以召集一支两万人的军队，而前提则是他可以向通过这支军队驻扎的国家征收资源来养护军队——和拿破仑一世一样，阿尔布雷赫特·文策尔·欧西比乌斯·冯·瓦伦斯坦将军想以战养战，以法律形式进行有条不紊的军费征收活动，而不是通过没有必要的浪费和曼斯费尔德伯爵彼得·恩斯特式的野蛮掠夺的方式。阿尔布雷赫特·文策尔·欧西比乌斯·冯·瓦伦斯坦将军很清楚神圣罗马帝国的法律没有赋予他征收款项的权力。然而，神圣罗马帝国皇帝斐迪南二世接受了阿尔布雷赫特·文策尔·欧西比乌斯·冯·瓦伦斯坦将军提出的条件。阿尔布雷赫特·文策尔·欧西比乌斯·冯·瓦伦斯坦将军的条件刚获得神圣罗马帝国皇帝斐迪南二世认可，人们就从四面八方蜂拥而至。蜂拥而至的人中包括富有的战士、受战争蹂躏的农民、想闯荡世界的年轻人、信仰各种宗教的冒险家和各个民族的群众。阿尔布雷赫特·文策尔·欧西比乌斯·冯·瓦伦斯坦将军已经以利剑和智慧从波希米亚革命中获得了巨大的财富。1625年秋季，阿尔布雷赫特·文策尔·欧西比乌斯·冯·瓦伦斯坦将军率领的军队的人数达到了五万人，而这支军队的唯一纽带就是士兵们对阿尔布雷赫特·文策尔·欧西比乌斯·冯·瓦伦斯坦将军的忠心。阿尔布雷赫特·文策尔·欧西比乌斯·冯·瓦伦斯坦将军开始率军向马格德堡和哈尔伯施塔特推进。在马格德堡和哈尔伯施塔特，阿尔布雷赫特·文策尔·欧西比乌斯·冯·瓦伦斯坦将军度过了1625年的冬季，一直在训练士兵并且准备迎接即将到来的战役。

丹麦国王克里斯蒂安四世及其盟友的计划十分简单。丹麦国王克里斯蒂安四世想带领自己的军队和那些由英格兰王国补贴的军队向威悉河流域推进对抗蒂伊伯爵约翰·采克拉斯和天主教联盟的军队，确保不来梅和费尔登的安全。正如人们希望的那样，丹麦国王克里斯蒂安四世想把敌人赶出哈尔伯施塔特。与此同时，在易北河一线，曼斯费尔德伯爵彼得·恩斯特要对付阿尔布雷赫特·文策尔·欧西比乌斯·冯·瓦伦斯坦将军，将他赶回波希米亚并且迫使他要么放弃对上巴拉丁的控制，要么让维也纳方面放弃抵抗曼斯费尔德伯爵彼得·恩斯特和特兰西瓦尼亚亲王加布里埃尔·拜特伦的军队的联合进攻。特兰西瓦尼亚亲王加布里埃尔·拜特伦选择支持匈牙利。显然，这个计划的构思比它的执行情况好得多。由于英格兰王国停止了对丹麦的补贴，曼斯费尔德伯爵彼得·恩斯特不得不在没有丹麦国王克里斯蒂安四世支持的情况下开始进攻。与此同时，阿尔布雷赫特·文策尔·欧西比乌斯·冯·瓦伦斯坦将军正以逸待劳，命令士兵们加固了位置关键的德绍大桥。1625年4月25日，曼斯费尔德伯爵彼得·恩斯特率军向德绍大桥的防御工事冲去，而阿尔布雷赫特·文策尔·欧西比乌斯·冯·瓦伦斯坦将军则抓住时机，发动了反攻，并且通过一次漂亮的进攻把曼斯费尔德伯爵彼得·恩斯特的挫败变成了彻底的溃败。

虽然曼斯费尔德伯爵彼得·恩斯特试图从正面进攻易北河上的阿尔布雷赫特·文策尔·欧西比乌斯·冯·瓦伦斯坦将军的据点，但结果以失败告终。由于西里西亚人满腹牢骚，曼斯费尔德伯爵彼得·恩斯特决定改变策略，在侧翼进行长途行军，佯装要去与匈牙利的特兰西瓦尼亚亲王加布里埃尔·拜特伦会合并且从东面向维也纳挺进。然而，这一计划几乎不可能实现。在当时的情况下，对曼斯费尔德伯爵彼得·恩斯特来说，进行侧翼长途行军是最危险的行动之一，而一支靠掠夺来维持补给、不懂纪律的军队注定要失败。阿尔布雷赫特·文策尔·欧西比乌斯·冯·瓦伦斯坦将军留下八千名士兵与蒂伊伯爵约翰·采克拉斯联合对抗丹麦国王克里斯蒂安四世，欣然率领其他士兵缓慢地跟在曼斯费尔德伯爵彼得·恩斯特背后。最终，阿尔布雷赫特·文策尔·欧西比乌斯·冯·瓦伦斯坦将军选在佩斯和普雷斯堡中间的格兰挖壕沟设防，阿尔布雷赫特·文策尔·欧西比乌斯·冯·瓦伦斯坦将军等待着敌人的进攻，而曼斯费尔德伯爵彼得·恩斯特不敢命令自己那衰弱又颓丧的军队去冒险攻打德绍的另一座桥。特兰西瓦尼亚亲王加布里埃尔·拜特伦

儒绍大桥战役

以半强迫的方式征募到了一支军队，却认为谈判能比战争给他带来更大的利益——很快，休战协定就签订了。因此，曼斯费尔德伯爵彼得·恩斯特被迫离开了匈牙利。曼斯费尔德伯爵彼得·恩斯特虽然心力交瘁，但仍然试图翻山越岭去意大利，希望再次煽动威尼斯人加入战争。然而，1625年11月30日，曼斯费尔德伯爵彼得·恩斯特在波斯尼亚挣扎向前时，被死神夺去了生命。曼斯费尔德伯爵彼得·恩斯特的军事才能曾是神圣罗马帝国取得胜利的主要障碍。曼斯费尔德伯爵彼得·恩斯特缺乏道德和爱国主义，是神圣罗马帝国的和平的最大敌人。不幸的是，曼斯费尔德伯爵彼得·恩斯特去世得太晚了——在神圣罗马帝国的土地上，他挑起的矛盾孕育了一批像他一样鲁莽却能干的军事冒险家。此外，聚集在垂死挣扎的神圣罗马帝国周围的外国列强们毫无顾忌地为了私利而使用着雇佣军。曼斯费尔德伯爵彼得·恩斯特之死使得神圣罗马帝国皇帝斐迪南二世和特兰西瓦尼亚亲王加布里埃尔·拜特伦之间的和平恢复更容易了。1626年，《普雷斯堡条约》签署了。根据《普雷斯堡条约》，特兰西瓦尼亚亲王加布里埃尔·拜特伦将保留匈牙利的十三个县的主权，而曼斯费尔德伯爵彼得·恩斯特的军队则会被解散。

与此同时，在威悉河战役中，天主教联盟的军队取得了更大的胜利。由于失去了英格兰王国的补贴，丹麦国王克里斯蒂安四世无法为士兵们配备足够的武器。英王查理一世仍然在与英格兰王国的议会喋喋不休地争吵。因此，蒂伊伯爵约翰·采克拉斯沿着威悉河缓缓而行，成功夺取了明登和格丁根。在德绍，击败曼斯费尔德伯爵彼得·恩斯特后，阿尔布雷赫特·文策尔·欧西比乌斯·冯·瓦伦斯坦将军留下的八千名士兵又赶去帮助蒂伊伯爵约翰·采克拉斯。丹麦国王克里斯蒂安四世认为，他如果要发起进攻，那么必须得抓紧时间。因此，1625年8月，丹麦国王克里斯蒂安四世率军快速向图林根挺进，希望在神圣罗马帝国军队抵达前击垮蒂伊伯爵约翰·采克拉斯。然而，一切都为时已晚——1625

年8月22日，战争的形势发生了变化。发现自己面对的敌人人数众多后，丹麦国王克里斯蒂安四世选择了撤退。蒂伊伯爵约翰·采克拉斯立即开始追击丹麦国王克里斯蒂安四世。1625年8月26日，在卢特河，蒂伊伯爵约翰·采克拉斯追上了丹麦国王克里斯蒂安四世。即将率军进入一个狭窄的峡谷时，丹麦国王克里斯蒂安四世被蒂伊伯爵约翰·采克拉斯彻底击败了。丹麦国王克里斯蒂安四世把八千名士兵和所有武器都留在了战场上。有两千名丹麦士兵成为蒂伊伯爵约翰·采克拉斯的阶下囚。丹麦国王克里斯蒂安四世撤去了荷尔斯泰因和梅克伦堡，而蒂伊伯爵约翰·采克拉斯则迅速占领了不伦瑞克-沃尔芬比特尔的小克里斯蒂安的领地并且让士兵驻扎在易北河下游过冬。此外，神圣罗马帝国的一支分遣队占领了勃兰登堡的伯爵领地。

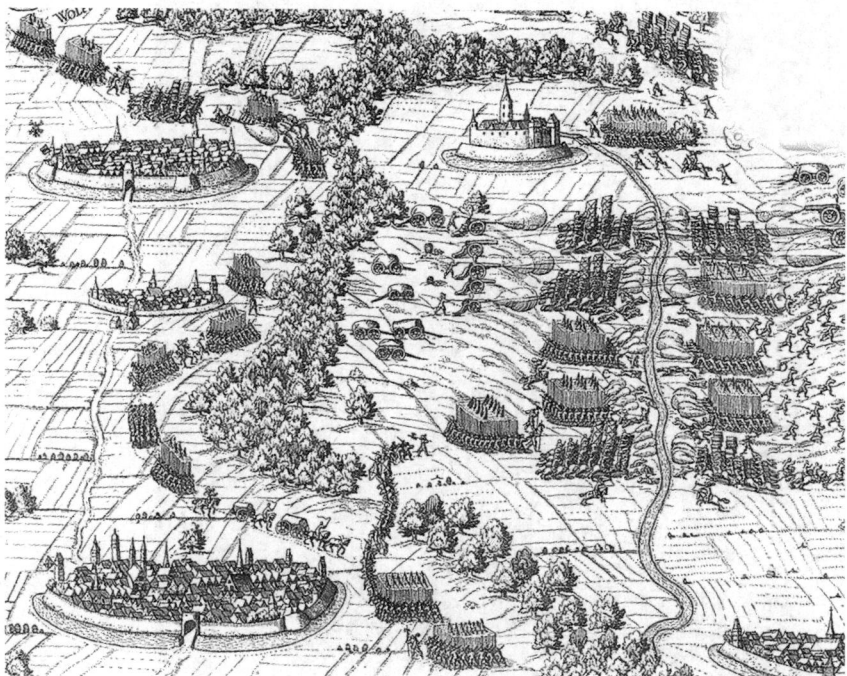

卢特河战役

1626年，神圣罗马帝国的胜利一波接着一波。在为神圣罗马帝国而战的过程中，阿尔布雷赫特·文策尔·欧西比乌斯·冯·瓦伦斯坦将军先后被升为普尔法茨伯爵和弗里德兰公爵。弗里德兰公爵阿尔布雷赫特·文策尔·欧西比乌斯·冯·瓦伦斯坦以排山倒海之势进军西里西亚，把五十面军旗送去了维也纳作为征战的依据。在易北河下游，弗里德兰公爵阿尔布雷赫特·文策尔·欧西比乌斯·冯·瓦伦斯坦和蒂伊伯爵约翰·采克拉斯联手攻入荷尔斯泰因，占领了丹麦，一直打到了海边，导致不幸的丹麦国王克里斯蒂安四世只能去岛上避难。1628年2月，神圣罗马帝国皇帝斐迪南二世正式下达命令，禁止梅克伦堡公爵阿道夫·腓特烈一世向丹麦国王克里斯蒂安四世提供援助，并且宣布梅克

梅克伦堡公爵阿道夫·腓特烈一世

伦堡公爵阿道夫·腓特烈一世和丹麦国王克里斯蒂安四世的领地将被没收。神圣罗马帝国皇帝斐迪南二世授权弗里德兰公爵阿尔布雷赫特·文策尔·欧西比乌斯·冯·瓦伦斯坦占领和管理梅克伦堡公爵阿道夫·腓特烈一世和丹麦国王克里斯蒂安四世的领地以为军队提供军需物资。弗里德兰公爵阿尔布雷赫特·文策尔·欧西比乌斯·冯·瓦伦斯坦占领了维斯马和罗斯托克的港口，导致波美拉尼亚公爵博古斯瓦夫十四世只能将波美拉尼亚的海岸置于神圣罗马帝国军队的"保护"下。1628年3月，弗里德兰公爵阿尔布雷赫特·文策尔·欧西比乌斯·冯·瓦伦斯坦的征服生涯受到了沼泽和施特拉尔松德的防御工事的牵制。在长达五个月的时间里，神圣罗马帝国军队一直驻扎在施特拉尔松德，试图完成一项

波美拉尼亚公爵博古斯瓦夫十四世

几乎不可能完成的壮举，即仅通过陆地方面的进攻占领一座海防城市。没有人比弗里德兰公爵阿尔布雷赫特·文策尔·欧西比乌斯·冯·瓦伦斯坦更清楚攻克施特拉尔松德的意义了。除了施特拉尔松德，从但泽到吕贝克的波罗的海的所有南部海岸都由弗里德兰公爵阿尔布雷赫特·文策尔·欧西比乌斯·冯·瓦伦斯坦管辖，而弗里德兰公爵阿尔布雷赫特·文策尔·欧西比乌斯·冯·瓦伦斯坦唯一害怕的敌人在波罗的海对岸。如果弗里德兰公爵阿尔布雷赫特·文策尔·欧西比乌斯·冯·瓦伦斯坦想免受瑞典的攻击，那么控制波罗的海和波罗的海诸国是十分必要的手段。为了进一步控制波罗的海，弗里德兰公爵阿尔布雷赫特·文策尔·欧西比乌斯·冯·瓦伦斯坦已经从神圣罗马帝国皇帝斐迪南二世那里得到了波罗的海海军上将的头衔。弗里德兰公爵阿尔布雷赫特·文策尔·欧西比乌斯·冯·瓦伦斯坦正在与汉萨同盟①谈判，希望汉萨同盟能为他提供一支舰队，而这支舰队将使弗里德兰公爵阿尔布雷赫特·文策尔·欧西比乌斯·冯·瓦伦斯坦的波罗的海海军上将头衔名副其实。只要施特拉尔松德能向波罗的海对岸诸国敞开进入神圣罗马帝国心脏地带的大门，弗里德兰公爵阿尔布雷赫特·文策尔·欧西比乌斯·冯·瓦伦斯坦就不算完全获得了对波罗的海的控制权。反对神圣罗马帝国皇帝斐迪南二世的人主要是一些愤怒的贵族，包括安哈尔特的克里斯蒂安、军事冒险家曼斯费尔德伯爵彼得·恩斯特和不伦瑞克-沃尔芬比特尔的小克里斯蒂安，以及一些自私的政客，比如丹麦国王克里斯蒂安四世和其他教会土地的拥有者。通常，神圣罗马帝国人民和城市会对这种斗争置若罔闻或者以秩序代表的身份向神圣罗马帝国皇帝斐迪南二世表示同情。然而，施特拉尔松德之围表明，新的力量正在发挥作用——坚持战斗到最后一刻的是公民，而不是领袖，而公民获得自由和独立的决心不会屈

---

① 汉萨同盟，关于波罗的海海上贸易的一个商人公会和垄断商业联盟。——译者注

围攻施特拉尔松德

服于军事独裁。坚定的新教的宗教精神决不向胜利的反宗教改革运动妥协。受挫的弗里德兰公爵阿尔布雷赫特·文策尔·欧西比乌斯·冯·瓦伦斯坦十分愤怒。1628年8月3日，从施特拉尔松德撤军时，弗里德兰公爵阿尔布雷赫特·文策尔·欧西比乌斯·冯·瓦伦斯坦明白了一点，即有些神圣罗马帝国的城市会投入外国军队的怀抱，宁愿冒着失去一切的危险，也不会屈从于军政府和宗教迫害。此外，取得了胜利的城市不是只有施特拉尔松德而已。和弗里德兰公爵阿尔布雷赫特·文策尔·欧西比乌斯·冯·瓦伦斯坦没有攻克施特拉尔松德一样，蒂伊伯爵约翰·采克拉斯也没有攻克格吕克施塔特。1629年1月，弗里德兰公爵阿尔布雷赫特·文策尔·欧西比乌斯·冯·瓦伦斯坦被迫发起了针对丹麦国王克里斯蒂安四世的战争。然而，战事陷入了僵局。虽然丹麦国王克里斯蒂安四世不能去大陆冒险，但他的敌人也无法从海上靠近他。弗里德兰公爵阿尔布雷赫特·文策尔·欧西比乌斯·冯·瓦伦斯坦明白，和瑞典人开战前，他必须先结束和丹麦人的战争。因此，弗里德兰公爵阿尔布雷赫特·文策尔·欧西比乌斯·冯·瓦伦斯坦开启了和平谈判。1629年5月，《吕贝克条约》签署了。丹麦国王克里斯蒂安四世放弃了自己对神圣罗马帝国境内的教会土地问题的一切要求，收回了他的世袭领地。

距离波希米亚的议会选举巴拉丁选帝侯腓特烈五世为波希米亚国王已经过去了十年。在过去的十年里，虽然神圣罗马帝国人民确实感到十分不安，但幸运的是，波希米亚没有发生什么大事。实际上，加尔文主义者攻击奥-西哈布斯堡王朝的目的是颠覆神圣罗马帝国并且彻底改革神圣罗马帝国的制度。加尔文主义者没有以任何方式代表新教的权利或独立的神圣罗马帝国诸侯，而是剥夺了外部势力对神圣罗马帝国诸侯的支持。像萨克森选帝侯约翰·格奥尔格一世一样谨慎而精明的统治者会把神圣罗马帝国诸侯看作无政府主义者，把神圣罗马帝国皇帝看作秩序的代表。巴拉丁选帝侯腓特烈五世和自己的顾问们鲁莽地让曼斯费尔德伯爵彼得·恩斯特和不伦瑞克-沃尔芬比特尔的小克里斯蒂安攻击无辜的人民，以焚烧家园和折磨农民的方式玷污了宗教的神圣之名，并且因此失去了每一个思维正常的人的尊重。人们认为，推翻神圣罗马帝国和掠夺神圣罗马帝国不是维护新教事业的方式。在波希米亚，甚至在巴拉丁，人们欢迎巴伐利亚选帝侯马克西米利安一世和天主教联盟的胜利，认为天主教联盟的胜利是恢复传统的边界秩序的保证。

然而，欧洲已经发生了巨大的变化。弗里德兰公爵阿尔布雷赫特·文策尔·欧西比乌斯·冯·瓦伦斯坦的出现，加上他的军队和卓越的军事才能，使新的力量开始发挥作用。神圣罗马帝国发现自己受到了武装统治的威胁。神圣罗马帝国皇帝斐迪南二世发现自己背后有一股力量，而这股力量可以把某种意志强加给神圣罗马帝国。在必要的情况下，神圣罗马帝国皇帝斐迪南二世可以促成神圣罗马帝国的新教与天主教的和解。然而，如果《吕贝克条约》签署后，神圣罗马帝国皇帝斐迪南二世大胆地实行天主教的侵略政策，那么谁会向他说不呢？神圣罗马帝国皇帝斐迪南二世的奥地利臣民对新教的同情已经被鲜血淹没了。在波希米亚和摩拉维亚，在新的天主教地主的统治下，新教遭到了打压——所有新教教徒都被成立于1627年的改革委员会驱逐出境了。西里西亚人遭到了弗里德兰公爵阿尔布雷赫特·文策尔·欧西比乌斯·冯·瓦伦斯坦的沉重打击，没有力量反抗。被移交给巴伐利亚选帝侯马克西米利安一世的下巴拉丁部分地区和上巴拉丁已经迅速恢复了天主教信仰。那么，在自己的领地上，根基深厚、又有巴伐利亚选帝侯马克西米利安一世的坚定支持的神圣罗马帝国皇帝斐迪南二世可能会遇到什么反对意见呢？在很大程度上，德意志北部的小诸侯们已经卷入了神圣罗马帝国皇帝斐迪南二世和丹麦的战争。小诸侯们的土地被神圣罗马帝国皇帝斐迪南二世和天主教联盟的军队占领了。萨克森选帝侯约翰·格奥尔格一世、勃兰登堡选帝侯约翰·西吉斯蒙德和波美拉尼亚公爵博古斯瓦夫十四世都不可能在这种时候放弃对《米尔豪森协定》^①的保护。到目前为止，路德教和天主教联盟都忠实地遵守了《米尔豪森协定》。虽然不仅一些自由城市，比如马格德堡和汉堡，可能会反对《米尔豪森协定》，而且波罗的海对岸的瑞典国王古斯塔夫二世·阿道夫可能会干预，但如果任何人都不敢冒险，那么任何伟大的目标都无法实现。1627年，天主教选帝侯们和巴伐利亚选帝侯马克西米利安一世敦

瑞典国王古斯塔夫二世·阿道夫

① 1620年3月，巴伐利亚选帝侯马克西米利安一世组织天主教联盟与萨克森选帝侯约翰·格奥尔格一世在米尔豪森举行会议并且达成协议：如果德意志北部的新教主教继续忠于神圣罗马帝国皇帝斐迪南二世，那么天主教联盟不会收回他们的土地。——译者注

促神圣罗马帝国皇帝斐迪南二世依据《奥格斯堡和约》维护天主教的权利。实际上，神圣罗马帝国皇帝斐迪南二世非常支持维护天主教的权利。1629年3月29日，神圣罗马帝国皇帝斐迪南二世颁布了《归还敕令》，恢复了教会对因《奥格斯堡和约》而被世俗化的所有土地的控制权。马格德堡和不来梅的大主教教区，明登、费尔登、哈尔伯施塔特、吕贝克、拉策堡、麦森、梅泽堡、瑙姆堡、勃兰登堡、哈弗尔贝格、莱布斯和卡明的主教教区，以及其他大约一百二十个较小的教区，被从新教主教和管理人员手中一举收走了，这些大小教区的土地将交给天主教——这是天大的错误。新教的土地持有者长期持有的土地被以法律的名义进行没收的行为违背了法律精神，只会加剧没收带来的罪恶感。没收新教土地的行为使整个神圣罗马帝国的舆论都开始反对神圣罗马

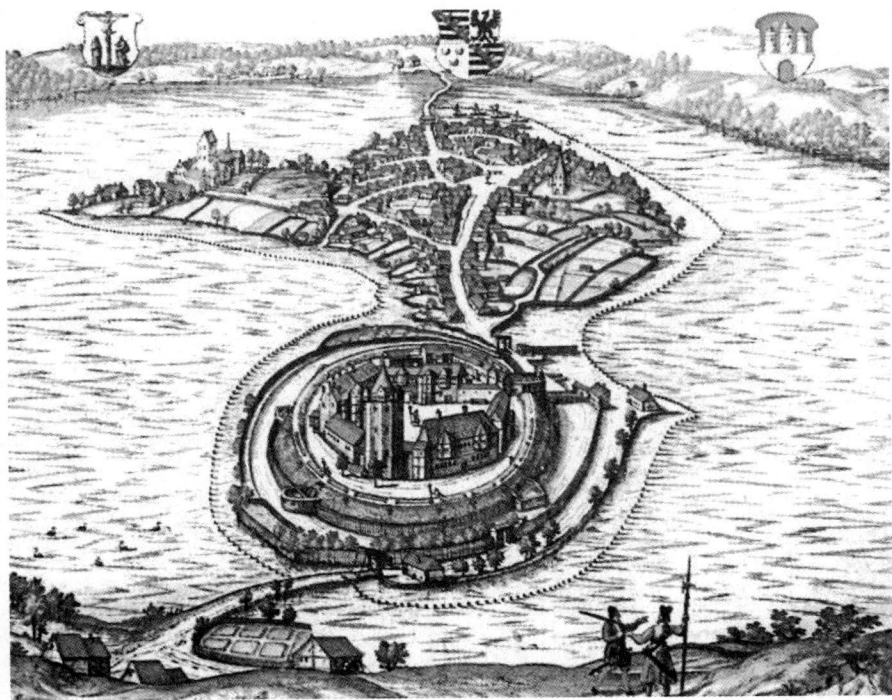

拉策堡

帝国皇帝斐迪南二世。狂热的新教教徒被激怒了。然而，仅仅依靠蛮力来没收新教的土地无异于政治自杀。《归还敕令》如果没有蒂伊伯爵约翰·采克拉斯和弗里德兰公爵阿尔布雷赫特·文策尔·欧西比乌斯·冯·瓦伦斯坦的军队的支持，那么只是一纸空文。然而，由于蒂伊伯爵约翰·采克拉斯和弗里德兰公爵阿尔布雷赫特·文策尔·欧西比乌斯·冯·瓦伦斯坦的军队的支持，《归还敕令》带来了一场革命。虽然凭借《归还敕令》，神圣罗马帝国皇帝斐迪南二世开始以宗教和政治革命创造者的身份闻名于世，但这场革命的胜利完全取决于军事专制，没有任何道德基础，不会给神圣罗马帝国带来革命性的变化。

第5章

三十年战争

很快，神圣罗马帝国皇帝斐迪南二世为彻底改革神圣罗马帝国而采取的鲁莽行动造成的后果就显现了出来。为了镇压丹麦和下萨克森圈状领地的反对派，神圣罗马帝国皇帝斐迪南二世不得不求助于弗里德兰公爵阿尔布雷赫特·文策尔·欧西比乌斯·冯·瓦伦斯坦及其军队。神圣罗马帝国皇帝斐迪南二世面临着一项艰难的任务，即将德意志北部的新教教区变成天主教教区。在过去的几十年间，新教教徒一直控制着德意志北部。神圣罗马帝国皇帝斐迪南二世强迫数以万计的神圣罗马帝国新教教徒改信天主教。弗里德兰公爵阿尔布雷赫特·文策尔·欧西比乌斯·冯·瓦伦斯坦是神圣罗马帝国皇帝斐迪南二世唯一可以依靠的人——《归还敕令》必须得到士兵的帮助才能被落实。可以肯定的是，蒂伊伯爵约翰·采克拉斯和天主教联盟的军队没有足够的力量落实《归还敕令》和抵抗来自瑞典的威胁。除了弗里德兰公爵阿尔布雷赫特·文策尔·欧西比乌斯·冯·瓦伦斯坦及其麾下的士兵，神圣罗马帝国皇帝斐迪南二世还能向谁求助呢？然而，正是在这一点上，神圣罗马帝国皇帝斐迪南二世的立场是最不确定的。弗里德兰公爵阿尔布雷赫特·文策尔·欧西比乌斯·冯·瓦伦斯坦强烈反对《归还敕令》的政策。《归还敕令》违背了宗教平等的原则，而宗教平等正是弗里德兰公爵阿尔布雷赫特·文策尔·欧西比乌斯·冯·瓦伦斯坦当初组建军队的基础。弗里德兰公爵阿尔布雷赫特·文策尔·欧西比乌斯·冯·瓦伦斯坦的军营是欧洲的唯一一个天主教教徒、路德教教徒和加尔文主义者可以平等相处并且以同志关系互相忠诚服务的地方。赋予弗里德兰公爵阿尔布雷赫特·文策尔·欧西比乌斯·冯·瓦伦斯坦的军队驱逐新教神职人员和监督信仰的任务无疑会分裂弗里德兰公爵阿尔布雷赫特·文策尔·欧西比乌斯·冯·瓦伦斯坦的军队。弗里德兰公爵阿尔布雷赫特·文策尔·欧西比乌斯·冯·瓦伦斯坦不仅将宗教平等作为组织军队的基础，而且坚信宗教平等是重组神圣罗马帝国的唯一可能的基础。弗里德兰公爵阿尔布雷赫特·文策尔·欧西比乌斯·冯·瓦伦斯坦期待自己能成为神圣罗马帝国的独裁者并且以铁腕把和平与宗教宽容的恩惠强加给宗教狂热分子。弗里德兰公爵阿尔布雷赫特·文策尔·欧西比乌斯·冯·瓦伦斯坦的信念和野心第一次偏离了宗主国的政策和利益。

与此同时，天主教联盟的领导人对弗里德兰公爵阿尔布雷赫特·文策尔·欧西比乌斯·冯·瓦伦斯坦非常不满。天主教联盟不喜欢弗里德兰公爵阿尔布雷赫特·文策尔·欧西比乌斯·冯·瓦伦斯坦的观点，担心他的野心，也不信任他的忠诚。弗里德兰公爵阿尔布雷赫特·文策尔·欧西比乌斯·冯·瓦伦斯坦通过在驻扎地征收资源来养护军队，而这种制度虽然在牺牲作为敌人的新教教徒的情况下，是相当温和的，但天主教教徒成为受害者时，就变成了纯粹的掠夺。1626年至1629年冬季，在神圣罗马帝国的所有重镇，弗里德兰公爵阿尔布雷赫特·文策尔·欧西比乌斯·冯·瓦伦斯坦的鼓声不绝于耳。显然，神圣罗马帝国皇帝斐迪南二世的将军弗里德兰公爵阿尔布雷赫特·文策尔·欧西比乌斯·冯·瓦伦斯坦对朋友造成的压力比对敌人造成的更大——这是令人无法容忍的。

1630年7月，在雷根斯堡举行的一场会议上，反对弗里德兰公爵阿尔

佩尔·约瑟夫神父（左）与枢机主教黎塞留（右）

布雷赫特·文策尔·欧西比乌斯·冯·瓦伦斯坦的声音达到了顶峰。这场会议由巴伐利亚选帝侯马克西米利安一世主持。佩尔·约瑟夫神父是枢机主教黎塞留的杰出代理。佩尔·约瑟夫神父不遗余力，成功地煽动起人们对弗里德兰公爵阿尔布雷赫特·文策尔·欧西比乌斯·冯·瓦伦斯坦的不满情绪。很快，神圣罗马帝国皇帝斐迪南二世发现自己必须在弗里德兰公爵阿尔布雷赫特·文策尔·欧西比乌斯·冯·瓦伦斯坦和天主教联盟之间做出选择——他根本想不出折中的办法。弗里德兰公爵阿尔布雷赫特·文策尔·欧西比乌斯·冯·瓦伦斯坦是一个灵魂高尚、雄心勃勃的人，提出了许多诱人的愿景。如果为了获得一切，神圣罗马帝国皇帝斐迪南二世决定冒险，毫无保留地投入弗里德兰公爵阿尔布雷赫特·文策尔·欧西比乌斯·冯·瓦伦斯坦的怀抱，并且在十万人面前把新的宪法强加给神圣罗马帝国，那么根据新的宪法，诸侯们的权利会被牺牲，而这不仅会让神圣罗马帝国皇帝斐迪南二世迎来一个新的时代，而且会保证奥地利王室在欧洲的至高无上的地位。然而，由于革命性和冒险性太强，新的宪法不适合神圣罗马帝国皇帝斐迪南二世富有责任心的平凡性格。新的宪法不仅会破坏神圣罗马帝国皇帝斐迪南二世和诸侯之间的传统关系，而且需要撤销《归还敕令》。弗里德兰公爵阿尔布雷赫特·文策尔·欧西比乌斯·冯·瓦伦斯坦非常成功，却不是世界的主宰。新的宪法虽然不太可能使神圣罗马帝国皇帝斐迪南二世成为弗里德兰公爵阿尔布雷赫特·文策尔·欧西比乌斯·冯·瓦伦斯坦的奴隶，但同样没有授予神圣罗马帝国皇帝斐迪南二世用来驾驭弗里德兰公爵阿尔布雷赫特·文策尔·欧西比乌斯·冯·瓦伦斯坦这匹烈马的权力。然而，神圣罗马帝国皇帝斐迪南二世没有别的选择。如果斐迪南二世的权力不合法，那么神圣罗马帝国皇帝斐迪南二世什么都不是。弗里德兰公爵阿尔布雷赫特·文策尔·欧西比乌斯·冯·瓦伦斯坦是先例和法律的破坏者，必须被牺牲。在瑞典国王古斯塔夫二世·阿道夫于波美拉尼亚海岸登陆几周后，神圣罗马帝国皇帝斐迪南二世遵照神圣罗马帝国的天主教诸侯们的意思，辞退了唯一一个能抵挡住新教的拥护者的将军。

随着瑞典国王古斯塔夫二世·阿道夫出现在战场上，这场战争暂时被提升到了一个更高的政治层面，同时被更高尚的动机和更宏大的政策美化了。迄今为止，人们发现的高尚动机都是天主教方面的。维护神圣罗马帝国皇帝的权威和神圣罗马帝国的制度、建立教会的权威、反对鲁莽和挑起纷争的贵族等行为的崇高目标就是让神圣罗马帝国皇帝取得

战场上的瑞典国王古斯塔夫二世·阿道夫（骑白马者）

胜利、驾驭一支军队或有权为年轻的儿子们提供被世俗化的教会土地。然而，蒂伊伯爵约翰·采克拉斯和弗里德兰公爵阿尔布雷赫特·文策尔·欧西比乌斯·冯·瓦伦斯坦的胜利与《归还敕令》的颁布带来了巨大的变化。随着丹麦国王克里斯蒂安四世败北，天主教联盟和神圣罗马帝国皇帝斐迪南二世的军队占领德意志北部，以及弗里德兰公爵阿尔布雷赫特·文策尔·欧西比乌斯·冯·瓦伦斯坦占领波罗的海的海岸和港口，利害攸关的问题不再是维护神圣罗马皇帝的权威，而是德意志北部的诸侯的独立和波罗的海的主权问题。随着《归还敕令》的颁布，被世俗化的土地和德意志北部的新教都受到了威胁。

三十年战争不仅是最后一场宗教大战，而且是一场政治大战，而在

瑞典国王古斯塔夫二世·阿道夫在波美拉尼亚登陆

战争英雄，即瑞典国王古斯塔夫二世·阿道夫身上，三十年战争的宗教意义和政治意义得到了统一。1630年7月，在波美拉尼亚登陆时，瑞典国王古斯塔夫二世·阿道夫无疑是新教的拥护者，以拯救神圣罗马帝国的新教免遭暴力镇压为目的。然而，作为瑞典国王的古斯塔夫二世·阿道夫的目的是保卫并且确立瑞典对波罗的海及其海岸的霸权——这对瑞典的繁荣和生存至关重要。虽然瑞典国王古斯塔夫二世·阿道夫发动的战争是防御性的，是为了保卫他的宗教和王国，但从当时的情况看，这场战争必然会以一种侵略的形式进行。1630年的瑞典国王古斯塔夫二世·阿道夫的政策和1635年的枢机主教黎塞留的政策是完全不同的——驱使他们二人的分别是爱国主义和扩张主义。

17世纪初，谁都没有料到，好运会突然降临到瑞典人头上。瑞典自古资源贫乏、人口稀少、道路建设落后、缺少交通工具，在一年中的一半时间中都处于霜冻期，几乎完全被丹麦人封锁，似乎注定要遭受排挤并且出局。在这种内外交困的局面下，瑞典被其历史上杰出的一位国王，即瑞典国王古斯塔夫一世拯救了。从逃离丹麦国王克里斯蒂安二世的魔掌、登上瑞典王位、拯救瑞典的瑞典国王古斯塔夫一世到在1718年

瑞典国王古斯塔夫一世

失去生命的令欧洲感到恐惧的瑞典国王卡尔十二世，瓦萨家族中的每个君主都表现出了天才般的优秀和创造力——但愿瑞典的历史学家能够惊呼"瑞典的历史就是瑞典国王的历史"。瑞典是一个有鲜明的民族特色的国家。随着君主制的建立，瑞典得到了长足发展。瑞典国王古斯塔夫一世实现了瑞典的独立，并且在天主教的废墟上建立了新的君主制。瑞典国王古斯塔夫一世以政治家的眼光看待路德教和国家权力之间的密切关系，将宗教改革作为一种政治措施引入瑞典，通过没收教会土地来丰富国王的财产和获得世俗贵族的支持。因此，瑞典树立了两个敌人——

瑞典国王卡尔十二世

瑞典国王约翰三世、凯瑟琳·雅盖隆王后与
幼年的西吉斯蒙德三世·瓦萨

一个是充满敌意的丹麦，而另一个则是有势力的教会贵族。在瑞典国王
约翰三世的领导下，瑞典的第三个敌人，即反宗教改革运动出现了。对
17世纪初的瑞典来说，第三个敌人是最危险的。瑞典国王约翰三世和凯
瑟琳·雅盖隆王后之子西吉斯蒙德三世·瓦萨是虔诚的天主教教徒。
1587年，西吉斯蒙德三世·瓦萨通过选举成为波兰国王。1592年，继承
瑞典王位前，波兰国王西吉斯蒙德三世·瓦萨为重建波兰的天主教事业
做了大量工作。然而，在瑞典尝试类似的政策时，已经成为瑞典国王的
西吉斯蒙德三世·瓦萨发现自己立刻遭到了自私的世俗贵族的反对。瑞
典的世俗贵族虽然占有很大一部分教会土地，但受到了富有民族精神的

人民的反对。瑞典国王西吉斯蒙德三世·瓦萨憎恨干涉瑞典事务的波兰人和意大利人——这让我想起了中世纪的英格兰人对所有"异国人①"的憎恨。在瑞典国王古斯塔夫一世的小儿子瑞典国王卡尔九世和瑞典国王西吉斯蒙德三世·瓦萨的矛盾上，这种憎恨曾得到过体现——1604年，经过一场短暂的斗争，瑞典国王卡尔九世将自己拥有波兰血统的侄子，即瑞典国王西吉斯蒙德三世·瓦萨驱逐并且取而代之，坐上了瑞典王位。

瑞典国王卡尔九世

---

① 异国人，指诺曼征服事件中的以征服者威廉为首的法兰西人。1066年，诺曼王朝开始统治英格兰，而英格兰贵族则顽强抵抗，遭到了残酷的镇压。——译者注

瑞典国王卡尔九世发动的王朝革命使瑞典的宗教成为自由的象征和考验，加强了瑞典的实力。然而，路德教成为瑞典的宗教信仰导致瑞典的敌人的数量又增加了一个，削弱了瑞典的实力。如果丹麦国王不能忘记自己曾经是瑞典的统治者，那么波兰国王也不能忘记。无论如何，在瑞典国王西吉斯蒙德三世·瓦萨的一生中，波兰国王对斯德哥尔摩和华沙具有相同的统治权。然而，瑞典国王卡尔九世如果使瑞典面临的外部困难增加了，那么就会在某种程度上减少瑞典的内部困难——贵族们会和国王联合起来对抗外来势力。卡尔九世登上王位时，他明智的管理政策不仅能使贵族们和国王的联系更加紧密，而且会将一个统一又繁荣的国家政府传给他的儿子，即后来的瑞典国王古斯塔夫二世·阿道夫。瑞典虽然在古斯塔夫二世·阿道夫于1611年即位时，秉持着爱国主义和宗教主义，但仍然没有度过危机。当时，扩张领土和影响力对保护国家生活至关重要。自成为一个独立的国家后，瑞典的矿产资源被历任国王大量开发。在瑞典，教育和文明已经取得了巨大的进步。自瑞典人信仰新教后，瑞典自然而然地卷入了与英格兰人和荷兰人的政治及商业关系中。英格兰人和荷兰人正迅速地在北海——特别是在波罗的海的汉萨同盟的废墟上，建立起商业霸权。然而，丹麦仍然控制着瑞典半岛的南部省份。只有在约塔河河口的一个地方，即埃尔夫斯堡的要塞所在地，以及戈滕堡的房屋和码头开始被修建的地方，瑞典才能与外海相接。实际上，瑞典的贸易完全局限于波罗的海。只有经过丹麦的许可并且遵守丹麦的规定，瑞典人才能到达外面的世界。丹麦控制着波罗的海出海口桑德海峡，并且对所有过往的船只征收通行费。

在波罗的海国家中，瑞典的地位是无法得到保证的。虽然瑞典拥有很长的海岸线，但这只是因为当时瑞典还包括了对瑞典不友好并且文明程度不高的芬兰。瑞典没有一座城市——包括斯德哥尔摩——可以与吕贝克或但泽进行财富或贸易竞争。自从伊凡大帝即位后，俄国就一直是北方的不可小觑的势力，并且威胁要夺取波罗的海的一部分。在俄国的罗曼诺夫王朝兴起前的乱世中，瑞典看到了机会。瑞典国王埃里克十四世和瑞典国王卡尔九世跨越了大海，首次成功地控制了爱沙尼亚和利沃尼亚所在的一些波罗的海省份。然而，由于处于和瑞典敌对的波兰和半敌对的俄国之间，这些省份只能被看作在必要时需要被放弃或加强的前哨。因此，年轻的瑞典国王古斯塔夫二世·阿道夫的地位岌岌可危。在任何时候，芬兰、波兰和俄国的联合攻击都能摧毁瑞典。和平形势下的持续敌对和压力可能会逐渐扼杀和平。只有取得波罗的海的霸权，瑞典才有可能是安全的；只有能自由进出波罗的海，瑞典才有可能繁荣；只

罗曼诺夫王朝的盾形徽章

瑞典国王埃旦克十四世

有在波罗的海东岸获得重要的立足点，瑞典才能确立自己对波罗的海的统治地位，才有可能占据主导地位——这些瑞典的国家政策的三个主要目标由瑞典国王古斯塔夫二世·阿道夫稳步推行，并且在瑞典国王古斯塔夫二世·阿道夫死后由他的朋友，即瑞典首相索德摩伯爵阿克塞尔·古斯塔夫松·奥克森谢尔纳·阿夫·索德摩继续推行。瑞典国王古

索德摩伯爵阿克塞尔·古斯塔夫松·奥克森谢尔纳·阿夫·索德摩

斯塔夫二世·阿道夫和瑞典首相索德摩伯爵阿克塞尔·古斯塔夫松·奥克森谢尔纳·阿夫·索德摩认为，瑞典有必要采取积极的政策，不能坐以待毙。瑞典国王古斯塔夫二世·阿道夫富有军事才能和政治动机，年轻气盛，而这些因素促使他采取了大胆的行动。由于充分了解这场危机的性质，瑞典人民勇敢地支持着瑞典国王古斯塔夫二世·阿道夫。

瑞典国王古斯塔夫二世·阿道夫决定拿与瑞典为敌的丹麦初试牛刀。1611年年初，利用瑞典国王古斯塔夫二世·阿道夫羽翼未丰和由此造成的混乱局面，丹麦国王克里斯蒂安四世占领了埃尔夫斯堡和卡尔马。1612年，刚刚成年后，瑞典国王古斯塔夫二世·阿道夫就立志收复要塞，并且学到了他的第一堂战争艺术课。1613年1月，在英王詹姆斯一世的调停下，瑞典国王古斯塔夫二世·阿道夫签署了《克奈勒德条约》，结束了和丹麦国王克里斯蒂安四世的敌对状态。根据《克奈勒德条约》，卡尔马会被立即归还给瑞典，而埃尔夫斯堡则会在瑞典赔款后被归还给瑞典。此外，赔款必须在两年内筹集和支付。刚刚从和丹麦人的敌对状态中解脱出来，瑞典国王古斯塔夫二世·阿道夫就立刻将注意力转向了实力日益增长的俄国人。在俄国沙皇米哈伊尔·罗曼诺夫的领导下，俄国人已经团结了起来。1614年，瑞典国王古斯塔夫二世·阿道夫入侵了英格利亚。瑞典国王古斯塔夫二世·阿道夫所向披靡，慢慢侵

俄国沙皇米哈伊尔·罗曼诺夫

蚀着俄国，而与俄国有贸易关系的英格兰王国则再次从中调停。根据签署于1617年2月的《斯托尔博瓦条约》，俄国人把英格利亚和卡雷利亚割让给了瑞典。因此，瑞典获得了从科尔马到里加的波罗的海沿岸的一条连续的海岸线，而俄国则完全与海洋隔绝了。瑞典国王古斯塔夫二世·阿道夫得意地说道："敌人如果没有我们的允许，那么不可能把船开进波罗的海。"

《斯托尔博瓦条约》刚签署，波兰国王西吉斯蒙德三世·瓦萨就入侵了瑞典的利沃尼亚，迫使瑞典国王古斯塔夫二世·阿道夫卷入了自己

里加

执政期间的第三次战争。由于波兰国王西吉斯蒙德三世·瓦萨背后隐藏着反宗教改革运动的力量，波兰人比俄国人更难对付。然而，无论在哪个方面，波兰人和瑞典人都无法压倒对方。从1618年至1621年和从1622年至1625年的两次休战中断了死气沉沉的战争，不仅让衰弱的瑞典补充了力量，而且给了瑞典国王古斯塔夫二世·阿道夫时间去提高军事战术水平。1625年，经过深思熟虑后，瑞典国王古斯塔夫二世·阿道夫再一次挑起战争，越过德维纳河，占领了库尔兰并且将波兰人赶回了立陶宛。然而，里加和库尔兰的任何城邑都不是瑞典国王古斯塔夫二世·阿

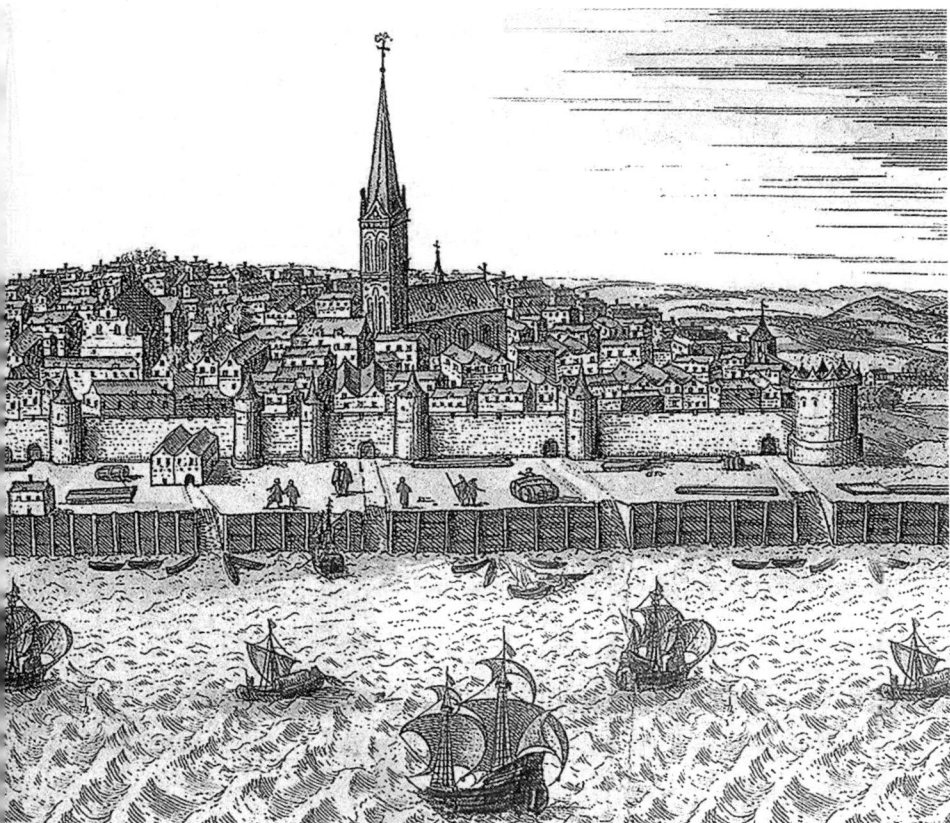

道夫最想要的东西。瑞典国王古斯塔夫二世·阿道夫需要的是一个至关重要的地方，一个可以成为他的行动中心的地方。因此，1626年，瑞典国王古斯塔夫二世·阿道夫指挥军队进攻了但泽。但泽是一座防御严密的城池。由于力量太弱，瑞典舰队无法对但泽实施海上封锁。但泽和施特拉尔松德和拉罗谢尔一样坚不可摧。瑞典国王古斯塔夫二世·阿道夫虽然一直试图攻占但泽，但没有成功。最终，1629年，即神圣罗马帝国的事态导致瑞典人不得不放弃围攻但泽时，瑞典国王古斯塔夫二世·阿道夫同意了和解。然而，对瑞典国王古斯塔夫二世·阿道夫来说，波兰战争不是没有意义的。根据《斯图姆斯道夫停战协定》，瑞典获得了整个利沃尼亚和普鲁士的一些地方。在连续不断的战役中，瑞典国王古斯塔夫二世·阿道夫和瑞典军队都得到了训练。不知不觉间，瑞典国王古斯塔夫二世·阿道夫已经把瑞典变成了当时的一个军事强国。

三十年战争仍然在进行时，神圣罗马帝国的天主教教徒和新教教徒总是会带着恐惧和希望将目光转向瑞典国王古斯塔夫二世·阿道夫，而瑞典国王古斯塔夫二世·阿道夫也热切地盼望着神圣罗马帝国的天主教教徒和新教教徒需要他的帮助的那天的到来。虽然瑞典国王古斯塔夫二世·阿道夫渴望与蒂伊伯爵约翰·采克拉斯和神圣罗马帝国的将军们交锋，但他的渴望带着谨慎的态度。瑞典国王古斯塔夫二世·阿道夫会根据自己的时间和条件决定是否参战。1624年，英格兰王国要求瑞典国王古斯塔夫二世·阿道夫提出参战的条件，而瑞典国王古斯塔夫二世·阿道夫提出了三个必不可少的条件，即他应该拥有战争中的唯一军事管理权；英格兰王国应该提供能供养一万七千名士兵的资金并且提前五个月支付；在他与神圣罗马帝国交战期间，丹麦不能袭击瑞典并且必须把两个港口交给瑞典以确保通信安全。和丹麦国王克里斯蒂安四世不一样，瑞典国王古斯塔夫二世·阿道夫不会做出公平的承诺。然而，战事结束前，瑞典国王古斯塔夫二世·阿道夫会坚守承诺。虽然丹麦国王克里斯

《斯图姆斯道夫停战协定》签订现场

蒂安四世表示自己无法接受瑞典国王古斯塔夫二世·阿道夫的苛刻条件，但丹麦国王克里斯蒂安四世的命运证明了这些条件的必要性。丹麦的战败和弗里德兰公爵阿尔布雷赫特·文策尔·欧西比乌斯·冯·瓦伦斯坦在波罗的海沿岸取得的胜利导致危险越来越接近瑞典。在梅克伦堡和波美拉尼亚被弗里德兰公爵阿尔布雷赫特·文策尔·欧西比乌斯·冯·瓦伦斯坦牢牢掌握着的情况下，瑞典有什么机会获得波罗的海的霸权呢？瑞典国王古斯塔夫二世·阿道夫立即意识到，如果弗里德兰公爵阿尔布雷赫特·文策尔·欧西比乌斯·冯·瓦伦斯坦获准成为梅克伦堡公爵，那么瑞典将不得不为独立和宗教而战。1628年4月，瑞典国王古斯塔夫二世·阿道夫与丹麦国王克里斯蒂安四世结盟。瑞典国王古斯塔夫二世·阿道夫规定，除了荷兰，所有外国船只都不能进入波罗的海。1628年夏季，瑞典国王古斯塔夫二世·阿道夫命令第一代利文伯爵亚历山大·莱斯利率领两千人守卫施特拉尔松德以对抗弗里德兰公爵阿尔布雷赫特·文策尔·欧西比乌斯·冯·瓦伦斯坦。1629年9月，瑞典国王古斯塔夫二世·阿道夫签署了《斯图姆斯道夫停战协定》，结束了波兰战争。1630年6月24日，在乌瑟多姆岛，瑞典国王古斯塔夫二世·阿道夫率领着一支有一万三千名士兵的军队登陆了。到1630年年末前，瑞典军队的人数增加到了四万人。

　　瑞典国王古斯塔夫二世·阿道夫精心选择入侵神圣罗马帝国的时间。与此同时，在雷根斯堡的会议上，神圣罗马帝国正讨论着弗里德兰公爵阿尔布雷赫特·文策尔·欧西比乌斯·冯·瓦伦斯坦的去留问题，而弗里德兰公爵阿尔布雷赫特·文策尔·欧西比乌斯·冯·瓦伦斯坦的军队因其首领的职务将被解除而士气低落。不久后，弗里德兰公爵阿尔布雷赫特·文策尔·欧西比乌斯·冯·瓦伦斯坦的军队解散了，而蒂伊伯爵约翰·采克拉斯则负责指挥神圣罗马帝国的其他军队。因此，瑞典国王古斯塔夫二世·阿道夫发现，在登陆后的近六个月的时间里，他

第一代利文伯爵亚历山大·莱斯利

几乎没有遭到抵抗。瑞典国王古斯塔夫二世·阿道夫利用这近六个月的时间招募了一批士兵，为瑞典在波罗的海的军事行动打下了坚实的基础。1631年1月，一项非常受欢迎的援助降临在了瑞典国王古斯塔夫二世·阿道夫头上。枢机主教黎塞留早就盯上了瑞典国王古斯塔夫二世·阿道夫，并且认为瑞典国王古斯塔夫二世·阿道夫是最强大的武器之一，可以被用来对付奥-西哈布斯堡王朝。枢机主教黎塞留和瑞典国王古斯塔夫二世·阿道夫的谈判虽然开始得很早，但最终失败了。枢机主教黎塞留发现，瑞典国王古斯塔夫二世·阿道夫比预想的更顽固。很快，枢机主教黎塞留意识到，他如果想得到瑞典国王古斯塔夫二世·阿道夫的帮助，那么只能接受瑞典国王古斯塔夫二世·阿道夫的条件。因此，枢机主教黎塞留接受了瑞典国王古斯塔夫二世·阿道夫的条件。1631年1月23日，枢机主教黎塞留与瑞典国王古斯塔夫二世·阿道夫缔结了《贝瓦尔德条约》。根据该《贝瓦尔德条约》，枢机主教黎塞留承诺会向瑞典提供并且分六年付清一笔资金，而条件则是瑞典国王古斯塔夫二世·阿道夫必须在神圣罗马帝国驻扎一支有三万六千名士兵的军队，尊重神圣罗马帝国的法律，不得攻打巴伐利亚和天主教联盟。此外，在已经建立天主教信仰的地区，瑞典国王古斯塔夫二世·阿道夫不能触碰天主教的利益。和以前在弗里德兰公爵阿尔布雷赫特·文策尔·欧西比乌斯·冯·瓦伦斯坦手下一样，波美拉尼亚公爵博古斯瓦夫十四世对瑞典国王古斯塔夫二世·阿道夫也十分顺从。然而，波美拉尼亚公爵博古斯瓦夫十四世把自己的资源交给入侵者不是出于友谊，而是因为无助。与此同时，萨克森选帝侯约翰·格奥尔格一世和勃兰登堡选帝侯格奥尔格·威廉坚持中立，没有采取行动促成神圣罗马帝国的解体。1631年3月，莱比锡举行了一次大规模的新教集会以讨论局势。为了防止遭到攻击，新教教徒同意增强自己的防守力量。新教教徒还向神圣罗马帝国皇帝斐迪南二世保证，如果神圣罗马帝国皇帝斐迪南二世收回《归还敕令》，那么新教教徒会继续效忠神圣罗马帝国皇帝斐迪南二世。然而，关于对瑞典国王古斯塔夫二世·阿道夫的援助，新教教徒只字未提。

爱国情绪十分强烈的神圣罗马帝国人民是反对瑞典国王古斯塔夫二世·阿道夫的。显然，瑞典国王古斯塔夫二世·阿道夫必须，并且只能用剑开路。1631年3月月底，战争爆发了——蒂伊伯爵约翰·采克拉斯突然冲向了新勃兰登堡。1631年3月29日，蒂伊伯爵约翰·采克拉斯占领了新勃兰登堡，击溃了有两千名瑞典士兵的守城部队，强行插入了身处波美拉尼亚的瑞典国王古斯塔夫二世·阿道夫和身处梅克伦堡的古斯塔夫·霍恩元帅之间。由于意识到了危险，瑞典国王古斯塔夫二世·阿道夫不得不绕过蒂伊伯爵约翰·采克拉斯去与古斯塔夫·霍恩元帅会合。古斯塔夫·霍恩元帅闷闷不乐地撤退到了易北河一线。在易北河，古斯塔夫·霍恩元帅包围了马格德堡。马格德堡主动宣布反对神圣罗马帝国皇帝斐迪南二世并且要求瑞典驻军。与此同时，瑞典国王古斯塔夫二世·阿道夫向奥德河进军，占领了由神圣罗马帝国军队驻守的法兰克福的要塞。虽然瑞典国王古斯塔夫二世·阿道夫打算从法兰克福出发去增

古斯塔夫·霍恩元帅

援马格德堡，但来自蒂伊伯爵约翰·采克拉斯和第一代楚帕彭海姆伯爵戈特弗里德·海因里希的压力很大。为了实现自己的荣誉和目标，瑞典国王古斯塔夫二世·阿道夫必须步步为营。然而，意想不到的障碍出现了。瑞典国王古斯塔夫二世·阿道夫如果要去支援马格德堡，那么必须穿过勃兰登堡选帝侯格奥尔格·威廉和萨克森选帝侯约翰·格奥尔格一世的领土，而这两位选帝侯都不会违反中立原则——至少，神圣罗马帝国皇帝斐迪南二世是这么认为的。马格德堡即将陷落时，过境谈判仍然

第一代楚帕彭海姆伯爵戈特弗里德·海因里希

攻打马格德堡

没有结束，毫无结果可言。勃兰登堡选帝侯格奥尔格·威廉和萨克森选帝侯约翰·格奥尔格一世都十分固执，不肯做出让步。在绝望中，瑞典国王古斯塔夫二世·阿道夫只能借道柏林。虽然由于有军队撑腰，瑞典国王古斯塔夫二世·阿道夫提出了更强硬的要求，迫使勃兰登堡选帝侯格奥尔格·威廉同意让瑞典军队过境，但一切都为时已晚。过境萨克森的问题仍然需要得到解决。瑞典国王古斯塔夫二世·阿道夫和萨克森选帝侯约翰·格奥尔格一世商讨过境问题时，马格德堡陷落了。1631年5月20日，第一代楚帕彭海姆伯爵戈特弗里德·海因里希突袭了马格德堡，而这次突袭带来的混乱导致了大片房屋着火。神圣罗马帝国的士兵因胜利和掠夺而发狂，失去了自控力。在熊熊烈焰和房屋倒塌的轰隆声中，屠杀等暴行和恐怖的场面出现了。整个欧洲都对马格德堡之劫感到十分震惊。1631年5月21日凌晨，在一片漆黑的废墟中，幸存下来的教堂显得破败不堪——马格德堡成了人们的回忆。

马格德堡之劫是欧洲历史上最黑暗的一页。虽然多年来，人们一直认为蒂伊伯爵约翰·采克拉斯制造了马格德堡之劫，但实际上，当时，蒂伊伯爵约翰·采克拉斯离马格德堡很远。然而，瑞典国王古斯塔夫二世·阿道夫应该为可怕的马格德堡之劫承担一部分责任。出于对瑞典国王古斯塔夫二世·阿道夫的信任，马格德堡人民揭竿而起，宣布反对神圣罗马帝国皇帝斐迪南二世，而瑞典国王古斯塔夫二世·阿道夫只派了一名军官来指挥守备工作。瑞典国王古斯塔夫二世·阿道夫知道马格德堡已经陷入了绝境，却没有预料其被洗劫时的真正的恐怖景象。然而，瑞典国王古斯塔夫二世·阿道夫一定很清楚，在那些残酷的日子里，雇佣兵猛攻一座城池究竟意味着什么。在那关键的两个月里，瑞典国王古斯塔夫二世·阿道夫的行军受到了牵制，而他的荣誉因勃兰登堡选帝侯格奥尔格·威廉和萨克森选帝侯约翰·格奥尔格一世的顽固思想受到了损害。如果瑞典国王古斯塔夫二世·阿道夫不顾法律而果断地采取行动，那么勃兰登堡选帝侯格奥尔格·威廉和萨克森选帝侯约翰·格奥尔格一世将完全无力抵抗。虽然看起来，通过威胁入侵，瑞典国王古斯塔夫二世·阿道夫有可能迫使勃兰登堡选帝侯格奥尔格·威廉和萨克森选帝侯约翰·格奥尔格一世投入神圣罗马帝国皇帝斐迪南二世的怀抱，但实际上，这是不会发生的。1626年，想要一个对付但泽的军事基地，瑞典国王古斯塔夫二世·阿道夫毫不犹豫地以武力手段从勃兰登堡选帝侯格奥尔格·威廉手中夺取了皮劳。虽然早在1631年，由于时间紧迫，瑞典国王古斯塔夫二世·阿道夫就曾不得不通过武力过境勃兰登堡，但勃兰登堡选帝侯格奥尔格·威廉并没有因瑞典国王古斯塔夫二世·阿道夫的专横行为而放弃中立。当然，在马格德堡情况危急时，勃兰登堡选帝侯格奥尔格·威廉本应对瑞典国王古斯塔夫二世·阿道夫提出一些公平的要求，而不是为了确保自己的安全而对破坏中立原则有所顾虑——毕竟，勃兰登堡选帝侯格奥尔格·威廉也曾为了自己的利益破坏过中立原则。

从军事角度来看，马格德堡的沦陷对瑞典国王古斯塔夫二世·阿道夫来说是一次毁灭性的打击——在新教城镇中早已兴起的支持瑞典国王古斯塔夫二世·阿道夫的运动立即停止了。除了黑森-卡塞尔的威廉五世公爵和萨克森-魏玛的伯恩哈德，再没有其他神圣罗马帝国诸侯加入瑞典国王古斯塔夫二世·阿道夫的行列。瑞典国王古斯塔夫二世·阿道夫慢慢地撤退到易北河一线，驻扎在韦尔本。当时，瑞典国王古斯塔夫二世·阿道夫一定觉得，神圣罗马帝国的领导人唯一要做的就是孤立他——只要这样，他就会不战而败。然而，急切盼望胜利的神圣罗马帝国皇帝斐迪南二世和巴伐利亚选帝侯马克西米利安一世不能对瑞典国王古斯塔夫二世·阿道夫不闻不问。1631年4月，在凯拉斯科，神圣罗马帝国和法兰西王国签署了和平协议。驻扎在意大利的神圣罗马帝国皇帝斐迪南二世的军队越过了阿尔卑斯山脉，增强了蒂伊伯爵约翰·采克拉斯的军事力量。为了平息所有的反对势力并且一举结束战争，蒂伊伯爵约翰·采克拉斯被命令解除萨克森人的武装，向瑞典进军。然而，萨克森选帝侯约翰·格奥尔格一世出乎意料地因这种干涉他的独立的行为而感到不满。萨克森选帝侯约翰·格奥尔格一世拒绝解散自己的部队。因此，蒂伊伯爵约翰·采克拉斯立即占领了梅泽堡和莱比锡，开始不断骚扰萨克森选帝侯约翰·格奥尔格一世的领地。萨克森选帝侯约翰·格奥尔格一世只能看着村庄被烧毁和他珍视的独立地位遭到侵犯。迟钝的萨克森选帝侯约翰·格奥尔格一世终于觉醒了。萨克森选帝侯约翰·格奥尔格一世急忙派使者去面见瑞典国王古斯塔夫二世·阿道夫，表示自己愿意与瑞典国王古斯塔夫二世·阿道夫结盟并且请求帮助。显然，神圣罗马帝国皇帝斐迪南二世犯了一个致命的错误——实际上，在毁掉了自己的事业方面，神圣罗马帝国皇帝斐迪南二世做的事比他的所有敌人都要多。神圣罗马帝国皇帝斐迪南二世把萨克森选帝侯约翰·格奥尔格一世赶到了瑞典国王古斯塔夫二世·阿道夫那里。与其说萨克森选帝侯约

第一代楚帅彭海姆伯爵戈特弗里德·海因里希布进入马格德堡

神圣罗马帝国军队掳掠马格德堡少女

翰·格奥尔格一世的友谊对瑞典国王古斯塔夫二世·阿道夫十分重要的原因是萨克森选帝侯约翰·格奥尔格一世拥有丰富的物质资源，不如说萨克森选帝侯约翰·格奥尔格一世在神圣罗马帝国拥有重要的地位。虽然萨克森选帝侯约翰·格奥尔格一世经常烂醉如泥、无精打采、方头不劣、优柔寡断，但当时的人们都认为，萨克森选帝侯约翰·格奥尔格一世对神圣罗马帝国忠心耿耿，在政治上精于算计。正是人们的这些认识和萨克森选帝侯约翰·格奥尔格一世作为路德教世袭领袖的地位决定了德意志北部的诸侯们对已经成为西班牙国王的腓力四世和身处丹麦的巴伐利亚选帝侯马克西米利安一世的态度。萨克森选帝侯约翰·格奥尔格一世加入瑞典军队意味着，在萨克森选帝侯约翰·格奥尔格一世看来，瑞典国王古斯塔夫二世·阿道夫比神圣罗马帝国皇帝斐迪南二世有革命精神。

瑞典国王古斯塔夫二世·阿道夫没有错失良机，立即与勃兰登堡选帝侯格奥尔格·威廉一起出发去了萨克森，成功与萨克森选帝侯约翰·格奥尔格一世的军队会和。瑞典国王古斯塔夫二世·阿道夫、勃兰登堡选帝侯格奥尔格·威廉和萨克森选帝侯约翰·格奥尔格一世一起向莱比锡进发，并且在1631年9月17日遇到了集结于布赖滕费尔德的蒂伊伯爵约翰·采克拉斯的军队。蒂伊伯爵约翰·采克拉斯集结了三万两千名士兵。蒂伊伯爵约翰·采克拉斯麾下的士兵沿着高地排成一列纵队，俯瞰着洛德巴赫河。长枪兵方阵照例被密集地布置在阵形中央，而长枪兵方阵两侧则是炮兵。按照西班牙军事家研究出来的战术，蒂伊伯爵约翰·采克拉斯安排了中军的站位。蒂伊伯爵约翰·采克拉斯的军队的右翼是菲尔斯滕贝格-海利根贝格伯爵埃贡八世带领的意大利人，而左翼则由暴躁的第一代楚帕彭海姆伯爵戈特弗里德·海因里希率兵守卫。在军队的两翼和中军中间，蒂伊伯爵约翰·采克拉斯放置了大约三十到四十门重炮。蒂伊伯爵约翰·采克拉斯骑着自己那匹赫赫有名的白马，身处

瑞典国王古斯塔夫二世·阿道夫遭遇集结于布赖滕费尔德战场的蒂伊伯爵约翰·采克拉斯的军队

中军，与他的瓦隆同胞在一起。瑞典国王古斯塔夫二世·阿道夫的布阵方式与蒂伊伯爵约翰·采克拉斯完全不同。瑞典国王古斯塔夫二世·阿道夫把自己的军队分成两个梯队，并且在每个梯队后面都安排了后备骑兵团——中军后面也有后备骑兵团。在侧翼，负责对阵菲尔斯滕贝格-海利根贝格伯爵埃贡八世的军队的是萨克森选帝侯约翰·格奥尔格一世亲自带领的萨克森军队。萨克森军队的右侧是与中军保持联系的由古斯塔夫·霍恩元帅率领的瑞典骑兵。瑞典国王古斯塔夫二世·阿道夫带领其余骑兵亲自参加右翼的战斗，与第一代楚帕彭海姆伯爵戈特弗里德·海因里希对阵。在第一梯队两翼的骑兵团之间的是由二百名火炮手组成的分遣队。步兵位于中军，以比蒂伊伯爵约翰·采克拉斯的方阵的规模小得多的方阵排列。在步兵中，与长枪兵相比，火炮手占的比例更高。每个团前面都被安排了轻型炮兵或野战炮兵，而一百门重型火炮则被安置在中军左侧，由奥尔塔拉伯爵伦纳特·托尔斯腾松指挥。仅从军力上

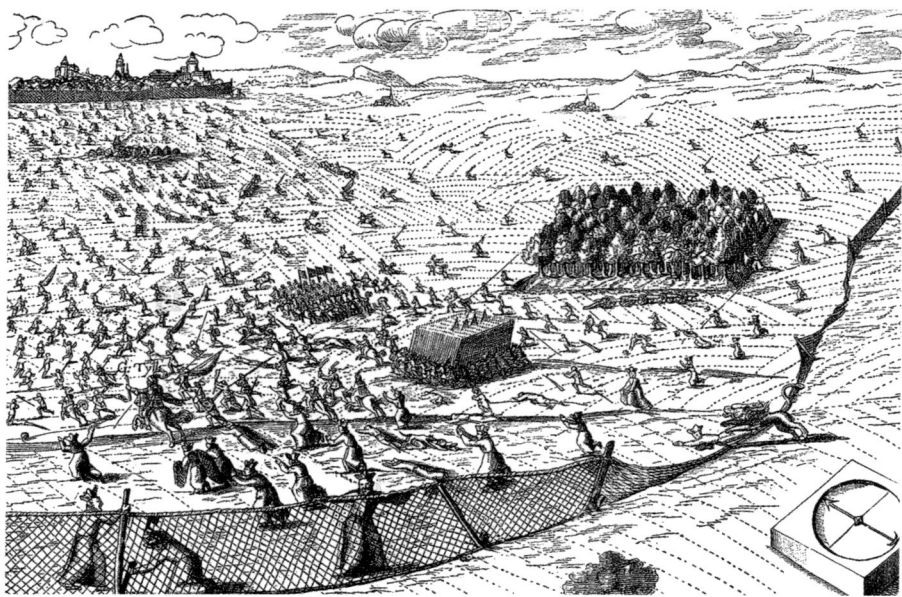

布赖滕费尔德战役

奥尔塔拉伯爵伦纳特·托尔斯腾松

看，瑞典国王古斯塔夫二世·阿道夫有绝对的优势。瑞典国王古斯塔夫
二世·阿道夫的军队大约有两万六千名士兵，而萨克森选帝侯约翰·格
奥尔格一世的士兵不少于一万五千名。和蒂伊伯爵约翰·采克拉斯的大
炮相比，瑞典国王古斯塔夫二世·阿道夫的大炮虽然不够重，但拥有数
量优势，能向神圣罗马帝国军队发射更多炮弹。随着隆隆的炮声，战斗
正式打响了。在这场决斗中，瑞典军队的快速射击的炮弹给排兵紧凑的
神圣罗马帝国军队造成了巨大的杀伤。在如冰雹般落下的炮弹中，虽然
倔强的蒂伊伯爵约翰·采克拉斯一动不动，但年轻的第一代楚帕彭海姆
伯爵戈特弗里德·海因里希失去了耐心。在没有得到命令的情况下，第
一代楚帕彭海姆伯爵戈特弗里德·海因里希突然派出骑兵开始冲击瑞典

军队的右翼。然而，瑞典国王古斯塔夫二世·阿道夫已经做好了准备。火枪手截住了第一代楚帕彭海姆伯爵戈特弗里德·海因里希并且把他打得晕头转向。约翰·巴纳元帅率领的后备骑兵团与瑞典国王古斯塔夫二世·阿道夫率领的军队从右翼向第一代楚帕彭海姆伯爵戈特弗里德·海因里希猛扑过去，把第一代楚帕彭海姆伯爵戈特弗里德·海因里希彻底赶离了战场。与此同时，神圣罗马帝国军队右翼的菲尔斯滕贝格-海利根贝格伯爵埃贡十三世扑向萨克森军队，击退了萨克森骑兵，直奔炮兵而来，接着又扑向步兵，直到整个萨克森军队乱作一团、溃散而逃。神圣罗马帝国军队乘胜追击。萨克森军队保护着萨克森选帝侯约翰·格奥

约翰·巴纳元帅

尔格一世逃到杜本——甚至逃到了艾伦堡。蒂伊伯爵约翰·采克拉斯认为机会来了，命令中军开拔，直奔古斯塔夫·霍恩元帅。虽然萨克森军队的溃逃导致侧翼出现了缺口，但纪律严明、行动灵活的瑞典人后退了一点，又组织了一条新的战线积极防御。为了进攻瑞典军队的侧翼，蒂伊伯爵约翰·采克拉斯必然会暴露出自己的炮兵。因此，瑞典国王古斯塔夫二世·阿道夫不再追击第一代楚帕彭海姆伯爵戈特弗里德·海因里希，而是带领骑兵杀了一个回马枪，横扫了原先由蒂伊伯爵约翰·采克拉斯占据的阵地，夺取了神圣罗马帝国军队的大炮，并且把炮口对准了神圣罗马帝国的士兵。瑞典国王古斯塔夫二世·阿道夫率领骑兵向蒂伊伯爵约翰·采克拉斯的后方猛扑。在前有古斯塔夫·霍恩元帅的骑兵，后有瑞典国王古斯塔夫二世·阿道夫的骑兵，侧翼遭受炮轰的情况下，神圣罗马帝国的步兵坚守着自己的阵地。神圣罗马帝国的步兵虽然像英雄一样战斗着，但战斗的时间越长，越没有希望，越有可能失败。秋日的阳光照在被血染红的战场上时，六百名士兵仍然严阵以待，围在蒂伊伯爵约翰·采克拉斯的周围并且把他安全地带出了战场。由蒂伊伯爵约翰·采克拉斯率领的神圣罗马帝国军队被彻底消灭了。大约有一万名士兵牺牲在了战场上，而更多的人则面临着被俘虏的命运。按照当时的惯例，俘虏将为胜利者服务。一百零六面军旗和所有枪炮都是征服者的战利品。蒂伊伯爵约翰·采克拉斯一边撤退去了威悉河一线，一边召集残余部队。获胜的瑞典军队开始向多瑙河一线挺进。直到1632年春季，蒂伊伯爵约翰·采克拉斯才鼓起勇气再一次与瑞典国王古斯塔夫二世·阿道夫正面交锋。

布赖滕费尔德战役的胜利将整个德意志北部都置于瑞典国王古斯塔夫二世·阿道夫的统治下。然而，人们知道，即使瑞典国王古斯塔夫二世·阿道夫进攻维也纳并且取得胜利，战争也不会结束。瑞典国王古斯塔夫二世·阿道夫认识到自己的首要职责是帮助那些陷入困境的新教教徒。瑞典国王古斯塔夫二世·阿道夫直冲美因河和莱茵河流域的德意志心脏地带，无视弗里德兰公爵阿尔布雷赫特·文策尔·欧西比乌斯·冯·瓦伦斯坦的有针对性的建议，即战胜国应该以牺牲神圣罗马帝国皇帝斐迪南二世和天主教的利益为代价来分割德意志。1631年10月10日，瑞典国王古斯塔夫二世·阿道夫占领了维尔茨堡。1631年11月18日，瑞典国王古斯塔夫二世·阿道夫出现在了法兰克福，即神圣罗马帝国的旧都。在美因茨，瑞典国王古斯塔夫二世·阿道夫度过了圣诞节。在美丽富饶的莱茵兰，瑞典国王古斯塔夫二世·阿道夫让疲惫不堪的军队进行了休整。在德意志北部，奥克·亨里克松·托特将军正在一点点蚕食梅克伦堡的海岸线，并且恢复了因《归还敕令》而被罢黜的新教行

奥克·亨里克松·托特将军

政人员的公职。然而，瑞典国王古斯塔夫二世·阿道夫很清楚一个事实，即他的军事力量非常脆弱。与此同时，枢机主教黎塞留开始认识到自己的盟友变得太强大了。据说，法兰西国王路易十三曾咕哝道："是时候阻挡瑞典国王古斯塔夫二世·阿道夫这个哥特人前进的步伐了。"与其说武力是瑞典国王古斯塔夫二世·阿道夫的偏好或政策，不如说武力给瑞典国王古斯塔夫二世·阿道夫带来了与萨克森选帝侯约翰·格奥尔格一世的联盟。然而，武力同样可能会很容易地打破这种联盟。在多瑙河一线，蒂伊伯爵约翰·采克拉斯正在集结新的部队。无论任何时候，一位声名显赫的将军都有可能一呼百应并且在他的侧翼或后方召集一支雇佣军。除了纽伦堡和其他几个曾经受到压迫的地方，神圣罗马帝国的其他地方对新教解放者没有兴趣。瑞典国王古斯塔夫二世·阿道夫必须做两件事巩固他的胜利——一是必须在敌人从布赖滕费尔德战役的打击中恢复前击垮敌人，二是必须领导新教国家建立一个坚定的联盟并且从中获得军事和政治支持。随着蒂伊伯爵约翰·采克拉斯被击败，新教同盟正式建立，而瑞典国王古斯塔夫二世·阿道夫则占领了神圣罗马帝国中部的教会土地。瑞典国王古斯塔夫二世·阿道夫的首要工作是击败军事反对派。1632年3月月底，瑞典军队再次出击。1632年3月31日，瑞典国王古斯塔夫二世·阿道夫进入纽伦堡，受到了热烈欢迎。1632年4月5日，瑞典国王古斯塔夫二世·阿道夫占领了多瑙沃特。1632年4月14日，瑞典国王古斯塔夫二世·阿道夫发现了蒂伊伯爵约翰·采克拉斯的行踪。瑞典国王古斯塔夫二世·阿道夫强渡莱希河，猛攻敌人的阵地，并且将蒂伊伯爵约翰·采克拉斯赶去了英戈尔施塔特。蒂伊伯爵约翰·采克拉斯因伤而亡。至此，巴伐利亚已经完全被瑞典国王古斯塔夫二世·阿道夫控制了。1632年5月7日，瑞典国王古斯塔夫二世·阿道夫和巴拉丁选帝侯腓特烈五世并肩骑马抵达慕尼黑。现在，除了神圣罗马帝国皇帝斐迪南二世，再也没有可以和瑞典国王古斯塔夫二世·阿道夫较量的人了。由于大部分地区仍然处于混乱状态，奥-西哈布斯堡王朝无力抵抗瑞典国王古斯塔夫二世·阿道夫。瑞典国王古斯塔夫二世·阿道夫和巴拉丁选帝侯腓特烈五世一起在慕尼黑庆祝胜利时，萨克森选帝侯约翰·格奥尔格一世在布拉格也举行了盛大的庆祝活动。然而，萨克森选帝侯约翰·格奥尔格一世比任何人都更坚定地想将巴拉丁选帝侯腓特烈五世逐出波希米亚。

在整个欧洲，只有一个人能把刚刚受到重创的神圣罗马帝国皇帝斐迪南二世从风暴中解救出来——只有这个人能把分散在文明世界各地的雇佣兵集合起来并且组成一支有组织的军队。1631年12月，神圣罗马帝国皇帝斐迪南二世派自己最信任的顾问去请弗里德兰公爵阿尔布雷赫特·文策尔·欧西比乌斯·冯·瓦伦斯坦。神圣罗马帝国皇帝斐迪南二世请求弗里德兰公爵阿尔布雷赫特·文策尔·欧西比乌斯·冯·瓦伦斯坦的原谅，想让弗里德兰公爵阿尔布雷赫特·文策尔·欧西比乌斯·冯·瓦伦斯坦为保卫奥-西哈布斯堡王朝再次出山。由于当时的形势十分有利，弗里德兰公爵阿尔布雷赫特·文策尔·欧西比乌斯·冯·瓦伦斯坦立即抓住了这个机会。瑞典国王古斯塔夫二世·阿道夫的胜利使巴伐利亚选帝侯马克西米利安一世和天主教联盟心生敬佩。神圣罗马帝国皇帝斐迪南二世需要做的事就是同意弗里德兰公爵阿尔布雷赫特·文策尔·欧西比乌斯·冯·瓦伦斯坦提出的任何条件。弗里德兰公爵阿尔布雷赫特·文策尔·欧西比乌斯·冯·瓦伦斯坦渴望已久的时刻已经到来——他将率领一支完全属于自己的军队，不必效忠于神圣罗马帝国皇帝斐迪南二世，可能成为神圣罗马帝国的独裁者。弗里德兰公爵阿尔布雷赫特·文策尔·欧西比乌斯·冯·瓦伦斯坦将把除自己外的所有外国人都从神圣罗马帝国的土地上驱逐出去，并且在宗教宽容的基础上给神圣罗马帝国带来和平。向神圣罗马帝国皇帝斐迪南二世提出条件时，弗里德兰公爵阿尔布雷赫特·文策尔·欧西比乌斯·冯·瓦伦斯坦毫不掩饰自己的意图——军队只能由弗里德兰公爵阿尔布雷赫特·文策尔·欧西比乌斯·冯·瓦伦斯坦指挥；弗里德兰公爵阿尔布雷赫特·文策尔·欧西比乌斯·冯·瓦伦斯坦不允许任何军队进入神圣罗马帝国；只有弗里德兰公爵阿尔布雷赫特·文策尔·欧西比乌斯·冯·瓦伦斯坦有权赦免违法者和没收土地；《归还敕令》必须被撤销。换句话说，弗里德兰公爵阿尔布雷赫特·文策尔·欧西比乌斯·冯·瓦伦斯坦将成为神圣罗马帝国的军事和政治独裁者。弗里德兰公爵阿尔布雷赫特·文策尔·欧西比乌斯·冯·瓦伦斯坦的各种条件都被接受了。终于，弗里德兰公爵阿尔布雷赫特·文策尔·欧西比乌斯·冯·瓦伦斯坦的军旗升起来了，而来自意大利、苏格兰、爱尔兰和神圣罗马帝国各地的人们都立即涌向弗里德兰公爵阿尔布雷赫特·文策尔·欧西比乌斯·冯·瓦伦斯坦麾下。无论来自哪里，信仰如何，这些加入弗里德兰公爵阿尔布雷赫特·文策尔·欧西比乌斯·冯·瓦伦斯坦的人都渴望获得荣誉，更渴望掠夺财物。1632年5月，弗里德兰公爵阿尔布雷赫特·文策尔·欧西比乌斯·冯·瓦伦斯坦的部队组建完成了。在布拉格，弗里德兰公爵阿尔布雷赫特·文策尔·欧西比乌斯·冯·瓦伦斯坦突然扑向萨克森军队并且将其赶出了波希米亚。随后，弗里德兰公爵阿尔布雷赫特·文策尔·欧西比乌斯·冯·瓦伦斯坦迅速掉转马头，率领主力部队向富裕的信仰新教的纽伦堡进军，而第一代楚帕彭海姆伯爵戈特弗里德·海因里希则率军沿莱茵河追敌。瑞典国王古斯塔夫二世·阿道夫认识到了这场危机的严重性，决定亲自去纽伦堡御敌。瑞典国王古斯塔夫二世·阿道夫召集外围分遣队，向弗里德兰公爵阿尔布雷赫特·文策尔·欧西比乌斯·冯·瓦伦斯坦发起了进攻，希望通过另一场布赖滕费尔德战役来击败敌人。然而，弗里德兰公爵阿尔布雷赫特·文策尔·欧西比乌斯·冯·瓦伦斯坦已经下定决心要让瑞典国王古斯塔夫二世·阿道夫看到另一种类型的战争。弗里德兰公爵阿尔布雷赫特·文策尔·欧西比乌斯·冯·瓦伦斯坦很了解瑞典士兵在一个远离家乡的国家发动战争时经历的巨大困难，也知道自己有轻骑兵方面的优势。因此，弗里德兰公爵阿尔布雷赫特·文策尔·欧西比乌斯·冯·瓦伦斯坦为自己的军队提供了大量给养，并阻碍瑞典方面的军需供应。弗里德兰公爵阿尔布雷赫特·文策尔·欧西比乌斯·冯·瓦伦斯坦认为，在战场上临时征募的军队的纪律肯定十分涣散，因此，在一个可以俯瞰纽伦堡所在平原的高地上，弗里德兰公爵阿尔布雷赫特·文策尔·欧西比乌斯·冯·瓦伦斯坦建立了一个巨大而坚固的兵营，准备用饥饿迫使瑞典国王古斯塔夫二世·阿道夫离开纽伦堡。

　　1632年6月月底，对峙结束了。当时的两个最伟大的军人之间的决斗开始了。然而，这场战斗不仅是军人之间的决斗，还是敌对政策之间的决斗。弗里德兰公爵阿尔布雷赫特·文策尔·欧西比乌斯·冯·瓦伦斯坦和瑞典国王古斯塔夫二世·阿道夫的战斗的结果决定着神圣罗马帝国的命运。弗里德兰公爵阿尔布雷赫特·文策尔·欧西比乌斯·冯·瓦伦斯坦代表着与神圣罗马帝国传统制度有关的军事独裁和宗教容忍，而瑞典国王古斯塔夫二世·阿道夫则代表由外国人领导的新教霸权和政治联邦。实际上，这种棘手的问题不是靠武力解决，而是靠耐力解决的。然而，显而易见的是，弗里德兰公爵阿尔布雷赫特·文策尔·欧西比乌斯·冯·瓦伦斯坦神机妙算——瑞典国王古斯塔夫二世·阿道夫肯定会被饿死。1632年9月月初，气氛紧张得令人窒息。瑞典军队的纪律开始松弛。瑞典国王古斯塔夫二世·阿道夫觉得自己必须把所有的赌注都押在最后一次进攻上。1632年9月3日，瑞典国王古斯塔夫二世·阿道夫率军进攻弗里德兰公爵阿尔布雷赫特·文策尔·欧西比乌斯·冯·瓦伦斯坦的堑壕，没有得到任何战果。经过一番努力，瑞典国王古斯塔夫二世·阿道夫只能撤退。不久后，瑞典国王古斯塔夫二世·阿道夫撤出了纽伦堡。瑞典国王古斯塔夫二世·阿道夫的大部分精锐部队都牺牲在了旧要塞的堡垒前或纽伦堡的医院里。弗里德兰公爵阿尔布雷赫特·文策尔·欧西比乌斯·冯·瓦伦斯坦坚定地执行着自己制订的计划。弗里德兰公爵阿尔布雷赫特·文策尔·欧西比乌斯·冯·瓦伦斯坦的部队掠夺成性。弗里德兰公爵阿尔布雷赫特·文策尔·欧西比乌斯·冯·瓦伦斯坦从未试图给摇摆不定的萨克森选帝侯约翰·格奥尔格一世施加无形的压力。为了把萨克森选帝侯约翰·格奥尔格一世从和瑞典人的联盟中分离出来，弗里德兰公爵阿尔布雷赫特·文策尔·欧西比乌斯·冯·瓦伦斯坦把德意志北部都变成了萨克森选帝侯约翰·格奥尔格一世的领地。弗里德兰公爵阿尔布雷赫特·文策尔·欧西比乌斯·冯·瓦伦斯坦准备在易北河和萨勒河之间选择一个地方安营设防，度过冬季。瑞典国王古斯塔夫二世·阿道夫虽然曾因失策而失去了马格德堡，但不想以同样的方式失去萨克森。瑞典国王古斯塔夫二世·阿道夫找来索德摩伯爵阿克塞尔·古斯塔夫松·奥克森谢尔纳·阿夫·索德摩和萨克森-魏玛的伯恩哈德的帮助，以最快的速度穿越了图林根，并且在弗里德兰公爵阿尔布雷赫特·文策尔·欧西比乌斯·冯·瓦伦斯坦反应过来前夺取了爱尔福特和瑙姆堡。1632年11月月初，天气已经变得十分恶劣。弗里德兰公爵阿尔布雷赫特·文策尔·欧西比乌斯·冯·瓦伦斯坦认为，在冬季，瑞典国王古斯塔夫二世·阿道夫无法继续展开军事行动。因此，弗里德兰公爵阿尔布雷赫特·文策尔·欧西比乌斯·冯·瓦伦斯坦准备在梅泽堡和托尔高之间安营设防，并且派第一代楚帕彭海姆伯爵戈特弗里德·海因里希返回莱茵兰，顺道夺取哈勒——这是一个非常错误的决定。弗里德兰公爵阿尔布雷赫特·文策尔·欧西比乌斯·冯·瓦伦斯坦千虑一失。瑞典国王古斯塔夫二世·阿道夫趁机冲向弗里德兰公爵阿尔布雷赫特·文策尔·欧西比乌斯·冯·瓦伦斯坦的主力部队，想将其彻底击溃。弗里德兰公爵阿尔布雷赫特·文策尔·欧西比乌斯·冯·瓦伦斯坦发现一场大战即将来临，只能派信使召回第一代楚帕彭海姆伯爵戈特弗里德·海因里希，并且匆忙地修筑了一些防御工事，加深了平原上纵横交错的战壕。1632年11月16日，在吕岑，弗里德兰公爵阿尔布雷赫特·文策尔·欧西比乌斯·冯·瓦伦斯坦静静地等待着瑞典国王古斯塔夫二世·阿道夫的进攻。

在布赖滕费尔德，瑞典军队分为两条战线，而神圣罗马帝国军队则只有一条战线。然而，和蒂伊伯爵约翰·采克拉斯不同的是，弗里德兰公爵阿尔布雷赫特·文策尔·欧西比乌斯·冯·瓦伦斯坦似乎在骑兵部队中间夹杂部署了几个由火枪手组成的方队，并且在中军后面布置了一支强大的后备部队。和往常一样，在清晨，随着大炮的轰鸣，战斗打响了。随后，随着晨雾的消散，瑞典军队发起了进攻。将才已无用武之地——这场战斗是一场激烈的肉搏战，持续了两个小时。最激烈的战斗

吕岑战场上的瑞典国王古斯塔夫二世·阿道夫

奥塔维奥·皮科洛米尼将军

发生在瑞典军队的右翼。瑞典国王古斯塔夫二世·阿道夫亲自与奥塔维奥·皮科洛米尼将军率领的穿着黑色盔甲的骑兵交战。瑞典军队渐渐占了上风时，弗里德兰公爵阿尔布雷赫特·文策尔·欧西比乌斯·冯·瓦伦斯坦指挥后备部队向阵地中心发起了一场非常恐怖的进攻，导致瑞典军队损失惨重。几位军官牺牲后，瑞典军队被迫后撤。瑞典国王古斯塔夫二世·阿道夫带领自己能召集到的骑兵冲向阵地，准备救援其他人。

然而，瑞典国王古斯塔夫二世·阿道夫穿过山谷时，大雾袭来。雾气消散时，瑞典国王古斯塔夫二世·阿道夫意外地发现自己已经被敌军的骑兵部队包围了。一颗子弹打中了瑞典国王古斯塔夫二世·阿道夫的左臂，而另一颗子弹则刺穿了他的背。瑞典国王古斯塔夫二世·阿道夫应声而倒。接着，一颗子弹又打穿了瑞典国王古斯塔夫二世·阿道夫的头。瑞典国王古斯塔夫二世·阿道夫的白色战马沾满鲜血，嘶鸣着回到了瑞典军队的阵地上，宣告瑞典军队的领袖已经阵亡。萨克森-魏玛的伯恩哈德接过军队的指挥权，召集众人，准备为瑞典国王古斯塔夫二世·阿道夫复仇，带着前所未有的疯狂重新发起了进攻。这时，第一代楚帕彭海姆伯爵戈特弗里德·海因里希突然率领骑兵出现在了瑞典军队的右翼。这场战斗再次变成了激烈的肉搏战，又持续了三个多小时。在第一次冲锋中，第一代楚帕彭海姆伯爵戈特弗里德·海因里希阵亡。和瑞典人一样，第一代楚帕彭海姆伯爵戈特弗里德·海因里希的部下也立志为自己的统帅复仇，展开了更为激烈的战斗。夜幕降临时，瑞典军队终于成功把神圣罗马帝国军队从他们的阵地中赶了出去。然而，第一代楚帕彭海姆伯爵戈特弗里德·海因里希的主力步兵纵队突然出现在了战场上。

在这场战斗中，荣誉属于瑞典人，而胜利则属于弗里德兰公爵阿尔布雷赫特·文策尔·欧西比乌斯·冯·瓦伦斯坦。仅从人数上看，军力更弱的瑞典军队的损失可能比神圣罗马帝国军队的损失更大。然而，如果瑞典国王古斯塔夫二世·阿道夫是瑞典军队中唯一阵亡的人，那么他的死足以抵消神圣罗马帝国军队的一切损失。毕竟，古斯塔夫二世·阿道夫不仅是将军，而且是国王。瑞典国王古斯塔夫二世·阿道夫不仅能团结新教的力量，可以应付枢机主教黎塞留的野心和神圣罗马帝国皇帝斐迪南二世的疯狂，而且是唯一一个能与神圣罗马帝国皇帝斐迪南二世抗衡的人。瑞典国王古斯塔夫二世·阿道夫以自己独特的道德理想为这场斗争增加了一种高尚的特征。神圣罗马帝国的新教教徒是否有足够的凝聚力和信念来捍卫自己一贯的政策？在瑞典国王古斯塔夫二世·阿道夫的领导下，瑞典人是否能在利益和感情上成为彻头彻尾的神圣罗马帝国的一员并且赢得其他神圣罗马帝国人民的欢迎？这都值得怀疑。然而，无论如何，神圣罗马帝国的新教的政策是值得尝试的，是基于人民的道德和政治需要，而不是基于将军的个人野心制定的。如果神圣罗马帝国的新教的政策失败了，那么那只是因为神圣罗马帝国的新教还不具备成功的必要素质。然而，在吕岑战役中，瑞典国王古斯塔夫二世·阿道夫阵亡时，三十年战争中的所有道德和宗教理想消失了。在吕岑战役中对垒的分别是军事独裁者的个人野心和外国侵略者的民族野心。很快，高贵的瑞典国王古斯塔夫二世·阿道夫的追随者和同伴就都沦为了雇佣兵，贪婪地掠夺着无助的神圣罗马帝国。

瑞典国王古斯塔夫二世·阿道夫阵亡后，瑞典军队的最高指挥权落到了索德摩伯爵阿克塞尔·古斯塔夫松·奥克森谢尔纳·阿夫·索德摩手中。索德摩伯爵阿克塞尔·古斯塔夫松·奥克森谢尔纳·阿夫·索德摩的首要目标就是执行瑞典国王古斯塔夫二世·阿道夫曾经的政策。然而，索德摩伯爵阿克塞尔·古斯塔夫松·奥克森谢尔纳·阿夫·索德摩不是将军，没有瑞典国王古斯塔夫二世·阿道夫的独特魅力和军事艺术。索德摩伯爵阿克塞尔·古斯塔夫松·奥克森谢尔纳·阿夫·索德摩经常不得不认真考虑自己该指挥什么。索德摩伯爵阿克塞尔·古斯塔夫松·奥克森谢尔纳·阿夫·索德摩终于迈出第一步时，情况已经发生了变化。和其他军事冒险家一样，萨克森-魏玛的伯恩哈德要求得到赏金——只有得到赏金，他才会把自己的生命投入到战斗中去。此外，萨克森-魏玛的伯恩哈德还要求成为班贝格和维尔茨堡主教辖区的公爵——这将是新教军队第一次没收天主教土地和第一次强迫天主教人口服从新教统治者。无论有多么合理，萨克森-魏玛的伯恩哈德提出的这种对《归还敕令》的报复要求都说明，人们越来越倾向于认为，与所谓的救世主的政治和军事需要相比，神圣罗马帝国人民的利益毫无价值。在萨克森-

瑞典国王古斯塔夫二世·阿道夫被子弹击中

瑞典国王古斯塔夫二世·阿道夫的白色坐骑嘶鸣着拜回

魏玛的伯恩哈德的帮助下，索德摩伯爵阿克塞尔·古斯塔夫松·奥克森谢尔纳·阿夫·索德摩通过组建攻防联盟将施瓦本-弗朗科尼亚和上下莱茵河的圈状领地的军队团结在了瑞典军队周围。1633年4月，在海尔布隆，攻防联盟正式形成。萨克森-魏玛的伯恩哈德指挥着上下莱茵河的圈状领地的军队，准备与瑞典军队一起向维也纳进攻。

当时，军事权力最大的人不是萨克森-魏玛的伯恩哈德或索德摩伯爵阿克塞尔·古斯塔夫松·奥克森谢尔纳·阿夫·索德摩，而是弗里德兰公爵阿尔布雷赫特·文策尔·欧西比乌斯·冯·瓦伦斯坦——实际上，弗里德兰公爵阿尔布雷赫特·文策尔·欧西比乌斯·冯·瓦伦斯坦非常清楚这一点。瑞典国王古斯塔夫二世·阿道夫的阵亡使弗里德兰公爵阿尔布雷赫特·文策尔·欧西比乌斯·冯·瓦伦斯坦失去了一个对手。弗里德兰公爵阿尔布雷赫特·文策尔·欧西比乌斯·冯·瓦伦斯坦慢慢地从吕岑撤退到了波希米亚的群山中，并且陷入了幻想，认为自己可以按个人意愿向神圣罗马帝国宣布和平。由于得到了军队的支持，弗里德兰公爵阿尔布雷赫特·文策尔·欧西比乌斯·冯·瓦伦斯坦开始蔑视神圣罗马帝国皇帝斐迪南二世和索德摩伯爵阿克塞尔·古斯塔夫松·奥克森谢尔纳·阿夫·索德摩的政策。弗里德兰公爵阿尔布雷赫特·文策尔·欧西比乌斯·冯·瓦伦斯坦准备把自己的和平条件强加给神圣罗马帝国皇帝斐迪南二世和索德摩伯爵阿克塞尔·古斯塔夫松·奥克森谢尔纳·阿夫·索德摩。按照弗里德兰公爵阿尔布雷赫特·文策尔·欧西比乌斯·冯·瓦伦斯坦的想法，《归还敕令》将被撤销，而瑞典则会得到波罗的海沿岸的一些地方作为补偿——至于个人野心，作为一位和平的缔造者，弗里德兰公爵阿尔布雷赫特·文策尔·欧西比乌斯·冯·瓦伦斯坦打算用梅克伦堡交换巴拉丁选帝侯腓特烈五世的领地或者成为波希米亚国王。1633年夏季，弗里德兰公爵阿尔布雷赫特·文策尔·欧西比乌斯·冯·瓦伦斯坦不断对索德摩伯爵阿克塞尔·古斯塔夫松·奥克森谢尔纳·阿夫·索德摩和萨克森选帝侯约翰·格奥尔格一世施加压力。1633年6月，虽然弗里德兰公爵阿尔布雷赫特·文策尔·欧西比乌斯·冯·瓦伦斯坦几乎已经得到了萨克森选帝侯约翰·格奥尔格一世的同意，但索德摩伯爵阿克塞尔·古斯塔夫松·奥克森谢尔纳·阿夫·索德摩谨慎并且充满敌意，不相信弗里德兰公爵阿尔布雷赫特·文策尔·欧西比乌斯·冯·瓦伦斯坦。信使们马不停蹄地在索德摩伯爵阿克塞尔·古斯塔夫松·奥克森谢尔纳·阿夫·索德摩和弗里德兰公爵阿尔布雷赫特·文策尔·欧西比乌斯·冯·瓦伦斯坦之间穿梭。在弗里德兰公爵阿尔布雷赫特·文策尔·欧西比乌斯·冯·瓦伦斯坦背后，在维也纳——更糟的是在营地里，叛变的谣言开始流传开来。谣言传得越多，弗里德兰公爵阿尔布雷赫特·文策尔·欧西比乌斯·冯·瓦伦斯坦侵犯的利益好像就越多——耶稣会会士和天主教教徒不愿意这么快就放弃《归还敕令》；西班牙人和法兰西人宁愿冒任何风险，也不愿见到弗里德兰公爵阿尔布雷赫特·文策尔·欧西比乌斯·冯·瓦伦斯坦成为巴拉丁的主人；保守的政治家和忠诚的士兵们憎恨弗里德兰公爵阿尔布雷赫特·文策尔·欧西比乌斯·冯·瓦伦斯坦企图用军队向神圣罗马帝国皇帝斐迪南二世施压并且迫使神圣罗马帝国皇帝斐迪南二世接受各种条款；雇佣兵，尤其是雇佣兵军官们，不愿结束一场利润丰厚的战争，认为这场战争还会为他们带来更多好处。1634年1月，西班牙敦促神圣罗马帝国皇帝斐迪南二世辞退弗里德兰公爵阿尔布雷赫特·文策尔·欧西比乌斯·冯·瓦伦斯坦，就像巴伐利亚选帝侯马克西米利安一世和天主教联盟之前做的那样。弗里德兰公爵阿尔布雷赫特·文策尔·欧西比乌斯·冯·瓦伦斯坦对军官们宣誓会紧紧跟随他的做法感到满意——只要有军官们的坚定支持，弗里德兰公爵阿尔布雷赫特·文策尔·欧西比乌斯·冯·瓦伦斯坦就可以与全世界抗衡。然而，1634年2月月初，弗里德兰公爵阿尔布雷赫特·文策尔·欧西比乌斯·冯·瓦伦斯坦的支持者

卢切拉公爵马蒂亚斯·加拉斯

开始动摇了。奥塔维奥·皮科洛米尼将军、卢切拉公爵马蒂亚斯·加拉斯和约翰·冯·阿尔德林根伯爵抛弃了弗里德兰公爵阿尔布雷赫特·文策尔·欧西比乌斯·冯·瓦伦斯坦。神圣罗马帝国皇帝斐迪南二世勇敢地投入了西班牙人的怀抱，不仅解除了弗里德兰公爵阿尔布雷赫特·文策尔·欧西比乌斯·冯·瓦伦斯坦的指挥权，而且给弗里德兰公爵阿尔布雷赫特·文策尔·欧西比乌斯·冯·瓦伦斯坦打上了叛徒的烙印，导致士兵们不再服从弗里德兰公爵阿尔布雷赫特·文策尔·欧西比乌斯·冯·瓦伦斯坦。神圣罗马帝国皇帝斐迪南二世还悬赏缉拿弗里德兰公爵阿尔布雷赫特·文策尔·欧西比乌斯·冯·瓦伦斯坦。弗里德兰公爵阿尔布雷赫特·文策尔·欧西比乌斯·冯·瓦伦斯坦虽然已经和神圣罗马帝国皇帝斐迪南二世撕破了脸，但并没有退缩。1634年2月20日，弗里德兰公爵阿尔布雷赫特·文策尔·欧西比乌斯·冯·瓦伦斯坦从上校们那里获得了支持。因此，弗里德兰公爵阿尔布雷赫特·文策尔·欧西比乌斯·冯·瓦伦斯坦召唤上校们去了比尔森。弗里德兰公爵阿尔布雷赫特·文策尔·欧西比乌斯·冯·瓦伦斯坦和上校们去埃格河看望了萨克森-魏玛的伯恩哈德，希望萨克森-魏玛的伯恩哈德能说服索德摩伯爵阿克塞尔·古斯塔夫松·奥克森谢尔纳·阿夫·索德摩加入他们并且强迫神圣罗马帝国皇帝斐迪南二世接受和平。然而，在神圣罗马帝国皇帝斐迪南二世的宣言中，四个雇佣兵、两个爱尔兰人和两个苏格兰人为他们的阴谋找到了正当的理由。和雷金纳德·菲茨-乌尔塞爵士①及其同伴

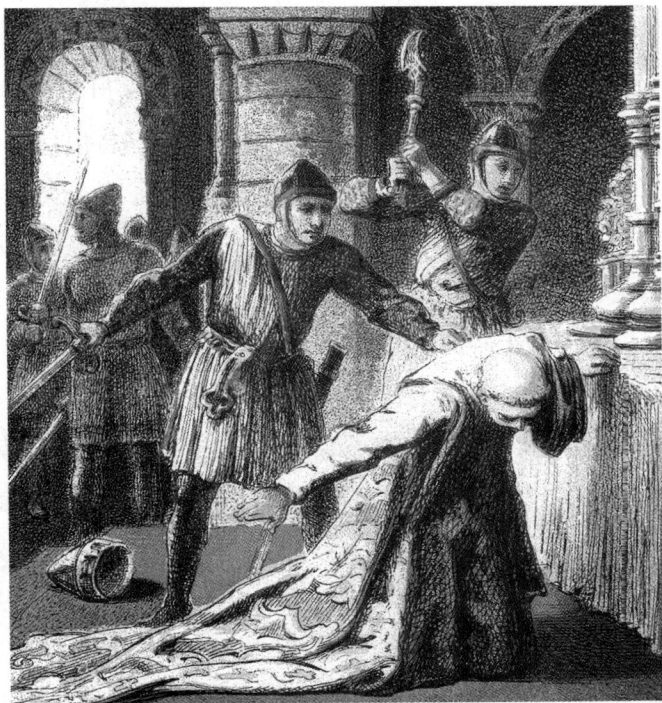

雷金纳德·菲茨－乌尔塞爵士及其同伴刺杀托马斯·贝克特

---

① 雷金纳德·菲茨-乌尔塞爵士，1170年谋杀托马斯·贝克特的四位骑士之一。托马斯·贝克特因教会的权利和特权与英格兰国王亨利二世发生冲突，在坎特伯雷大教堂被英格兰国王亨利二世的追随者杀害。——译者注

一样，这些人决心负起责任，让主人摆脱强大的仆人。1634年2月25日，弗里德兰公爵阿尔布雷赫特·文策尔·欧西比乌斯·冯·瓦伦斯坦的主要支持者受邀参加宴会并且在宴会上被谋杀了。爱尔兰刺客沃尔特·德弗罗满身杀气，径直走进弗里德兰公爵阿尔布雷赫特·文策尔·欧西比乌斯·冯·瓦伦斯坦的房间。听到动静后，弗里德兰公爵阿尔布雷赫特·文策尔·欧西比乌斯·冯·瓦伦斯坦吓得从床上一跃而起。然而，沃尔特·德弗罗立刻将弗里德兰公爵阿尔布雷赫特·文策尔·欧西比乌斯·冯·瓦伦斯坦打翻在地。在声望和权力达到顶峰时，弗里德兰公爵阿尔布雷赫特·文策尔·欧西比乌斯·冯·瓦伦斯坦失去了生命。

神圣罗马帝国皇帝斐迪南二世这颗明星虽然因弗里德兰公爵阿尔布雷赫特·文策尔·欧西比乌斯·冯·瓦伦斯坦的死亡而被蒙上了阴影，但仍然十分耀眼。1634年7月，在神圣罗马帝国皇帝斐迪南二世的命令下，匈牙利军队攻占了雷根斯堡，突袭了多瑙沃特，并且围攻了讷德林根。在讷德林根，西班牙的枢机主教、王子斐迪南加入了神圣罗马帝国皇帝斐迪南二世的行列。当时，西班牙枢机主教、王子斐迪南率领着一万五千名士兵，正准备接管荷兰政府。萨克森-魏玛的伯恩哈德虽然没有多少士兵，但由于一向乐观而冲动，冒险战胜了谨慎的瑞典军队指挥官古斯塔夫·霍恩元帅。然而，1634年9月6日夜晚，萨克森-魏玛的伯恩哈德成了一个逃亡者，而拥有一万六千名士兵的古斯塔夫·霍恩元帅则因失去战斗力而成了阶下囚。讷德林根战役是三十年战争中最具决定性的战役之一。正如布赖滕费尔德战役无法使神圣罗马帝国皇帝斐迪南二世征服德意志北部和推行《归还敕令》，讷德林根战役也无法使新教征服德意志南部。天主教的主教辖区被归还了，而萨克森-魏玛的伯恩哈德的弗朗科尼亚公国则消失了。美因河一线再次成为宗教界限。

1635年5月，萨克森选帝侯约翰·格奥尔格一世和神圣罗马帝国皇帝斐迪南二世的和平谈判圆满结束。在布拉格，萨克森选帝侯约翰·格奥尔格一世和神圣罗马帝国皇帝斐迪南二世正式签署了一项和约，即《布拉格和约》。教会土地的问题得到了解决——当时属于新教的土地仍然归新教，而当时属于天主教的土地则仍然归天主教。然而，这种安排使几乎所有的北方主教教区都开始信仰新教。卢萨蒂亚被移交给了萨克森选帝侯约翰·格奥尔格一世。神圣罗马帝国皇帝斐迪南二世将确保西里西亚的路德教教徒的安全。路德教仍然是新教的唯一特权拥有者。以上条件就是构成全面和平的基础，而人们都希望其他地区能接受这些条件，逐渐结束战争。在某种程度上，和平已经实现了。相当多的德意志北部城市和小国都接受了《布拉格和约》。然而，《布拉格和约》如果不能为加尔文教提供任何安全保障或没有办法应对来自外国的危险，那么不可能为全面和平奠定令人满意的基础。

根据《布拉格和约》，萨克森选帝侯约翰·格奥尔格一世再次站在了神圣罗马帝国皇帝斐迪南二世一边。在这困难的时刻，萨克森选帝侯约翰·格奥尔格一世的政策因缺乏公共精神和狭隘的目标而很容易被人讥笑。然而，细心观察的人会发现，从始至终，萨克森选帝侯约翰·格奥尔格一世的行动始终如一，即并非出自意志的软弱或性情的迟钝，而是源于从不动摇的既定原则。在神圣罗马帝国的政坛中，萨克森选帝侯约翰·格奥尔格一世是一个保守主义者；在教会事务中，萨克森选帝侯约翰·格奥尔格一世是一个路德教教徒。萨克森选帝侯约翰·格奥尔格一世始终如一——甚至是固执地坚持着自己作为保守主义者和路德教教徒的信念。作为一名保守派和路德教教徒，萨克森选帝侯约翰·格奥尔格一世痛恨安哈尔特的克里斯蒂安和巴拉丁选帝侯腓特烈五世的破坏性政策，帮助神圣罗马帝国皇帝斐迪南二世坐上宝座，并且以武力支持神圣罗马帝国皇帝斐迪南二世对抗那些反叛的臣民。然而，巴拉丁选帝侯腓特烈五世投入曼斯费尔德伯爵彼得·恩斯特的怀抱时，北方的路德教教徒开始感到恐慌时，丹麦国王克里斯蒂安四世决定为自己的宗教和后

弗里德兰公爵阿尔布雷希特·文策尔·欧西比乌斯·冯·瓦伦斯坦被刺杀

讷德林根战役

代的主教辖区而战时，萨克森选帝侯约翰·格奥尔格一世仍然坚定、固执，保持着中立。萨克森选帝侯约翰·格奥尔格一世相信，冒着被侵略的危险总比把神圣罗马帝国的一切制度都扔进熔炉里要好。虽然如果神圣罗马帝国皇帝斐迪南二世没有诉诸武力，那么《归还敕令》是让萨克森选帝侯约翰·格奥尔格一世震惊的第一件事，但即使是《归还敕令》也不能与允许外国人在神圣罗马帝国立足的危险相比。萨克森选帝侯约翰·格奥尔格一世如果不得不打破中立，被迫参与破坏神圣罗马帝国的行动，那么会宁愿与瑞典国王古斯塔夫二世·阿道夫为伍，也不愿与弗里德兰公爵阿尔布雷赫特·文策尔·欧西比乌斯·冯·瓦伦斯坦或蒂伊伯爵约翰·采克拉斯站在一起。然而，萨克森选帝侯约翰·格奥尔格一世从未在与瑞典人的联盟中感到快乐。萨克森选帝侯约翰·格奥尔格一世感受到了神圣罗马帝国的荒芜和战争造成的破坏。萨克森选帝侯约翰·格奥尔格一世不愿意长期处于战争中。神圣罗马帝国皇帝斐迪南二世被击退时，《归还敕令》已经无法落实时，弗里德兰公爵阿尔布雷赫特·文策尔·欧西比乌斯·冯·瓦伦斯坦被刺杀时，法兰西王国开始积极干涉神圣罗马帝国事务时，萨克森选帝侯约翰·格奥尔格一世再次与神圣罗马帝国皇帝斐迪南二世站在了一边——神圣罗马帝国皇帝斐迪南二世又一次成为神圣罗马帝国的制度的捍卫者。《布拉格和约》代表的不是什么崇高的政策和理想，而是三十年战争开始时的伟大宗教理想已经结束。经历了战争的人们不再相信自己是在为天主教或新教，更不是为国家和灵魂的最高利益而战。持续十七年的战争使人们失去了幻想。然而，除了宗教，影响生活的还有爱国主义。萨克森选帝侯约翰·格奥尔格一世不愿再与外国人结盟。为了攫取霸权，瑞典人和法兰西人准备让神圣罗马帝国再忍受十三年的折磨。无论如何，在野心勃勃的强盗首领们发起的无情的战争中，萨克森选帝侯约翰·格奥尔格一世都是一个坚守爱国主义和自己的政策的人。

第 6 章

法兰西王国的称霸之路

1624年，即枢机主教黎塞留接管法兰西王国时，三十年战争即将席卷整个神圣罗马帝国。下萨克森圈状领地的诸侯们开始武装了起来。丹麦国王克里斯蒂安四世即将领导新教军队。英格兰王国已经开始采取积极措施恢复巴拉丁选帝侯腓特烈五世的领地并且削弱西班牙的势力。多年来，奥-西哈布斯堡王朝将全部精力都集中在各种战事上。西班牙和神圣罗马帝国的纠缠是17世纪的法兰西王国称霸欧洲的必要条件。枢机主教黎塞留才思敏捷，意识到法兰西王国的机会已经到来了，而这个时机会使法兰西王国要么威名远扬，要么身败名裂。法兰西王国如果想在欧洲建立霸权，那么必须实现三个目标，即民族团结、君主集权、领土扩张。为了实现这三个目标，枢机主教黎塞留献出了自己的一生。枢机主教黎塞留认识到，领土扩张将有助于实现民族团结和君主集权——法兰西国王路易十三如果能以军事和外交手段将法兰西王国的领土扩张到莱茵河、斯海尔德河和比利牛斯山脉，那么便不必再害怕国内的敌人了。因此，枢机主教黎塞留重新拾起了法兰西国王亨利四世制定的政策路线，开始再次全力进攻神圣罗马帝国和西班牙。实际上，枢机主教黎塞留和法兰西国王亨利四世之间曾存在分歧——法兰西国王亨利四世曾梦想在奥-西哈布斯堡王朝的废墟上建立和平与良好的秩序，而枢机主教黎塞留非但没有这种幻想，反倒公开追求法兰西王国的霸权。

在历史的舞台上，枢机主教黎塞留脱颖而出，成为第一个追求纯粹而自私的国家利益的政治家。为了王冠和利益，18世纪和17世纪后半叶的统治者互相攻伐，不受道德和理想的影响。例如，为了掩饰中世纪战争中的个人野心，统治者们做了大量工作。此外，统治者们也不受宗教动机的驱使。宗教动机虽然看似使16世纪残酷的战争变得高尚，但实际增加了战争的残酷程度。从《威斯特伐利亚和约》到维也纳会议，个人荣耀、领土扩张和商业利益煽动起了欧洲大战。与这些强烈的欲望相比，国家权利、种族权利——甚至人权，全都轻如鸿毛。只有神圣罗马帝国失去发言权、山河破碎，法兰西王国才有可能把自己的边界推进到

签订《威斯特伐利亚和约》

莱茵河；只有波兰从欧洲的地图上消失，普鲁士和俄国才有可能拥有越来越大的疆域和越来越强的国力；只有被驱离家园，非洲黑人才能作为动产在西方的市场上出售，而英格兰人和英格兰王国的殖民者的口袋里才会装满黄金。在自私和贪婪的黑暗中，崇高的光芒如果会偶尔闪烁，那么那一定是在赞颂欧洲各国人民反抗拿破仑一世和法兰西国王路易十四的压迫的战争。腓特烈大帝招贤纳士，成就了一番事业，却造就了更加黑暗的社会。在维也纳，拿破仑一世伤心地承认，18世纪的外交和战争的典型场景体现在他的失败中。拿破仑一世时代的结束是马基雅维

腓特烈大帝

利主义①在国际政治中取得胜利的表现，也体现了托马斯·霍布斯②描述的人的生存适应能力，即人类的行为举止与狼相似——和野兽一样，为了安全和至高的权力，一个君王什么事都能做得出来。在日常交往中，人与人之间的关系是文明的，而国与国之间则是谨小慎微、彬彬有礼，甚至毕恭毕敬的。然而，一旦与他国开始争权夺利，一国就什么事都可

托马斯·霍布斯

---

① 指在治国或一般行为中玩世不恭、无视道德、注重私利和两面派的做法。——译者注
② 托马斯·霍布斯，英格兰哲学家，被认为是现代政治哲学的创始人之一。除了政治哲学，在历史学、法学、几何学、气体物理学、神学、伦理学和一般哲学方面，托马斯·霍布斯也有一定贡献。——译者注

以做得出来。文明和恭敬的薄纱被粗暴地撕破后，国与国会以公开和野蛮的敌对态度展开对抗，而这种对抗来自古老的土匪式的管理办法，即靠决斗决定谁是老大并且拥护能者为王。

从法兰西王国的君主制的需要来看，枢机主教黎塞留敦促法兰西王国实行领土扩张的政策无疑是正确的。由于完全没有宗教上的困难，法兰西王国比邻居们更有追求领土扩张的能力。只要有利可图，法兰西王国就会挥剑插进新教或天主教的任何地方。然而，由于与邻居们的陆地边界几乎都是软肋，法兰西王国施行领土扩张政策面对的困难比欧洲的其他大国难得多。由于西班牙的塞尔达涅和鲁西永位于比利牛斯山脉的中央山脊的法兰西王国一侧，西班牙军队可以轻而易举地进入富饶的朗格多克。法兰西王国和意大利的边界由历任萨伏依公爵管理。然而，萨伏依公爵如果一直保持独立，那么有可能会像让法兰西军队进入伦巴第

比利牛斯山脉

平原一样，接纳西班牙和神圣罗马帝国军队进入罗讷河谷。法兰西王国的东部和东北部的边境是最不安全的。神圣罗马帝国和西班牙军队沿着索恩河、默兹河和索姆河等河流能够直抵巴黎——在法兰西王国介入战事、无法有效防御的情况下，这非常危险。1552年，法兰西王国占领了梅斯、图勒和凡尔登三个主教辖区。虽然梅斯这个要塞会使法兰西王国实力大增，但法兰西王国仍然没有正式接管梅斯。梅斯、图勒和凡尔登只是由法兰西王国的官员管理罢了。在地图上，西班牙对法兰西王国的威胁一目了然。只要无法打破从比利牛斯山脉到多佛尔海峡的锁链，法兰西王国就无法充分利用自己那无与伦比的地理位置。

周边的这些情况促使枢机主教黎塞留规划法兰西王国在荷兰、莱茵河和比利牛斯山脉一带的边界，而这正是枢机主教黎塞留的政策的首要目标。法兰西王国以牺牲一直扮演着欧洲政治的中心角色的奥-西哈布斯堡王朝为代价开启了征服和扩张之路。在欧洲，从讷德林根战役到索尔费里诺战役，法兰西王国和奥地利参与的大战几乎都是以敌人的身份互相对抗的。西班牙不仅是法兰西王国要对付的第一个敌人，而且是最容易被忽视的危险国家。1622年，驻扎在米兰的西班牙军队通过武力占领了瓦尔泰利纳河谷以确保自己与神圣罗马帝国的联系。西班牙还迫使格劳宾登联盟允许神圣罗马帝国军队自由出入库尔，这不仅无疑是一种侵略行为，而且给了枢机主教黎塞留痛击敌人的机会。瓦尔泰利纳河谷是一个宽广、富饶的山谷，一直从科莫湖延伸到了里雷蒂亚山脉的心脏地带。瓦尔泰利纳河谷中有一个可供军队通行的山口。这个山口通向特伦托以北的阿迪杰河谷，不仅是沟通布伦纳山口与因斯布鲁克和德意志南部的重要通道，而且是军队和物资从神圣罗马帝国运往米兰的唯一的安全路线——其他的山口都是从蒂罗尔和克恩滕直接通向意大利，途经威尼斯的，而威尼斯人一向不欢迎神圣罗马帝国军队。然而，只要瓦尔泰利纳山口是安全的，其他线路便也是安全的——毕竟，其他路线都在神

透纳作品

圣罗马帝国境内。虽然控制瓦尔泰利纳山谷对维持奥-西哈布斯堡王朝在意大利的势力是绝对必要的，但实际上，瓦尔泰利纳山谷是受格劳宾登联盟管辖的。然而，早在1509年，格劳宾登联盟就受到法兰西王国的保护。因此，西班牙人迫使格劳宾登联盟在库尔接纳神圣罗马帝国军队时，法兰西国王路易十三便有权加以干涉。

枢机主教黎塞留迅速采取了措施。1624年，枢机主教黎塞留促成了威尔士亲王查理和法兰西国王路易十三的妹妹亨丽埃塔·玛丽亚的婚姻，希望得到英格兰王国的帮助。枢机主教黎塞留出兵瓦尔泰利纳山谷

亨丽埃塔·玛丽亚

联姻后的威尔士亲王查理与亨丽埃塔·玛丽亚

时，英格兰王国可以在海上对抗西班牙并且在陆地上对抗荷兰。右库尔，法兰西王国领导着一支格劳宾登联盟的部队赶走了神圣罗马帝国军队。在瓦尔泰利纳山谷赶走了教皇的部队后，法兰西王国取代了西班牙。在法兰西军队的领导下，莱斯迪吉埃公爵弗朗索瓦·德·博内开始帮助萨伏依人对抗热那亚人。然而，与此同时，拉罗谢尔的胡格诺派武装了起来。1626年3月，由于害怕同时卷入国内和国外的战争，枢机主教黎塞留与西班牙缔结了《蒙松条约》。根据《蒙松条约》，瓦尔泰利纳山谷仍将由格劳宾登联盟控制。

枢机主教黎塞留和法兰西王国开始全力对付胡格诺派控制的拉罗谢尔并且准备和英格兰王国开战。英法战争始于1624年的英法联姻后——实际上，正是联姻引起了英法战争。1629年，枢机主教黎塞留又一次任性地将注意力转向意大利。1627年，曼托瓦公爵温琴佐二世·贡萨加去世，而他的第一继承人则是法兰西的讷韦尔公爵查理三世。然而，在西班牙的鼓动下，神圣罗马帝国皇帝斐迪南二世开始拒绝承认讷韦尔公爵查理三世的继承权，并且决定以继承权有争议为借口占领曼托瓦公爵温琴佐二世·贡萨加的领土。西班牙军队立即占领了曼托瓦和蒙费拉，把讷韦尔公爵查理三世赶走并且围困在卡萨尔。然而，意大利的诸侯们都

曼托瓦公爵温琴佐二世·贡萨加

讷韦尔公爵查理三世

抗议神圣罗马帝国皇帝斐迪南二世随意行使权力的行为。教皇乌尔班八世不仅对法兰西王国表示强烈支持，而且联合威尼斯请求法兰西王国的援助。1629年1月，法兰西国王路易十三和枢机主教黎塞留率领一支庞大的军队越过蒙热内夫尔山口，夺取苏萨，解了卡萨尔之围，并且迫使萨伏依公爵查理·埃马纽埃尔一世求和。然而，在1629年3月这一胜利时刻，胡格诺派的叛乱迫使法兰西国王路易十三匆忙撤退。1629年夏季，在第一代巴尔巴斯侯爵安布罗乔·斯皮诺拉·多里亚将军的率领下，打了胜仗后神圣罗马帝国军队组建的生力军入侵意大利并且开始围攻曼托瓦和卡萨尔。因此，法兰西国王路易十三亲自率领法兰西军队翻越阿尔卑斯山脉。法兰西国王路易十三虽然付出了很大努力，但由于西班牙和神圣罗马帝国的联军太强大，始终无法从曼托瓦或蒙费拉赶走联军。然而，在法兰西王国和教皇乌尔班八世的推动下，瑞典国王古斯塔夫二世·阿道夫入侵了神圣罗马帝国，导致神圣罗马帝国皇帝斐迪南二世开始渴望和平。凭借教皇乌尔班八世的代理朱利奥·马扎里尼的外交技巧，神圣罗马帝国和法兰西王国开始休战，并且通过磋商在1631年4月26日签订了《凯拉斯科条约》。根据《凯拉斯科条约》，讷韦尔公爵查理三世获得了曼托瓦和蒙费拉，而除了皮内罗洛将仍然由法兰西人占据，其余要塞都被物归原主。

教皇乌尔班八世

法军围攻蒙费拉

　　枢机主教黎塞留对抗奥-西哈布斯堡王朝的第一次行动就这样结束了。和枢机主教黎塞留的大多数计划一样，对抗奥-西哈布斯堡王朝的计划虽然构思巧妙，但执行不力。然而，人们应该知道的是，在执行计划的过程中，枢机主教黎塞留受到了法兰西王国的胡格诺派和贵族的强烈反对。枢机主教黎塞留的意大利政策绝不能被单独考虑——毕竟，这项政策是宏伟蓝图的一部分。枢机主教黎塞留明目张胆地打击在意大利的神圣罗马帝国势力时，他的外交手段正在打压神圣罗马帝国的势力。1631年，如果枢机主教黎塞留认为最好的做法是拔掉萨伏依公爵查理·埃马纽埃尔一世这颗眼中钉并且获得一条通过阿尔卑斯山脉的通道，那么是因为在那个特殊的时刻，只有他的策略从直接敌对转向间接敌对和战场被从意大利转移到神圣罗马帝国，他才能如愿以偿。

　　枢机主教黎塞留还曾向荷兰人提供资金。1624年，枢机主教黎塞留派曼斯费尔德伯爵彼得·恩斯特率军去荷兰抵抗西班牙人。1630年7月，枢机主教黎塞留派自己最信任的代表佩尔·约瑟夫神父去参加了雷根斯堡的那场会议。在雷根斯堡的会议上，佩尔·约瑟夫神父以出色的外交技巧成功促成了弗里德兰公爵阿尔布雷赫特·文策尔·欧西比乌斯·冯·瓦伦斯坦的解职，并且为巴伐利亚选帝侯马克西米利安一世和天主教联盟与神圣罗马帝国皇帝斐迪南二世和西班牙的联盟的解体铺平了道路。1629年秋季，训练有素的外交官埃居尔·德·沙尔纳塞千里迢迢赶赴但泽，代表法兰西王国斡旋并且解决了瑞典和波兰的争端。埃居尔·德·沙尔纳塞清除了瑞典这个障碍。瑞典国王古斯塔夫二世·阿道夫虽然有所顾虑，但仍然参加了对抗神圣罗马帝国的战争。当时，枢机主教黎塞留认为自己可以将瑞典国王古斯塔夫二世·阿道夫变成战争工具，即通过结盟和出资让瑞典国王古斯塔夫二世·阿道夫代表法兰西王国与神圣罗马帝国皇帝斐迪南二世作战。然而，很快，枢机主教黎塞留就明白一个事实，即瑞典国王古斯塔夫二世·阿道夫非但坚决拒绝削弱自己的政治或军事独立地位，反倒很愿意看到法兰西王国公开对抗神圣罗马帝国。然而，由于瑞典国王古斯塔夫二世·阿道夫决不允许别人染指他的指挥权，法兰西王国如果愿意公开对抗神圣罗马帝国，那么只能在莱茵河左岸行动。根据签署于1631年的《贝瓦尔德条约》，枢机主教黎塞留能从瑞典国王古斯塔夫二世·阿道夫身上得到最大好处，即因法兰西王国出资而得到回报。此外，只要巴伐利亚和天主教联盟保持中立，瑞典国王古斯塔夫二世·阿道夫就会承诺同样保持友好或中立。然而，这种承诺没有什么作用。布赖滕费尔德战役结束后，瑞典国王古斯塔夫二世·阿道夫决定进军神圣罗马帝国中部和南部，而不是维也纳。因此，枢机主教黎塞留离间巴伐利亚选帝侯马克西米利安一世与神圣罗马帝国皇帝斐迪南二世的所有希望都化为了泡影。

只要瑞典国王古斯塔夫二世·阿道夫还活着，枢机主教黎塞留就无法获得对神圣罗马帝国的政坛的主导权。如果瑞典国王古斯塔夫二世·阿道夫再活几年，那么在枢机主教黎塞留的领导与巴伐利亚选帝侯马克西米利安一世和弗里德兰公爵阿尔布雷赫特·文策尔·欧西比乌斯·冯·瓦伦斯坦的支持下，神圣罗马帝国的温和派联合起来对抗神圣罗马帝国皇帝斐迪南二世和瑞典国王古斯塔夫二世·阿道夫也不是不可能的。然而，瑞典国王古斯塔夫二世·阿道夫阵亡后，法兰西王国很央掌控了神圣罗马帝国事务的话语权。1632年，法兰西军队出现在了莱茵河一带，并且应特里尔选帝侯菲利普·克里斯托夫·冯·绍泰恩的邀请

特里尔选帝侯菲利普·克里斯托夫·冯·绍泰恩

驻扎在埃伦布赖特施泰因。与此同时，通过加入海尔布隆联盟①，枢机主教黎塞留获得了干涉神圣罗马帝国事务的权力。1633年，法兰西军队进入洛林并且占领了南锡——这是独揽大权的枢机主教黎塞留不断实施的阴谋诡计导致的结果。1634年，讷德林根战役导致枢机主教黎塞留控制了神圣罗马帝国的新教教区。神圣罗马帝国遭到掠夺和践踏，很难为军队提供补给；瑞典疲惫不堪，无法做出任何牺牲；英格兰王国捉襟见肘，无法向神圣罗马帝国提供援助。因此，法兰西王国是唯一有能力并且愿意提供军事力量的国家。法兰西王国成为海尔布隆联盟的保护者和指挥者，收编了萨克森-魏玛的伯恩哈德的军队，并且从瑞典手中夺取了阿尔萨斯的要塞。1635年5月19日，法兰西王国正式对西班牙宣战。

法兰西王国正式对西班牙宣战后，三十年战争的性质发生了深刻的变化。虽然三十年战争的目的原本是限制反宗教改革运动或拯救天主教和新教免遭灭顶之灾，但现在，三十年战争不再是一场宗教战争了；虽然三十年战争的目的原本是维护神圣罗马帝国皇帝的权威和诸侯们的主权，但现在，三十年战争不再是一场制度战争了；虽然三十年战争的目的原本是抵制撤销制定于1555年的宗教领土决议，但现在，三十年战争不再是一场财产战争了。三十年战争已经不再是一场以军事手段重新分配神圣罗马帝国的宗教势力范围的战争了。在神圣罗马帝国的土地上，在为了摧毁神圣罗马帝国而发动的可怕的三十年战争中，神圣罗马帝国的利益已经完全不重要了。首先，三十年战争是一场波旁王朝和哈布斯堡王朝之间的战争。法兰西王国以兼并阿尔萨斯和洛林的方式打压了西班牙的势力，并且增强了法兰西王国的势力。其次，三十年战争是一场瑞典和神圣罗马帝国之间的战争。由于瑞典人花了钱、流了血，瑞典人撤出神圣罗马帝国的条件就要从神圣罗马帝国的土地上获得足够的补

---

① 海尔布隆联盟，指瑞典、法兰西王国和德意志西部的新教诸侯在1633年4月23日于德意志的海尔布隆签署条约组成的意在对抗天主教联盟的联盟。——译者注

海尔布隆联盟成立

偿。虽然人们会反复讲述关于三十年战争的故事，但值得关注的只有两点，即法兰西王国逐步增强的实力和帮助法兰西王国取得了辉煌成就的战略。

起初，法兰西王国参战没有阻挡神圣罗马帝国的胜利。枢机主教黎塞留高估了法兰西王国的资源和军事实力。征战神圣罗马帝国时，枢机主教黎塞留率领的军队多达四支，而这四支军队共拥有十二万名士兵。然而，由于不谙战术、纪律涣散、食不果腹和士气低迷，法兰西军队根本不是西班牙人和神圣罗马帝国军队的对手——这是法兰西国王路易十三第一次发动大规模战争。最终，法兰西国王路易十三为自己匮乏的经验付出了代价。1635年、1636年和1637年的战役编织了一则几乎无法被释怀的失败故事。法兰西军队虽然在意大利勉强维持住了局面，但在阿尔萨斯和西属尼德兰节节败退。1636年，西班牙军队开始入侵法兰西王国，甚至一度威胁巴黎。如果没有萨克森-魏玛的伯恩哈德在莱茵兰采用的正确战术战略和骁勇善战的瑞典军队，那么神圣罗马帝国皇帝斐迪南二世很有可能会把《布拉格和约》的条件强加给神圣罗马帝国境内的所有诸侯。如果神圣罗马帝国皇帝斐迪南二世能把瑞典军队赶出神圣罗马帝国，那么三十年战争会简化为法兰西王国和奥-西哈布斯堡王朝之间的民族战争。巴伐利亚，神圣罗马帝国境内的天主教教区，以及萨克森、勃兰登堡和几乎所有的路德教势力都已经接受了《布拉格和约》。经过长时间的谈判，索德摩伯爵阿克塞尔·古斯塔夫松·奥克森谢尔纳·阿夫·索德摩仍然拒绝撤兵，而原因则是神圣罗马帝国皇帝斐迪南二世和萨克森选帝侯约翰·格奥尔格一世不愿割让神圣罗马帝国的土地。关键时刻，萨克森选帝侯约翰·格奥尔格一世和勃兰登堡选帝侯格奥尔格·威廉加入了神圣罗马帝国皇帝斐迪南二世一边，决心把瑞典人赶回去。如果1635年秋季的谈判破裂，导致萨克森军队继续全力推进，那么在马格德堡，萨克森军队会轻而易举地击败约翰·巴纳元帅。然

维特施托克战役

而，萨克森军队错失良机。约翰·巴纳元帅安全撤退到北方并且得到了增援。当时，约翰·巴纳元帅麾下有一支足以对付敌人的军队。终于，经过一番行军和反击，1636年10月4日，在勃兰登堡的增援军队到来前，于梅克伦堡边境线上的维特施托克，约翰·巴纳元帅击溃了萨克森军队和神圣罗马帝国军队。实际上，约翰·巴纳元帅取得的这次胜利是瑞典在三十年战争中取得的最彻底的一场胜利——萨克森选帝侯约翰·咯奥尔格一世的军队几乎被歼灭了。因此，和神圣罗马帝国在莱茵河一带一样，约翰·巴纳元帅在德意志北部也拥有至高无上的地位。1637年秋季，约翰·巴纳元帅再次被赶回了波美拉尼亚。

值得注意的是，枢机主教黎塞留在外交和战争方面的地位逐年提高。和逐渐学会如何治理法兰西王国一样，枢机主教黎塞留也逐渐学会了如何赢得战争。在生命的最后四年里，枢机主教黎塞留总结了过去的实战经验。1638年，萨克森-魏玛的伯恩哈德成功控制了上莱茵兰，在莱茵费尔登击败了神圣罗马帝国军队，占领了布赖斯高的弗赖堡，并且在1638年12月19日占领了布赖萨赫的要塞。听到萨克森-魏玛的伯恩哈德大胜的消息后，枢机主教黎塞留急忙走到奄奄一息的佩尔·约瑟夫神父的床边。"鼓起勇气，约瑟夫神父，"枢机主教黎塞留喊道，"布赖萨赫是我们的啦！"在临终的痛苦时刻，佩尔·约瑟夫神父以法兰西王国的胜利这种特别的临终圣餐得到了安慰和鼓励。终于，足智多谋的佩尔·约瑟夫神父离开了这个充满阴谋诡计的世界。在去世前十年的时间里，佩尔·约瑟夫神父一直以机智敏锐的头脑主宰着这个世界。1639年7月，萨克森-魏玛的伯恩哈德也去世了。萨克森-魏玛的伯恩哈德的军队及其征服的一切都被直接交由法兰西王国的枢机主教黎塞留掌管。法兰西王国控制了阿尔萨斯，实现了目标。然而，枢机主教黎塞留的成功没有止步于阿尔萨斯。在布拉韦河港，苏比斯公爵邦雅曼·德·罗昂俘虏了几个法兰西人，导致向来高傲的枢机主教黎塞留只能弯腰屈膝向英格兰王国和荷兰租借战舰来对付反叛的拉罗谢尔人。自拉罗谢尔人叛乱后，枢机主教黎塞留便特别注重组建海军。1639年，法兰西舰队第一次出现在英吉利海峡上，准备对付西班牙海军并且切断西班牙与西属尼德兰的联系。法兰西王国想让西班牙付出代价，开始和西班牙海军玩游戏——16世纪的英格兰女王伊丽莎白一世也曾这样做。然而，法兰西王国从西班牙手中夺取海上霸权的时机尚未到来。西班牙海军虽然成功地躲开了法兰西舰队，但最终落入了荷兰海军手中。西班牙海军被荷兰海军彻底击败，只能逃去中立的英格兰王国的唐斯避难。然而，即使在唐斯，荷兰海军也不断追击西班牙海军。最终，荷兰海军烧毁了西班牙海军的一些船只，夺走了其他船只，并且迫使西班牙幸存者逃去了敦刻尔克的避难所。从那时起，只要西班牙与荷兰或法兰西王国交战，西班牙

莱茵费尔登战役

舰队就无法通行英吉利海峡。然而，还有更严重的灾难等待着西班牙国王腓力四世。在法兰西王国的资助下，葡萄牙获得独立并且在1640年12月建立了布拉干萨王朝。英勇而浪漫的加泰罗尼亚人的反抗有效地拯救了法兰西王国，使法兰西王国摆脱了来自南方的一切威胁，并且开辟了通往鲁西永的道路。在都灵的城墙上，法兰西王国的国旗被升了起来。此后，法兰西王国一直精心巩固着胜利的成果。在1642年12月去世时，枢机主教黎塞留对自己的手卡住了强大的对手的喉咙并且让对手窒息的情况感到十分满足。随着法兰西军队在莱茵河和皮埃蒙特的平原上稳稳地安营扎寨，随着法兰西王国的统治者在阿尔萨斯和洛林建立统治，随着法兰西王国占领鲁西永、塞尔达涅和萨伏依的各个关口，法兰西王国

布拉干萨王朝的盾形徽章

得到的边界不仅能使法兰西王国避免突然遭受入侵，而且能让法兰西王国在敌人有时间集中力量前，迅速而致命地打击敌人。掌权十八年的枢机主教黎塞留为法兰西王国取得了易守难攻的边界。法兰西王国以地中海和英吉利海峡为界，手抓比利牛斯山脉、阿尔卑斯山脉和孚日山脉，脚踩莱茵河和斯海尔德河，准备为称霸欧洲而战。

　　虽然由于严酷、傲慢、自大的枢机主教黎塞留的去世，法兰西王国的大权被转交到了狡猾而虚伪的枢机主教朱尔·马萨林手中，但这种变化丝毫没有影响外交事务的处理。1643年5月14日，法兰西国三路易十三去世了。法兰西国王路易十三的儿子，即法兰西国王路易十四幼年时，奥地利的安妮担任摄政王。奥地利的安妮完全忠于枢机主教朱

幼年的法兰西国王路易十四

尔·马萨林，并且大力推行以牺牲奥-西哈布斯堡王朝为代价的扩张政策。在法兰西国王路易十四即位后的几个月里，自第四代吉斯公爵夏尔·德·洛林夺取加来后，由于法兰西军队取得了辉煌的胜利，枢机主教朱尔·马萨林的统治显得更稳固了。然而，在西班牙，弗朗西斯科·德·梅洛利用法兰西王位易主的时机，派保罗-贝尔纳·德·方丹率领能被调遣的所有部队穿过了法兰西王国的边境。枢机主教朱尔·马萨林按照以前的政策，试图团结那些和法兰西王室有血缘关系的诸侯，并且把法兰西军队的指挥权托付给了孔代亲王亨利二世·德·波旁的长

吉斯公爵夏尔·德·洛林

昂吉安公爵路易二世·德·波旁

子，即年轻的昂吉安公爵路易二世·德·波旁。1643年5月19日，孔代亲王亨利二世·德·波旁发现西班牙军队顽强地驻扎在环绕着罗克鲁瓦的沼泽中。孔代亲王亨利二世·德·波旁因获赐"孔代①"而闻名于世。虽然在长期的战争中，孔代亲王亨利二世·德·波旁没有成为赫赫有名的将军，但在战场上，孔代亲王亨利二世·德·波旁的个人魅力有至关重要的作用。孔代亲王亨利二世·德·波旁的部下会死心塌地地跟着他。人们经常提到，在16世纪的意大利战争中，法兰西军队能日行千里，却只是一群没有纪律的暴徒，像极了非洲的苦行僧。然而，孔代亲王亨利二世·德·波旁是第一个在纪律严明的部队中将无纪律的暴徒作

---

① 孔代，法语地名和人名，来源于凯尔特语"condate"，意为两条河"汇流"。——译者注

为军事力量的伟大领袖。孔代亲王亨利二世·德·波旁把法兰西军队特有的锐气变成了在战场上取得胜利的一个决定性因素。长期以来，西班牙步兵一直是世界上最优秀的士兵——密集的西班牙步兵以堡垒般的阵形排布在一起，可以凭借耐力抵御所有骑兵的进攻，而绝对的人数优势则可以帮助西班牙步兵压制所有敌人。然而，一旦发生混乱，西班牙步兵的阵形就永远无法再被组织起来；一旦"刺猬阵"被突破，战斗就只能以失败告终。在布赖滕费尔德战役中，瑞典国王古斯塔夫二世·阿道夫展示了是如何用大炮和步枪在人海阵中打开通道的。此外，扑向人海阵的重骑兵也可以"以重克重"。在罗克鲁瓦战役中，孔代亲王亨利二世·德·波旁以轻盈灵活、训练有素的步兵展示了和瑞典国王古斯塔夫二世·阿道夫的战术类似的战斗技巧。将致命的炮火射向密集的无法移动的西班牙步兵后，孔代亲王亨利二世·德·波旁只需趁西班牙步兵倒下和在队伍中造成混乱的时候从正面向西班牙军队发起攻击，指挥轻盈灵活、训练有素的步兵扑向西班牙军队的侧翼，让西班牙军队无法组织有效防御——这是西班牙的无敌舰队和英格兰舰队的战事在陆地上的重演。西班牙步兵的人海战术对法兰西军队没有造成任何威胁。无论是从侧翼、正面还是背面，西班牙步兵都不能改变自己的阵形。显然，西班牙步兵不能适应这种新的战争，也没有办法突围或逃跑——除了死亡，西班牙步兵别无选择。苍老的保罗-贝尔纳·德·方丹的背影显示出了一种说不出的悲怆。保罗-贝尔纳·德·方丹坐在椅子上，身处方阵中间，看着情况慢慢变差。由于痛风，保罗-贝尔纳·德·方丹甚至无法站起来，只能冷静和耐心地等待着死亡的到来。西班牙人的力量越来越弱。西班牙人虽然没有投降的念头，但同样没有自卫的力量。随着罗克鲁瓦战役中的年轻征服者发出胜利的呼喊声和呐喊声，西班牙的国家体制和强盛的国力即将逝去。

虽然罗克鲁瓦战役的胜利让法兰西王国成为欧洲的第一个军事强

罗克鲁瓦战役

国，但法兰西王国的军事力量仅限于莱茵河，没有渗透到西属尼德兰。在罗克鲁瓦战役结束后的几年里，法兰西王国发动战争的主要目的是争夺对上莱茵兰的控制权。法兰西王国希望占领莱茵河两岸，永远成为布赖萨赫和菲利普斯堡的要塞的主人，并且因此永远控制阿尔萨斯。为了拯救作为奥-西哈布斯堡王朝最古老的财产之一的布赖斯高，为了保护巴伐利亚的边界不受冒犯和掠夺，神圣罗马帝国皇帝斐迪南三世和巴伐利亚选帝侯马克西米利安一世顽强地战斗着。神圣罗马帝国皇帝斐迪南三世和巴伐利亚选帝侯马克西米利安一世得到了两位将军的帮助。这两位将军分别是谨慎的弗朗茨·冯·梅西将军和潇洒的约翰·冯·韦特将军。弗朗茨·冯·梅西将军和约翰·冯·韦特将军可以与孔代亲王亨利

约翰·冯·韦特将军

蒂雷纳子爵亨利·德·拉·图尔·德·奥韦涅

二世·德·波旁和蒂雷纳子爵亨利·德·拉·图尔·德·奥韦涅匹敌。1644年8月，在布赖斯高的弗赖堡，鲁莽的孔代亲王亨利二世·德·波旁忽视蒂雷纳子爵亨利·德·拉·图尔·德·奥韦涅更明智的建议并且冲向了弗朗茨·冯·梅西的战壕。蒂雷纳子爵亨利·德·拉·图尔·德·奥韦涅曾建议，法兰西军队如果从侧翼绕行，那么便会很容易迫使巴伐利亚人撤退。1645年8月3日，在讷德林根，孔代亲王亨利二世·德·波旁发起了一场不计后果的进攻，取得了一场得不偿失的胜利。然而，由于牺牲太大，孔代亲王亨利二世·德·波旁无法利用胜利

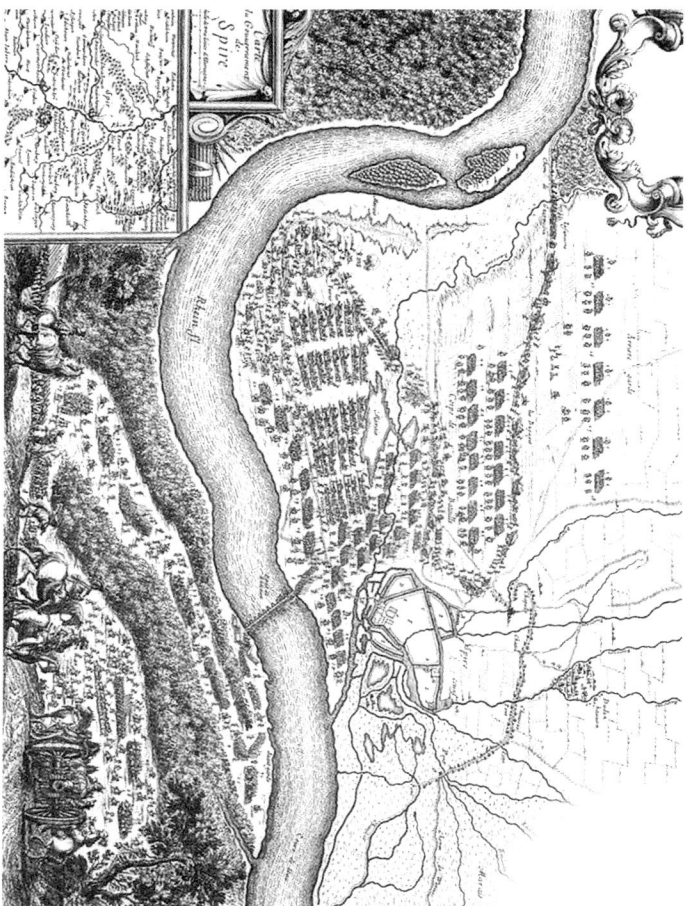

诃德林根战役爆发前在莱茵河畔扎营的法兰西军队

讷德林根战役

继续展开军事行动。当时，不仅神圣罗马帝国军队的情况并不乐观，而且维也纳正受到伦纳特·托尔斯滕松带领的瑞典军队的威胁。

蒂雷纳子爵亨利·德·拉·图尔·德·奥韦涅掌握了决定战争的最终走向的权力。1646年，蒂雷纳子爵亨利·德·拉·图尔·德·奥韦涅第一次成为一支强大的军队的首领。蒂雷纳子爵亨利·德·拉·图尔·德·奥韦涅立即决定废止那种通过两个不同的指挥中心展开军事行动的浪费优势又耗资巨大的体制。和瑞典军队联合起来后，蒂雷纳子爵亨利·德·拉·图尔·德·奥韦涅发现自己可以对敌人施行毁灭性的打击，一举结束战争。蒂雷纳子爵亨利·德·拉·图尔·德·奥韦涅采纳了卡尔·古斯塔夫·弗兰格尔的计划。此前，卡尔·古斯塔夫·弗兰格

卡尔·古斯塔夫·弗兰格尔

利奥波德·威廉大公

尔接替伦纳特·托尔斯滕松成为瑞典军队的指挥官。在科隆附近的韦瑟尔，蒂雷纳子爵亨利·德·拉·图尔·德·奥韦涅渡过莱茵河，并且与卡尔·古斯塔夫·弗兰格尔在美因河成功会和。虽然利奥波德·威廉大公和巴伐利亚军队试图阻止拦截法瑞联军，但法瑞联军巧妙地穿过了敌人的防线，沿着多瑙河向前，夺取了多瑙沃特。在富饶的巴伐利亚平原上，法瑞联军分散开来，一路烧杀掠夺，直至慕尼黑的城门前，甚至远到福拉尔贝格的布雷根茨。巴伐利亚选帝侯马克西米利安一世绝望地抛弃了神圣罗马帝国皇帝斐迪南三世，并且在1647年5月签署了停战协定。然而，很快，巴伐利亚选帝侯马克西米利安一世就违背了停战协定。巴伐利亚选帝侯马克西米利安一世不仅良心不安，而且害怕失去自己冒了很大风险才赢得的选帝侯头衔。因此，1647年9月，巴伐利亚选帝侯马克西米利安一世再次加入了神圣罗马帝国皇帝斐迪南三世的行列——等待巴伐利亚选帝侯马克西米利安一世的将是非常可怕的惩罚。蒂雷纳子爵亨利·德·拉·图尔·德·奥韦涅和卡尔·古斯塔夫·弗兰格尔率军返回了巴伐利亚。与此同时，法瑞联军不断壮大，已经拥有十二万七千名士兵。1648年5月17日，在楚斯马斯豪森，法瑞联军击败了巴伐利亚选帝侯马克西米利安一世的军队。在楚斯马斯豪森，法瑞联军像蝗虫一样聚集着，很快就把楚斯马斯豪森的土地变成了不毛之地——实际上，神圣罗马帝国的其他地方都处于这种状态。为了保卫家园，巴伐利亚选帝侯马克西米利安一世向原本效命于弗里德兰公爵阿尔布雷赫特·文策尔·欧西比乌斯·冯·瓦伦斯坦的奥塔维奥·皮科洛米尼将军求助并且准备再次出击。然而，战火尚未再次燃起，好消息出现了。1648年10月24日，在明斯特，和平协议签署了——三十年战争宣告结束。

多年来，人们对和平的渴望越来越强烈。在神圣罗马帝国，人们认为，和平的主要障碍已经随着战争的主要推动者的逝去而消失了——1637年，神圣罗马帝国皇帝斐迪南二世驾崩，而在道德和政策方面，他的儿子，即神圣罗马帝国皇帝斐迪南三世都没有受到《归还敕令》的约束；早在神圣罗马帝国皇帝斐迪南二世去世前的1632年，巴拉丁选帝侯腓特烈五世就去世了；安哈尔特的克里斯蒂安、不伦瑞克-沃尔芬比特尔的小克里斯蒂安、弗里德兰公爵阿尔布雷赫特·文策尔·欧西比乌斯·冯·瓦伦斯坦、瑞典国王古斯塔夫二世·阿道夫和特兰西瓦尼亚亲王加布里埃尔·拜特伦都早已故去。由于神圣罗马帝国皇帝斐迪南二世、巴拉丁选帝侯腓特烈五世等人推崇的政策都已经被继任者修改

楚斯马斯豪森战役

或者放弃了，神圣罗马帝国的问题迎刃而解。实现和平的真正障碍是法兰西王国的称霸野心和索德摩伯爵阿克塞尔·古斯塔夫松·奥克森谢尔纳·阿夫·索德摩的要在波罗的海附近的神圣罗马帝国的土地上为瑞典人获得一块领地这一执念。法兰西王国和瑞典虽然可以做很多事影响谈判的进程，但不能阻止谈判的开始。1642年，在威斯特伐利亚的明斯特和奥斯纳布吕克，代表们见面并且开始讨论和平协议的内容。由于和平之路上的障碍数不胜数，直到1644年，谈判才真正开始。在天主教列强开会的地方，即明斯特，罗马教廷大使法比奥·基吉和威尼斯大使阿

法比奥·基吉

阿尔威瑟·孔塔里尼

尔威瑟·孔塔里尼作为调停方的代表主持了会议，而与会各方包括神圣罗马帝国、法兰西王国、西班牙的代表，以及天主教选帝侯和神圣罗马帝国的天主教诸侯。瑞典代表、法兰西大使、新教选帝侯、新教诸侯和神圣罗马帝国各城市的代表聚集在奥斯纳布吕克——显然，在明斯特和奥斯纳布吕克，法兰西王国都有代表。代表们开会是一回事，而问题能否得到解决则是另一回事——在谈判期间提出的休战协议无疑会遭到拒绝。因此，战争的天平由一方向另一方倾斜时，为了获取利益，主战的法兰西、西班牙和瑞典会要么拖延缔结和约，要么加快缔结和约。事情进展得太快时，法兰西、西班牙和瑞典等国的代表会提出很多关于优先权和礼仪方面的问题——对外交人士来说，这些问题总是很重要。因此，几个月过去后，谈判仍然没有取得任何进展。

神圣罗马帝国诸侯看到，他们的土地被侵占，村庄被烧毁，城镇人口不断减少，人民被迫参军或成为强盗。在万般无奈的情况下，神圣罗马帝国人民不得不吃草根——甚至人肉——以避免挨饿。这一切都是由法兰西王国吞并阿尔萨斯或瑞典夺取波美拉尼亚造成的恶果。很快，神圣罗马帝国诸侯就对在威斯特伐利亚进行的艰难谈判失去了耐心，并且因此开始谋求改变。1642年7月24日，为了退出战争，年轻的勃兰登堡选帝侯腓特烈·威廉单独与瑞典人签订了一项中立条约。1645年8月31日，萨克森选帝侯约翰·格奥尔格一世效仿了勃兰登堡选帝侯腓特烈·威廉的做法。1647年，在蒂雷纳子爵亨利·德·拉·图尔·德·奥韦涅入侵的压力下，巴伐利亚选帝侯马克西米利安一世也被迫开始和谈。神圣罗马帝国热切地渴望着和平。然而，最终的结局是蒂雷纳子爵亨利·德·拉·图尔·德·奥韦涅的胜利给神圣罗马帝国皇帝斐迪南三世和巴伐利亚选帝侯马克西米利安一世施加的压力，以及年轻的瑞典女王克里斯蒂娜对索德摩伯爵阿克塞尔·古斯塔夫松·奥克森谢尔纳·阿夫·索德摩施加的压力共同造成的。年轻的瑞典女王克里斯蒂娜是瑞典国王古斯塔夫二世·阿道夫的女儿。1644年，成年后的瑞典女王克里斯蒂娜立刻表现出了强大的掌权和指挥能力，而这使她成为17世纪最有个性的人物。由于想结束残酷的战争，瑞典女王克里斯蒂娜致力于推动威斯特伐利亚的谈判取得成功。瑞典女王克里斯蒂娜向巴黎高等法院派出了一个特使。这位特使代表瑞典接受了远低于瑞典此前要求的条件，违背了索德摩伯爵阿克塞尔·古斯塔夫松·奥克森谢尔纳·阿夫·索德摩的意愿。1648年10月24日，《威斯特伐利亚和约》签署了。自雅罗斯拉夫·博尔齐塔·冯·马丁尼茨和威廉·斯拉瓦塔·冯·赫卢姆·翁德在布拉格被抛出窗外，时间正好过去了三十年零五个月。通过利用宗教和平的原则，加尔文教拥有了路德教享有的所有权利。因此，神圣罗马帝国的宗教问题得到了解决。从1624年1月1日开始，神圣罗马帝国开始解

瑞典女王克里斯蒂娜

决教会的土地问题，将天主教控制的所有土地归于天主教，把新教控制的所有土地归于新教。神圣罗马帝国提出的解决办法是最现实的办法。《威斯特伐利亚和约》保留了德意志南部的主教教区——这些教区公开宣称是属于天主教的。德意志北部的被世俗化的土地，如不来梅、费尔登、哈尔伯施塔特和马格德堡的土地，绝大多数是新教的。在奥地利的传统地域、波希米亚、巴伐利亚和上巴拉丁等地区，天主教获得了胜利。《威斯特伐利亚和约》还规定了天主教和新教两个利益集团应该拥有平等的权利。因此，找到一个令人满意的办法来解决与宗教有关的问题并不难。然而，战争初期的宗教问题非常严重，令人震惊。随着时间的推移，天主教和新教两个利益集团不仅都意识到自己无法毁灭对方，而且都明白了一个道理，即如果不接受彼此，那么必须学会容忍。解决问题的关键是补偿。最终，天主教和新教两个利益集团商定的条款的主要内容为：

1. 巴伐利亚选帝侯马克西米利安一世保留世袭的选帝侯头衔，而上巴拉丁则划归巴伐利亚公国。

2. 巴拉丁选帝侯腓特烈五世的长子查理·刘易斯当选为新的巴拉丁选帝侯并且可以重获下巴拉丁。

查理·刘易斯

3. 瑞典接收波美拉尼亚西部，包括奥德河港口、不来梅和费尔登的主教辖区——这将使瑞典在神圣罗马帝国具有战略和商业方面的优势地位并且在神圣罗马帝国的政坛中占有一席之地。

4. 作为失去波美拉尼亚西部的补偿，勃兰登堡得到了哈尔伯施塔特、卡明、明登和马格德堡的大部分主教辖区，并且确认了对波美拉尼亚东部的所有权。此外，勃兰登堡还控制了克利夫斯、马克和拉芬斯堡的公爵领地——这些领地虽然曾因1614年的《克桑滕条约》被分给勃兰登堡，但在三十年战争期间，被西班牙和荷兰的军队占领。

5. 虽然法兰西王国获得了奥地利阿尔萨斯的所有权，包括布赖萨赫，并且有权驻军布赖萨赫，但自由城市斯特拉斯堡被留给了神圣罗马帝国。梅斯、图尔和凡尔登被正式并入法兰西王国。此外，法兰西王国还得到了意大利的皮内罗洛。

6. 萨克森保留了卢萨蒂亚，获得了马格德堡的一部分土地，承认了荷兰和瑞士的独立。

《威斯特伐利亚和约》不仅宣告了三十年战争的结束，而且标志着一个时代的结束和另一个时代的开始。《威斯特伐利亚和约》以最令人满意的方式结束了自16世纪就开始出现的神圣罗马帝国的宗教问题的漫长篇章。神圣罗马帝国的宗教问题能得到解决靠的不是各方制定任何强制的宗教宽容或宗教束缚的原则，而是各方承认既定的事实。在神圣罗马帝国宗教势力中，加尔文教与路德教的平等地位得到了承认。签署于1555年的《奥格斯堡和约》规定，在辖区内，每位君主都可以决定人民的宗教和政治行为，而从此开始，天主教和新教就将《奥格斯堡和约》的规定作为行动指南。由于应该尽可能地尊重信仰的差异得到普遍的承认，天主教和新教通过划定领土界限的方式来防止冲突。德意志北部的新教诸侯仍然可能会压迫自己的天主教臣民，而南方的天主教诸侯仍然可能会放逐辖区内的所有新教教徒。然而，自《奥格斯堡和约》被签署后，问题便只是局部问题，是诸侯和自己的臣民之间的问题。这种现象造成的后果是，和法兰西国王路易十四废除《南特敕令》后的法兰西王国一样，神圣罗马帝国的新教教徒和天主教教徒都没有什么权利和义务。《奥格斯堡和约》虽然从道德角度看可能不是最好的，但在当时的情况下已经是上上策了。以现代观点看，身处威斯特伐利亚的谈判者似乎失去了一个大好机会，没有将宗教宽容这一无价的恩惠强加给不情愿的神圣罗马帝国人民。然而，实际上，身处威斯特伐利亚的谈判者如果试图将宗教宽容强加给神圣罗马帝国人民，那么不仅会延续宗教仇恨，而且会给宗教权力赋予政治野心，重新点燃战火。因此，身处威斯特伐利亚的谈判者把问题完全推给了诸侯和人民去解决。谈判者们认为，一切保守力量，一切反对革新、叛乱和革命的力量，以及一切削弱人民和政府的矛盾的力量，都是为了促进宗教和平。虽然萨尔茨堡大主教沃尔夫·迪特里希·冯·雷滕努曾因心怀宗教仇恨而驱逐所有新教教徒，但到了《威斯特伐利亚和约》签署后，宗教迫害的情况变少足以证明，《威斯特伐利亚和约》至少实现了宗教方面的休战。暴行虽然可能会有百起，但与难以言喻的恐怖战争相比，不值一提。

《威斯特伐利亚和约》是新时代的开始，标志着现代欧洲国家体系的形成。对神圣罗马帝国而言，《威斯特伐利亚和约》记录的是神圣罗马帝国的最终解体。虽然神圣罗马帝国的国家机器完好无损——皇帝、帝国议会、选帝侯和帝国法院一应俱全，但这些国家机器对神圣罗马帝国的管理权已经成为过眼云烟。神圣罗马帝国人民将由拥有一切主权的诸侯统治，而这些诸侯可以铸币、发动战争、招募军队和向其他宫廷派出代表。神圣罗马帝国的中央集权名存实亡。如果在神圣罗马帝国，某个神圣罗马帝国皇帝仍然是一种力量，那么那不是因为这个神圣罗马帝国皇帝是皇帝，而是因为这个神圣罗马帝国皇帝是奥地利大公、神圣罗马帝国的公爵、波希米亚国王和匈牙利国王。在奥-西哈布斯堡王朝的政

萨尔茨堡大主教沃尔夫·迪特里希·冯·霍滕努

策中，神圣罗马帝国皇帝的影响是显而易见的。虽然神圣罗马帝国皇帝仍然保持着自己在神圣罗马帝国和莱茵河流域的利益，以神圣罗马帝国捍卫者的身份阻止着法兰西王国称霸欧洲，不时发动战争以遏制普鲁士日益增长的力量，但这一切都是为了神圣罗马帝国能在荷兰发展商业。然而，神圣罗马帝国的注意力越来越集中于诱人的东方和南方。实际上，神圣罗马帝国的政策核心已不再是神圣罗马帝国政策，而是纯粹的奥地利政策。在多瑙河上，神圣罗马帝国正不断为自己在莱茵河上的损失寻求赔偿。为了控制意大利，神圣罗马帝国做出了很大牺牲。控制意大利将使神圣罗马帝国这个贫穷的内陆国获得富饶的伦巴第平原和亚得里亚海的港口。不知不觉间，神圣罗马帝国不断地把自己的边界向东和向南推进，而勃兰登堡则不断将自己的边界向西和向北推进。

从集权的阴影中解脱出来后，神圣罗马帝国可以完全遵循自己的发展规律。神圣罗马帝国中部的分裂和战争造成的触目惊心的荒凉阻碍了一切统一愿望。神圣罗马帝国像一堆普普通通、难以辨别的石子一样。然而，在德意志北部，小国与大国合并的趋势开始出现。勃兰登堡开始踏上征服和扩张的征途，成为欧洲的领袖。巴伐利亚与法兰西王国结盟，开始与奥-西哈布斯堡王朝叫板争夺德意志南部的管理权。1866年，巴伐利亚人获得了德意志南部的管理权。在神圣罗马帝国的内部政治方面，《威斯特伐利亚和约》让各种势力开始行动起来削弱皇帝在神圣罗马帝国的统治地位，使奥-西哈布斯堡王朝开始把精力投向意大利和多瑙河下游，让霍亨索伦王朝开始争夺德意志北部和莱茵河流域的领导权。

霍亨索伦王朝的盾形徽章

实际上，各种势力已经对欧洲的权力平衡和神圣罗马帝国人民的生活造成了永久性的影响。

对神圣罗马帝国周边地区而言，《威斯特伐利亚和约》等条约标志着欧洲大国关系的变化，让教皇最后一次以调停人的身份出现在历史舞台上。虽然教皇因诺森特十世拒绝批准《威斯特伐利亚和约》等条约，但天主教和新教等势力根本不在乎罗马教廷的看法。从此，罗马教廷对欧洲政治的影响日渐式微。法兰西王国和瑞典两个国家最有权宣称《威

教皇因诺森特十世

斯特伐利亚和约》标志着历史新纪元的出现。在欧洲，瑞典的影响力达到了空前的高度——《威斯特伐利亚和约》等条约不仅承认了瑞典的欧洲大国地位，而且确保了瑞典的波罗的海霸权。瑞典如果能不断取得胜利，那么会有权要求德意志北部的效忠。然而，事实证明，瑞典能力有限。在勃兰登堡和俄国大力扩张的背景下，瑞典被慢慢地削弱了。很久后，瑞典人才清楚地认识到，《威斯特伐利亚和约》承认瑞典的大国地位不代表瑞典永远是大国。

对法兰西人而言，《威斯特伐利亚和约》不过是在枢机主教黎塞留和枢机主教朱尔·马萨林的授意下，法兰西王国在漫长的领土扩张道路上迈出的一步。三十年战争使法兰西王国成为欧洲第一军事强国。通过《威斯特伐利亚和约》，法兰西王国牢牢地控制着莱茵河，不仅获得了梅斯的要塞、孚日山脉、布赖萨赫和菲利普斯堡的要塞，而且有了称霸的动力和野心。法兰西王国希望控制莱茵河只是宏伟的征服计划的开端。法兰西王国想以莱茵河为边界的想法是因《威斯特伐利亚和约》而产生的。实际上，《威斯特伐利亚和约》一直是欧洲政局中最令人不安的因素。三十年战争结束后，欧洲一直处于动荡中。欧洲的一些重大问题主要围绕着俄国和奥地利争夺土耳其和多瑙河的控制权，以及法兰西王国和神圣罗马帝国竞争莱茵河的控制权展开。很多欧洲要事在乌得勒支、维也纳、巴黎和柏林等地得以解决，恰似1648年在威斯特伐利亚产下的蛋孵出了发育完全的小鸡。

因为西班牙没有被纳入威斯特伐利亚体系，所以西班牙和法兰西王国之间的战争又持续了十二年。《威斯特伐利亚和约》签署时，西班牙似乎正处于解体的边缘，充满了内忧外患：葡萄牙已经宣布独立；在法兰西军队的协助下，加泰罗尼亚爆发了起义；鲁西永和塞尔达涅都落入了法兰西王国手中；佛兰德斯和敦刻尔克港已经被法兰西王国征服。1646年，托斯卡纳海岸附近的一场海战使法兰西王国首次成为地中海的

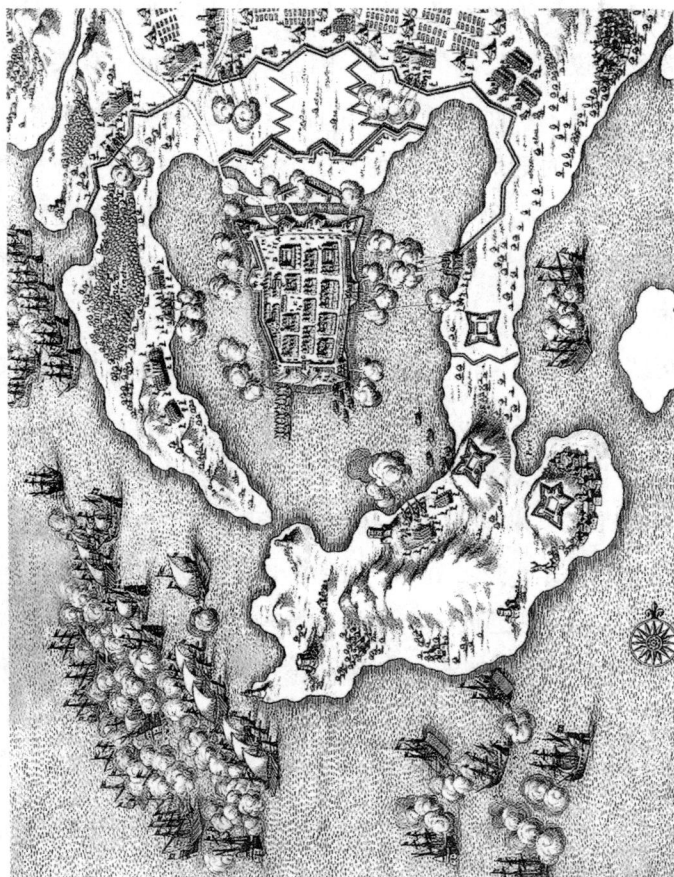

托斯卡纳海岸附近的海战

霸主。最终，1648年，在一个叫托马索·阿涅洛的渔夫的号召下，那不勒斯爆发了起义。如果枢机主教朱尔·马萨林更有活力和决断力，那么那不勒斯可能会彻底摆脱西班牙的控制。由于没有必要在莱茵河投入精力，枢机主教朱尔·马萨林就必须在西属尼德兰和加泰罗尼亚取得胜利并且迫使西班牙接受不光彩的和约。然而，枢机主教朱尔·马萨林的荒唐和野心导致了投石党运动的爆发。因此，不仅枢机主教朱尔·马萨林的所有优势都消失了，而且形势发生了逆转。巴黎的贵族和市民为革命而战，而他们的目的则是从枢机主教朱尔·马萨林手中夺取权力并将其收归己有。巴黎的贵族和市民因派系斗争而发狂。巴黎的贵族和市民如果想报复枢机主教朱尔·马萨林，那么可能会毫不犹豫地投入敌人的怀抱，加入西班牙军队。蒂雷纳子爵亨利·德·拉·图尔·德·奥韦涅和孔代亲王路易二世·德·波旁甚至曾领导军队对抗法兰西王国。然而，最终，聪明的首相、固执的王后和有影响力的王权占据了上风。1653年，枢机主教朱尔·马萨林回到法兰西王国，重掌大权。

然而，枢机主教朱尔·马萨林再次对西班牙发动战争时，法兰西王国的情况已经发生了变化——法兰西王国的资源早已被挥霍殆尽；法兰西军队士气低落；法兰西政府的权力遭到削弱，大不如前。然而，与此同时，西班牙不仅利用法兰西王国的困境收复了西属尼德兰和加泰罗尼亚，而且大力策反孔代亲王路易二世·德·波旁，使孔代亲王路易二世·德·波旁成为当时西班牙军队的最优秀的将军之一。1653年，孔代亲王路易二世·德·波旁入侵法兰西王国，一度威胁巴黎。然而，孔代亲王路易二世·德·波旁因蒂雷纳子爵亨利·德·拉·图尔·德·奥韦涅的战略优势而遭到挫败，不得不选择撤退。此后，法兰西王国慢慢夺回了西属尼德兰的边境城镇。显然，法兰西王国和西班牙都不能击溃对方和结束战争。1656年，枢机主教朱尔·马萨林不顾自己的身份和信仰，开始寻求与新教英雄奥利弗·克伦威尔结盟。关于西班牙，奥

那不勒斯爆发起义

利弗·克伦威尔和巴拉丁选帝侯腓特烈五世的妻子伊丽莎白·斯图亚特的看法是相同的。伊丽莎白·斯图亚特认为，西班牙是教皇的主要支持者和英格兰王国发展贸易的主要障碍。很快，奥利弗·克伦威尔和枢机主教朱尔·马萨林就达成了协议，即奥利弗·克伦威尔麾下的六千名士兵——这可能是当时欧洲最优秀的士兵——将由枢机主教朱尔·马萨林指挥。1657年，战争很快发生了变化。在法兰西王国的新盟友的帮

奥利弗·克伦威尔

助下，蒂雷纳子爵亨利·德·拉·图尔·德·奥韦涅通过迪讷战役击败西班牙并且占领了马迪克和敦刻尔克。敦刻尔克被移交给了英格兰王国。1658年6月，蒂雷纳子爵亨利·德·拉·图尔·德·奥韦涅几乎已经占领了整个西属尼德兰。迪讷战役的打击使西班牙政府只能开始与法兰西王国议和。1659年，在比达索阿，两国代表举行了会议。1659年11月7日，法兰西王国和西班牙签订了《比利牛斯条约》。依据《比利牛斯条约》，法兰西王国获得了阿图瓦、鲁西永和塞尔达涅，以及蒂永维尔、朗德勒西和阿韦讷的城镇。法兰西王国同意恢复洛林公爵查理四世的地位，而条件则是摧毁南锡的防御工事和允许法兰西军队自由通行。此外，孔代亲王路易二世·德·波旁得到了赦免。为了巩固同盟关系，法兰西国王路易十四迎娶了西班牙国王腓力四世的女儿，即西班牙的玛丽亚·特蕾莎。西班牙国王腓力四世曾允诺，一旦成婚，西班牙的玛丽亚·特蕾莎将得到五十万克朗的嫁妆，西班牙的玛丽亚·特蕾莎因此将放弃自己和孩子们对西班牙王位的继承权。然而，给西班牙的玛丽亚·特蕾莎嫁妆的承诺没有兑现，而这造成了一个问题，即西班牙的玛丽亚·特蕾莎放弃对西班牙王位的继承权的声明是否还有效。

《比利牛斯条约》是《威斯特伐利亚和约》的补充，不仅标志着法兰西王国达成了关于南部的边界的目的，而且意味着枢机主教黎塞留的主要目标已经实现。在南部、东南部和东部，法兰西王国拥有了一道进可攻、退可守的边界。凭借比利牛斯山脉、阿尔卑斯山脉和孚日山脉的关口，法兰西王国的军队可以瞬间涌入埃布罗河、波河和莱茵河的山谷中。由于在北方仍然没有天然屏障——吞并阿图瓦只是消除了距离巴黎几英里远的威胁，法兰西王国越来越渴望把荷兰的斯海尔德河和代默尔河作为北部的天然屏障。和法兰西王国与神圣罗马帝国对莱茵河的竞争一样，法兰西王国和荷兰对斯海尔德河的竞争也影响着未来的政治。在法兰西政治家心中，吞并荷兰是仅次于夺取莱茵河的野心和目标。也

《比利牛斯条约》签订现场

法兰西国王路易十四迎娶西班牙的玛丽亚·特蕾莎

许有人会质疑，是什么政策让法兰西王国付出了那么多的鲜血和财富将世界上的一些最美丽和富饶的地区变成了欧洲的斗兽场呢？对西班牙来说，《比利牛斯条约》是新纪元的开端。《韦尔万和约》标志着西班牙的失败，而《比利牛斯条约》则标志着西班牙的堕落。西班牙虽然曾全力以赴争夺欧洲霸权，但铩羽而归。西班牙虽然曾经与法兰西王国平起平坐，是法兰西王国的强大对手，但一败涂地。法兰西王国取得了海陆竞争的胜利，却将西班牙看作保护对象和伙伴。《比利牛斯条约》签署后，法兰西王国和西班牙不再是死敌，而是越来越最亲密的朋友——法兰西王国伸出双手，接纳了强大的邻国。因此，波旁王朝的契约主宰了世界政治。

第7章

枢机主教黎塞留和
朱尔·马萨林掌权时的法兰西王国

　　卢浮宫画廊里的一幅著名画像向我们展示了枢机主教黎塞留的特征，即在贵族的平静外表下，隐藏着高度的紧张和焦虑。在被精心处理过的画像中，枢机主教黎塞留丝毫没有野蛮的特征，也没有粗俗的暗示。乍一看，枢机主教黎塞留那张苍白、衰弱、纤细的椭圆形的脸似乎缺少力量。枢机主教黎塞留与英格兰国王亨利八世不同——独断专行的英格兰国王亨利八世践踏了上帝和人类的法律，并且给惊恐的人民戴上了奴隶的锁链。枢机主教黎塞留与奥利弗·克伦威尔不同——奥利弗·克伦威尔架空英格兰王国的法律，处死了英王查理一世，并且怀着狂热的神圣使命毫不留情地实现了自己的目标。枢机主教黎塞留与法兰西皇帝拿破仑一世也不同——法兰西皇帝拿破仑一世无情而自私，视人类生命和民族信仰为草芥，视军事荣耀和个人野心如拱璧。然而，人们指责枢机主教黎塞留从无政府主义的罪恶中获利颇丰，声称由于心脏遭到了癌症的入侵，法兰西王国的死亡不可避免，而挽救生命的唯一希望就是毫不留情地切除所有癌变组织。枢机主教黎塞留必须治理好一个没有自保能力却必须抵御恶势力的国家。由于各省、郡和市镇之间的凝聚力太小，法兰西王国各地无法组织任何联合行动。当时，乡村地区

处决查理一世

的管理权仍然被掌握在封建诸侯及其手下的官员手中，而城镇的管理则被掌握在富有的贵族及其手下的官员手中。因此，富有的贵族和封建诸侯完全把持着地方的行政管理权。地方贵族非常忌妒高高在上的国王，鄙视地位卑微的人民。由于等级差别很大和获得的支持非常有限，地方贵族完全无法掌握事务的处理权。地方贵族争夺政治权利的传统根深蒂固。地方贵族的领袖——大贵族在政治方面取得胜利的日子是法兰西王国经历过的最黑暗和悲惨的日子。地方贵族不会行善，只会作恶，而他们的特权和权威则阻碍了最简单的行政管理改革。只要诸侯仍然拥有特殊的财政权和司法权，司法平等、税收平等、国内商品自由流通等愿景就不可能实现。法兰西人民没有从那些认为政府管理就是维护个人和阶级特权的人那里得到任何东西的希望。地方贵族形成了一道难以逾越的障碍，导致合理的管理方式完全行不通。地方贵族的目的是伤害，而不是保护他人。地方贵族一边让人民痛苦和堕落，一边试图恐吓法兰西国王，又想得到法兰西国王的保护。任何人都很容易看出，面对地方贵族这种敌人，中间路线是根本不存在的——否则，法兰西王国必然会走向灭亡。

枢机主教黎塞留如果生活在三个世纪前或一个世纪后，那么可能会效仿英格兰国王爱德华一世或爱尔兰政治家埃德蒙·伯克的做法，努力

英格兰国王爱德华一世

将把政府的政策与人民的利益相结合作为永久的国策。一个明智的人如果能彻底摧毁封建力量，那么可以用国王和人民的联盟取代封建力量。包括法兰西王国在内的整个欧洲确实有独特的福气。很快，那些能协调农民、资产阶级、平民和国王的利益的机构就会培养出和枢机主教黎塞留这位法兰西首相一样头脑敏捷的人。最佳的培养方式是政治教育。一个像枢机主教黎塞留一样能干和慷慨的贵族不会像阿喀琉斯①一样躲在

枢机主教黎塞留的纹章

---

① 阿喀琉斯是古希腊神话和文学中的英雄人物。在《伊利亚特》一书中，阿喀琉斯与阿伽门农发生了争执，起因是阿伽门农抢夺了阿喀琉斯所掳回的女奴。因此，阿喀琉斯愤而躲起来，从此不参加战斗。——译者注

自己的帐篷里闷闷不乐，而是很快就会被人发现是最适合领导人民的领袖。枢机主教黎塞留最能胜任领导人民这份危险的工作。然而，只有在对人民的同情与政治远见结合的情况下，协调农民和资产阶级、平民和国王利益的政策才有可能实现。然而，枢机主教黎塞留正是出生在一个对人民的同情与政治远见无法结合的时代。枢机主教黎塞留有着敏锐的眼光、充足的勇气、强大的决断力和坚定不移的意志，而这些都是枢机主教黎塞留给法兰西王国的礼物。为了服务法兰西王国，枢机主教黎塞留毫不犹豫地献出了自己。枢机主教黎塞留给了法兰西王国民族团结，为法兰西王国争取了宗教和平，把法兰西王国的一切力量都集中在了王冠下，使法兰西国王成为地位最高的欧洲君主。枢机主教黎塞留还播下了殖民帝国的种子，培育了艺术和文学的萌芽。然而，枢机主教黎塞留没有进行任何金融或司法方面的改革，对减轻人民的负担一事袖手旁观——实际上，他甚至加重了人民的痛苦，不听人民的抱怨。虽然一切为了人民是慈善专制主义的座右铭，但枢机主教黎塞留甚至不能制定减轻人民负担的政策。枢机主教黎塞留对整个法兰西王国都有着强烈而鲜明的爱。为了让法兰西王国走向伟大，枢机主教黎塞留甘愿牺牲自己。枢机主教黎塞留根本没把那些法兰西的社会团体、个人或阶级放在眼里——只要贵族把持政治权利，法兰西王国就不会变得伟大或团结。因此，枢机主教黎塞留不遗余力地削弱着贵族的政治权利。虽然枢机主教黎塞留从来没有想干涉贵族的社会特权，但实际上，正是那些社会特权把法兰西王国的大部分农民的生活变得痛苦和悲惨。虽然在恩泽法兰西人民方面，枢机主教黎塞留不及第一代叙利公爵马克西米利安·德·贝蒂纳和让-巴普蒂斯特·科尔贝，但在政治才能方面，枢机主教黎塞留比第一代叙利公爵马克西米利安·德·贝蒂纳和让-巴普蒂斯特·科尔贝强得多。枢机主教黎塞留是一个可怜的金融家，一个无能的管理者。枢机主教黎塞留要求人民服从他，却不顾人民的幸福，没有一丝同情。在人民面前，枢机主教黎塞留体现出的是智慧和意志。枢机主教黎塞留虽然明白自己的政策是高压政策，但也为这些政策倾注了全部精力——在这一点上，枢机主教黎塞留具有蜡炬成灰的奉献精神。枢机主教黎塞留准确而迅速地做出了明智的判断，指出了法兰西王国走向伟大的真正障碍。在内战和胡格诺派的推波助澜造成的国家混乱中，在高级贵族的无政府主义倾向中，枢机主教黎塞留发现了这些障碍。通过真正的政治洞察力，枢机主教黎塞留看到，一支专业的军队，以及忠诚和团结等情感都在支持着他。除了法兰西国王路易十三的弱点，没有任何东西能阻止法兰西国王路易十三取得最终的胜利。虽然斗争是激烈的，但枢机主教黎塞留胜利了。如果枢机主教黎塞留赢得了谨慎而多疑的法兰西国王路易十三的信任，那么不仅所有较量都会结束，而且枢机主教黎塞留可以把注意力完全放在外交事务上。枢机主教黎塞留拥有高超的手段。如果某项政策有违道德准则，那么枢机主教黎塞留会设法用军事荣耀的光环掩盖有违道德准则的地方，并且会为被剥夺了政治影响力的贵族们提供更加和睦和爱国的氛围，号召贵族们支持法兰西王国赢得胜利，使法兰西王国成为欧洲的领袖。

法兰西国王路易十三的伟大统治始于枢机主教黎塞留，而法兰西国王路易十三紧随枢机主教黎塞留去世则导致仆人的声望完全盖过了主人的名号。实际上，枢机主教黎塞留登上历史舞台时，其他人几乎没有什么空间表演。然而，经过仔细观察后，人们发现，法兰西国王路易十三并不是人们常说的那个无足轻重的人物。法兰西国王路易十三不仅在性格方面，与法兰西国王亨利四世和法兰西国王路易十四截然不同，而且在许多方面，与普通的法兰西人不同。法兰西王国的历史学家对法兰西国王路易十三的评价或许不够公正。法兰西国王路易十三虽然性情冷漠、反应迟钝、沉默寡言，但十分顽强——有时还有些固执。法兰西国王路易十三是一个没有朋友和密友的男人，几乎不会受到女人的影响，

枢机主教黎塞留去世

没有强烈的欲望和野心，缺少广泛的兴趣，却对世界保持着敏锐和警惕的态度。做出决定时，法兰西国王路易十三非常谨慎，很有耐心。除了少数人，法兰西国王路易十三对其他人都心存疑虑。做出决定后，法兰西国王路易十三会采取坚定、大胆、坦率的行动，再也不会回头。奇怪的是，法兰西国王路易十三真正感兴趣的是艰苦的野外生活。和英王詹姆斯一世一样，法兰西国王路易十三酷爱打猎；而与英王詹姆斯一世不同的是，法兰西国王路易十三更喜欢战争。法兰西国王路易十三不是一个平庸的士兵，能很好地判断别人的军事能力。在战场上，法兰西国王路易十三能一直感到快乐。在法兰西国王路易十四的统治初期，为了建立法兰西军队的声誉，许多军官，如埃斯特尔奈侯爵亚伯拉罕·德·法贝尔做出了巨大贡献。法兰西王国军官的晋升制度由独具慧眼的法兰西国王路易十三制定，体现了法兰西国王路易十三和军官们的深情厚谊。法兰西国王路易十三与玛丽·德·美第奇和枢机主教黎塞留的关系表明法兰西国王路易十三是一个非常老练的人——要维持玛丽·德·美第奇

埃斯特尔奈侯爵亚伯拉罕·德·法贝尔

和枢机主教黎塞留之间的和平绝非易事。玛丽·德·美第奇认为自己已经被无情地抛弃了。在宫廷里，除了法兰西国王路易十三，枢机主教黎塞留没有其他任何朋友。对法兰西国王路易十三来说，虽然要保证枢机主教黎塞留不受来自敌人的恶意攻击和个人行动的独立性十分困难，但保留必要的判断力以防止偏私更加困难。在防止偏私方面，法兰西国王路易十三取得了成功。法兰西国王路易十三对枢机主教黎塞留的信任远比枢机主教黎塞留对法兰西国王路易十三的信任更真诚。有趣的是，人们注意到，在关键时刻的通信中，随着危机的加剧，法兰西国王路易十三会变得更平静、镇定和有尊严，而枢机主教黎塞留则往往似乎会被怀疑和犹豫撕裂，被焦虑和恐惧压倒。实际上，枢机主教黎塞留没有任何理由怀疑法兰西国王路易十三的友谊和支持。在一国之君中，法兰西国王路易十三的天赋是少有的。法兰西国王路易十三知道什么时候应该行动，什么时候要保持冷静。法兰西国王路易十三会时刻提醒枢机主教黎塞留，首相就是首相，而不是国王。因此，枢机主教黎塞留从未像英格兰王国的第一代白金汉公爵乔治·维利尔斯那样承担巨大的王室职责。枢机主教黎塞留是枢机主教托马斯·沃尔西①式的人物，而不是宫廷总管。然而，另一方面，法兰西国王路易十三觉得，一个国王如果有幸得到枢机主教黎塞留担任首相，那么必须放手让首相去干一番大事。在枢机主教黎塞留和宫廷之间，法兰西国王路易十三也保持着正义的尺度。法兰西国王路易十三对一切行动都充满自信。法兰西国王路易十三是法兰西王国的君主制的缔造者之一，也是法兰西王国最伟大的首相的伯乐和主人。

1622年10月，法兰西国王路易十三和胡格诺派首领罗昂公爵亨利二世·德·罗昂签订了《蒙彼利埃和约》。与其说《蒙彼利埃和约》

---

① 枢机主教托马斯·沃尔西，英格兰国王亨利八世的重臣，权倾一时，并且在对内对外事务中均取得了巨大成就。——译者注

标志着斗争的结束，倒不如说意味着新的斗争的开始——《蒙彼利埃和约》不仅没有解决问题，而且加剧了矛盾。胡格诺派的叛乱既是一场宗教运动，也是一场政治运动。胡格诺派的抱负和志向是获得宗教独立。胡格诺派叛乱的原因一方面是法兰西王国南部对法兰西国王路易十三不满，而另一方面则是法兰西贵族对法兰西国王路易十三不满。胡格诺派正是在法兰西王国南部的一些城镇和一些小贵族中迅速发展壮大的。胡格诺派以自我为中心和以个人主义为信条的行为不仅会自然而然地使他们热衷于获得特权，而且会导致他们对中央政府产生强烈的恐惧。自成为一股势力后，胡格诺派一直在追求宗教独立。难能可贵的是，胡格诺派没有明确地要求独立。法兰西国王路易十三的软弱造就了像拉罗谢尔、蒙托邦和尼姆这样的胡格诺城镇不仅在内乱期间成为独立于法兰西王国政府的自治地区，而且在三十年战争期间得到了包括《南特敕令》赋予的特权在内的多种特权。为了自保，胡格诺派以"圈地"的名义将法兰西王国划分为由正规军官负责的几个地区。虽然在法兰西王国许多地方，胡格诺派只是纸上谈兵，但在法兰西王国北部，蒂雷纳子爵亨利·德·拉·图尔·德·奥韦涅的影响是巨大的。此外，在法兰西王国南部的大片地区，胡格诺派的处境十分险恶。用枢机主教黎塞留的话来说，法兰西王国似乎是由胡格诺派与法兰西国王路易十三共同掌控的。在发动于1621年的起义中，虽然胡格诺派的领导人可能从来没有想过做更多事，只是想吓唬一下法兰西国王路易十三并且确保自己的政治立场，但许多普通士兵公开认为其为独立斗争。因此，对法兰西国王路易十三来说，胡格诺派如果想凌驾于法兰西王国之上，那么必须被彻底铲除。胡格诺派如果想获得独立，那么必须征服王室。

显然，《蒙彼利埃和约》只是暂时的休战——王室和胡格诺派都意识到自己不能赢得决定性的胜利，只能等待一个更有利的机会。胜利的机会似乎降临到了思维简单的苏比斯公爵邦雅曼·德·罗昂身上。苏比斯公爵邦雅曼·德·罗昂是罗昂公爵亨利二世·德·罗昂的弟弟。然而，羽翼尚未丰满时，苏比斯公爵邦雅曼·德·罗昂就被敌人包围了。苏比斯公爵邦雅曼·德·罗昂的敌人包括奥尔良公爵加斯东和其他王室成员——这已经不是什么秘密了。苏比斯公爵邦雅曼·德·罗昂不仅因

奥尔良公爵加斯东

瓦尔泰利纳问题对抗法兰西军队，而且发动了针对罗马教廷的战争，招来了狂热的天主教徒的敌意。当然，至少在推翻鲁莽而不受欢迎的枢机主教黎塞留一事上，胡格诺派的崛起起到了推波助澜的作用。掌权后，枢机主教黎塞留一直在努力组建一支皇家海军。1625年年初，枢机主教黎塞留购买的六艘战舰出现并且聚集在了布列塔尼的布拉韦河的港口中。1625年1月17日，苏比斯公爵邦雅曼·德·罗昂果断出击，占领了枢机主教黎塞留购买的六艘战舰。在雷岛和奥莱龙岛，苏比斯公爵邦雅曼·德·罗昂站稳了脚跟，成为了无可争议的海洋之主，并且准备抵抗法兰西军队对拉罗谢尔的攻击。然而，枢机主教黎塞留不想忍气吞声，立刻从荷兰和英格兰王国手中重新购买了战舰。1626年9月，枢机主教黎塞留凭借新购得的军舰打败了苏比斯公爵邦雅曼·德·罗昂并且迫使他逃往英格兰王国避难。然而，苏比斯公爵邦雅曼·德·罗昂制造的严重危机让枢机主教黎塞留意识到，只要法兰西王国国内的敌人不被消灭，他的外交事务就是不安全的。只有在法兰西王国建立稳固的权力，枢机主教黎塞留才能再次冒险同时对付国外的敌人和国内的起义。1627年2月5日，枢机主教黎塞留修改了《蒙彼利埃和约》的部分条款，平息了胡格诺派的起义。此外，签署于1627年3月的《蒙松条约》暂时消除了来自西班牙的一切威胁。因此，枢机主教黎塞留觉得，对贵族们的权力进行第一次削弱的时机已经成熟了。

颁布于1626年夏季的两项法令执行了削弱贵族们的权力的政策。第一项法令规定，所有参与决斗的人都将被判处死刑，而第二项法令则规定，所有不在法兰西王国边界上的要塞都必须被摧毁。这两项法令意在取消贵族们最珍视的特权和消除来自法兰西王国国内的最大威胁。独立的军事法庭拥有的权力与文明和权威的政府是不相容的，而所有个人问题都应由独立的军事法庭进行裁决。有要塞的城镇和城堡是叛乱和压迫的天然温床，而枢机主教黎塞留则决定消灭法兰西王国国内的要塞。实际上，枢机主教黎塞留不过是走了一条所有想恢复国家秩序的人都必须走的路。和英格兰国王亨利二世一样，枢机主教黎塞留发现，拥有堡垒的领地贵族权力比法兰西国王还大。然而，贵族们如果没有受到打击，那么不会服从法令。与此同时，奥尔良公爵加斯东伙同法兰西国王亨利四世和德·博福尔女公爵加布丽埃勒·德·埃斯特雷斯的儿子旺多姆公爵塞萨尔·德·波旁、苏瓦松伯爵路易·德·波旁、奥地利的安妮的好友谢夫勒斯公爵夫人玛丽·德·罗昂，密谋废黜法兰西国王路易十三，

苏瓦松伯爵路易·德·波旁

刺杀枢机主教黎塞留。虽然阴谋家们密谋将奥尔良公爵加斯东推上法兰西王位，但阴谋很快就被发现了。为了求生，奥尔良公爵加斯东把自己的朋友和同伙交给了无情的枢机主教黎塞留。在绞刑架上，沙莱伯爵亨利·德·塔列朗-佩里戈尔为奥尔良公爵加斯东受了刑，而奥尔良公爵加斯东的另一个同伙让-巴普蒂斯特·德·奥尔纳诺也身陷囹圄。旺多姆公

沙莱伯爵亨利·德·塔列朗－佩里戈尔受刑

让－巴普蒂斯特·德·奥尔纳诺

爵塞萨尔·德·波旁、谢夫勒斯公爵夫人玛丽·德·罗昂、苏瓦松伯爵
路易·德·波旁等人都被流放了。枢机主教黎塞留解决了所有最危险的
敌人。贵族们对枢机主教黎塞留的果敢感到十分惊讶，不敢相信有人居
然敢这样对待权贵阶层。不久后，贵族们得到了一个更加深刻的教训。
卢森堡公爵弗朗索瓦·德·蒙莫朗西-布特维尔是著名的蒙莫朗西家族的
一员，也是一位著名的斗士。在巴黎，卢森堡公爵弗朗索瓦·德·蒙莫
朗西-布特维尔无视王室法令，举行了一场公开决斗。枢机主教黎塞留立

卢森堡公爵弗朗索瓦·德·蒙莫朗西-布特维尔

即逮捕了卢森堡公爵弗朗索瓦·德·蒙莫朗西-布特维尔。1627年6月22日，卢森堡公爵弗朗索瓦·德·蒙莫朗西-布特维尔被送上了断头台。为了打破贵族们最普通却也是最宝贵的特权，枢机主教黎塞留处决了一位法兰西王国的高贵臣民，而这件事比以往的任何事都能让贵族们清楚地认识到，枢机主教黎塞留已经决定成为贵族们的主人。

从第一次与贵族们的较量中胜利归来后，枢机主教黎塞留发现自己卷入了一场与英格兰王国和胡格诺派的不必要的战争。就法兰西国王路易十三的妹妹亨丽埃塔·玛丽亚和英王查理一世婚约中的一些条款，法兰西王国和英格兰王国迟早会开始相互指责。英王查理一世曾公开承诺会允许亨丽埃塔·玛丽亚保留法兰西王室的地位并且完全负责孩子们在十三岁前的教育。英王查理一世曾经保持克制，容忍着英格兰王国的天主教。然而，很快，英王查理一世就发现，由于英格兰人的激动情绪，他甚至不可能赦免那些被依法判刑的罗马牧师。为了家庭生活的利益，英王查理一世不能允许一群捣乱的女人挑拨离间他和妻儿之间的感情。因此，英王查理一世不得不食言。与此同时，法兰西国王路易十三拒绝兑现自己口头上答应的让曼斯费尔德伯爵彼得·恩斯特和英格兰王国的军队横穿法兰西王国去攻打巴拉丁的诺言。因此，在英格兰人民看来，法兰西国王路易十三应为发生于1626年的神圣罗马帝国的可怕灾难负主要责任。枢机主教黎塞留以继续履行婚约向英王查理一世借战舰去

英王查理一世与王后亨利埃塔·玛丽亚及一双儿女

对付苏比斯公爵邦雅曼·德·罗昂和胡格诺派时，第一代白金汉公爵乔治·维利尔斯以自己的智慧与枢机主教黎塞留进行了一番较量。虽然第一代白金汉公爵乔治·维利尔斯表面上宣称渴望通过出借战舰去对付苏比斯公爵邦雅曼·德·罗昂和胡格诺派，甚至屈尊组织了一场虚假的兵变。然而，最终，第一代白金汉公爵乔治·维利尔斯被耍了——法兰西舰队中的英格兰战舰打败了苏比斯公爵邦雅曼·德·罗昂和胡格诺派，导致英格兰王国的新教党派十分恼怒。或许是为了自卫，或许是因为受伤的自尊，第一代白金汉公爵乔治·维利尔斯对法兰西王国宣战，立志与枢机主教黎塞留势不两立，开始以新教的捍卫者的身份惺惺作态。1627年7月，第一代白金汉公爵乔治·维利尔斯率领一支庞大却装备欠佳的舰队出现在拉罗谢尔。占领雷岛后，第一代白金汉公爵乔治·维利尔斯开始围攻圣马丹城堡。拉罗谢尔人民被迫与英格兰人民共事。在苏比

英军舰队轰炸圣马丹城堡

围攻圣马丹城堡

斯公爵邦雅曼·德·罗昂的领导下，法兰西王国南部的胡格诺派又一次抓住机会，发动了起义。枢机主教黎塞留发现自己再次同时受到了采自国内和国外的强敌的威胁。然而，这一次，枢机主教黎塞留决定不采取折中的办法。1627年11月，第一代白金汉公爵乔治·维利尔斯不得不从没有被攻克的圣马丹城堡撤退并且返回英格兰王国寻求增援。枢机主教黎塞留亲自率兵打响了拉罗谢尔围城之战。枢机主教黎塞留意识到，仅靠从陆地上发动进攻是不可能占领一座濒海并且被沼泽包围的城市的。因此，枢机主教黎塞留主持了一项浩大的工程，即筑起一道防波堤，希望能通过这种方式完全切断拉罗谢尔与海洋的联系。与此同时，在拉罗谢尔周围筑起的坚固的围墙阻止了拉罗谢尔从陆地上获得补给的任何可能。筑造防波堤这项繁重的工作持续了五个月，是一场与时间的赛跑——拉罗谢尔的胜者将由防波堤能否在英格兰舰队重新出现前完工决定。虽然筑堤者忙中有失，遭遇了许多不幸，但防波堤仍然慢慢地建成

围攻拉罗谢尔

枢机主教黎塞留指挥围攻拉罗谢尔

了。在防波堤上，法兰西军队筑起了塔楼、栅栏和炮台。到了1628年4月月底后，防波堤两端之间的空隙变得很小，可以用被结实的铁链捆在一起的船做成的漂浮炮台来封锁并且使用木栅栏来协助防守。防波堤刚刚完工，英格兰舰队就出现了。英格兰舰队虽然孤注一掷，向法兰西军队的防御工事发起了猛攻，但失败了。1628年5月18日，英格兰舰队扬帆回国，而拉罗谢尔人民则只能挨饿受困——对法兰西军队来说，胜利变成了一个时间问题。1628年10月月初，英格兰舰队虽然再次出现，但甚至不敢正面进攻法兰西军队的坚不可摧的防御工事。1628年10月28日，让·吉东因饥饿而精疲力竭，接受了已经注定的失败结果。拉罗谢尔政

让·吉东

拉罗谢尔城投降

府选择了投降，任由特权被废除和防御工事被摧毁——拉罗谢尔政府完全落入了法兰西官员手中。虽然拉罗谢尔的公民可以继续享有信仰自由的权利，但拉罗谢尔政府的所有独立职权都被剥夺了。

拉罗谢尔沦陷后，镇压法兰西南部的叛乱变得易如反掌。1629年年初，法兰西国王路易十三率军进入朗格多克和塞文山脉，不仅占领了多个城镇，而且摧毁了多个城堡。由于发现无法从西班牙获得物质援助，苏比斯公爵邦雅曼·德·罗昂和胡格诺派领导人选择了投降。签署于1629年6月的《阿莱斯和约》不仅结束了胡格诺派在法兰西王国享有的所有政治特权，而且将所有由胡格诺派管理的城镇都移交给了法兰西政府。胡格诺派的堡垒不仅被夷为平地，胡格诺派的组织也遭到了破坏。

此外，胡格诺派集会的权利也被剥夺了。然而，胡格诺教徒仍然可以继续自由地选择自己的信仰。

《阿莱斯和约》不仅标志着枢机主教黎塞留在法兰西王国的历史舞台表演的大戏的第一幕的谢幕，而且标志着他的第一个目标，即民族团结的实现。然而，民族团结不是最难实现的目标。依据《阿莱斯和约》，《南特敕令》的政策被合理贯彻和执行。承认宗教派别的合法性确保了宗教和平，而宗教派别损害国家统一的危险则被有效地消除了。承认宗教派别的合法性是一项关于民族团结，而不是民族统一的政策。枢机主教黎塞留根本不在乎让所有法兰西人都在表面上信仰同样的宗教或政治信条或穿上同样的宗教或政治服装，只要法兰西人全心全意地为法兰西国王路易十三服务，只要法兰西人的信仰自由不会成为法兰西王国的弱点。法兰西国王路易十三统治过程中的各种事件充分了证明一点，只要国家是建立在政治特权的基础上并且由政治组织保卫的，政治特权就一定会成为国家的弱点和严重的危险的根源。每当法兰西王国受到邻国——无论是西班牙还是英格兰王国——的威胁时，胡格诺派的起义都会把一场对外战争变成一场严重的国家危机。每当起义时，胡格诺派都会与法兰西王国的敌人结盟。枢机主教黎塞留为法兰西王国制定的发展计划曾两次被胡格诺派阻挠。胡格诺派不仅宁愿独立，也不愿爱国，而且会把法兰西政府的外交纠葛看作是独立的机会。如果一个强大的政治组织有意利用国家的危险谋利并且以损害国家利益为己任，那么只会出现两种结果——要么是这个政治组织镇压政府，要么是这个政治组织被政府镇压。枢机主教黎塞留召集了整个法兰西王国的军队对抗胡格诺派。枢机主教黎塞留明白，只要胡格诺派的宗教特权建立在拥有政治权利，获得政治地位，得到想要的东西，以及让自己的宗教信仰得到承认的基础上，胡格诺派就一定会成为法兰西王国的敌人。然而，攻克拉罗谢尔和《阿莱斯和约》立刻把胡格诺派从一个强大的政党变成了一个普通的宗教派别。由于没有了独立这种愿望，胡格诺派开始不再对法兰西王国构成威胁。凭借节俭、技艺和道德，胡格诺派成为建设法兰西王国的中坚力量。由于对宗教宽容感到满足和感激，在不到一代人的时间里，胡格诺派成为君主政体的最坚定的支持者。在投石党运动爆发的危险岁月里，胡格诺派从未参与投石党运动增加法兰西王室遇到的压力，而这一点有效地证明了胡格诺派对法兰西王室的感激之情。

1629年年末，枢机主教黎塞留可能会自豪地回顾自己为法兰西王国统一所做的努力。在法兰西国王路易十三的统治下，枢机主教黎塞留巩固了法兰西王国的力量，粉碎了宫廷里的敌人的阴谋，并且确立了占统治地位的意识形态。当然，枢机主教黎塞留不关心法兰西国王路易十三的感情。为了获得更多的税收，枢机主教黎塞留对财政管理部门进行了精简。靠着禁止决斗的幌子，枢机主教黎塞留制止了小范围内的决斗的危险行为。枢机主教黎塞留摧毁了法兰西王国境内，尤其是布列塔尼和法兰西王国南部的省份的许多城堡和堡垒。枢机主教黎塞留还奠定了法兰西海军的基础，取消了胡格诺派的政治特权。然而，枢机主教黎塞留要做的事还有很多。如果法兰西王国的管理权与建立、控制军队的权力仍然被掌握在领地贵族手中，那么不仅枢机主教黎塞留必须小心翼翼地行事，而且法兰西国王路易十三也必须小心翼翼地支持枢机主教黎塞留。一次成功的宫廷阴谋便可能摧毁枢机主教黎塞留取得的全部成果并且把法兰西王国拖入混乱和受掠夺的泥沼中——枢机主教黎塞留才刚刚把法兰西王国从泥沼中挽救出来。因此，为了避免这种危险的出现，枢机主教黎塞留把自己余生的精力都投入到了两项特别的国内政治事务中。这两项特别的国内政治事务分别是建立一个由法兰西国王直接控制的行政机构和组建一支专业的军队。为了组建一支专业的军队，枢机主教黎塞留做事必须深思熟虑——一方面是出于经济上的考虑，而另一方面则是他觉得有必要为贵族们提供一些军职。然而，枢机主教黎塞留一直都在剥夺贵族们的政治和行政权利。直到被卢瓦侯爵弗朗索瓦-米歇尔·勒·泰利耶接管后，法兰西军队才实现了专业化。然而，到了1635年后，法兰西王国积极、公开进行的战事准备和步兵的地位日益提升使枢机主教黎塞留得以在由法兰西国王路易十三直接组建步兵团的过程中做了很多事情。枢机主教黎塞留对任何贵族被提拔为上校都没有提出异议，对不属于贵族的人，如埃斯特尔奈侯爵亚伯拉罕·德·法贝尔和尼古拉·卡蒂纳，被任命和提拔为军官也没有提出异议。虽然多年来，贵

卢瓦侯爵弗朗索瓦－米歇尔·勒·泰利耶

尼古拉·卡蒂纳

族们一直认为，在步兵团服役会有损作为贵族的尊严，但这一偏见使幸运的法兰西政府更容易和直接地控制着军队的重要部门。

　　发生于1630年的一件惊险的事表明，由于宫廷阴谋可能取得成功，以及生病的国王可能会去世，新的政体始终处于危险中。在法兰西军队从意大利返回巴黎途中，法兰西国王路易十三突然得了痢疾。一连好几天，法兰西国王路易十三都徘徊在生死线上。1630年9月22日，枢机主教黎塞留的希望破灭了。奥尔良公爵加斯东急忙赶去巴黎以确保宫廷的秩序，而奥地利的安妮和玛丽·德·美第奇则下达了逮捕枢机主教黎塞留的命令。眼看着毕生的辛劳即将化为泡影，枢机主教黎塞留准备逃之天夭。然而，法兰西国王路易十三的身体素质比历史学家想象的要强壮得多。法兰西国王路易十三不仅战胜了疾病，而且战胜了医生。法兰西国王路易十三虽然曾在一周内失血七次，但仍然保持着足够的力量恢复元气。虽然枢机主教黎塞留暂时又安全了，但他的敌人们不得不改变计划。奥地利的安妮和玛丽·德·美第奇下定决心，策划了一场针对枢机主教黎塞留的阴谋。这场阴谋的参与者包括博蒙勒罗歇伯爵让-路易·德·马里亚克、弗朗索瓦·德·巴松皮埃尔和奥尔良公爵加斯东等

博蒙勒罗歇伯爵让－路易·德·马里亚克

弗朗索瓦·德·巴松皮埃尔

人。1630年11月11日，当着法兰西国王路易十三的面，玛丽·德·美第奇把枢机主教黎塞留的一个侄女骂得狗血喷头。随后，"暴风雨"又袭击了刚刚进门的枢机主教黎塞留。玛丽·德·美第奇指控枢机主教黎塞留叛国和背信弃义。玛丽·德·美第奇不仅要求法兰西国王路易十三立即将枢机主教黎塞留撤职，而且要求法兰西国王路易十三在枢机主教黎塞留和她之间做出选择。因此，法兰西国王路易十三思考了好几个小时。最终，法兰西国王路易十三签署了一项命令，将军队的指挥权授予了博蒙勒罗歇伯爵让-路易·德·马里亚克。所有大臣都认为，枢机主教黎塞留的统治结束了。为了摆脱新的纠缠，心力交瘁的法兰西匡王路易十三返回了凡尔赛的狩猎行宫。然而，摆脱了大臣们的压力后，法兰西国王路易十三又拾起了自己的理智和爱国主义。法兰西国王路易十三决心支持枢机主教黎塞留，甚至不惜反对奥地利的安妮和玛丽·德·美第奇。法兰西国王路易十三私下请枢机主教黎塞留去凡尔赛宫会晤，并且把自己完全交到了枢机主教黎塞留手中。因此，愤怒的枢机主教黎塞留开始报仇雪恨：奥尔良公爵加斯东逃去了洛林；玛丽·德·美第奇逃去了布鲁塞尔的西班牙人处；博蒙勒罗歇伯爵让-路易·德·马里亚克被处决；博蒙勒罗歇伯爵让-路易·德·马里亚克的哥哥米歇尔·德·马里

米歇尔·德·马里亚克

亚克、埃尔伯夫公爵夫人卡特琳·亨丽埃特·德·波旁和让-巴普蒂斯特·德·奥尔纳诺被流放；弗朗索瓦·德·巴松皮埃尔被监禁。与此同时，奥地利的安妮的宫人全被换成了枢机主教黎塞留安排的人。

然而，流放非但没有平息风波，反倒增强了流放者对征服者的仇恨。奥尔良公爵加斯东娶了洛林公爵查理四世的妹妹洛林的玛格丽特，而法兰西国王路易十三根本不承认这桩违背了自己的意愿的婚姻。1632

洛林的玛格丽特

年，奥尔良公爵加斯东组织了一场针对枢机主教黎塞留的新阴谋。为了毁灭敌人，奥尔良公爵加斯东毫不犹豫地与法兰西王国的敌人结了盟。洛林和西班牙的联合军队准备入侵法兰西王国东北部地区，而朗格多克总督蒙莫朗西公爵亨利二世则在法兰西王国南部起兵。然而，枢机主教黎塞留仍然逢凶化吉。在莱茵河，瑞典军队击败了西班牙军队。因此，实际上，西班牙军队甚至没有到达法兰西王国的边境。被入侵的是洛林，而不是法兰西王国——法兰西国王路易十三亲自率领两万五千名士兵迅速占领了洛林，并且将洛林永久置于法兰西王国的管辖之下。然

蒙莫朗西公爵亨利二世

而，直到一个世纪后，洛林才被正式并入法兰西王国。法兰西国王路易十三入侵洛林时，奥尔良公爵加斯东率领着几千名骑兵，艰难行进到朗格多克并且成功与蒙莫朗西公爵亨利二世会合。虽然奥尔良公爵加斯东号召法兰西人民反抗枢机主教黎塞留，但没有人附和他。法兰西人民已经开始意识到，枢机主教黎塞留领导的政府虽然会做出一些残忍的行为，但和贵族政府相比，要公正和宽容得多。在朗格多克，通过自己的声望和地主的支持，蒙莫朗西公爵亨利二世成功地集结起了一支小规模军队。然而，由于无力对抗南特伊伯爵亨利·德·朔姆贝格和法兰西军

南特伊伯爵亨利·德·朔姆贝格

队，蒙莫朗西公爵亨利二世麾下的士兵拒绝接受调动。1632年9月1日，在卡斯泰尔诺达里战役中，蒙莫朗西公爵亨利二世战败并且被俘。1632年10月30日，在断头台上，作为法兰西王国最显赫的领地贵族的最后一位代表，蒙莫朗西公爵亨利二世向君主专制低下了头。

枢机主教黎塞留的无情裁决引起了新一轮的制裁，大大削弱了朗格多克的军事力量。在朗格多克，地主被驱散，许多贵族和上层阶级都

战斗中的蒙莫朗西公爵亨利二世

被处决或被送进监狱，五名主教被废黜，大量城堡和要塞都被摧毁。然而，这些苦难的始作俑者奥尔良公爵加斯东独自逃走了。由于身世和背叛过朋友的行为，奥尔良公爵加斯东只能逃去布鲁塞尔避难。在布鲁塞尔，奥尔良公爵加斯东、玛丽·德·美第奇和西班牙人一起重新策划了针对法兰西王国和枢机主教黎塞留的阴谋。然而，枢机主教黎塞留不仅觉得自己完全是贵族和国家的主人，而且认为，与国内的对领袖的公愤相比，奥尔良公爵加斯东这个敌人更加危险。法兰西国王路易十三答应给奥尔良公爵加斯东及其朋友一些礼物，而这使奥尔良公爵加斯东背叛了玛丽·德·美第奇和西班牙。1634年10月，奥尔良公爵加斯东离开玛丽·德·美第奇，正式与法兰西国王路易十三和枢机主教黎塞留达成和解，并且回到了自己的布卢瓦城堡开始隐居。由于玛丽·德·美第奇正在伦敦避难，枢机主教黎塞留暂时不用担心叛乱和宫廷阴谋，并且因此

布卢瓦城堡

可以将全部注意力都放在法兰西王国的扩张事业上。1635年，枢机主教黎塞留宣布法兰西王国将参加三十年战争。

1642年，在去世前几个月，枢机主教黎塞留又粉碎了一场针对自己的宫廷阴谋。然而，这场宫廷阴谋更多的是源于个人野心，而不是政治竞争。由于难以忍受枢机主教黎塞留的严厉、专横和暴躁，埃菲亚侯爵安托万·夸菲耶·德·吕泽·德·埃菲亚的儿子桑马尔斯侯爵亨利·夸菲耶·德·吕泽利用自己与法兰西国王路易十三的亲密关系，试图通过左右法兰西国王路易十三的思想来对抗枢机主教黎塞留。当时的人们普

埃菲亚侯爵安托万·夸菲耶·德·吕泽·德·埃菲亚

桑马尔斯侯爵亨利·夸菲耶·德·吕泽

遍认为，枢机主教黎塞留必死无疑。实际上，老谋深算的奥尔良公爵加斯东和色当的封建领主蒂雷纳子爵亨利·德·拉·图尔·德·奥韦涅也支持了这场宫廷阴谋。然而，由于枢机主教黎塞留建立了一套堪称完美的间谍制度，这场宫廷阴谋不可能神不知鬼不觉。然而，枢机主教黎塞留和法兰西国王路易十三都没有立即阻止这场宫廷阴谋，而是选择收集证据以证明桑马尔斯侯爵亨利·夸菲耶·德·吕泽确实与西班牙人进行着秘密通信。随后，和以往一样，枢机主教黎塞留和法兰西国王路易十三狠狠地进行了反击：蒂雷纳子爵亨利·德·拉·图尔·德·奥韦涅被迫向法兰西王国投降；桑马尔斯侯爵亨利·夸菲耶·德·吕泽和自己的朋友弗朗索瓦-奥古斯特·德·图死在了断头台上。实际上，弗朗索瓦-奥古斯特·德·图是一长串死者名单上的最后一个——死者包括五位公爵、四位伯爵和一位法兰西元帅。在建设法兰西王国的过程中，无情的枢机主教黎塞留将阻碍自己的人一一清扫出局。

人们虽然很容易把目光集中在枢机主教黎塞留与贵族们的战争造成的破坏方面，但应当记住，在枢机主教黎塞留看来，这种破坏是他工作中最不重要的部分。处决叛徒、奸臣和驱逐阴谋者是剥夺他们的政治权利的必要步骤，而不是快意恩仇。无论是胡格诺派还是贵族们，枢机主教黎塞留并不想根除他们，而只是想让他们无力作恶。然而，只要享有与生俱来的政治权利，即个人特权和领土所有权，贵族们就一定会长期拒绝遵从新制度。总是看重个人利益而非国家利益是很危险的行为。一旦被剥夺了领土所有权，曾经统治各地、与国王为敌的贵族们自然就会成为国王最重要的仆人和渴望为国家服务。由于枢机主教黎塞留领导的政府的中央集权工作都在稳步推行，一个强大的政府结构逐渐被建立了起来，而那些流产的阴谋和对阴谋者的处决则让那些自知自己的权利正在逐渐被剥夺的人感到十分痛苦。由于憎恨枢机主教黎塞留建立的制度，被剥夺了权利的人无疑会强烈反对、憎恨建立制度的枢机主教黎塞留。旺多姆公爵塞萨尔·德·波旁和蒙莫朗西公爵亨利二世的阴谋和叛乱被粉碎和平定后，封建城堡被摧毁了，一支专业的军队发展起来了，各级行政官员取代了布列塔尼和朗格多克的领地贵族的地位，法兰西国王路易十三也可以直接派自己的官员去管理原本由胡格诺派控制的城镇。此外，《阿莱斯和约》签署后，法兰西国王路易十三征服并且接管了洛林和色当。上述所有这些事都是为了削弱贵族们的政治权利而迈出的步伐。终于，1637年，枢机主教黎塞留领导的政府受到了最大的打击——旺多姆公爵塞萨尔·德·波旁、第四代吉斯公爵夏尔·德·洛林和谢夫勒斯公爵夫人玛丽·德·罗昂开始分头报复他。

枢机主教朱尔·马萨林与枢机主教黎塞留完全不同，是个卑鄙小人。枢机主教黎塞留是一个有独创性的天才，不仅为自己在世界上获得了地位，而且是自己的声誉的建筑师。枢机主教朱尔·马萨林如果没有枢机主教黎塞留作为领路人，那么永远都不会从普通人中脱颖而出。枢机主教朱尔·马萨林的工作是继承、维持和发展枢机主教黎塞留建立的事业。枢机主教朱尔·马萨林态度温和、谈吐文雅、处事圆滑、体贴周到，并且在和别人谈话时恭敬又不失谄媚。枢机主教朱尔·马萨林不是靠征服和恐吓战胜对手，而是靠口才说服对手。枢机主教朱尔·马萨林的强项是管理，而不是采取强硬行动。枢机主教朱尔·马萨林的武器是外交手段，而不是断头台和利剑。实际上，枢机主教朱尔·马萨林是个不折不扣的伪装大师，像猫一样蹑手蹑脚地走完了一生。虽然从外表看，枢机主教朱尔·马萨林是天真的，但实际上，他天真的外表下隐藏着蛇心和毒爪。开朗的法兰西人和诚实的英格兰人都讨厌枢机主教朱尔·马萨林。虽然朱尔·马萨林不会因贪婪而变得丑陋，但他的性格绝不会合法兰西人和英格兰人的胃口。枢机主教朱尔·马萨林是个纯粹的意大利人，拥有温顺的性格，喜欢收藏珍奇书籍和雕塑，爱耍小聪明，举止优雅，贪婪吝啬，华而不实。因此，法兰西王国的贵族们和大部分法兰西人都把枢机主教朱尔·马萨林看作一个外国人。枢机主教朱尔·马萨林用不值钱的艺术品让自己成为愚蠢的奥地利的安妮的主人。枢机主教朱尔·马萨林像水蛭一样黏在法兰西王国身上，贪婪地吸食着法兰西王国的血液。法兰西人民对枢机主教朱尔·马萨林的仇恨无与伦比。无论是三十年战争的胜利和《威斯特伐利亚和约》的签署，还是罗克鲁瓦战役的胜利这令人陶醉的荣耀光环，都不能使枢机主教朱尔·马萨林免遭各方人士异口同声的口诛笔伐。讨伐枢机主教朱尔·马萨林的浪潮是自私而愚蠢的具有扭曲的爱国主义特征的投石党运动引起的，而对枢机主教朱尔·马萨林的仇恨则是投石党运动爆发的主要诱因。

桑马尔斯侯爵亨利·夸菲耶·德·吕泽和
弗朗索瓦－奥古斯特·德·图被押赴刑场

桑马尔斯侯爵亨利·夸菲耶·德·吕泽和
弗朗索瓦－奥古斯特·德·图的行刑现场

自1614年开始，即三级会议解散后，在政治方面，巴黎高等法院的重要性与日俱增。在西班牙和英格兰王国，反抗王室的叛乱取得了成功，而这无疑会激发巴黎高等法院成员对自由的渴望。颁布于1648年1月的一项对所有进入巴黎的商品强征货物入市税的法令给了巴黎高等法院成员扮演维护宪法的角色的机会。巴黎高等法院拒绝为强征货物入市税的法令登记和注册。因此，王室将年幼的法兰西国王路易十四带上了法庭——强征货物入市税的法令获得了御临法院的登记和注册，开始生效。然而，试图靠一个九岁男孩的干预来解决一个严肃的法律问题是非常荒谬的行为。1648年1月16日，巴黎高等法院庄严宣布，获得御临法院的登记和注册的法令是非法、无效的。巴黎高等法院虽然就相关具体问题与王室达成了一个折中的办法，但没有放弃自己的政治主张，而是任命了一个由三个阶层的代表组成的委员会以考虑国家的改革问题。1648年6月29日，这个被称为圣路易议会的委员会提出了一项法案，要求对地方行政官进行压制，将人头税减少四分之一，根据政府的命令逮捕的每一个人都应在逮捕结束后二十四小时内被送交地方法官审理，以及巴黎高等法院有权控制税收。实际上，这项法案是宪法改革的萌芽。这项法案如果能被落实，那么或许能在不严重损害王室权威的情况下，把法兰西王国从专制主义的罪恶的深渊中拯救出来。如果法兰西王国能建立财政管理和人身保护制度，那么即使是一个像巴黎高等法院一样的不具有代表性的机构得到授权也不仅会使法兰西王国免于18世纪的崩溃，即阻止法国大革命的爆发，而且可能会开启真正的宪政生活。然而，事实没有像我们期待的那样发展。枢机主教朱尔·马萨林虽然似乎已经向圣路易议会的法案屈服了，并且依据要求颁布了一些法令，但实际上，只是在等待着机会。孔代亲王路易二世·德·波旁在朗斯获胜的消息似乎正是枢机主教朱尔·马萨林想要的机会。在巴黎圣母院的为胜利而唱的感恩赞美诗的掩护下，枢机主教朱尔·马萨林下令逮捕了鼓动人们反对宫

朗斯战役

廷的皮埃尔·布鲁塞勒。民众得知皮埃尔·布鲁塞勒被捕后，整个巴黎都陷入了无法控制的激愤中。在愤怒中，被人们长期压制着的对枢机主教朱尔·马萨林的仇恨爆发了出来。巴黎市民设置路障，手持器械，而在愤怒而热情的市民的陪同下，巴黎高等法院成员列队行进并且要求释放皮埃尔·布鲁塞勒。法兰西王室不得不再次让步——皮埃尔·布鲁塞勒获得了自由。然而，和以前一样，枢机主教朱尔·马萨林让步的目的只是为了让最后的反击能更有效。很快，《威斯特伐利亚和约》不仅会让一支纪律严明的军队听命于枢机主教朱尔·马萨林，而且会把巴黎政府变得坚不可摧。虽然巴黎政府可以随心所欲地行使权力，但由于一位政客犯下了天大的错误，巴黎政府主宰法兰西王国的命运的日子已经一去不复返了。1648年9月13日，为了摆脱持续不断的骚乱的危险，法兰西

皮埃尔·布鲁塞勒被捕

巴黎大主教让－弗朗索瓦·德·贡迪

王室撤去了鲁埃尔，导致巴黎一片哗然。除了头衔，肆无忌惮的巴黎大主教让-弗朗索瓦·德·贡迪没有任何宗教信仰。在巴黎大主教让-弗朗索瓦·德·贡迪的劝说下，当时的军事英雄孔代亲王路易二世·德·波旁宣布支持巴黎高等法院。法兰西王室不得不再次按照枢机主教朱尔·马萨林的政策施行缓兵之计。1648年10月24日，返回巴黎的法兰西王室颁布了一项法令，宣布接受并且执行圣路易议会的全部要求。

这场斗争主要是围绕宪法的方方面面展开的。在巴黎市民的帮助下，利用枢机主教朱尔·马萨林被口诛笔伐的机会，以自行控制财政和为所有法兰西人民争取安全为由，巴黎高等法院试图控制不负责任和任性妄为的枢机主教朱尔·马萨林。人们隐约感觉，法兰西王国的宪法的修改与他们的利益背道而驰。一方面，人们必须承认，王权至高无上，而王权不仅主要是通过独立的地方统治者来行使的，而且在本质上是受制于最高统治者手下的不同官僚制定的必须被遵循的种种规则。另一方面，人们要承认，有些王权可以下放。法兰西国王路易十四年幼时，枢机主教朱尔·马萨林建立官僚机构，而人们则必须服从枢机主教朱尔·马萨林的统治。法兰西王国的各个阶层几乎都没有感觉到专制统治的压力。人们承认和服从法兰西国王亨利四世的意志，而法兰西国王亨利三世则几乎不会要求人们这样做。然而，人们必须对枢机主教黎塞留的继任者，即枢机主教朱尔·马萨林表示绝对的崇敬时，情况就变得截然不同了。枢机主教黎塞留掌权时的法兰西国王路易十三似乎是一个懒散的人，而枢机主教朱尔·马萨林掌权时的法兰西国王路易十四只是个男孩。对枢机主教朱尔·马萨林不负责任的行为的反抗是地方当局与中央集权之间的宿怨的一种表现。所有地方当局，无论是市长、领地贵族还是巴黎高等法院，都曾在枢机主教黎塞留的集权统治下备尝苦楚。由于地方权力大多已被斩草除根，法兰西王国正在变成一块白板，而这块白板上面只画着国王的手——说得更糟一点，只画着首相的手。因此，与王权斗争时，巴黎高等法院觉得自己的背后不仅有大城市的动荡不安和职业煽动者的傲慢情绪，而且有巨大的舆论压力，法兰西王国的根深蒂固的传统，以及一个不断发展的国家的政治本能。英格兰王国的例子足以说明，国家如果能通过任何国家机器有效地抑制王室享有的任意征税的权力和政府享有的任意监禁的权力，那么会播下一粒自由之树的种子。1648年10月，人们费尽心力与法兰西国王路易十四签署了《改革宪章》。《改革宪章》的四个要点中的两个要点，即减少人头税和废除总督制度，只是为了缓和当时特有的种种不满情绪，而另外两个要点，即控制税收和建立人身保护制度，则阐述了未来政府的施政原则。如果《改革宪章》中提出的未来政府的施政原则能得到落实，那么毫无疑问，法兰西王国的历史将被改写。

不幸的是，由于是一个由没有代表性、立法权力、政治权利、上诉传统和可依靠的军事力量的地方法官组成的封闭式机构，巴黎高等法院完全不适合领导宪法斗争。巴黎高等法院以国家利益的捍卫者的身份站出来反对法兰西国王路易十四是荒唐至极的行为——当时，法兰西国王路易十四已经成为欧洲政坛的领袖。巴黎高等法院的支持者，即广大巴黎市民更不适合站出来反对法兰西国王路易十四。渴望特权又担心钱袋子的吝啬的资产阶级，在街道上陶醉于自身重要性的普通民众，一小群像巴黎大主教让-弗朗索瓦·德·贡迪一样兴致勃勃的煽动者，以及一大群像旺多姆公爵塞萨尔·德·波旁一样自私的贵族和像隆格维尔公爵夫人安妮-热纳维耶芙·德·波旁-孔代一样轻浮的妇女，简直一半是

隆格维尔公爵夫人安妮－热纳维耶芙·德·波旁－孔代

傻瓜，一半是无赖，都不是能成功进行宪政革命的料。因此，投石党运动开始不断恶化，而巴黎高等法院的立宪主义者、街上的平民和拥有王室血统的王公贵族对枢机主教朱尔·马萨林的共同仇恨则是投石党运动恶化的诱因。为了获得必要的支持以对抗法兰西国王路易十四，巴黎高等法院必须依靠巴黎市民并且吸引贵族。为了恢复过去的政治影响力和驱逐令人憎恨的枢机主教朱尔·马萨林，贵族们急切地加入了投石党运动。然而，贵族们毫不在乎巴黎高等法院——在内心深处，贵族们憎恨又害怕长袍贵族及其宪政野心，希望回到过去的无政府状态和可以公然抢夺的时代，厌恶宪法改革。从贵族们选择引领投石党运动的那一刻起，投石党运动就失去了立宪性质，成为贵族和王权之间的争斗长剧中

投石党运动中发生在巴士底狱的战斗

最后和最卑鄙的一幕。投石党运动最直接和明确的目标不是改善被蹂躏的人民的处境，而是推翻不受欢迎的枢机主教朱尔·马萨林。

投石党运动的目标表明，投石党运动不能带来任何改变，只能成为人们茶余饭后的谈资。看到法兰西王室的软弱无能后，贵族们一拥而上，想把领导权从巴黎高等法院和巴黎大主教让-弗朗索瓦·德·贡迪手中夺走。孔蒂亲王阿尔芒·德·波旁、蒂雷纳子爵亨利·德·拉·图尔·德·奥韦涅、"市井国王"旺多姆公爵塞萨尔·德·波旁和隆

孔蒂亲王阿尔芒·德·波旁

格维尔公爵亨利二世·德·奥尔良都直奔巴黎。在隆格维尔公爵亨利二世·德·奥尔良的教唆下，即使是清廉的爱国者蒂雷纳子爵亨利·德·拉·图尔·德·奥韦涅，也开始拔剑对抗法兰西王室。然而，枢机主教朱尔·马萨林还是成功地笼络了孔代亲王路易二世·德·波旁。1649年1月6日，法兰西王室秘密逃去了圣日耳曼并且任命孔代亲王路易二世·德·波旁为法兰西军队指挥官，准备通过公开的战争使巴黎高等法院恢复理智。然而，1649年4月1日，由于害怕发生大的变故，在马蒂厄·莫莱的调停下，巴黎高等法院和法兰西王室签署了《鲁埃尔和

隆格维尔公爵亨利二世·德·奥尔良

马蒂厄·莫莱与叛乱分子的谈判

约》。马蒂厄·莫莱是一个正直的巴黎高等法院的分院院长。因此，在接下来的近一年时间里，巴黎恢复了宁静。然而，《鲁埃尔和约》带来的只是名义上的和平——阴谋、诽谤和骚乱仍然没有消失。孔代亲王路易二世·德·波旁居功自傲、野心勃勃，导致每个人都对他深恶痛绝。1650年1月18日，失去耐心的枢机主教朱尔·马萨林突然将孔代亲王路易二世·德·波旁、孔蒂亲王阿尔芒·德·波旁和隆格维尔公爵亨利二世·德·奥尔良投入了监狱。枢机主教朱尔·马萨林的行为不仅让法兰西人大吃一惊，而且是一个严重的错误。因禁孔代亲王路易二世·德·波旁等人的做法使枢机主教朱尔·马萨林的敌人得到了自己最想要的东西，即发起叛乱的理由。温和派非常厌恶枢机主教朱尔·马萨林的独断专行。人们普遍认为，如果枢机主教朱尔·马萨林继续担任国家首相，那么法兰西王国将永远得不到和平。诺曼底、吉耶纳和勃艮第等地纷纷宣布反对法兰西王室，投石党运动再次爆发。投石党运动的明确的新目标是释放孔代亲王路易二世·德·波旁等人和驱逐枢机主教朱尔·马萨林。和其他许多反对王权的起义一样，投石党运动表面上采取了一种起义的形式，实际上是为了通过驱逐一个邪恶无能的首相来捍卫王室的真正利益。诺曼底和勃艮第的叛乱被毫不费力地镇压了。在奥地利的安妮和年轻法兰西国王路易十四御驾亲征并且夺取了波尔多后，吉耶纳的叛乱也被平息了。然而，战火仍然在继续蔓延——不仅巴黎公开宣布反对法兰西王室，而且奥尔良公爵加斯东也加入了投石党运动。蒂

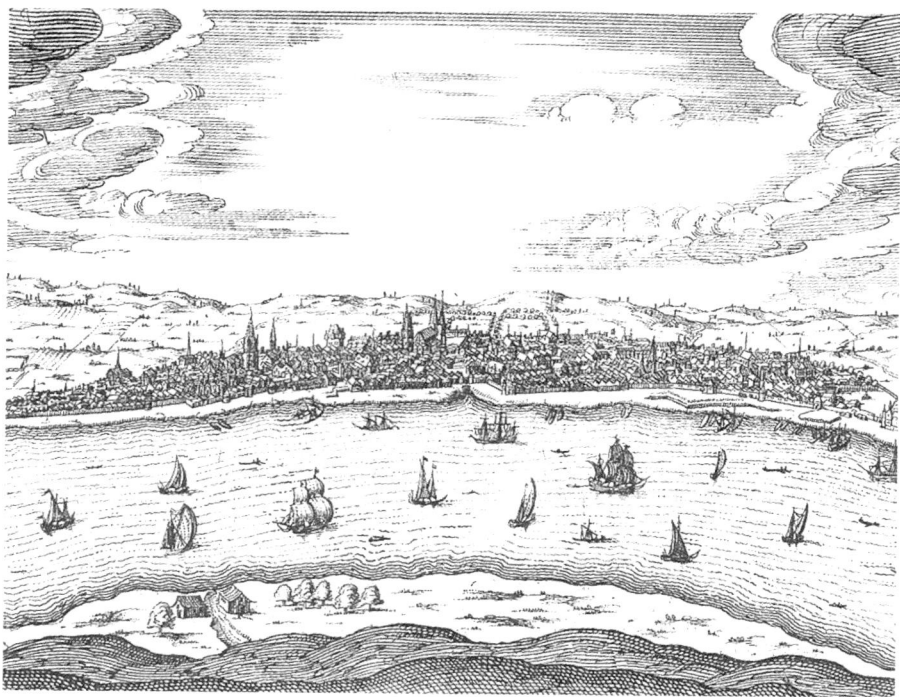

17 世纪的波尔多

舒瓦瑟尔公爵塞萨尔

雷纳子爵亨利·德·拉·图尔·德·奥韦涅虽然率领一支西班牙军队入侵了法兰西王国，但在1650年12月17日于勒泰勒附近被舒瓦瑟尔公爵塞萨尔击败。然而，一向胆小的枢机主教朱尔·马萨林决心屈服。1651年1月，下令释放孔代亲王路易二世·德·波旁等人后，枢机主教朱尔·马萨林秘密地离开法兰西王国，去了布吕尔。在布吕尔，枢机主教朱尔·马萨林仍然通过与奥地利的安妮、于格·德·利奥纳、米歇尔·勒泰利耶和阿贝尔·塞尔维安的书信往来参与着政事。得知枢机主教朱尔·马萨林隐退后，投石党人欣喜若狂，巴黎高等法院颁布了放逐令，卖掉了枢机主教朱尔·马萨林的藏书和艺术品。1651年2月，孔代亲王路易二世·德·波旁等人从监狱归来时，巴黎高等法院以迎接王室成员的方式迎接了他们。然而，相比枢机主教朱尔·马萨林，贪婪、暴躁的孔代亲王路易二世·德·波旁更难以忍受投石党运动的领导人。奥地利的安妮通过一些手段离间了投石党人和孔代亲王路易二世·德·波旁，并且迫使孔代亲王路易二世·德·波旁公开反抗刚刚宣布成年的法兰西国王路易十四。

显然，投石党运动已经成为法兰西贵族和法兰西国王路易十四之间的斗争。在内穆尔公爵夏尔-阿梅代·德·萨瓦、拉罗什富科公爵弗朗索瓦六世、第三代图阿尔公爵亨利·德·拉·特雷穆瓦耶和其他贵族的支持下，孔代亲王路易二世·德·波旁起兵发动了叛乱。奥地利的安妮

内穆尔公爵夏尔－阿梅代·德·萨瓦

拉罗什富科公爵弗朗索瓦六世

和法兰西国王路易十四派出了三路军队。蒂雷纳子爵亨利·德·拉·图尔·德·奥韦涅重新开始效忠于法兰西国王路易十四。1652年2月28日，枢机主教朱尔·马萨林结束自我流放，返回了普瓦捷。在长达八个月的内战中，法兰西王国任由自己的军队摆布，而外国的敌人则利用法兰西王国的苦难开始向法兰西王国东北部挺进。枢机主教黎塞留和枢机主教朱尔·马萨林以牺牲神圣罗马帝国为代价执行了残酷的政策，而这种残酷的政策即将开始反噬法兰西王国。然而，一旦各方明确立场，即孔代亲王路易二世·德·波旁和贵族一派对抗枢机主教朱尔·马萨林和保皇派，人们就会看到，虽然巴黎叛军将与枢机主教朱尔·马萨林斗争到底，但法兰西军队不会与法兰西国王路易十四斗争。因此，在法兰西王国，孔代亲王路易二世·德·波旁无法找到足够的支持。1652年4月，在布莱诺附近，孔代亲王路易二世·德·波旁被蒂雷纳子爵亨利·德·拉·图尔·德·奥韦涅卓越的军事天才所折服。1652年7月，在圣安托万城郊，孔代亲王路易二世·德·波旁再次被击败。如果没有奥尔良公爵加斯东的女儿蒙庞西耶女公爵安妮·玛丽·路易丝·德·奥尔良说服巴黎市民允许孔代亲王路易二世·德·波旁及其残部入城，那么孔代亲王路易二世·德·波旁肯定会一败涂地。然而，巴黎叛军对孔代亲王路易二世·德·波旁没有好感。巴黎叛军对枢机主教朱尔·马萨

蒙庞西耶女公爵安妮·玛丽·路易丝·德·奥尔良

林怀有一种永恒的仇恨，对自身的重要性信心十足。孔代亲王路易二世·德·波旁战败后，巴黎叛军成为法兰西王国境内的反对枢机主教朱尔·马萨林的唯一力量。1652年8月，由于发现自己是和平的唯一障碍，枢机主教朱尔·马萨林通过自愿隐退去色当在巴黎人民和法兰西国王路易十四之间重新搭建了一座忠诚的桥梁。巴黎人民急切地想枢机主教朱尔·马萨林隐退和与法兰西国王路易十四和解。由于发现自己被周围的人抛弃了，孔代亲王路易二世·德·波旁公开加入法兰西王国的敌人的行列并且带领西班牙军队与法兰西王国进行了一场长达八年的战争。1652年10月21日，法兰西国王路易十四率军返回巴黎，而投石党运动则宣告结束。从投石党运动结束到法国大革命爆发，在法兰西王国的各种势力中，王权始终具有压倒性的优势。在掌握一切的王权面前，无论是宪政还是特权，无论是地方意见还是合法权利，都显得苍白无力。法兰西国王路易十四率军返回巴黎后，投石党运动的领导人都遭到了流放，许多投石党运动的支持者被以各种借口处死，没有人敢承认自己参与过投石党运动，巴黎高等法院被禁止直接或间接处理国家事务——到了一个世纪后，巴黎高等法院变成了王室法令的登记注册处。此外，由于被剥夺了一切政治权利，贵族们失去了原本巨大的影响力，情愿为辉煌的宫廷服务以换取在半独立封地上的岌岌可危的尊严。

　　法兰西王室的胜利木已成舟时，枢机主教朱尔·马萨林再次复出并且开始掌权。在生命和掌权的最后九年里，枢机主教朱尔·马萨林一直在全力修复投石党运动对自己的私人财产和公共政策造成的伤害和对付西班牙人。1659年11月7日，在英格兰王国的帮助下，法兰西王国和西班牙签署了《比利牛斯条约》，结束了战争。在国内事务中，除了积累财富，枢机主教朱尔·马萨林几乎不怎么关心其他事。后来的财政大臣让-巴普蒂斯特·科尔贝从枢机主教朱尔·马萨林那里学到了金融管理方面的第一课。枢机主教朱尔·马萨林一点也不像枢机主教黎塞留那样热爱伟大的法兰西王国，对法兰西王国的艺术、文学和科学毫无贡献，甚至不关心人民的福祉。枢机主教朱尔·马萨林的财政管理腐败到了极点——卖官、财政赤字、侵吞国家财产等恶劣事件层出不穷。实际上，如果后来的法兰西王国没有得到让-巴普蒂斯特·科尔贝这位最优秀的财政大臣，那么历史学家不会轻易忽略一个事实，即1661年3月，去世时的枢机主教朱尔·马萨林留给法兰西国王路易十四的除了国内的绝对权力和欧洲的领导地位，还有一个充斥着压迫和腐败的政府。实际上，如果这个充斥着压迫和腐败的政府再存续几年，那么法兰西王国几乎注定会陷入无可挽回的毁灭中。

第 8 章

北欧国家签署《奥利瓦条约》

欧洲列强争夺莱茵河和比利牛斯山脉时，北欧的几个小国却在争夺波罗的海的控制权。在这场争夺波罗的海的控制权的斗争中，丹麦扮演了和神圣罗马帝国一样的角色，即软弱的合法权利拥有者，而瑞典则像另一个法兰西王国，国家统一，日益强大。瑞典的地理位置促使瑞典要求一种自由，而这种自由必然意味着领导权。1632年在吕岑倒下时，瑞典国王古斯塔夫二世·阿道夫早已成功赢得了波罗的海的控制权和神圣罗马帝国的领土上的立足点。然而，英年早逝的瑞典国王古斯塔夫二世·阿道夫没有时间以自己的政治才能巩固战果，只能将这个任务留给了他的朋友和知己，即索德摩伯爵阿克塞尔·古斯塔夫松·奥克森谢尔纳·阿夫·索德摩。瑞典国王古斯塔夫二世·阿道夫战死时，他的女儿兼继任者，即后来的瑞典女王克里斯蒂娜，还不满六岁。实际上，索德摩伯爵阿克塞尔·古斯塔夫松·奥克森谢尔纳·阿夫·索德摩很适合巩固瑞典国王古斯塔夫二世·阿道夫的战果。索德摩伯爵阿克塞尔·古斯塔夫松·奥克森谢尔纳·阿夫·索德摩谨小慎微、从容不迫、冷酷无情，能完全控制自己的情绪，是一个思想坚定、坚持原则的人，虽然不会感情用事，但百折不挠。索德摩伯爵阿克塞尔·古斯塔夫松·奥克森谢尔纳·阿夫·索德摩只体会过两次彻夜难眠的滋味——一次是在吕岑战役后，而另一次则是在讷德林根战役后。索德摩伯爵阿克塞尔·古斯

瓦萨王朝的盾形徽章

塔夫松·奥克森谢尔纳·阿夫·索德摩把自己的全部都献给了瓦萨王朝和瑞典国王古斯塔夫二世·阿道夫，至死都在拥护瑞典国王古斯塔夫二世·阿道夫的政策。正如人们看到的，在三十年战争中，索德摩伯爵阿克塞尔·古斯塔夫松·奥克森谢尔纳·阿夫·索德摩是和平最强硬的敌人。对索德摩伯爵阿克塞尔·古斯塔夫松·奥克森谢尔纳·阿夫·索德摩来说，神圣罗马帝国的苦难，法兰西王国的危险野心，甚至瑞典的衰败，都微不足道，根本不能与瑞典国王古斯塔夫二世·阿道夫声称的要承担的责任相比。然而，为了防止索德摩伯爵阿克塞尔·古斯塔夫松·奥克森谢尔纳·阿夫·索德摩为了维护这份责任而毁掉瑞典，年轻的瑞典女王克里斯蒂娜必须亲自承担这份责任。在瑞典，索德摩伯爵阿克塞尔·古斯塔夫松·奥克森谢尔纳·阿夫·索德摩的主要工作是建立王室与上流贵族的永久联盟以抗衡世袭贵族和神职人员——这也是瑞典国王古斯塔夫二世·阿道夫的目标。

依据1634年的政府组织形式，在索德摩伯爵阿克塞尔·古斯塔夫松·奥克森谢尔纳·阿夫·索德摩的主持下，瑞典制定了第一部现代成文宪法。在《奥格斯堡信纲》的框架下，新的瑞典宪法要求瑞典国王及其所有臣民信仰路德教。瑞典女王克里斯蒂娜将掌管政府并且从贵族中挑选出二十位议员组成参议院和出谋划策，还会增加五名官守议员作为高级官员。官守议员包括管家、元帅、司库、摄政王和舰队司令。匡王患病或未成年时，一切事务都会由官守议员决定。然而，官守议员必须遵守一条法律，即在国王能力不足时通过的所有法律、特权和对王室土地的让渡都必须被国王在日后重新批准确认。虽然其他不太重要的瑞典宪法条文规范了司法和行政事务，但所有条文都确保了贵族和官员阶级至高无上的权力，而这直接导致了在近五十年的时间里，瑞典的主要事务都被交给了一个官方贵族组成的狭隘的贵族集团。瑞典女王克里斯蒂

签署并宣读《奥格斯堡信纲》

娜年幼时，五位官守议员中的三位是索德摩伯爵阿克塞尔·古斯塔夫松·奥克森谢尔纳·阿夫·索德摩的家族成员。摄政政策是为了贵族的利益而制定的。在后来的对神圣罗马帝国的战争中，瑞典贵族获利颇丰。瑞典贵族担任军队的高级指挥官，并且因此得到了通过掠夺来积累财富的机会。在瑞典，瑞典贵族同样从瑞典王室手中获利良多。通过从政府手中购买或获赠大片王室土地，瑞典贵族成为领主，而瑞典政府的这种做法的目的或是确保瑞典贵族的忠诚，或是缓解政府的压力。贵族之蜜糖，农民之砒霜。人们很快发现，这位宫廷贵族、成功的将军索德摩伯爵阿克塞尔·古斯塔夫松·奥克森谢尔纳·阿夫·索德摩比去世的瑞典国王古斯塔夫二世·阿道夫更难伺候。对瑞典来说，长期的战争不仅提高了税收，抑制了制造业的增长，榨干了农民的血汗，而且培养了一群强盗士兵。这些士兵道德败坏，不愿勤劳地工作。如果战争再持续几年，那么索德摩伯爵阿克塞尔·古斯塔夫松·奥克森谢尔纳·阿夫·索德摩可能会发现，他虽然能获得国外领土，但必须付出国内革命的代价。瑞典女王克里斯蒂娜在国内长大，而索德摩伯爵阿克塞尔·古斯塔夫松·奥克森谢尔纳·阿夫·索德摩则被迫在神圣罗马帝国度过了很长时间。瑞典女王克里斯蒂娜意识到了危险，即瑞典对神圣罗马帝国的战争已不再具有严肃的政治目的，而只是为了阶级利益和复仇。因此，瑞典女王克里斯蒂娜开始着手结束瑞典对神圣罗马帝国的战争。

在1643年的瑞典与丹麦的战争中，索德摩伯爵阿克塞尔·古斯塔夫松·奥克森谢尔纳·阿夫·索德摩狭隘而坚定的爱国主义起了很大的作用。瑞典船只自由通过桑德海峡和大贝尔特海峡是瑞典发展商业的需要，就像法兰西军队自由通过萨伏依山口是法兰西王国称霸的军事需要一样。然而，坐落于群岛上的丹麦一只脚踩着哈兰，一只脚踩着日德兰半岛，拥有得天独厚的地理优势。只要丹麦提高船只通行的费用，瑞典的贸易发展就会被扼杀在摇篮里。幸运的是，提高船只通行的费用时，丹麦不仅要考虑瑞典，而且要考虑荷兰和英格兰王国等更重要的海洋国家——毕竟，荷兰和英格兰王国会通过桑德海峡与瑞典进行皮毛和铜等方面的贸易。因此，提高桑德海峡的通行费这一问题非常敏感。1639年，丹麦国王克里斯蒂安四世看到，英格兰王国国内出现了麻烦，以及在与西班牙无休止的斗争中，荷兰完全占据了上风。因此，丹麦国王克里斯蒂安四世认为自己采取行动的机会来了。丹麦国王克里斯蒂安四世提高了桑德海峡的通行费，提出想作为和平谈判中的调解人，试图领导神圣罗马帝国事务。1640年7月，丹麦国王克里斯蒂安四世直接侮辱瑞典政府，公开协助瑞典国王古斯塔夫二世·阿道夫二世的遗孀勃兰登堡的玛丽亚·埃莱奥诺拉逃出了她被囚禁的地方。然而，由于被神圣罗马

勃兰登堡的玛丽亚·埃莱奥诺拉

帝国的事务消耗了全部精力，索德摩伯爵阿克塞尔·古斯塔夫松·奥克森谢尔纳·阿夫·索德摩只能隐忍不发。1643年5月，索德摩伯爵阿克塞尔·古斯塔夫松·奥克森谢尔纳·阿夫·索德摩的机会来了。在没有宣战的情况下，瑞典突然派奥尔塔拉伯爵伦纳特·托尔斯腾松去荷尔斯泰因并且与古斯塔夫·霍恩元帅一起迅速占领了丹麦的大陆领土，导致丹麦国王克里斯蒂安四世大吃一惊，只能回到岛屿和战舰上。在丹麦，丹麦国王克里斯蒂安四世俨然是一位战斗英雄。在瑞典舰队和荷兰海军的联合进攻下，丹麦国王克里斯蒂安四世勇敢地坚持战斗了两个夏季。然而，面对重重的困难和经历了1644年10月的惨败后，丹麦国王克里斯蒂安四世不得不求和。也就是1645年8月，在法兰西王国的斡旋下，丹麦国王克里斯蒂安四世和索德摩伯爵阿克塞尔·古斯塔夫松·奥克森谢尔纳·阿夫·索德摩通过谈判达成了《第二次布勒姆瑟布鲁条约》。依据《第二次布勒姆瑟布鲁条约》，瑞典不仅不用再支付桑德海峡和贝尔特海峡的通行费，而且获得了哈兰。人们认为，无论动机多么不良，瑞典和丹麦的战争都毫无疑问是17世纪的瑞典发动的最重要的战争之一。瑞典以很小的代价确保了国家安全，压缩了丹麦的海洋边界，确保了贸易自由，扫清了贸易发展的障碍。贸易自由和贸易发展对国家福祉是至关重要的。一旦获得贸易自由和贸易发展，国家就会永远受益。相反，《威斯特伐利亚和约》带来的更加丰厚的回报标志着索德摩伯爵阿克塞尔·古斯塔夫松·奥克森谢尔纳·阿夫·索德摩的政治荣耀的顶峰，却绝不是瑞典得到的最好的礼物。实际上，这些回报是竞争的果实。和签署于克雷西战役和普瓦捷战役后的《布雷蒂尼条约》一样，签署于布赖滕费尔德战役和维特施托克战役后的《威斯特伐利亚和约》也以百年战争为代价体现了征服者的军事荣耀。

在冗长乏味的战争戏剧中，瑞典女王克里斯蒂娜的统治是一段简短而美妙的插曲。瑞典女王克里斯蒂娜喜欢在有文化的人中间过一种文

瑞典女王克里斯蒂娜（在右边的桌子上）和荷兰西哲学家勒内·笛卡儿在讨论

明的生活，而和瑞典人及其他君主相比，这种喜好是独一无二的。瑞典女王克里斯蒂娜不是学生，而是古典文学的大师；不是文人的代言人，而是文人的一员。因此，有人夸张地说，瑞典女王克里斯蒂娜统治时期对瑞典的文明发展非常重要。然而，在斯德哥尔摩，瑞典女王克里斯蒂娜的好学的特质和文化意识没有扎下根来。此外，大学里也没有掀起学习瑞典女王克里斯蒂娜的好学的特质和文化意识的热潮。因此，瑞典女王克里斯蒂娜这位有文化的女王的存在纯粹是一种异国现象和暂时性的文明。随着瑞典女王克里斯蒂娜的退位，瑞典的这种文明立刻消声匿迹了。瑞典的这种文明是个人和人为的，而不是民族和自发的，和英格兰女王伊丽莎白一世统治时期的英国文学的大爆发不一样。虽然有时，人们会把瑞典的这种文明与英国文学相提并论，但这就好比把舞台上的花束比作阿尔卑斯山脉的雪绒花。可怕的是，在半野蛮的瑞典宫廷里，文人是不受欢迎的人物。在粗野的瑞典贵族看来，这些文人不过是瑞典女王克里斯蒂娜喜欢与之生活在一起的人，是一种高级的宠物——瑞典人只是为了取悦瑞典女王克里斯蒂娜才不得不豢养这些文人。然而，事实是，当时的最具智慧的文人安分知足，不仅能忍受寒冷而清贫的生活，而且能忍受一个非常令人厌恶的野蛮和平凡的民族，一心只想做瑞典女王克里斯蒂娜的朋友。这种事实无疑是对瑞典女王克里斯蒂娜的品格和思想的褒扬。与瑞典女王克里斯蒂娜在一起，接受她的友谊、倾听她的话语、参加她的学习等让斯德哥尔摩变得很有吸引力，斯德哥尔摩甚至成为当时的北欧的雅典。

瑞典女王克里斯蒂娜是少数几个纯粹凭借个人品格创造历史的君主之一。在整个17世纪，没有一个戴王冠的人拥有与瑞典女王克里斯蒂娜相同的罕见的独创性和卓越的天赋。瑞典女王克里斯蒂娜坚决反对一切传统的东西，喜欢刨根问底，拥有清晰的逻辑，令外交官和大臣感到恐惧。瑞典女王克里斯蒂娜最突出的性格特征是直率。瑞典女王克里斯蒂娜行事不仅一点也不做作，而且别具一格。在政治、宗教、文化和礼仪等方面，瑞典女王克里斯蒂娜都有自己的观点，并且会不惜任何代价去坚持她的观点。瑞典女王克里斯蒂娜会毫不犹豫地去执行自己的想法，而这些想法中的一个与另一个发生冲突时，瑞典女王克里斯蒂娜则会立即丢卒保车。由于坚信自己应该成为一名天主教教徒，瑞典女王克里斯蒂娜放弃了瑞典王位。由于决心不嫁人，瑞典女王克里斯蒂娜将王位传给了卡尔十世·古斯塔夫。十八岁时，瑞典女王克里斯蒂娜强迫无所不能的索德摩伯爵阿克塞尔·古斯塔夫松·奥克森谢尔纳·阿夫·索

卡尔十世·古斯塔夫

德摩和欧洲列强代表签署了和约。二十八岁时，瑞典女王克里斯蒂娜选择了退位。后来，瑞典女王克里斯蒂娜处决了吉安·里纳尔多·莫纳尔代斯基侯爵①。瑞典女王克里斯蒂娜一生始终才思敏捷、任性自我、意志坚定、脾性暴烈，对爱的人热心真诚，对不喜欢的人敌视唾弃，对欺骗行为恨之入骨，对恪守常规嗤之以鼻。瑞典女王克里斯蒂娜愤世嫉俗，慷慨大方，挥霍无度，贪图名利，虽然不喜欢女人——女人也不喜欢她，但总是对男人有吸引力。实际上，因为瑞典女王克里斯蒂娜应该

瑞典女王克里斯蒂娜处决吉安·里纳尔多·莫纳尔代斯基侯爵

① 吉安·里纳尔多·莫纳尔代斯基侯爵（？—1657），瑞典女王克里斯蒂娜的骑士统领，因泄露法兰西国王准备推举瑞典女王克里斯蒂娜为那不勒斯国王而被杀。——译者注

是一个男人，所以她的出现很可能是造物主的错误。在智力、意志、体力和感情上，瑞典女王克里斯蒂娜都充满了阳刚之气。虽然瑞典女王克里斯蒂娜知道自己要当一个男人，但大自然给了她一个女人的形体。因此，瑞典女王克里斯蒂娜痛恨自己的这种"畸形"。瑞典女王克里斯蒂娜像男人一样穿戴，像男人一样骑马，有时像男人一样骂人，也承认她最大的愿望就是参战。在瑞典宫廷里，没有一个贵族打猎时的体力能超过瑞典女王克里斯蒂娜或在出现危险时比她镇静。然而，瑞典女王克里斯蒂娜喜欢宫斗，喜欢把自己的名声搞臭，不知羞耻——做这类事时，她还有一些女性特征。在法兰西宫廷，瑞典女王克里斯蒂娜忙里忙外，挑拨年轻的法兰西国王路易十四和奥地利的安妮的关系，鼓励法兰西国王路易十四迷恋玛丽·曼奇尼。瑞典女王克里斯蒂娜虽然口无遮拦，行

玛丽·曼奇尼

为无常，破坏了王室的礼仪规程，令王室大为震惊，却为此扬扬得意。此外，瑞典女王克里斯蒂娜还声称著名的高级妓女尼农·德·朗克洛是唯一可尊敬的法兰西王国女人。因此，瑞典女王克里斯蒂娜肯定树敌无数。然而，被拒绝访问法兰西王国时，瑞典女王克里斯蒂娜才感到自责。法兰西王国的妇女认为瑞典女王克里斯蒂娜是最顽固的诽谤者。

由于君主的退位是非常罕见的，历史学家的注意力自然而然地被瑞典女王克里斯蒂娜吸引了。在统治瑞典的十年里，瑞典女王克里斯蒂娜不仅光荣地结束了战争，而且纯粹凭借性格优势建立了自己的寡头式的政治权威。瑞典女王克里斯蒂娜解决了一个最困难的宪法问题，即王位的移交，以坚定的意志为瑞典做出了最好的选择。瑞典女王克里斯蒂娜使自己受到人民的爱戴，并且轻而易举地粉碎了阿诺尔德·约翰·梅塞

高级妓女尼农·德·朗克洛

纽斯①的阴谋。然而，在民主社会中，阿诺尔德·约翰·梅塞纽斯的阴谋有着广泛的影响。瑞典女王克里斯蒂娜使瑞典宫廷成为当时欧洲最有学问和文化的宫廷。最重要的是，自己的信仰与宪法不相容时，瑞典女王克里斯蒂娜毫不犹豫地把国家利益置于她的尊严之上。从一开始，瑞典女王克里斯蒂娜就意识到，在17世纪，瑞典人不可能允许自己的君主信仰除了路德外的任何宗教，因此，下定决心成为天主教教徒时，瑞典女王克里斯蒂娜接受了必然的结果，即放弃王位。除了瑞典女王克里斯蒂娜，几乎再没有哪个君主能宣称自己通过社交活动或放弃王权为国家做了很多的事情。瑞典女王克里斯蒂娜退位是正确的，也是不可避免的。瑞典女王克里斯蒂娜犯的错误在于没有把事情做得足够好。虽然瑞典女王克里斯蒂娜本应该隐退去过私人生活，但对一个头脑和性格如此活跃的人来说，隐退这种自我牺牲实在太大了。瑞典女王克里斯蒂娜虽然放弃了王冠，但决定要继续当女王。退位后的瑞典女王克里斯蒂娜仍然主张瑞典王室的权利，卷入阴谋和干涉政治，并且试图主导文学和审美。然而，很快，瑞典女王克里斯蒂娜就被剥夺了表达和实现自己的愿望的权利，成为欧洲的俗人并且被客气地贬去了罗马的宫殿里。在罗马，瑞典女王克里斯蒂娜成为城市的景点之一，也是一个时尚而富有艺术气息的小圈子的领导者。

瑞典女王克里斯蒂娜用自己的人格魅力征服北欧国家时，在谨慎而不择手段的勃兰登堡选帝侯腓特烈·威廉的领导下，勃兰登堡慢慢地赢得了德意志北部的统治地位。没有哪两个人的差异能比瑞典女王克里斯蒂娜和勃兰登堡选帝侯腓特烈·威廉更大。瑞典国王古斯塔夫二世·阿

---

① 阿诺尔德·约翰·梅塞纽斯（1607—1651），瑞典历史学家。1649年，阿诺尔德·约翰·梅塞纽斯与瑞典反对派建立联系，写文章讽刺索德摩伯爵阿克塞尔·古斯塔夫松·奥克森谢尔纳·阿夫·索德摩，指责瑞典女王克里斯蒂娜是行为不端的妓女，并且最终因此被斩首。——译者注

道夫曾一度试图把瑞典女王克里斯蒂娜和勃兰登堡选帝侯腓特烈·威廉这两个门不当户不对的人撮合在一起。瑞典女王克里斯蒂娜虽然世俗，任性，喜欢恶作剧，但本质上是一个有高尚品格和远大志向的女人。瑞典女王克里斯蒂娜生活在伟大的思想和崇高的理想中。勃兰登堡选帝侯腓特烈·威廉珍视土地，是真正的霍亨索伦家族成员，头顶王冠，绝对认同自己的国家，从未超越纯粹和自私的爱国主义。没有一点慷慨的火花曾照亮了勃兰登堡选帝侯腓特烈·威廉的政策；没有一点理想主义的色彩曾粉饰勃兰登堡选帝侯腓特烈·威廉的野心；没有任何道德情感干扰勃兰登堡选帝侯腓特烈·威廉的判断；没有任何对未来可能面对的惩罚的恐惧阻碍勃兰登堡选帝侯腓特烈·威廉的行动。勃兰登堡选帝侯腓特烈·威廉卑鄙、虚伪、无所畏惧，是17世纪第一个按照马基雅维利主义原则行事的君主，以神圣罗马帝国的丑恶暴行剥去了意大利的文雅外衣。然而，欧洲的政治格局没有因勃兰登堡选帝侯腓特烈·威廉的统治而变得更糟。如果我们把一切是非对错都放在一边，那么实际上，勃兰登堡选帝侯腓特烈·威廉的事业是朝着进步的方向发展的。三十年战争使神圣罗马帝国像被一个巨人的铁锤击中一样，变得支离破碎。当时，整个欧洲的国家都试图合并成一个强大的国家。如果神圣罗马帝国的分裂继续下去或没有人站出来在北欧建立强权势力，那么中欧一定会成为法兰西王国的野心或俄罗斯人的野蛮行径的牺牲品。无论如何，北欧的强权势力都可能会形成一个核心，而德意志北部及新教等这些浮动的因子会聚集在这个核心周围。事实已经清楚地表明，如果德意志北部没有一个中央集权的政府和军事组织能够接过神圣罗马帝国的旗帜，那么无论是瑞典、英格兰王国，还是荷兰，都不可能把欧洲从灾难中拯救出来。建立这样的集权政府是勃兰登堡选帝侯腓特烈·威廉毕生的工作。在欧洲政局中，去世前的勃兰登堡选帝侯腓特烈·威廉努力的结果已经显现了出来。勃兰登堡选帝侯腓特烈·威廉是普鲁士的真正缔造者。恐怖的三十年战争是普鲁士的摇篮，而勃兰登堡选帝侯腓特烈·威廉的虚伪和暴政则是普鲁士的营养来源。勃兰登堡选帝侯腓特烈·威廉用自己的野心哺育了普鲁士。普鲁士已经成为法兰西王国的抵制者和维护欧洲秩序的主要支柱。主张神圣罗马帝国团结的普鲁士已经成为神圣罗马帝国的崇高理想的中心。

1640年，当勃兰登堡选帝侯腓特烈·威廉继承他的父亲，即勃兰登堡选帝侯格奥尔格·威廉的事业时，没有人能预料到，神圣罗马帝国将在荒凉的土地上和四分五裂的局面中找到希望。在三十年战争早期，瑞典国王古斯塔夫二世·阿道夫和蒂伊伯爵约翰·采克拉斯的入侵和威胁摧毁了勃兰登堡选帝侯格奥尔格·威廉和萨克森选帝侯约翰·乔治采取的中立政策。然而，如果瑞典不准备放弃征服波美拉尼亚，那么瑞典与勃兰登堡选帝侯格奥尔格·威廉和萨克森选帝侯约翰·乔治之间的联盟便只是空谈。波美拉尼亚有着广阔的海岸线，而这些海岸线正是勃兰登堡的发展需要的——实际上，勃兰登堡选帝侯格奥尔格·威廉早已习惯性地把这些广阔的海岸线看作是自己的。然而，瑞典国王古斯塔夫二世·阿道夫的登陆瞬间改变了事态。对瑞典来说，波美拉尼亚和波罗的海一样重要。对勃兰登堡来说，波美拉尼亚是勃兰登堡扩张的第一步。瑞典人从弗里德兰公爵阿尔布雷赫特·文策尔·欧西比乌斯·冯·瓦伦斯坦手中拯救了波美拉尼亚，为什么又要乖乖地把它交给勃兰登堡选帝侯格奥尔格·威廉呢？毕竟，勃兰登堡选帝侯格奥尔格·威廉没有自愿为新教事业做过任何贡献。瑞典人自然要坚持征服。由于勃兰登堡是瑞典国王古斯塔夫二世·阿道夫用武力从敌人手中夺取的，索德摩伯爵阿克塞尔·古斯塔夫松·奥克森谢尔纳·阿夫·索德摩坚决不向勃兰登堡的主张屈服。然而，在一个自私而野蛮的征服者面前，勃兰登堡选帝侯格奥尔格·威廉也绝不会放弃自己公正和合法的要求。因此，随着时间的推移，瑞典成为勃兰登堡的敌人。勃兰登堡敌视瑞典的程度远远超过

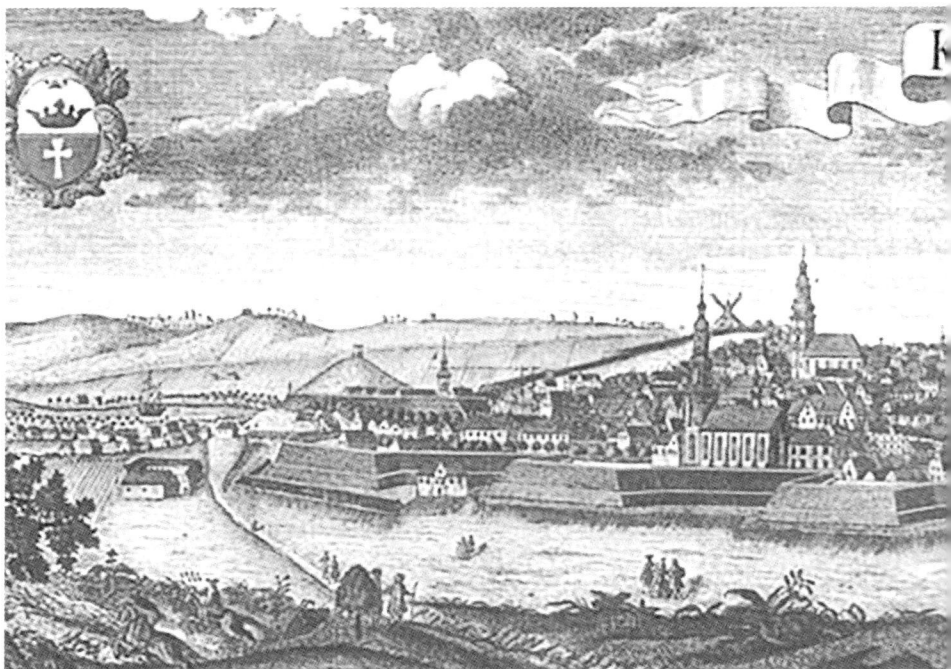

柯尼希斯贝格

了以前对神圣罗马帝国皇帝的敌视。在波希米亚和波罗的海之间的那条笔直的路上，随着战争的胜负变化，不幸的勃兰登堡被各方军队交替践踏。1635年，勃兰登堡选帝侯格奥尔格·威廉接受了《布拉格和约》。然而，《布拉格和约》没有给勃兰登堡带来喘息的机会。1638年，由于勃兰登堡这片贫瘠的土地无法提供给养，勃兰登堡选帝侯格奥尔格·威廉将自己的朝廷迁去了东普鲁士的柯尼希斯贝格。在柯尼希斯贝格，勃兰登堡选帝侯格奥尔格·威廉因苦难和失败而变得疲惫不堪。1640年，勃兰登堡选帝侯格奥尔格·威廉去世了。继任的勃兰登堡选帝侯腓特烈·威廉虽然没有从勃兰登堡选帝侯格奥尔格·威廉那里继承多少土地，但有许多需要伸张的权利。

起初，勃兰登堡选帝侯腓特烈·威廉拥有的领地被划分为三个完全

独立的地区。北欧的霍亨索伦家族以前的领地是勃兰登堡马克。从行政区划上细分，勃兰登堡马克可以分为旧马克、中马克和新马克。自15世纪初起，霍亨索伦家族成员就成为统治勃兰登堡马克各地的伯爵和选帝侯。和神圣罗马帝国中的其他小国一样，勃兰登堡马克人民都是日耳曼人。勃兰登堡马克处于神圣罗马帝国皇帝的合法管辖下，拥有自己的国会，而在地方事务上，国会拥有劝谏和限制选帝侯的权力。帝国的疆域外、维斯图拉河以东的土地属于东普鲁士公国，已经因宗教改革而成为霍亨索伦家族的世袭财产。这片土地原本属于条顿骑士团①，是波兰的领土。然而，1525年，骑士们接受了宗教改革，把自己的领地并入到了总团长的公国领地中。当时的条顿骑士团总团长是霍亨索伦家族的普鲁

---

① 条顿骑士团，1190年在耶路撒冷王国的阿卡建立的一个天主教军事组织。条顿骑士团旨在帮助基督教教徒朝圣和建立医院，而其成员则被称为条顿骑士。——译者注

士的阿尔伯特。17世纪初，普鲁士的阿尔伯特的家族与勃兰登堡的家族分支合并，导致勃兰登堡选帝侯也成为东普鲁士公爵。和勃兰登堡马克一样，东普鲁士公国也有由贵族和市民组成、可以依法约束统治者的国会。由于东普鲁士人民及其封建宗主波兰国王不愿意承认勃兰登堡家族分支对东普鲁士公国的权利，东普鲁士公国的国会对勃兰登堡选帝侯的约束力更大了。然而，年轻的勃兰登堡选帝侯腓特烈·威廉对领地的主权声索没有因获得了波美拉尼亚、神圣罗马帝国的勃兰登堡马克和波兰的东普鲁士公国而停止。勃兰登堡选帝侯腓特烈·威廉认为自己的领地还包括在神圣罗马帝国境内，沿莱茵河两岸，以及在科隆附近的克利夫

普鲁士的阿尔伯特

东普鲁士公国的盾形徽章

斯、于利希、贝格等地的公爵领地。1609年，勃兰登堡选帝侯约翰·西吉斯蒙德和巴拉丁伯爵沃尔夫冈·威廉曾向上述这些领地的领主提出主权声索，引发了三十年战争。根据缔结于1614年并且重新签署于1630年的《克桑滕条约》，有争议的领地将由主权声索方瓜分。因此，克利夫斯、拉芬斯堡等地的公爵领地落入了勃兰登堡选帝侯格奥尔格·威廉手中。然而，在三十年战争期间，勃兰登堡选帝侯无法让自己的权力在新领地上得到承认。勃兰登堡曾一度是西班牙人和荷兰人的战场。三十年战争的浪潮从莱茵河下游消退时，荷兰人占领了勃兰登堡，而和平恢复时，勃兰登堡选帝侯腓特烈·威廉觉得，无论如何，他都必须建立新的主权。

由于勃兰登堡的属地分散零乱——实际上，只要看一眼地图，人们会知道地理因素是如何影响勃兰登堡选帝侯腓特烈·威廉的政策的——

年轻的勃兰登堡选帝侯腓特烈·威廉的领土野心被激发了。如果勃兰登堡选帝侯腓特烈·威廉能得到波美拉尼亚的主权或者波美拉尼亚东部的主权，那么除了沿着维斯图拉河岸的西普鲁士的狭长地带，他在神圣罗马帝国境内的领地和他的东普鲁士公国便能连成一片。一场战争的胜利或一次幸运的外交举措都可能使勃兰登堡选帝侯腓特烈·威廉立即成为德意志北部最强大的力量。17世纪的诸侯同时拥有领地梦想和君主野心是很自然的事情。战争的胜利已经使勃兰登堡选帝侯腓特烈·威廉对神圣罗马帝国皇帝斐迪南三世的依赖变得有名无实。战争使勃兰登堡选帝侯腓特烈·威廉赢得了西普鲁士，把他的领地连成了一片，也使他摆脱了波兰封建附庸国君主的身份。一旦完全独立于外部势力，勃兰登堡选帝侯腓特烈·威廉就可以把注意力转向自己的臣民。和法兰西王国的枢机主教黎塞留一样，在颓废和失信的国会的废墟上，勃兰登堡选帝侯腓特烈·威廉要建立高度集中的军事主权国家，而所有主权都应归王室所有——这是勃兰登堡选帝侯腓特烈·威廉为自己和王朝制定的政策，也是他的子孙们从此要坚定不移地贯彻的政策。普鲁士的君主政体的特点是中央集权的政府、军事统治和领土扩张，而目标则是最终把勃兰登堡选帝侯腓特烈·威廉统治下的分裂和动荡的领地建设成为统一、和平的王国。

勃兰登堡选帝侯腓特烈·威廉非常清楚，对他来说，即使想实现最小的目标，瑞典和波兰也是直接的障碍。将手伸向波美拉尼亚时，勃兰登堡选帝侯腓特烈·威廉不可能不遭到瑞典的强烈反对，而他想建立东普鲁士和勃兰登堡的联盟的每一步都会破坏波兰的完整性。然而，从令人生畏的邻居们的身体上踏过是勃兰登堡选帝侯腓特烈·威廉实现领土野心的唯一道路。因此，虽然困难重重，但勃兰登堡仍然与公认的当时的北欧第一大军事强国，即瑞典，展开了一场力量悬殊的较量。那么，支离破碎的勃兰登堡有多少胜算呢？饥肠辘辘的日耳曼农民怎么能抵挡勇猛果敢的波兰骑兵呢？勃兰登堡选帝侯腓特烈·威廉知道自己必须等待一个有利的机会。勃兰登堡选帝侯腓特烈·威廉首先要做的事是让自己的大臣接管勃兰登堡选帝侯格奥尔格·威廉的大臣施瓦岑贝格伯爵亚当手中的事务并且重组军队。施瓦岑贝格伯爵亚当虽然忠于神圣罗马帝国皇帝斐迪南三世，但在1641年就去世了。施瓦岑贝格伯爵亚当的死，以及他的儿子施瓦岑贝格亲王约翰·阿道夫和不满的军官们的反抗，都帮助了勃兰登堡选帝侯腓特烈·威廉。有了可以依靠的力量后，勃兰登堡选帝侯腓特烈·威廉公开与神圣罗马帝国皇帝斐迪南三世决裂了。接着，勃兰登堡选帝侯腓特烈·威廉与瑞典进行了谈判，签订了一

施瓦岑贝格伯爵亚当

项意在让瑞典保持中立的条约。随后，勃兰登堡选帝侯腓特烈·威廉开始集中精力解决东普鲁士公国的问题。东普鲁士曾试图和勃兰登堡选帝侯腓特烈·威廉对抗。然而，勃兰登堡选帝侯腓特烈·威廉用自己出众的外交技巧成功地离间了东普鲁士的贵族和城镇代表。勃兰登堡选帝侯腓特烈·威廉虽然遭到了东普鲁士的城镇代表的反对，但仍然争取到了贵族的支持。因此，勃兰登堡选帝侯腓特烈·威廉得到了波兰国王扬二世·卡齐米日的认可，可以合法地行使主权。1643年，勃兰登堡成功地与瑞典缔结了一项条约。因此，在后来的战争中，勃兰登堡几乎没有遭

波兰国王扬二世·卡齐米日

到敌对军队的蹂躏，而这让勃兰登堡选帝侯腓特烈·威廉腾出手来进行了一番建设。在后来的明斯特和奥斯纳布吕克的谈判中，实力大增的勃兰登堡代表态度强硬，坚持着自己的主张——在勃兰登堡选帝侯格奥尔格·威廉统治时期，这几乎是不可能发生的。最终，《威斯特伐利亚和约》签署时，勃兰登堡吞并了马格德堡、哈尔伯施塔特、明登、卡明和波美拉尼亚东部等地的世俗化的主教辖区。然而，瑞典军队仍然占领着更多土地——只有获赔出兵的费用，瑞典人才会愿意撤离。经过多次谈判和一再拖延，勃兰登堡选帝侯腓特烈·威廉的耐心和技巧战胜了一切障碍。1653年，所有瑞典士兵都撤出了波美拉尼亚东部。

1653年，勃兰登堡扩张故事的第一章画上了句号。勃兰登堡选帝侯腓特烈·威廉的领地连成了一片，从哈尔伯施塔特一直延伸到波罗的海，横跨德意志北部，包括易北河、哈弗尔河和奥得河的富饶的山谷，以及波美拉尼亚东部的海岸线和众多港口。勃兰登堡选帝侯腓特烈·威廉的领地还包括一些与中央地区相隔离的分散地区，包括莱茵河流域的克利夫斯、威悉河畔的拉芬斯堡和明登等。勃兰登堡虽然没有瑞典的威望和军事实力与波兰的地域广度，但实际上，已经通过三十年战争实现了崛起，变得比三十年战争初期强大了。不仅神圣罗马帝国无力与德意志北部抗衡，而且北欧国家的实力也不及德意志北部。自掌权后，勃兰登堡选帝侯腓特烈·威廉一直坚持建设受自己统治的中央集权政府，压制国会的独立权。很快，在勃兰登堡，在勃兰登堡选帝侯腓特烈·威廉这个能干的统治者的领导下，中央集权的优势就显现了出来。1653年，即波美拉尼亚东部被吞并的那一年，由于长期没有被召集，历史悠久的勃兰登堡国会悄然长眠。然而，在东普鲁士和克利夫斯，实现中央集权要困难得多。因此，在一段时期内，勃兰登堡选帝侯腓特烈·威廉不得不派勃兰登堡士兵去镇压一切严重的反抗以维持秩序——这一行动虽然是非法的，但非常有效。

发生于1655年的一件事唤醒了勃兰登堡选帝侯腓特烈·威廉的政治本能。勃兰登堡最危险的邻国，即波兰和瑞典之间突然爆发了冲突。波兰国王扬二世·卡齐米日拒绝承认瑞典国王卡尔十世·古斯塔夫的瑞典王位。瑞典国王卡尔十世·古斯塔夫是在三十年战争的学校里长大的，而不是一个平庸的士兵，决心向侮辱自己的波兰国王扬二世·卡齐米日复仇。为了省去攻打但泽的麻烦，瑞典国王卡尔十世·古斯塔夫要求勃兰登堡选帝侯腓特烈·威廉允许他从波美拉尼亚东部进入波兰。勃兰登堡选帝侯腓特烈·威廉虽然不可能拒绝这桩美事，但仍然假装出一副不情愿的样子。假意推脱了几次后，勃兰登堡选帝侯腓特烈·威廉同意了瑞典国王卡尔十世·古斯塔夫的要求。瑞典人以波美拉尼亚为作战基地，穿过勃兰登堡，开始大举进攻波兰。最终，瑞典国王卡尔十世·古斯塔夫击败了波兰国王扬二世·卡齐米日并且将其赶回了克拉科夫。随后，瑞典国王卡尔十世·古斯塔夫悠闲地回到西普鲁士，率军包围了但泽。勃兰登堡选帝侯腓特烈·威廉认为自己的机会来了——波兰人虽然被打败了，但没有被征服；在波罗的海对岸，丹麦正随时准备向瑞典发起进攻；为了攻克但泽，瑞典国王卡尔十世·古斯塔夫忙得不可开交。勃兰登堡选帝侯腓特烈·威廉认为，精心组织一个军事联盟并且进行一次打击可能会让瑞典屈服并且使勃兰登堡独立于波兰。然而，对勃兰登堡选帝侯腓特烈·威廉来说，瑞典国王卡尔十世·古斯塔夫行动得太快了。1655年冬季，听到谈判的消息后，勃兰登堡选帝侯腓特烈·威廉立即赶去了东普鲁士的柯尼希斯贝格。然而，勃兰登堡选帝侯腓特烈·威廉已经别无选择，只能尽力缔结和约。1656年6月，在《马林堡条约》的基础上修订而成的《柯尼希斯贝格条约》签署了。依据《柯尼希斯贝格条约》，勃兰登堡被迫承认了瑞典对东普鲁士，而不是波兰的宗主权，允许瑞典人自由通过勃兰登堡并且提供一支特遣队在波兰战争中服从瑞典的命令。

对勃兰登堡选帝侯腓特烈·威廉来说，《柯尼希斯贝格条约》是一次惨痛的教训。然而，勃兰登堡选帝侯腓特烈·威廉始终对自己的外交技巧充满信心。勃兰登堡选帝侯腓特烈·威廉继续执行自己的政策，等待着更有利的机会。然而，在当时的情况下，勃兰登堡选帝侯腓特烈·威廉只能向现实低头。瑞典国王卡尔十世·古斯塔夫率领勃兰登堡分遣队和瑞典军队一起向华沙开进，并且在1656年7月赢得了胜利，使波兰人拜倒在了瑞典人脚下。然而，对瑞典国王卡尔十世·古斯塔夫来说，胜利只是困难的开始。虽然打败波兰军队是容易的，但要让波兰屈服几乎是不可能的。勃兰登堡选帝侯腓特烈·威廉的阴谋开始了。瑞典国王卡尔十世·古斯塔夫正计划把波兰国王扬二世·卡齐米日赶去加利西亚的森林深处时，不仅丹麦国王腓特烈三世正准备入侵瑞典，而且俄国也对瑞典宣战，导致大批鞑靼士兵和立陶宛士兵涌入了东普鲁士。瑞典国王卡尔十世·古斯塔夫发现自己身处一个充满敌意的国家中，被一

华沙

大群敌人包围着，而他身边还有一个可疑的盟友。勃兰登堡选帝侯腓特烈·威廉坚持要勃兰登堡特遣队立即返回以保卫东普鲁士，而瑞典国王卡尔十世·古斯塔夫则无法拒绝这种貌似合理的要求。瑞典国王卡尔十世·古斯塔夫悻悻从胜利的战场上撤退到了西普鲁士。1656年11月，为了保持和勃兰登堡选帝侯腓特烈·威廉的军事同盟，瑞典国王卡尔十世·古斯塔夫签署了《拉比奥条约》，乘船去了丹麦。然而，瑞典国王卡尔十世·古斯塔夫一转身，勃兰登堡选帝侯腓特烈·威廉就摘下面具，向波兰国王扬二世·卡齐米日表示了友谊并且提供了一些帮助，而条件则是让东普鲁士和瑞典一样，摆脱封建附庸的所有要求。只要获得独立，勃兰登堡选帝侯腓特烈·威廉就不会再有烦恼。波兰国王扬二世·卡齐米日接受了勃兰登堡选帝侯腓特烈·威廉的条件。1657年9月，勃兰登堡选帝侯腓特烈·威廉签署了《魏劳条约》，推翻了自己十个月前才签署的《拉比奥条约》——这真是莫大的讽刺。勃兰登堡选帝侯腓特烈·威廉成为波兰人的盟友和瑞典人的敌人。最终，勃兰登堡选帝侯腓特烈·威廉的阴谋得到了回报——东普鲁士获得了独立，而勃兰登堡选帝侯腓特烈·威廉则成为东普鲁士的合法宗主。

听说了勃兰登堡选帝侯腓特烈·威廉的行为后，瑞典国王卡尔十世·古斯塔夫勃然大怒。瑞典国王卡尔十世·古斯塔夫渴望复仇，并且鼓起勇气，准备完成英雄的壮举。1657年冬季，在没有使用战舰的情况下，瑞典国王卡尔十世·古斯塔夫率领两万人马突然穿过已经结冰的贝尔特海峡，占领了菲英岛和西兰岛。据说，瑞典军队通过搭桥越过了一些水域。丹麦人目瞪口呆，只能赶紧求和。瑞典国王卡尔十世·古斯塔夫率军开进了东普鲁士。然而，勃兰登堡选帝侯腓特烈·威廉很幸运——欧洲大国，尤其是英格兰王国和荷兰等海上强国，已经厌倦了无休止的战争，不愿看到自己的贸易被北方的新亚历山大大帝，即瑞典国王卡尔十世·古斯塔夫的征服干扰。因此，欧洲大国进行干预并且迫使

签订《奥利瓦条约》

参战各方进行了和平谈判。1660年2月，由于瑞典国王卡尔十世·古斯塔夫去世，谈判任务变得更轻松了。1660年5月3日，瑞典、波兰和勃兰登堡签署了《奥利瓦条约》。签署于1660年5月27日的《哥本哈根条约》恢复了瑞典和丹麦之间的和平。1661年，瑞典和俄国签订了《卡尔迪斯条约》。至此，北欧再次迎来了和平。

根据上述一系列条约，波兰国王扬二世·卡齐米日不仅放弃了对瑞典王位的所有要求，而且承认了勃兰登堡选帝侯腓特烈·威廉在东普鲁士的独立主权。丹麦国王腓特烈三世几乎把丹麦在斯堪的那维亚半岛上占有的土地都交给了瑞典。因此，瑞典获得了长久以来渴望的统一。冒着极大的风险，勃兰登堡选帝侯腓特烈·威廉终于得到了东普鲁士公国的独立主权。如果说《威斯特伐利亚和约》标志着勃兰登堡的领土扩张事业的一大步，那么《奥利瓦条约》则标志着勃兰登堡选帝侯腓特烈·威廉的王朝扩张的一大步。在勃兰登堡和东普鲁士，勃兰登堡选帝侯腓特烈·威廉已经成为绝对的君主。勃兰登堡选帝侯腓特烈·威廉让勃兰登堡-普鲁士联邦距离成为最强大的国家只剩下了一步之遥。

第 9 章

法兰西国王路易十四和
让－巴普蒂斯特·科尔贝

《比利牛斯条约》签署后不久，17世纪的转折点出现了。当时，因16世纪的争议而产生的各种思想和政策虽然是模糊的，但仍然让人感觉到，只要天主教和清教继续在英格兰王国进行斗争，只要西班牙和毫不妥协的天主教在欧洲国家中的地位仍然举足轻重，只要承袭了瑞典国王古斯塔夫二世·阿道夫的风格的瑞典仍然是北欧的第一强国，那么宗教问题的利益一定仍然是欧洲大国的主要利益。然而，1660年和1661年发生了巨大的变化。与其说这种变化体现在真正推动国家发展的动机和野心方面，倒不如说体现在政治上表达这些动机和野心的那些人身上。自《比利牛斯条约》签署后，在欧洲事务中，西班牙开始走向衰落，陷入沉寂，已经不足挂齿。忽然，有一天，西班牙的厄运降临了。秃鹫们聚集在西班牙的尸体周围，为吞食西班牙做着准备。自1660年5月的王政复辟①后，英格兰王国完全放弃了自己在制定国内外政策时遵循的道德和理想主张。在英王查理二世的安排下，一部分王室土地被卖给了出价最高者。《奥利瓦条约》的签署和瑞典国王卡尔十世·古斯塔夫的去世使勃兰登堡选帝侯腓特烈·威廉成为北欧最重要的人物。勃兰登堡选帝侯

---

① 王政复辟，指1660年英王查理一世的儿子英王查理二世恢复了因光荣革命而被废除的君主制一事。——译者注

腓特烈·威廉无耻地推行着损人利己的政策。历史上常有这种现象，即国家之间的战争虽然从表面上看，是因宗教、自由精神和爱国主义的激励而爆发的，但实际上，大多是由诡计和个人野心引起的，而在那些最神圣的战争中，人类和正义的要求经常会被遗忘。可以说，为了避免麻烦，英王查理二世这种人不惜牺牲自己的国家的荣誉，而为了从今日的盟友那里得到更多好处，勃兰登堡选帝侯腓特烈·威廉这种人则会与昔日的盟友决裂。英王查理二世和勃兰登堡选帝侯腓特烈·威廉比英格兰女王伊丽莎白一世和西班牙国王腓力二世更令人厌恶——前二人比后二

英王查理二世

人更加虚伪。然而，说某些人是最糟糕的是最不真实的说法——毕竟，利己主义肯定会主导国际政治，而利己主义的作用则会被尽可能隐藏起来，甚至不易被那些受利己主义驱使的人觉察。在道德标准无法达成一致的情况下，道德规范则是必要的。在外交中，背信弃义的行为应受到谴责；在战争中，招募雇佣兵的行为应受到谴责。背信弃义和招募雇佣兵的人可能会赢得战斗，但会付出牺牲文明的代价。

17世纪中叶，继承了政府的职责的君主和政治家们发现自己的地位与父辈们完全不同。17世纪中叶的君主和政治家们不再有伟大的理想能俘虏他们的想象力或耗费他们的精力，不再有国内政府难以克服或避免的明显的困难，也不再有像荷兰人那样的挣扎着需要被保护的民族，不再有会像西班牙那样因过度扩张而遭到他国反对的专制统治，不再面临不安分的领地贵族的胁迫。实际上，早在17世纪初，上述这些问题就已经得到了解决。17世纪中叶，接管了政权后，年轻的法兰西国王路易十四发现摆在自己面前的是一张开放的地图，法兰西王国因战争而疲惫不堪，渴望休息，并且随时准备为建立秩序做出牺牲。由于战争，法兰西贵族人数减少，贫困潦倒，无法撼动法兰西国王路易十四的权威。法兰西军队组织严密，服从命令，赋予了法兰西国王路易十四对臣民的生命和财产的统治权——这是前几代人想都不敢想的事。高度发达的外交制度使法兰西国王路易十四能秘密地同所有重要的欧洲国家进行谈判。然而，在国际礼仪方面，外交人员应当遵守的一般道德标准仍然没有被建立起来，而在这种情况下，君主们的野心自然会促使君主们在国内巩固权力和在国外扩张领土。绝对权力和领土扩张成为欧洲君主们的主要目标。国王代表国家，而国王越富有或统治的范围越大，国王的荣耀和权力就越大。在荣耀和权力面前，一切都不值得一提。语言、种族、宗教和政府体制上的差异都是毫无意义的。整个民族被从一个统治者手中扔到另一个统治者手中，就像外交人员的棋盘上的筹码一样被投来掷去，而造成这种现象的不是统治者愤世嫉俗，而是统治者对整个民族漠不关心。政客们乐此不疲地为主人们争取着地区、城镇或更多的地方，已经完全忘记了其他事。后来，政客们认为，大家完全有必要遵循某种原则，而权力平衡理论则应运而生。在随后的一个世纪里，政客们推动权力平衡理论发展时，如果某个欧洲国家想方设法窃取他国的东西，导致其他国家也要权窃取他国的东西，那么权力平衡理论会几乎没有什么意义。19世纪，被压迫的民族的反抗运动对欧洲版图产生了最有力的影响。帮助意大利统一或让巴尔干半岛的基督教国家获得自由是大国的荣耀和骄傲。然而，17世纪末的情况完全不同。要建立绝对王权，要保持强大和完美装备的军队，要以宫廷的奢华震惊世界，要不断扩张领土，要趾高气昂地保护附庸国，要削弱他国的力量——所有这一切都是爱国的君主的目标，是卓越的政治才能的回报。国家集中起来，成为君主的化身，只为君主工作、战斗、生活和征服。在君主的荣耀中，君主的化身看到了自己的影子。君主的化身不仅承认自己的代表者和捍卫者是君主，而且会毫不吝惜地把独立权交给君主。君主的成功让君主的化身得到了回报。与其说人民的权利被搁置一边，倒不如说根本没有被考虑到。所有的一切都被集中在了君主手中。

法兰西国王路易十四如果不是这种绝对王权的创始人，那么会被视为这种绝对王权的代表。实际上，由于不会想到这类东西，法兰西国王路易十四肯定不是这种绝对王权的创始人。法兰西国王路易十四没有什么独创意识和首创精神。法兰西国王路易十四虽然有应用能力，但不仅没有，而且似乎完全缺乏创新能力。法兰西国王路易十四是个没有什么创新成果的人，只是特别善于利用自己得到的东西。然而，法兰西国王路易十四不懂变通。后人常常评论称，法兰西国王路易十四继承了能使他伟大的一切，却没有留下什么伟大的东西。孔代亲王路易二世·德·波旁、蒂雷纳子爵亨利·德·拉·图尔·德·奥韦涅、于

皮埃尔·高乃依

格·德·利奥纳、阿贝尔·塞尔维安、让-巴普蒂斯特·科尔贝、皮埃尔·高乃依和让-巴蒂斯特·拉辛等人都是枢机主教黎塞留和枢机主教朱尔·马萨林掌权时的人物，只是为法兰西国王路易十三和法兰西国王路易十四所用，而第二代维勒鲁瓦公爵弗朗索瓦·德·纳维尔、塔拉尔公爵卡米耶·德·霍斯顿·德·拉·鲍默两位元帅和诗人尼古拉·布瓦洛-德普雷奥则是法兰西国王路易十四提携的人。这个论断虽然需要做一些修改，但基本是正确的。即位时的法兰西国王路易十四有能力享用法兰西王国的几乎所有伟大的成就。在法兰西国王路易十四统治期间，法兰西王国取得的成就大部分都不是由法兰西国王路易十四培养的人带来

让－巴蒂斯特·拉辛

第二代维勒鲁瓦公爵弗朗索瓦·德·纳维尔

塔拉尔公爵卡米耶·德·霍斯顿·德·拉·鲍默

尼古拉·布瓦洛－德普雷奥

的。虽然实际上，在罗亚尔港事件①上，法兰西国王路易十四确实取得了伟大的成就，但直接由法兰西国王路易十四提携的人取得的成就并不伟大。究其原因，我们不难发现，这种现象是以国王为中心的绝对集权君主制的通病——毕竟，作为君主，国王不能容忍任何比自己更有权威的人。大臣都是仆人，而仆人的权威不能高于主人——即使在后来的普鲁士王国，奥托·冯·俾斯麦同样无法越权，更不用说有人可以在法兰西国王路易十四的宫廷里专横跋扈了。如果像法兰西国王路易十四这样掌

奥托·冯·俾斯麦

---

① 罗亚尔港事件，罗亚尔港是詹森教派的主要中心，是抵抗王权的象征。詹森教派属于罗马天主教，但教规更严格更苛刻。1660年，法兰西国王路易十四关闭了詹森教派位于罗亚尔港的总部。——译者注

握了绝对权力的君主能支配所有事情，而不是像东方的专制君主那样被事情支配，那么法兰西国王路易十四的大臣们的标准就是由法兰西国王路易十四制定的。枢机主教朱尔·马萨林去世后，法兰西国王路易十四决心不再任命首相。和后来的法兰西皇帝拿破仑一世一样，法兰西国王路易十四将是整个法兰西政府和社会机构的首脑和动力。法兰西国王路易十四不仅以非凡的耐心和信守诺言闻名，而且可能比自法兰西国王腓力二世后的任何一位法兰西君主都更加努力。法兰西国王路易十四不允许任何官员有一点超越独立部门的权力，而这种做法必然会造成官员们都成为没有洞察力、独创性和独立思维的平庸的人。法兰西国王路易

法兰西国王腓力二世

十四不能激发天才的创造性——实际上，法兰西国王路易十四根本无法容忍天才的存在。法兰西国王路易十四需要的是一丝不苟的品质，而不是天才和政治家的才能。最终，法兰西国王路易十四得到了自己想要的东西。最可悲的事情是，除了一个部门，在所有其他的行政部门中，用完枢机主教黎塞留和枢机主教朱尔·马萨林留下的人后，法兰西国王路易十四发现自己没有可以接替这些人的位置的人。唯独在外交方面，直到17世纪末，法兰西王国一直保持着无与伦比的地位。法兰西国王路易十四完全有能力领导外交部门和处理外交事务。

虽然法兰西国王路易十四缺乏卓越品质和政治才能，但如果古雅典政治家阿里斯提得斯有资格获得"大义"的头衔，那么法兰西国王路易十四便有资格获得"大帝"的头衔。法兰西国王路易十四是一位伟大的

古雅典政治家阿里斯提得斯

国王。法兰西国王路易十四高贵而不笨拙，谦恭而不偏信，豪迈而不粗鲁，坚忍不拔，机智老练，才思敏捷，谦虚谨慎。这些品格使年轻的法兰西国王路易十四立刻成为法兰西王国的宫廷和民族的骄傲。然而，要成为欧洲君主的楷模，法兰西国王路易十四还有很长的路要走——只是在嘴上说自己是"楷模"是远远不够的。因为法兰西国王路易十四有良好的教养，所以对法兰西国王路易十四想感化的人来说，"楷模"这个词是最讨人喜欢的，也是最有效的。此外，独特的性格能使法兰西国王路易十四几乎只凭直觉就能以最佳方式接近那些他想收为己用的人。法兰西国王路易十四对宫廷礼仪的精心安排和严守时刻的特点使他不仅能以一种完美的国王形象影响人们的思想，而且能以一种井然的宫廷秩序来吸引人们的注意。在欧洲，虽然凡尔赛宫不是第一个以华丽的仪式和优雅的礼仪而闻名的宫廷，但法兰西国王路易十四是第一个将打造宫廷作为其政策体系的重要组成部分的伟大君主。不再是西方基督教世界的共同国父时，教皇们努力使自己的权力宝座转变为艺术中心，而罗马被从信仰的宝座上废黜后，文化的权杖则将取而代之。因此，法兰西王国担任欧洲领袖并且准备为文明世界的统治权而战时，法兰西宫廷将成为世界兴衰的缩影和代表。法兰西宫廷恰似一个微小而明亮的球体，闪现着一切使人类变得高贵和让生命变得美丽的东西。智慧、出身、天才、美貌、文化、艺术、政治才能和献身精神等事物让人们有序地聚集在法兰西宫廷中，并且被法兰西国王路易十四的光芒照亮。法兰西国三路易十四毫不犹豫地接受了自己是太阳型的人物的说法。根据法兰西国王路易十四建立的行政体制，法兰西国王是统治体系的中心，是制定规范和赋予生命的人。在法兰西王国，只要对法兰西国王路易十四唯命是从，年轻美丽的人就都能混得风生水起。然而，有人如果被法兰西国王路易十四冷眼相待，那么可能会变得命途多舛。有能力的人都从法兰西国王路易十四的恩惠中获得力量。由于法兰西国王路易十四声名大振，那些非主权领地的诸侯们都想仿效东方三贤士①，即在法兰西国王路易十四的庇护下寻求安稳的生活与和平的宗教环境。

　　讨论王权理论时，人们很容易脱口而出一些冷嘲热讽。和人们无法通过平衡各方力量来阻止天灾人祸的发生一样，任何人为的宫廷安排也都无法掩盖民族的软弱性和自然的衰退。在著名的讽刺画卷《路易十四国王》中，英国作家威廉·梅克皮斯·萨克雷揭露了17世纪的王权理论

威廉·梅克皮斯·萨克雷

---

① 东方三贤士，据《圣经》记载，耶稣出生时，在一颗明星的指引下，三个贤士带着礼物从东方而来。——译者注

的空洞。翻开《路易十四》，首先映入我们眼帘的是真正的法兰西国王路易十四，即一个无足轻重、头童齿豁的男人，一具活着的尸体，而不是一个活着的人。站在法兰西国王路易十四对面的国王戴着油光锃亮的下垂假卷发，身着缎带和用闪闪发光的珠宝装饰着的皇家长袍，显示出一种国王独有的神圣。假发、缎带和皇家长袍等东西被搁在国王的骨架上，等待着法兰西国王路易十四使用。最后，我们看到的是将人的原型和华丽的着装结合在一起的画面。《路易十四》反映出了法兰西国王路易十四这位伟大的君主身上的许多东西都是裁缝和假发制造者，而不是上帝的杰作。《路易十四》的认识是正确的，而这种讽刺也是合理的。如果宫廷的辉煌是政府制度的一部分，能代表和强化国家尊严，可以引领扩张野心的潮流，是国家权力和个人才能的鲜活体现，那么国王和大臣们便不能老去。七十岁时的英格兰女王伊丽莎白一世鼓励人们表达爱情，而法兰西国王路易十四则试图人为地掩盖岁月的流逝。因为英格兰女王伊丽莎白一世和法兰西国王路易十四的做法不自然，太做作，所以这些都是令人反感的场景。然而，同时代的人从来没有闪过憎恶英格兰女王伊丽莎白一世和法兰西国王路易十四的念头。实际上，法兰西国王路易十四从未失去过欧洲的尊敬和臣民的爱戴。法兰西国王路易十四的君王风度给欧洲人民留下了深刻印象。法兰西王国的伟大和法兰西国王路易十四的成功是一种因果关系。法兰西国王路易十四的君王风度使人们对物质的需求变得不太强烈。人们的感觉是正确的。法兰西国王路易十四的宫廷产生的影响比那些士兵或外交官的马车大得多——毕竟，凡尔赛宫为世界展示了文明和时尚。法兰西王国的风俗、服饰、语言、艺术、文学、信仰和科学成为文明欧洲的财产和典范。在生活中的每一个环节，从诗韵的改变到新兵的训练，从谱写一段颂词到设计一张牌桌，一切事务都开始被法兰西王国影响、约束、陶冶和感染。一个世纪后，很少有国王被赋予对文明发号施令的权力或规定文明赖以生存的原则。

在生活和政府的各个部门中，法兰西国王路易十四都取得了巨大的成功。法兰西国王路易十四明白自己成功的秘诀在于亲自和密切关注眼前之事。法兰西国王路易十四的天赋在于能够不厌其烦地处理事务。法兰西国王路易十四的宫廷是欧洲最有活力的宫廷。法兰西国王路易十四不仅会聆听来自大使们的所有信件的内容，而且会亲自做出答复。然而，实际上，在那些不希望外交部门知道的事情上，法兰西国王路易十四会与自己的亲信和特使进行通信。在面对重要的谈判时，尤其是那些统治期间的和重要条约有关的谈判，法兰西国王路易十四会亲自处理所有事务，并且经常亲手给他的代表写下命令。17世纪，礼仪方面的细节问题不仅让大使们大伤脑筋，而且浪费了大使们的很多时间，而法兰西国王路易十四则对礼仪细节一丝不苟。法兰西国王路易十四不仅以最审慎的态度规定和说明了各国大使进门的顺序，而且制定了一些规则，如什么能穿什么不能穿、一个人能不能走在另一个人的前面等。按照法兰西国王路易十四制定的规则，法兰西大使必须走在西班牙大使前面。法兰西国王路易十四对关心的事事无巨细——瓜分条约的谈判、在马尔勒举行宴会的安排、里尔的防御工事的设计，以及对一个爱发脾气的大臣或一个健忘的仆人的训斥，都是法兰西国王路易十四仔细考虑过的事。法兰西国王路易十四说的"我几乎在等着处理事务"这句话已经成为谚语。

在法兰西王国，追求完美的法兰西国王路易十四对细节的潜心关注使每一个政府部门都积极响应和认真对待着每一件事。当时，各种组织工作已经蔚然成风。在野心勃勃的人挑起的持续战争摧毁一切前，法兰西国王路易十四已经取得了卓越的成就。法兰西国王路易十四的政府的职能就是开展组织工作。法兰西国王路易十四的大臣是组织者，而不是政治家，与枢机主教黎塞留恰好相反。法兰西国王路易十四的大臣虽然是组织者，但与过去的组织者，即第一代叙利公爵马克西米利安·德·贝蒂纳不是同一类型。第一代叙利公爵马克西米利安·德·贝蒂纳仅仅取消了多项滥征税目，而法兰西国王路易十四的大臣则更胜一筹：于格·德·利奥纳组织了法兰西王国的外交部和驻外部门；让-巴普蒂斯特·科尔贝组织了法兰西王国的内务部；卢瓦侯爵路易·弗朗索瓦·玛利·勒·泰利耶组织了法兰西王国的陆军部。大臣们制定的原则不仅成为所有国家公认的外交、国内和军事管理原则长达一个多世纪，而且会使法兰西王国能充分利用中央集权，以特有的方式承受战争失败的巨大压力，在对付庞大却无组织的神圣罗马帝国军队时具有巨大优势。法兰西王国虽然在法兰西国王路易十四统治末期失去了一切，但仍然变得比以前强大了。虽然那些制定和执行计划的大臣们理应获得荣誉，但如果大臣们没有法兰西国王路易十四的帮助，那么这种荣誉根本不可能存在。

让-巴普蒂斯特·科尔贝曾在枢机主教朱尔·马萨林的家中当过学徒。由于注意到了年幼的让-巴普蒂斯特·科尔贝非凡的办事能力，枢机主教朱尔·马萨林从卢瓦侯爵路易·弗朗索瓦·玛利·勒·泰利耶那里将让-巴普蒂斯特·科尔贝接了过来。后来，枢机主教朱尔·马萨林把家务交给了让-巴普蒂斯特·科尔贝料理，而让-巴普蒂斯特·科尔贝则会时不时提出一些做生意的建议。很快，枢机主教朱尔·马萨林就意识到，让-巴普蒂斯特·科尔贝不仅是一个做事精细的人，而且是一个出众的财务管理人。枢机主教朱尔·马萨林的私人事务被渐渐全权交由让-巴普蒂斯特·科尔贝管理。枢机主教朱尔·马萨林吝啬而奢侈，贪婪而放纵。因此，让-巴普蒂斯特·科尔贝会去最低级的市场上买最好的东西。在枢机主教朱尔·马萨林身边，让-巴普蒂斯特·科尔贝不仅享受着怡然自得的生活，而且让枢机主教朱尔·马萨林的财产总额翻了两三番。由于枢机主教朱尔·马萨林与众不同，让-巴普蒂斯特·科尔贝的工作开展起来并不容易。枢机主教朱尔·马萨林穿的衬衫，住的邸宅的地毯，为侄女准备的嫁妆，以及送给别人的结婚礼物，都必须经让-巴普蒂斯特·科尔贝亲自过目。与此同时，让-巴普蒂斯特·科尔贝还要负责投资和商业活动，帮助枢机主教朱尔·马萨林积累巨额财富。让-巴普蒂斯特·科尔贝完全可以胜任自己的工作。让-巴普蒂斯特·科尔贝有敏锐的商业眼光，对人的评价措辞得体，对细节锲而不舍，做事不会瞻前顾后，不受野心的驱使，无疑可以满足枢机主教朱尔·马萨林的贪欲。通过利用国家权力，让-巴普蒂斯特·科尔贝使枢机主教朱尔·马萨林的商品可以在市场上享有优先地位并且获得消费税的减免，而与此同时，其他商人则几乎被消费税压得喘不过气来。可以说，在让-巴普蒂斯特·科尔贝的管理下，国家也为枢机主教朱尔·马萨林的利益大开方便之门。投石党运动结束仅仅八年后，枢机主教朱尔·马萨林就去世了。去世时，枢机主教朱尔·马萨林的财富总额已经达到了两百万英镑。临终前，枢机主教朱尔·马萨林将自己的财富的创造者、最宝贵的财产让-巴普蒂斯特·科尔贝献给了年轻的法兰西国王路易十四和法兰西王国。

枢机主教朱尔·马萨林去世后，法兰西王国的财务总管贝勒侯爵尼古拉·富凯把持了法兰西王国的财政大权。贝勒侯爵尼古拉·富凯是阿贝·富凯的哥哥，而阿贝·富凯则曾长期担任枢机主教朱尔·马萨林的秘密警察首领。贝勒侯爵尼古拉·富凯是一个有能力和雄心壮志的人。看到周围到处都是腐败行为后，贝勒侯爵尼古拉·富凯不仅随大流大肆贪腐，而且利用自己的财务总管和检察长的双重身份聚敛了大笔财富。然而，与枢机主教朱尔·马萨林不同的是，贝勒侯爵尼古拉·富凯不是贪得无厌的人。贝勒侯爵尼古拉·富凯是法兰西王国的称霸计划的牺牲品，也是排场盖过皇家宴会的宴会主人。贝勒侯爵尼古拉·富凯挥霍着不义之财，成为殖民地的主人，艺术和文学事业的赞助者，以及法兰西王国最宏伟宫殿的建造者。贝勒侯爵尼古拉·富凯成为上流社会的中心和领袖，而在任何时候，这都可能造成危险。然而，贝勒侯爵尼古

贝勒侯爵尼古拉·富凯

拉·富凯如果在宫廷里有许多朋友，那么在法兰西王国便有许多敌人。贝勒侯爵尼古拉·富凯的辉煌和成功使人们嫉妒他，而他鲁莽的管理则使商业阶层朋友不信任他。面对不断增加的债务，所有的资产阶级都开始憎恨贝勒侯爵尼古拉·富凯。贝勒侯爵尼古拉·富凯的无耻和腐败使他的敌人在与他的较量中占了上风。人们知道法兰西国王路易十四不会支持贝勒侯爵尼古拉·富凯时，以让-巴普蒂斯特·科尔贝为首的旨在击溃贝勒侯爵尼古拉·富凯的阴谋集团成立了。实际上，要证明贝勒侯爵尼古拉·富凯犯有侵吞公款和管理不善的罪行并不困难——问题只在于贝勒侯爵尼古拉·富凯在法兰西宫廷中的派系是否有足够的力量拯救他。法兰西宫廷中的女人们都站在贝勒侯爵尼古拉·富凯一边。然而，要么是因为法兰西国王路易十四嫉妒贝勒侯爵尼古拉·富凯的政治权力，认为贝勒侯爵尼古拉·富凯太危险，要么是因为法兰西国王路易十四嫉妒贝勒侯爵尼古拉·富凯用个人魅力吸引了路易丝·德·拉·瓦利埃，总之，法兰西国王路易十四决心打倒贝勒侯爵尼古拉·富凯。当时，法兰西国王路易十四被路易丝·德·拉·瓦利埃迷得神魂颠倒。法

路易丝·德·拉·瓦利埃

沃子爵城堡

兰西国王路易十四设下圈套，让贝勒侯爵尼古拉·富凯卖掉了检察长的职位。只有巴黎高等法院才有权审判任检察长一职的人。在豪华的沃子爵城堡，贝勒侯爵尼古拉·富凯以帝王般的豪华排场款待了法兰西国王路易十四和宫廷大臣。然而，款待完法兰西国王路易十四后仅仅数天，贝勒侯爵尼古拉·富凯就突然被捕了。一个专门成立的特别委员会负责审判贝勒侯爵尼古拉·富凯。这场审判持续了长达三年之久。最终，贝勒侯爵尼古拉·富凯被判犯有危害国家罪并因此被判放逐。法兰西国王路易十四的嫉妒和让-巴普蒂斯特·科尔贝的仇恨是不容易平息的——法兰西国王路易十四以终身监禁代替了放逐。后来，人们表示，即使是这种严厉的惩罚也不足以平息法兰西国王路易十四的愤恨。贝勒侯爵尼古拉·富凯这个聪明的人的品行被著名的传奇小说中的铁面具掩盖了——贝勒侯爵尼古拉·富凯竟敢和法兰西国王路易十四的女人眉来眼去！

贝勒侯爵尼古拉·富凯倒台后，让-巴普蒂斯特·科尔贝掌控了整个法兰西王国的内部管理事务。让-巴普蒂斯特·科尔贝满怀热情地开始进行法兰西王国的重建工作。首先需要让-巴普蒂斯特·科尔贝集中精力处理的是财政问题。在枢机主教黎塞留、枢机主教朱尔·马萨林和贝勒侯爵尼古拉·富凯的以权谋私的管理模式下，曾被第一代叙利公爵马克西米利安·德·贝蒂纳压下去的一切无法无天之事一而再、再而三地出现。征税者和财政官员通过贪污得到了巨额财富，而财政部则只得到了纳税人缴纳的一小部分税款。国家靠以出售的目的设立的办事处和借高利贷支付日常开支，没有对侵吞公款的核查制度、会计制度和节约的思想。法兰西王国就像一个逍遥自在、挥金如土的人，漫无目的地在向破产游荡着。因此，让-巴普蒂斯特·科尔贝果断地采取了严厉的措施。让-巴普蒂斯特·科尔贝知道如何致富，以及怎样对待那些借钱给国家而致富的人。在枢机主教朱尔·马萨林的家里的经历促使让-巴普蒂斯特·科尔贝一举否定了贝勒侯爵尼古拉·富凯筹集的贷款并且降低了那些贷款的利息。把债务的负担减轻到合理程度后，让-巴普蒂斯特·科尔贝开始着手征收税款。让-巴普蒂斯特·科尔贝虽然免除了被长期拖欠的人头税，但强迫收税者进行了账目清算，对侵吞公款的不法分子提起了诉讼。行政部门恢复秩序的速度就像变魔术一样快。让-巴普蒂斯特·科尔贝规定，每支出一分钱都必须经过仔细考虑、适当授权和正确核算。一些官员再次被任命监督农场主的收入、重新评估人头税、调查豁免征税的要求、及时审计和检查应收账款。通过这些途径，在没有增加税收的情况下，让-巴普蒂斯特·科尔贝筹集到了足够的钱去支付债务利息和政府开支。1662年，让-巴普蒂斯特·科尔贝让法兰西政府有了四千五百万法郎的盈余，却没有给任何一个诚实的人增加经济负担。

然而，让-巴普蒂斯特·科尔贝不满足于仅仅恢复财政管理秩序。在让-巴普蒂斯特·科尔贝看来，仅仅让收入超过支出是不够的——应该尽力减少不法分子侵吞公款的机会。让-巴普蒂斯特·科尔贝是最早意识到国家的伟大和繁荣与良好的金融体系紧密相连的大臣之一。为了探索增加国家财富和促进人民福祉的方法，让-巴普蒂斯特·科尔贝推出了一种税收制度，谨慎地将财政负担调整到了最有能力承受的人的肩上。让-巴普蒂斯特·科尔贝接管财政事务前，财政大臣们只会从政府的角度考虑税收，对那些最容易征税的东西征税，确保政府有一定的收入，却完全不考虑税收制度对纳税人的影响。与以前的财政大臣们的想法相反，让-巴普蒂斯特·科尔贝认为，绝佳的税收政策的优点不应是收税有多么容易，而是纳税有多么容易；政府与纳税人的利益是一致的，而不是对立的；政府越考虑方便纳税人，纳税人就越愿意为了方便政府而纳税。因此，一个好的财政大臣不会满足于恢复税收的秩序或节约国家的支出，而是会努力解决更大和更困难的两个问题，即如何最大限度地增加国家的资源，以及如何调整税收以尽量减少对资源的浪费。

这两个问题要用金融学的知识来回答。让-巴普蒂斯特·科尔贝是第一个试图给出答案的财政大臣。让-巴普蒂斯特·科尔贝试图给出一个基于理性原则而得出的答案，而他采用的理性原则基本就是大多数现在的文明国家采用的原则。这些原则构成了贸易保护政策的基础，是国家主权理论在经济方面的应用。正如我们所见，17世纪的所有政治思想几乎都是由各国国王统治下的团结理论支配的。在几个主权的支配下，整个欧洲合并成了多个领土实体，而每一个这样的领土实体都会通过获得自然边界和组织一支专业军队来保护自己并且通过国王的中央集权和外交手段来为本国获得利益或在他国宫廷展示个性。通过基督教建立一个统一的欧洲的想法已经过时了，而通过世界性的人类联盟建立一个统一的欧洲的想法则仍然没有出现。实际上，人们更乐于陷入敌对状态。人们忙于对邻居们设置障碍，尽可能地发展自己的力量，以及阻止邻居们发展。在经济学和政治学中，指导人们行为的原则是一样的。人们认为，经济独立和政治独立同样重要。对内尽可能保持强大和对外尽可能保持独立是每一位政治家的奋斗目标。在让-巴普蒂斯特·科尔贝看来，和没有必要感激他的效忠一样，法兰西王国也没有必要依靠外国人为自己提供面包。让-巴普蒂斯特·科尔贝认为，和把边疆委托给邻国保卫一样，从某些竞争对手和可能的敌人那里获得粮食是一种鲁莽的犯罪行为。

让-巴普蒂斯特·科尔贝给自己设立了两个伟大的目标——第一，在国内，用政府的一切力量来促进财富的增长；第二，通过征收关税来防止居心叵测的外国人打压国内生产者生产的关乎人民福祉的商品。让-巴普蒂斯特·科尔贝努力废除妨碍法兰西王国各省之间的贸易自由的征税和地方税。让-巴普蒂斯特·科尔贝虽然遭到了地方当局的强烈反对，但仍然成功地废除了法兰西王国的四分之三的地区的征税和地方税。让-巴普蒂斯特·科尔贝还发展了交通系统，把第一代叙利公爵马克西米利安·德·贝蒂纳下令开凿的运河扩建成了一个发达的水上交通系统。在发展了交通系统一事中，沟通地中海和大西洋的朗格多克运河是最著

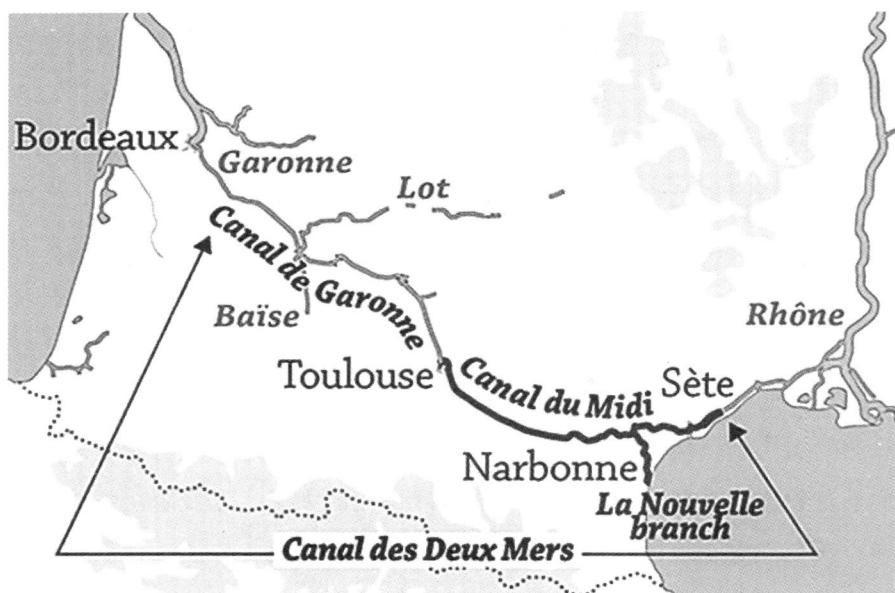

朗格多克运河示意图

名的例子。朗格多克运河为促进法兰西王国的繁荣做出了巨大贡献。其他国家开始意识到便捷的交通的重要性时，不仅法兰西王国的道路和运河成为其奋斗的榜样，而且法兰西王国的工程人才也成为其所追求的权威。开凿苏伊士运河的计划来自朗格多克运河和让-巴普蒂斯特·科尔贝的天才想法。让-巴普蒂斯特·科尔贝还鼓励生产各种各样的产品。在让-巴普蒂斯特·科尔贝的支持下，法兰西王国生产的玻璃和各种纸品享誉世界。让-巴普蒂斯特·科尔贝推出了一种更科学的管理国家森林的制度，促进建立大型马匹繁育机构，鼓励成立工商业公司，协助建立殖民地，并且通过建立一支高效的海军来保护殖民贸易。与此同时，让-巴普蒂斯特·科尔贝减少了近一半的人头税，征收主要针对奢侈品征收的间接税来充盈国库，使农民从沉重的财政负担中解脱了出来。让-巴普蒂斯特·科尔贝帮助制造商取消了国内产品的出口关税，同时对从国外进口的类似产品征收重税。然而，让-巴普蒂斯特·科尔贝的关税政策带来了一个很严重的问题。由于担心法兰西王国的粮食共赢会依赖其他国家，在任何情况下，让-巴普蒂斯特·科尔贝都不允许出口玉米。因此，法兰西王国富饶的玉米地生产的玉米严重过剩，而自由出口过剩玉米则会成为国家财富中的重要来源。虽然17世纪的法兰西王国是欧洲的玉米种植大国，但让-巴普蒂斯特·科尔贝故意关上了出口玉米这扇财富的大门，让法兰西王国农民保持贫困状态以压低食品价格和确保玉米大量过剩。

虽然从整体上看，让-巴普蒂斯特·科尔贝的贸易保护政策非常严格，但对法兰西王国来说，这一政策的结果无疑是最有利的。从1651年到1671年的十年间，让-巴普蒂斯特·科尔贝真正掌控了国家的财政大权。除了宫廷的开支，法兰西政府的债务大幅减少。在法兰西王国，不仅侵吞公款的人遭到了严格调查，而且税收被大大减轻并且分配得更合理了。此外，随着制造业的兴起和便捷的交通的出现，新兴而富有活力的繁荣景象不断涌现。到1671年后，在让-巴普蒂斯特·科尔贝的努力和法兰西国王路易十四的统治下，法兰西王国获得了前所未有的地位。法兰西王国比其他任何国家都要团结和集权。法兰西军队都由法兰西国王路易十四控制。除了一条由自然地理界线构成的坚固的边防线，其余边防线上的戒备都非常森严。法兰西王国土地肥沃，工业发达，人民安居乐业。发展制造业和商业给法兰西王国带来了大量财富。法兰西王国的殖民地遍布全球。法兰西海军变得强大起来，足以抵御来犯之敌。论及纪律和荣誉，法兰西军无人能及。法兰西王国的人民富裕、满足和顺从；法兰西王国的管理者公正、谨慎和诚实；法兰西王国管理制度切合实际，并且以国家的安全和独立成为首要原则。

即使没有多少远见，人们也能明白，一个以纯粹的自私原则为基础建立的金融体系必定会导致国际关系复杂化。如果每个欧洲国家都为了自己的利益而建立对其他国家征收高昂费用的关税制度，那么发动战争的借口会层出不穷。无论一个国家自给自足的程度有多高，邻国都可以为它提供许多便利条件。虽然有国家可能会尽力扩大其殖民帝国并且通过精心规划的航行法使其贸易完全独立，但不仅国际贸易不会消亡，而且走私行为不会停止。保护性关税和禁止性立法从未成功地摧毁一个文明国家对另一个文明国家的商业依赖。希望通过关税保护本国贸易的国家只会建立一种对邻国有害的制度，而这种制度肯定会导致走私和报复。16世纪的商业冒险家们和政府都对海盗行为不以为意。然而，因某些行为造成了与他国臣民之间的冲突时，政府会为捍卫自己的制度拼尽全力。政府会实行关税报复，声称自己有权惩罚外国走私者，并且在外国船只上搜查走私货物，而这些做法肯定会导致全面战争。人们常说，16世纪的战争是宗教战争，而18世纪的战争则是关税战争。发生于1672年的法兰西王国与荷兰之间的战争被认为是第一次关税战争和采用关税保护制度后的第一次欧洲大战。虽然这种说法有些夸张，但毫无疑问，从法兰西王国在让-巴普蒂斯特·科尔贝指导下采用关税保护制度起，欧洲每一场重要战争都与关税和商业有很大关系。人们很有可能会问，虽然在文明道路上，国家迈出了脚，但决定其方向的关键是国家财政建设还是国防建设？

结束个人统治的第一个十年时，法兰西国王路易十四自己的管理天赋和大臣们的管理才能让他的荣耀和声望达到了顶峰，远远超过了当时的所有其他君主。在欧洲，法兰西国王路易十四的宫廷是最富丽堂皇的。法兰西国王路易十四麾下有天赋异禀的蒂雷纳子爵亨利·德·拉·图尔·德·奥韦涅，才华横溢的孔代亲王路易二世·德·波旁，鼎鼎大名的皮埃尔·高乃依，诙谐机智的莫里哀，提倡

莫里哀

诗文格律的尼古拉·布瓦洛-德普雷奥，善于抒情的让-巴蒂斯特·拉辛。吉安·洛伦佐·贝尔尼尼从意大利带来的超现实主义风格的雕塑艺术美化了巴黎，而夏尔·勒·布兰的画作则气势非常宏大。吉安·洛伦佐·贝尔尼尼和夏尔·勒·布兰受邀为官，为欧洲最伟大的主权国家，即法兰西王国的崛起贡献力量。一切文学艺术方面的辉煌都离不开让-巴普蒂斯特·科尔贝这位财政大臣的坚定支持。如果法兰西王国没有让-巴普蒂斯特·科尔贝，那么一切文学艺术方面的辉煌都不可能存在。让-巴普蒂斯特·科尔贝冷漠、冷酷、苛刻、没有朋友。让-巴普蒂斯特·科尔

吉安·洛伦佐·贝尔尼尼

夏尔·勒·布兰

贝的理想就是在生活和商业活动中寻找乐趣。让-巴普蒂斯特·科尔贝一丝不苟、诚实可靠、严肃认真、以身作则、不偏不倚、精益求精、心志坚定、缺乏人性、麻木不仁。作为一个有宗教信仰的人，让-巴普蒂斯特·科尔贝因减少"宗教"的数量而激怒了神职人员；作为一个为人民服务的人，让-巴普蒂斯特·科尔贝通过减少假日的数量而得罪了民众；作为一个热心的天主教教徒，让-巴普蒂斯特·科尔贝不仅因对胡格诺派艺人施予恩惠的行为得罪了东正教，而且不受胡格诺派的欢迎——法兰西国王路易十四镇压胡格诺派时，让-巴普蒂斯特·科尔贝抛弃了胡格诺派。让-巴普蒂斯特·科尔贝是一个尽职尽责的人，会果断命令法官们对被指控犯罪的囚犯定罪以便使法兰西国王路易十四的舰队有足够的人手。如果舰队里那些刑满的奴隶仍然能为法兰西国王路易十四服务，那么让-巴普蒂斯特·科尔贝甚至不会释放他们。无论让-巴普蒂斯特·科尔贝创造的伟大政府给人们带来了多少幸福，人们都会本能地把让-巴普蒂斯特·科尔贝当作敌人。1683年，带着人们的诅咒，让-巴普蒂斯特·科尔贝及其贡献走向了死亡。

然而，评价让-巴普蒂斯特·科尔贝时，人们是非常不公正的。虽然人们往往会因战争税而憎恨让-巴普蒂斯特·科尔贝，但让-巴普蒂斯特·科尔贝只是战争税的代言人，而不是始作俑者。1671年，法兰西王国站在一个三岔路口——虽然摆在法兰西王国前方两条路都伸向遥远的未来，以及辉煌和繁荣的前景，但法兰西王国必须在两条路之间做出选择。由于可以依靠枢机主教黎塞留和枢机主教朱尔·马萨林克敌制胜，以及让-巴普蒂斯特·科尔贝分管财政和其他事务，法兰西王国傲视欧洲群雄，安若泰山。没有人敢挑战法兰西王国。法兰西王国不惧任何来犯之敌。只要边境由一个叫塞巴斯蒂安·勒普雷斯特·德·沃邦的天才防守着，法兰西王国就会安然无恙。法兰西王国的安全状态一直持续到欧洲战争的闸门重新打开。法兰西王国不仅在美洲、非洲、马达加斯加和西方的岛屿上开发着殖民地，而且把贸易公司的业务推向了印度和东方的香料群岛[①]。在与奥斯曼帝国苏丹宫廷和黎凡特的贸易中，通过签署条约，法兰西王国享有凌驾于其他所有欧洲国家之上的优越地位。或许法兰西王国做梦也没想到自己的影响力会变得无与伦比。凭借耶稣会传教士，法兰西王国的影响力渗透到了中国的清王朝中。由于已经威胁到了荷兰，法兰西王国不得不伸出手来夺取殖民帝国和商业霸权的头把交椅。17世纪中叶，法兰西王国没有畏惧的对手。当时，西班牙和葡萄牙已经没落了，而荷兰虽然国力强盛，但在更强悍的邻居们的压力下，

---

① 香料群岛，即印度尼西亚东北部的马鲁古群岛，因盛产丁香、肉豆蔻等香料而得名。——译者注

塞巴斯蒂安·勒普雷斯特·德·沃邦

无法长久地坚持下去。以前，由于邻居们的软弱，荷兰获得了独一无二的荣耀地位；现在，面对强悍的邻居，荷兰已经无力抵抗。荷兰已经被英格兰王国的《航海法案》和战争折磨得心力交瘁，不得不承认英格兰王国是与荷兰实力相当的海上竞争对手。然而，英格兰王国称霸的时刻仍然没有到来。在实行疯狂而卑鄙的报复政策之余，英王查理二世开始着手鼓励英格兰人在美洲开发种植园和促进东印度公司的运营。可以肯定的是，只要法兰西国王路易十四手握的权力不受巴黎高等法院控制，英格兰王国就不可能成为法兰西王国的商业或殖民对手。此外，一个更加重要的事实是，在英格兰王国建立于18世纪的殖民帝国中，最重要和最永久的部分不是殖民企业，而是战争造就的。加拿大、西印度群岛、好望角、印度等地是英格兰王国与法兰西王国一直在用战争争夺的殖民地，而战争的起因则是法兰西国王路易十四的军事和政治野心。英格兰王国和法兰西王国的竞争开始于1690年，并且直到1815年才结束。在一百二十五年的时间里，英格兰王国和法兰西王国之间爆发了多达七次不同程度和旷日持久的战争。法兰西王国失去了大片种植园后，英格兰王国建立了一个庞大的殖民帝国。在本质上，英格兰王国和法兰西王国之间的战争是欧洲军事竞争的必然结果。英格兰王国发起战争的目的是遏制法兰西王国在欧洲的军事和政治优势，反对法兰西国王路易十四采取的政策，保持欧洲的力量平衡。当时，由于不再满足于在欧洲的卓越地位，法兰西国王路易十四开始追求凌驾于欧洲之上的霸权。英王威廉三世和辉格党决心发动战争，不惜一切代价阻止法兰西王国达成霸业。

好望角

英王威廉三世

如果法兰西国王路易十四把自己的野心转向其他方向，贯彻让-巴普蒂斯特·科尔贝的政策，把政府和人民的力量投入到促进殖民发展和建立商业霸权的事业上，将法兰西舰队和军队派去驻守贪婪的法兰西商人和有自我牺牲精神的传教士开拓的线路上，那么便不用担心荷兰的顽钝固执或英格兰王国的贪得无厌，而英格兰王国如果直到一个世纪或半个世纪后才恍然大悟，提出统治权要求，那么会面临一项完全不同的任务——也就是说，到时候，英格兰王国要征服的是一个超级强大的国家，而不是一个可以超越的对手。

然而，现实没有像我们想象的那样发展。法兰西王国的传统是军事征服，而不是商业霸权。法兰西国王路易十四有卢瓦侯爵路易·弗朗索瓦·玛利·勒·泰利耶这样的人精心组织和操练军队，有像蒂雷纳子爵亨利·德·拉·图尔·德·奥韦涅、孔代亲王路易二世·德·波旁和塞巴斯蒂安·勒普雷斯特·德·沃邦这样的将军听从命令，有法兰西君主的所有优良传统，有能带来荣耀的政治环境，还有关系亲密的欧洲宫廷的协助。法兰西国王路易十四决定要创造怎么样的奇迹呢？在欧洲，没有一个国家元首能与法兰西国王路易十四抗衡。国家之间的联合是令人畏惧的，而什么样的联合才能长期抵抗法兰西国王路易十四的外交手段和国家的自私特征呢？哪个军事联盟曾在与法兰西王国的对抗中取胜？法兰西王国似乎有取之不尽的资源、不可战胜的军队和无法抵御的天才。在遥远——实际上并不遥远——的将来，法兰西王国开始面对包括西班牙王位继承问题在内的一系列麻烦。在政治家的煽动、个人野心和宫廷奉承的驱使下，法兰西国王路易十四迈出了致命的一步，使法兰西王国陷入了长达一个半世纪的无休止的战争之中。法兰西国王路易十四曾轻而易举地成为法兰西王国的主人。现在，法兰西国王路易十四决定成为欧洲的主人。

第 10 章

法兰西王国与荷兰

刚刚亲自掌权，法兰西国王路易十四就开始让外国人明白，法兰西王国是一个由君主统治的国家，而君主的意志就是法律。由于头顶王冠，法兰西国王路易十四不可能允许自己的尊严被他人践踏。1661年秋季，在瑞典大使抵达伦敦的庄严时刻，法兰西王国和西班牙的大使争相走向对方前面，并且在狭窄的街道上大打出手。法兰西大使埃斯特拉德伯爵戈德弗鲁瓦乘坐的马车被掀翻了。埃斯特拉德伯爵戈德弗鲁瓦被迫躲进了附近的房子。获胜的西班牙大使取代了法兰西大使，骄傲地站在迎接队伍中，摆出了一副胜利的傲慢姿态。听说这件事后，法兰西国王路易十四大发雷霆。埃斯特拉德伯爵戈德弗鲁瓦因遭到殴打而被解除职务并且被召回。在战争的阴霾下，西班牙国王腓力四世不得不承认法兰西大使应该位列西班牙大使前。

几个月后，一个不怎么体面的人物引起了法兰西国王路易十四对教皇亚历山大七世的强烈反对。法兰西王国驻罗马大使克雷基公爵查理三世·德·布朗谢福尔-克雷基自命不凡，非常不得人心。据说，在教皇亚历山大七世的哥哥马里奥的教唆下，罗马教廷的一些科西嘉卫兵对克雷基公爵查理三世·德·布朗谢福尔-克雷基的随从的身体进行了侮辱。公愤私仇被全部加在了克雷基公爵查理三世·德·布朗谢福尔-克雷基的随从身上。当克雷基公爵夫人安妮-阿芒德·德·克雷基回到居所时，科西嘉卫兵发起了粗暴的攻击，导致一名侍从被杀，多名仆人受伤。出于安全考虑，克雷基公爵查理三世·德·布朗谢福尔-克雷基离开了罗马。克雷基公爵查理三世·德·布朗谢福尔-克雷基要求教皇亚历山大七世进行补偿，而教皇历山大七世则似乎非常不愿意赔钱了事。因此，法兰西国王路易十四立即出兵占领了阿维尼翁，集结军队，任命普莱西-普拉兰为军队统帅，下令围攻罗马，准备迫使教皇亚历山大七世给出公正的解决方案。教皇亚历山大七世对这种意外的军事威胁感到惊讶，只能派枢机主教弗拉维奥·基吉火速赶赴巴黎负荆请罪并且答应力所能及地满足法

枢机主教弗拉维奥·基吉

兰西王国的所有要求。法兰西历史学家说，枢机主教弗拉维奥·基吉是第一位被派去请求法兰西国王的原谅的教皇大使。实验可以成功一次，却未必会每次都能成功。法兰西国王路易十四怒气难消，固执地公开羞辱了教皇亚历山大七世。法兰西国王路易十四让教皇亚历山大七世放逐马里奥，解散科西嘉卫兵，并且在罗马建一座金字塔来纪念耻辱。

　　随后，法兰西国王路易十四得到了比得到大使的优先地位或令教皇受辱更具实质性的力量。1662年，法兰西国王路易十四从英格兰王国手中买下敦刻尔克港并且将其改造成了一座军港。1663年，法兰西国王路易十四派第三代朔姆贝格公爵格迈因哈特·朔姆贝格暗中协助葡萄牙发

第三代朔姆贝格公爵格迈因哈特·朔姆贝格

奥斯曼帝国苏丹穆罕默德四世

动对西班牙的战争，并且因此让葡萄牙确立了独立地位。与此同时，法兰西国王路易十四把奥斯曼帝国苏丹穆罕默德四世的大维齐尔①柯普吕律扎德·法齐尔·艾哈迈德训斥了一顿。柯普吕律扎德·法齐尔·艾哈迈德违背了法兰西王国和奥斯曼帝国之间的古老联盟，没有维护在1661

---

① 大维齐尔，奥斯曼帝国的高级官职，相当于奥斯曼帝国苏丹的宰相，并且在原则上只能被奥斯曼帝国苏丹解职。——译者注

柯普吕律扎德·法齐尔·艾哈迈德

年受辱的埃斯特拉德伯爵戈德弗鲁瓦。法兰西国王路易十四派法兰西军队协助保卫被土耳其人围困的威尼斯的干地亚。法兰西国王路易十四还向神圣罗马帝国皇帝利奥波德一世提供了一大笔钱和一支由六千名法兰西人组成的军队。这支军队由路易·德·奥比松·德·拉·菲亚德和让·德·科利尼-萨利尼带领，被用于抵抗1664年的奥斯曼帝国对匈牙利和克罗地亚的入侵。在1664年的圣戈塔尔战役中，由于法兰西军队英勇无比、势不可当，蒙泰库科利伯爵雷蒙多击败了土耳其军队。

1667年，法兰西国王路易十四发动了自己的第一场大规模战争，即

围困于地亚

CANDIA

圣戈塔尔战役

遗产继承战争。1665年9月，西班牙国王腓力四世去世。西班牙国王腓力四世与第二任妻子奥地利的玛丽安娜的儿子以查理二世的名义继承了西班牙王位，而已经成为法兰西王后的西班牙的玛丽亚·特蕾莎则是西班牙国王腓力四世和他的第一任妻子法兰西的伊丽莎白的长女。法兰西国王路易十四立即向西属尼德兰提出了主权要求。然而，实际上，支持法兰西国王路易十四的诉求的法律只是布拉班特的一个地方习俗。根据这

奥地利的玛丽安娜

西班牙国王查理二世

一习俗，某人去世后，他在土地上的私有财产应该被优先传给第一任妻子生下的女孩，而不是第二任妻子生下的男孩。因此，如果西班牙国王腓力四世曾以私人身份买下了布拉班特的一个农场，那么根据布拉班特的习俗，法兰西国王路易十四将有权得到应该被西班牙的玛丽亚·特蕾莎继承的这个农场。虽然主张荷兰的主权应遵循布拉班特的土地保有权原则是虚伪的野心家提出的最可怕的主张之一，但法兰西国王路易十四仍然大有文章可做。文人和外交家们据理力争西班牙的玛丽亚·特蕾莎的权利，而蒂雷纳子爵亨利·德·拉·图尔·德·奥韦涅则率领拥有三万五千名士兵的军队以实力为西班牙的玛丽亚·特蕾莎争取权利。到1667年8月后，不仅沙勒罗瓦、图尔奈和里尔都落入了法兰西国王路易十四手中，而且整个西属尼德兰都被置于法兰西国王路易十四的眼皮底下。欧洲的其他大国如梦初醒，大惊失色——在法兰西王国面前，曾经强大的西班牙竟然会变得分崩离析。欧洲的其他大国发现自己正受到一位唯我独尊的国王的野心的威胁，而这位国王的意志就是法律。从莱茵河到海洋，从斯海尔德河到比利牛斯山脉，都是法兰西国王路易十四的意志做主的地方。

欧洲的政治家们第一次意识到了来自法兰西王国的危险，也第一次理解了法兰西王国的政策的真正倾向。西班牙国王腓力二世的阴影曾像一场噩梦一样笼罩着欧洲，而英格兰王国的奥利弗·克伦威尔则曾以沃尔特·雷利爵士的探险精神向西班牙宣战，并且与法兰西王国结盟以

沃尔特·雷利爵士

第一代克拉伦登伯爵爱德华·海德

确保法兰西王国这头垂死的大象能活下来。然而，将敦刻尔克港卖给法兰西国王路易十四时，第一代克拉伦登伯爵爱德华·海德怎么也没有想到，在即将到来的岁月里，法兰西王国——而不是西班牙——会成为英格兰王国的商业和海军劲敌。遗产继承战争不仅彻底粉碎了英格兰王国的种种错觉，而且是一场赤裸裸的野心和贪婪之战。全世界都很清楚，法兰西国王路易十四无比强大。如果西班牙粉身碎骨，那么欧洲还有什么力量能抵挡得了法兰西国王路易十四呢？虽然签署于1660年的《哥本哈根条约》和《奥利瓦条约》使整个欧洲恢复了平静，但旧世界的暴政的阴影突然出现的概率非常大。宗教战争远没有消灭暴政，只不过是将暴政的权力中心从马德里转移到了巴黎。

组织反法联盟的重担自然落在了荷兰人身上。如果法兰西人曾经成为安特卫普和斯海尔德河的主人，那么阿姆斯特丹的显赫地位和荷兰的繁荣早已不复存在。西属尼德兰对法兰西王国的扩张构成了障碍，是法兰西王国侵略荷兰的巨大屏障。获得独立的荷兰的既定政策的一个重要组成部分一直是让法兰西王国的边界远离斯海尔德河。当时，荷兰人已经完全意识到了危险。越过边境前，法兰西国王路易十四、神圣罗马帝国皇帝利奥波德一世、神圣罗马帝国诸侯、瑞典和英格兰王国等各方进行了深入的谈判使法兰西王国免于腹背受敌。法兰西国王路易十四的外

神圣罗马帝国皇帝利奥波德一世

交手段十分高明，无与伦比。虚弱的西班牙国王腓力四世去世后，法兰西王国和神圣罗马帝国达成了瓜分西班牙及其领地的瓜分条约。西属尼德兰总督利奥波德·威廉大公被说服保持中立，而法兰西国王路易十四则逐个击破，一一解决了可能的威胁。1667年10月，神圣罗马帝国诸侯以高昂的代价获得了安全，而瑞典则没有对法兰西王国发动战争。因此，法兰西王国的威胁只剩下了英格兰王国。1667年11月，由于第一代克拉伦登伯爵爱德华·海德倒台，英格兰王国的外交事务被交由支持与荷兰联盟的第一代阿林顿伯爵亨利·贝内特负责。威廉·坦普尔爵士是最能干的英格兰外交家和荷兰最坚定的朋友，被任命为英格兰王国驻海

第一代阿林顿伯爵亨利·贝内特

牙大使。虽然英王查理二世从未打算与法兰西国王路易十四决裂，但不反对偶尔表现出对荷兰的支持。英王查理二世的制衡之术比他的诚实更能证明他的聪明。英王查理二世同时与西班牙、法兰西王国和荷兰展开了谈判，等着看哪一方给的好处最多。然而，到1667年12月后，英格兰人民显然已经不会容忍英格兰王国与法兰西王国结盟，更不会允许法兰西国王路易十四成为荷兰的主人。因此，英王查理二世走上了一条国内阻力最小的路线，即让威廉·坦普尔爵士与荷兰缔结条约。英王查理二世写信给法兰西国王路易十四解释称，他是被迫与荷兰结盟的。

威廉·坦普尔爵士

17世纪的海牙

　　1668年1月13日，在海牙，荷兰与英格兰王国达成了联盟。1668年5月15日，由于被法兰西国王路易十四的威胁激怒了，瑞典加入了荷兰与英格兰王国的联盟。英格兰王国和荷兰政府向瑞典人保证，瑞典的一些由来已久的主权要求会被兑现。《三国同盟》是英格兰王国、荷兰和瑞典签署的条约的名称。英格兰王国、荷兰和瑞典约定，无论哪一方受到攻击，其他两方都要提供帮助。《三国同盟》试图恢复法兰西王国和西班牙之间的和平，而法兰西王国提出的条件则是让西班牙交出已经被法兰西王国征服的一些地区或弗朗什-孔泰和几个指定的边境城镇。英格兰王国、荷兰和瑞典还通过了一项秘密条款，即联合起来迫使法兰西王国接受和平——法兰西王国如果拒绝接受和平，那么将面临战争并且被赶回由《比利牛斯条约》确定的边界内。

　　《三国同盟》是法兰西国王路易十四的外交事业遭到的第一次重大挫折。埃斯特拉德伯爵戈德弗鲁瓦一次又一次地让法兰西国王路易十四不必担心荷兰会组织和领导一个违背法兰西王国的利益的联盟。根据荷兰宪法，每一项条约都需要得到各省的议会的批准。因此，条约被提请荷兰各省进行讨论时，各省拒绝批准条约是相当容易的。然而，埃斯特拉德伯爵戈德弗鲁瓦忽略了一个事实，即在与英格兰王国的战争中，为了不耽误时间，荷兰各省已经把权力下放给了一个由八名委员组成的小型委员会，并且没有收回这项权力。因此，埃斯特拉德伯爵戈德弗鲁瓦满怀信心地等待着荷兰各省的议会就是否批准《三国同盟》展开讨论时，荷兰共和派的领袖约翰·德·威特已经悄悄地征得了由八名委员组成的小型委员会的同意，签署和批准了《三国同盟》。法兰西国王

约翰·德·威特

路易十四只听说英王查理二世签署了秘密协议，立刻意识到了事态的严重性，决心为以后的行动做好准备。虽然时值隆冬，但孔代亲王路易二世·德·波旁仍然接到了命令，被要求率领一万五千名士兵进入弗朗什-孔泰。1668年2月1日，法兰西军队越过了边境，并且在两个星期内征服了整个弗朗什-孔泰。法兰西国王路易十四亲自去贝桑松接受了投降。"征服"是一个外交真理，而法兰西国王路易十四和法兰西皇帝拿破仑一世对这个外交真理的理解是一样的。

然而，与法兰西皇帝拿破仑一世不同的是，法兰西国王路易十四不会冒进。在与欧洲列强的战争中，法兰西国王路易十四没有把一切都押在成功上。毕竟，随着时间的推移，欧洲列强的联盟必定会越来越强大。法兰西国王路易十四的根基愈加稳固了。因此，最终，法兰西国王路易十四与神圣罗马帝国皇帝利奥波德一世签订了秘密条约，加强了对西属尼德兰的统治。《三国同盟》的条款规定，法兰西国王路易十四拥有里尔、图尔奈和沙勒罗瓦三个要塞的统治权，而这三个要塞不仅将使法兰西王国的东北边境坚不可摧，而且会向法兰西王国打开进入荷兰的大门。法兰西国王路易十四表现出的温和态度将大大有助于消除欧洲列强对他的疑虑，为他争取制定计划的时间，并且使他能在目前的情况下补充实力。因此，法兰西国王路易十四宣布自己愿意为和平进行谈判。1668年5月29日，法兰西王国和西班牙签订了《第一亚琛条约》。根据《第一亚琛条约》，法兰西王国会放弃弗朗什-孔泰，拆除要塞，接收沙勒罗瓦、班什、阿特、杜埃、图尔奈、奥德纳尔德、里尔、阿尔芒蒂耶尔、科特赖克、贝尔格和弗尔讷等地区。科特赖克、奥德纳尔德和阿特等城镇位于荷兰境内。然而，从敦刻尔克到沙勒罗瓦的边境要塞和里尔已经足以保护巴黎了。巴黎安全了，而投石党作乱的那些日子则将一去不复返。

遗产继承战争使法兰西国王路易十四野心勃勃地进行了一场复仇。

法兰西国王路易十四傲视群雄，展示了法兰西军队的巨大优势和无与伦比的外交手腕。在战场上，法兰西国王路易十四的军队所向披靡，让所有堡垒都变得不堪一击。法兰西国王路易十四的外交手段甚至摧毁了神圣罗马帝国和西班牙的传统联盟——西班牙渐渐被吞噬时，神圣罗马帝国无动于衷。法兰西国王路易十四称霸欧洲这一愿景只有一个污点，即荷兰敢于与全能的法兰西国王路易十四对决并且让法兰西国王路易十四栽了跟头。荷兰是《三国同盟》的核心和灵魂。英格兰王国和瑞典的援助则只是偶然的。制定政策和行动原则的是荷兰人。一旦感到屈辱，荷兰人就会冒险摆脱束缚。荷兰的存在还得感谢法兰西王国的胡格诺派和法兰西国王亨利四世——这是每个法兰西人心中都有的一本账。荷兰人阻挠法兰西国王路易十四的霸业却不受惩罚是不可能的。同样，荷兰人向欧洲展示如何成功抵制法兰西王国的野心而不受惩罚也是不可能的。从《第一亚琛条约》签署之日起，法兰西国王路易十四就开始做准备，准备对那些胆敢阻挠他的傲慢的荷兰共和派人严惩不贷。欧洲应该记住这个可怕的教训——法兰西国王路易十四没有宽宏大量的精神，会迅速进行复仇。

法兰西王国和法兰西国王路易十四决心惩罚荷兰以达到称霸欧洲的目的。《三国同盟》成功签署后，法兰西国王路易十四明白了一个道理，即他如果攻击荷兰的新教海军和共和派军队，那么几乎肯定会遭到欧洲列强的联合反对。神圣罗马帝国绝不会袖手旁观，让荷兰灭亡。摇摆不定的英王查理二世是否会保持中立也是值得怀疑的。西班牙人几乎每时每刻都在通过向神圣罗马帝国行贿以降低此前的条约的影响。法兰西国王路易十四只能独自行动，成为欧洲的主人并且将荷兰从欧洲地图上抹去。由于一切努力都朝着称霸欧洲的方向，迟疑并且观望了四年后，法兰西国王路易十四才决定做最后一博。在宫廷生活中，法兰西国王路易十四听到最多的是令人厌烦的阿谀奉承之词，而阿谀奉承之词一

17世纪70年代的路易十四

定会削弱他的判断力。许多举足轻重的事促使着法兰西国王路易十四采取行动。谨言慎行并且对法兰西国王路易十四言听计从的于格·德·利奥纳去世了。卢瓦侯爵路易·弗朗索瓦·玛利·勒·泰利耶不知疲倦，把法兰西军队建设到了前所未有的高水平，并且急于证明法兰西军队的战斗力。让-巴普蒂斯特·科尔贝的财政成就使法兰西国王路易十四轻易忽略了一个事实，即战争正在浪费有限的资源。按照规定，贵族们不能参与政治。然而，在法兰西军队中，贵族找到了唯一的归宿，渴望战争和荣耀。此外，外交上的成就也激发了法兰西国王路易十四的野心。《三国同盟》已经成了过去时。签署于1670年5月的《多佛尔密约》帮助法兰西王国成功限制住了英格兰王国的发展。1671年11月，神圣罗马帝

明斯特主教克里斯托夫·伯恩哈德·冯·加伦

国皇帝利奥波德一世同意不再协助法兰西王国的敌人。1672年4月，瑞典承诺，神圣罗马帝国皇帝利奥波德一世如果帮助荷兰，那么会遭到瑞典军队的进攻。明斯特主教克里斯托夫·伯恩哈德·冯·加伦和神圣罗马帝国的大多数小诸侯承诺自己要么会援助法兰西王国，要么会保持中立。实际上，只有勃兰登堡选帝侯腓特烈·威廉仍然顽固地保持着冷漠的态度。这些惊人的外交成果和大量来自宫廷的战争要求激发了法兰西国王路易十四的野心，也战胜了他的谨慎。法兰西国王路易十四忘记了被轻易做出的承诺也能被很容易地背弃。法兰西国王路易十四给出了发动侵略战争的清晰而简单的信号。然而，这场战争最终摧毁了法兰西国王路易十四的野心，也拖垮了法兰西王国。

除法兰西外的欧洲大国如果披着自私的外衣，泰然自若地站在一旁，眼睁睁地看着荷兰的灭亡，那么一定庸懦至极。在每一个精明的政治家的思想和意识中，荷兰的独立战争史足以激发所有人的情感，让人们珍惜和永远维护来之不易的自由。荷兰的农民和西兰岛的渔民发现，自由的气息就是垂死的国民生活的救命稻草。自由不仅是荷兰的农民和西兰岛的渔民通过与大自然不断斗争赢得的圣物，更是他们不向宿命妥协和因信奉加尔文教而锻炼出的坚强性格的产物。在阿姆斯特丹和多德雷赫特的人民的领导下，在西兰岛和海尔德兰的贵族的倡议下，在莱顿的学者的支持下，成立于1579年的乌得勒支联盟使欧洲诞生了一个新的国家，一个大君主国中间的由小共和国组成的邦联。起初，除了民族美德、自然优势和政治财富的奇特结合，没有什么能够支撑这个邦联的独立。迫害激起了爱国主义的火焰，而盛怒之下，火焰正在熊熊燃烧。在

乌得勒支联盟成立

邦联与强大势力长期斗争的压力下，恶行变成了美德，迟缓和固执变成了耐心和耐力，迟钝变成了顺从，懒惰变成了忠诚。在傲慢的西班牙人的利剑之下，简朴的邦联水手和渔民获得了自由和宗教信仰。从来没有人比邦联水手和渔民更英勇，更有忘我精神。一些自然特征帮助了邦联水手和渔民——在一片随时都可能会通过打开堤坝变成大海的土地上，开辟一个战场是十分困难的。一个没有海军的强国如果要包围海上城镇，那么注定是要失败的。政治上的复杂因素也对邦联有利。法兰西王国、英格兰王国和西班牙都对邦联虎视眈眈，垂涎三尺。如果邦联人民没有顽强、爱国和自我牺牲的精神，那么无论是胡格诺派的同情还是英格兰女王伊丽莎白一世的黄金，无论是沼泽还是无敌舰队的覆灭，都不能拯救邦联，让邦联免遭毁灭。自从大米尔蒂亚季斯和塞米斯托克利斯的时代结束后，没有哪个民族比沉默者威廉领导下的百折不挠的荷兰人民更值得拥有自由。1584年，沉默者威廉被刺客杀害。然而，邦联不能坐以待毙。虽然直到1648年，西班牙才承认荷兰的正式独立，但自从西班牙国王腓力二世在1598年去世后，荷兰就不再害怕被征服，并且将注意力从夺取自由转移到了增强国力上。

建立于1579年的乌得勒支联盟是历史上罕见的能长期存在的由一些主权邦构成的自由邦联。邦联有七个省，包括荷兰、弗里斯兰、西兰、乌得勒支、海尔德兰、上艾瑟尔和格罗宁根。此外，联邦宪法也逐渐形成。在这些独立的省中，每个省都有自己的政府，由省议会和议长管理。然而，整个邦联的共同事务是由国会处理的。国会由各省议会的代表组成。国会代表有权任命陆军上将和海军上将，即邦联的陆军和海军部队的首脑，而国务委员则会赋予国会代表行政权力。通常，几个大省会参考执政能力选举一个人当议长。因此，议长是国务委员会的成员，又是省议会的成员，也是国会的成员。议长会任命各个城市的市长和主要的地方法官，并且有权担任各省之间发生的任何纠纷问题的仲裁人。

沉默者威廉被刺客杀害

因此，从理论上讲，各省的宪法就是邦联的宪法。宪法会将政府的某些职能，如国防建设，交给代表机构和由选举产生的首席法官。然而，各省会保留了一些其他职能，比如金融和外交事务。实际上，团结的力量比分散的力量要大得多，而各省看似独立，实则是一个联合体。各省虽然会因分别处理事务而拖延时间和增加困难，但不会坚持任何真正的独立行动。由于独立战争带来的共和精神，不仅宗教财产被世俗化，而且宗教改革推翻了教会制度。因此，贵族和神职人员两个阶层都失去了在政府中的地位。权力被完全掌握在了城镇公民手中，并且通过市议会行使。实际上，每个城市的议会成员都是小市民贵族的代表。每个省的政务参与者包括各城镇代表和省议会代表，却不包括自治地方的代表。在很大程度上，把所有的权力都交给一个阶层，即市民贵族阶层，保证了各省之间的利益统一性。在财富、人口等方面，由于荷兰省在邦联中的地位独特，荷兰省的发展程度要更好一些。因此，通常，整个邦联都被叫作荷兰。荷兰省的大型贸易城镇包括阿姆斯特丹、鹿特丹、代尔夫特和多德雷赫特。荷兰省还是莱顿大学所在地。在巴黎和维也纳的宫廷里，七省中只有荷兰省有代表。荷兰省向邦联缴纳的税款几乎等于其他省份的总和。每年出入七省港口的商船进行着全世界范围内的贸易运输，而荷兰省的海军则曾是无可争议的海洋霸主。一批又一批顽强的殖民者把荷兰的国旗插到了全球四分之一的土地上。阿姆斯特丹有银行、码头、成千上万的渔民和工匠。据说，阿姆斯特丹建在鲱鱼的尸体上，是北欧的商业和财富中心，被称为"北方威尼斯"。在阿姆斯特丹和荷兰省鼎盛时期，其他省份的实力加起来几乎都没有阿姆斯特丹大。邦联如果没有荷兰省，那么不可能暂时保持独立。

市民贵族的优越地位和荷兰省在所有国家事务中的不容置疑的领导地位确保了统一的利益，而奥兰治家族则使政府能持续运转。如果说邦联的繁荣归功于荷兰省，那么邦联的存在就归功于奥兰治家族。邦联

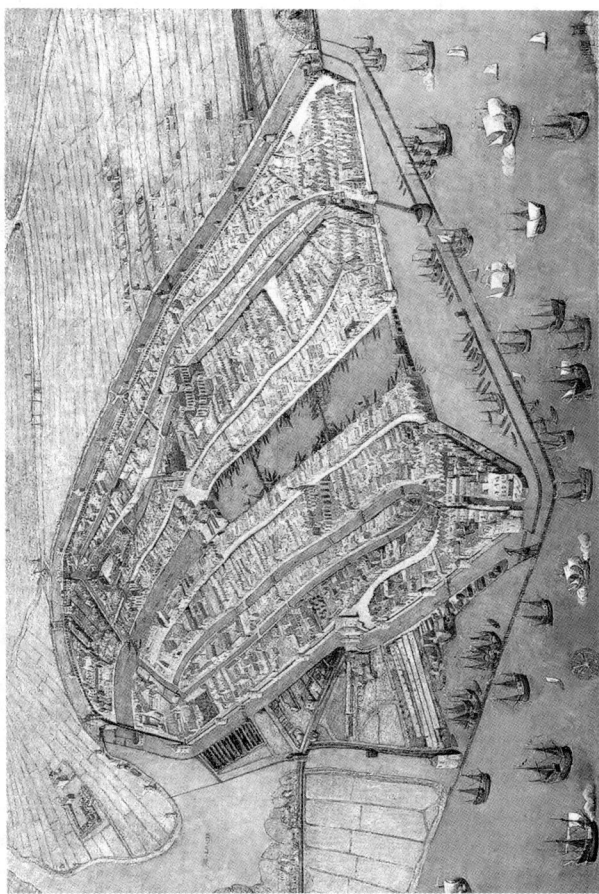

阿姆斯特丹

如果没有沉默者威廉这位政治家和奥兰治亲王莫里斯这位将军，那么永远不会赢得独立。如果沉默者威廉和奥兰治亲王莫里斯没有爱国主义精神和自我克制的品质，那么邦联一获得共和主义精神便又会马上失去。然而，对荷兰来说，幸运的是，奥兰治家族的王子们宁愿在选举产生的地方政府中行使有限的权力。奥兰治家族的亲王通过选举身兼数职的传统已经存在超过七十年。奥兰治亲王是五个省的议长、荷兰的陆军和海军总司令。在荷兰历史上的第一次也是最关键的半个世纪中，奥兰治家族掌握着民事、陆军事务和海军事务的最高管理权——这种权力不是世袭的，而是通过选举产生的。这种选举形式至少已经发展到了可以被描述为一种世袭选举的地步。在英明的政府的统治下，荷兰的发展突飞猛进。1588年，无敌舰队的倾覆预示着荷兰在北方海洋上的所有敌人都消

奥兰治家族的纹章

失了。因此，荷兰的敌人们只能转而与荷兰进行贸易往来。由于内外戎争，法兰西王国满目疮痍，根本无力派遣军舰打压荷兰或派遣商船与荷兰进行竞争。虽然对荷兰来说，英格兰王国是一个可怕的对手，但在一段时间内，政治友谊消弭了荷兰和英格兰王国在商业上的敌意——实际上，荷兰和英格兰王国发现，世界是足够大的。因此，英格兰王国的贸易主要向美洲和西方发展，而荷兰则在非洲和东方开拓市场。然而，在东印度群岛和闻名遐迩的香料群岛，荷兰和英格兰王国竞争得异常激烈，成为死敌。此外，在地球另一边，荷兰和英格兰王国的东印度公司之间的战争持续了好几年，引发了如安波那大屠杀①之类的严重事件。荷兰和英格兰王国虽然认清了事实，但没有就赔偿事宜达成一致。

安波那大屠杀

---

① 安波那大屠杀，1623年，在印度尼西亚的安邦岛，荷兰东印度公司的代理人以酷刑处决了包括十名英国东印度公司员工在内的二十个人。——译者注

随着17世纪的到来，一切似乎都在朝着好的方向发展并且可以促进荷兰的繁荣。英格兰王国不仅面对着越来越多的国内麻烦，而且在软弱无能的英王查理一世领导下，越来越少向商人提供帮助。在北欧，瑞典和丹麦打响了战争，接着又卷入了三十年战争，将波罗的海的贸易交到了荷兰人手中。神圣罗马帝国和法兰西王国都没有和荷兰进行竞争。开始和荷兰斗争前，汉萨同盟已经完全衰败了。在谨慎而有能力的奥兰治亲王腓特烈·亨利的领导下，荷兰军队驻扎在克利夫斯公国，保卫着荷兰。腓特烈·亨利是沉默者威廉的小儿子，在1625年继承了奥兰治亲王

奥兰治亲王腓特烈·亨利

莫里斯的爵位。在奥兰治亲王腓特烈·亨利统治期间，荷兰打开了整个世界的贸易大门。实际上，由于英格兰王国的麻烦越来越多，没有一个国家能与荷兰竞争。荷兰人从西班牙人手中夺取了巴西的一部分土地，建立了新荷兰和新泽西两处殖民地，殖民非洲、锡兰和印度大陆，立身于富饶的爪哇岛，并且在1630年成为好望角的主人。17世纪上半叶，荷兰建立起了一个庞大的殖民帝国，是无可争议的海洋之主，几乎垄断了全世界的海路运输及贸易。

然而，繁荣会造成国内外的各种麻烦——青蛙虽然可能膨胀到爆炸，但无法与牛匹敌。在很大程度上，荷兰的海上事业的辉煌是因为拥有更适合发展贸易的地理位置的两个大国，即英格兰王国和法兰西王国，都处于内忧外患的窘境。和平恢复时，英格兰人民和法兰西人民会再次得到处理商业事务的时间。在争夺财富的竞争中，布列塔尼和德文郡的勇敢的水手不太可能甘于长期落后于西兰岛的渔民或阿姆斯特丹的商人。无论多么无所畏惧、才华横溢、盛气凌人，荷兰人都不可能长期与英格兰或法兰西的任何一个君王平等竞争。此外，大量财富加剧而不是减少了荷兰各省的矛盾。自乌得勒支联盟成立后，荷兰有两个截然不同的政党，即奥兰治家族的追随者们和纯粹简单的共和派。奥兰治家族的追随者们代表君主立宪政体，而共和派则代表中产阶级的寡头政治制度。奥兰治家族的诸侯们拥有民事和军事权力、世袭的大议长职位，以及军队的最高指挥权。因此，奥兰治家族的追随者们认为，奥兰治家族的诸侯们的特权就是荷兰防止内部纷争的唯一保障。奥兰治家族的追随者们把权力集中在一个家族手中看作是国家团结的关键，认为集权是唯一可以有效打击寡头政治的措施。然而，奥兰治家族的追随者们的弱点在于，他们的支持者主要来自没有什么政治权利的贵族、神职人员和农民阶层。只有在奥兰治家族拥有大量财产的西兰省，议会中的大多数人才会支持奥兰治家族。然而，奥兰治家族追随者们在人数上的优势和在政治上的弱势使他们更加嫉妒城镇中那些更幸运的共和派。城镇中的共和派被灌输了最狭隘的排他主义精神，害怕民众的民主倾向和奥兰治家族的君主本能。在一小部分资产阶级家庭中，政府职能被分配得相当平均——特权家庭中的任何成员如果有能力并且称职，那么从早年起就有机会接受公共服务的培训。因此，和家庭成员能继承和管理家庭事务或家族航运业一样，特权家庭的成员会自然而然地继承自己的父亲或叔叔的外交及行政职责。

起初，虽然荷兰与西班牙的战争胜负难料，但荷兰对军事实力的需要不仅使奥兰治家族变得显赫，而且抑制了共和精神。然而，由于来自国外的危险变得不再严重，商人的财富和重要性成为最重要的因素。由于拥有来自商人阶层的力量，共和派很快获得了政治优势。毫无疑问，共和派主导的荷兰省是七省议会的领导者——只有荷兰省有权任命驻巴黎和维也纳宫廷的代表；荷兰省上缴的税款是最多的；荷兰省几乎养活了整个荷兰军队。早在17世纪初，由于上述情况和出众的个人能力，来自荷兰省的约翰·范·奥尔登巴内费尔特不知不觉地成为最重要的荷兰政治家。约翰·范·奥尔登巴内费尔特虽然从理论上讲只是荷兰省的议会的发言人或首席大臣，但实际上是共和派的领袖，并且在一段时间内是荷兰的实际统治者。约翰·范·奥尔登巴内费尔特是与外国人谈判并且决定对内政策的人。荷兰的最高权力似乎已经被从大议长和奥兰治家族手中转移到了阿姆斯特丹的共和派商人的代表手中。然而，尚未成为奥兰治亲王莫里斯的拿骚的莫里斯不会让权力轻易地从他手中溜走。拿骚的莫里斯利用约翰·范·奥尔登巴内费尔特与法兰西国王亨利四世之间的争吵，巧妙地利用加尔文教神职人员的残暴来对付约翰·范·奥尔登巴内费尔特，导致约翰·范·奥尔登巴内费尔特毫无还手之力。1619年，拿骚的莫里斯将约翰·范·奥尔登巴内费尔特送上了断头台。

拿骚的莫里斯的残忍妇孺皆知。因此，在荷兰，共和派一直受到

约翰·范·奥尔登巴内费尔特被送上断头台

签订《明斯特和约》

压制。毫无疑问，共和政府一直被掌握在奥兰治家族的掌权者，即奥兰治亲王莫里斯、腓特烈·亨利和威廉二世手中。的确，平静的时期结束时，出现问题的是野心勃勃的掌权者，而不是骄傲的共和派。奥兰治亲王威廉二世的妻子是英王查理一世的女儿，即皇家公主玛丽。奥兰治亲王威廉二世没有被英王查理一世的命运和投石党运动吓倒，决心发动一场政变，将议长制变为君主制。去世前，在明斯特，奥兰治亲王腓特烈·亨利与西班牙代表谈判并且签署了《明斯特和约》。1648年1月，

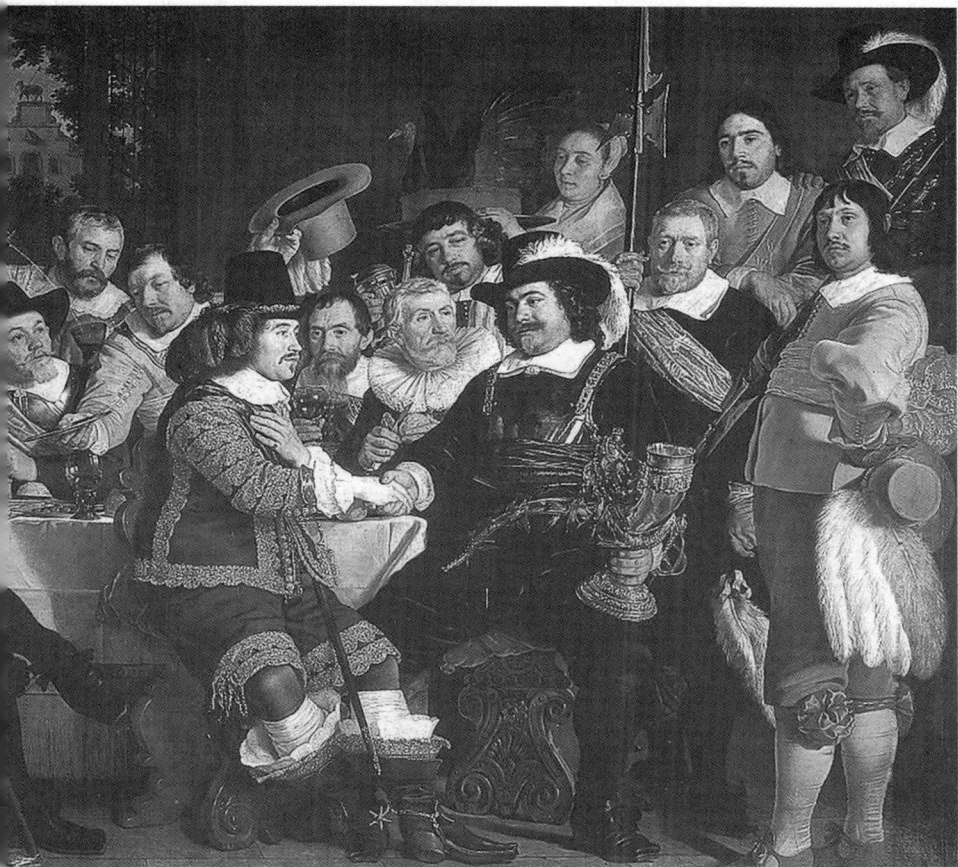

《明斯特和约》获得了批准。西班牙和荷兰同意联合起来保卫西属尼德兰免遭法兰西王国侵略，而条件则是西班牙能让他国的贸易船只在斯海尔德河上通行并且承认荷兰的独立。实际上，对荷兰来说，《明斯特和约》的好处很多。根据《明斯特和约》，荷兰不仅在自己和法兰西王国之间建立了一道屏障，而且确保了阿姆斯特丹的贸易垄断地位。然而，在没有理性的野心的驱使下，奥兰治亲王威廉二世同意放弃所有这些好处，并且允许法兰西王国夺取西属尼德兰以换取枢机主教朱尔·马萨林的支持。因此，在保证了法兰西王国会保持中立的情况下，奥兰治亲王威廉二世开始着手实施自己的计划。奥兰治亲王威廉二世确信自己会得到军队和西兰省的支持，并且不必担心除荷兰省之外的其他任何省份的反对。因此，奥兰治亲王威廉二世做的第一件事就是挑起国会和荷兰省的议会关于解散一些军队的争端。随后，奥兰治亲王威廉二世以国会捍卫者的身份获得了采取措施维护邦联的权力，开始对荷兰省的议会施加压力——对奥兰治亲王威廉二世来说，这已经足够了。1650年7月30日，奥兰治亲王威廉二世突然逮捕了荷兰省的六名主要议员并且指示他的部队连夜向阿姆斯特丹行军。然而，一件非常偶然的事挽救了阿姆斯特丹。在天黑和下雨的情况下，奥兰治亲王威廉二世的部队迷路了。天亮

奥兰治亲王威廉二世

时，奥兰治亲王威廉二世的部队仍然没有进入阿姆斯特丹。警报被拉响了。幸运的是，治安官科尔内留斯·比克尔·斯威滕碰巧在城里值班，迅速让人们关上了阿姆斯特丹的城门，升起了吊桥。民兵叫嚷起来后，荷兰和阿姆斯特丹变安全了——奥兰治亲王威廉二世已经不可能实现政变了。奥兰治亲王威廉二世虽然明白自己只有通过内战才能取得成功，但不敢公然开战。在长达五个月的时间里，奥兰治亲王威廉二世和阿姆斯特丹人民都没有轻举妄动。1650年11月，奥兰治亲王威廉二世突发恶疾，很快就去世了。

奥兰治亲王威廉二世的去世决定了这场危机一定会对共和派更有利。虽然奥兰治亲王威廉二世去世几个星期后，皇家公主玛丽就生下了

皇家公主玛丽

一个儿子，即奥兰治亲王威廉三世，未来的英王威廉三世，但让一个摇篮里的婴儿去处理国家的军政事务是不可能的。荷兰人民没有忘记荷兰曾深陷险境的历史。因此，共和派立即抓住机会，占据了优势。1651年1月，在海牙举行的大国民议会决定制定宪法。人们一致认为，大议长一职应被空置，而政府职能则应被移交给各省的议会。此外，陆军和海军最高指挥权应由国会和省议会分割掌握。这种安排的真正受益者是各省的议会。大议长失去的政治权利被集中到了金融和情报机构手中。荷兰省的议会建立了一个掌握政治权利的机构，而这个机构的领导者能够非常娴熟地驾驭权力机器。1653年，约翰·德·威特被选为荷兰省的大议长。共和派为自己找到了一位捍卫者，而荷兰则找到了一位大臣。

约翰·德·威特的思想素质和性格完全能胜任他的职位。约翰·德·威特充分展示了荷兰的共和主义者的优点：生活平凡节俭，政策简单明了，性情自然平静，举止端庄典雅，行动坚忍不拔，精神百折不挠，胜不骄、败不馁。约翰·德·威特也具有冷静的性格。约翰·德·威特的敏锐的目光、出众的创新能力和随时调整政策以便达到目的的手段都显示了他优秀的外交能力。此外，约翰·德·威特还是欧洲唯一一位财力完全超过法兰西国王路易十四的外交家。约翰·德·威特坚持自己的想法，彻底挫败了多变的英王查理二世。优秀的口才赋予了约翰·德·威特强大的号召力。然而，在约翰·德·威特的性格和政策中，占主导地位的是他对共和派政策近乎狂热的坚定信念。对约翰·德·威特来说，共和主义不仅意味着爱国，而且是一种信仰。约翰·德·威特的父亲雅各布·德·威特曾是被奥兰治亲王威廉二世囚禁的议员之一。奥兰治亲王威廉二世虽然曾试图成为国王，但失败了。约翰·德·威特从来没有忘记那些焦虑的日子里的沉闷和恐怖——似乎每个小时他父亲的生命和荷兰的自由都将敲响丧钟。因此，约翰·德·威特认为，对荷兰来说，和法兰西王国的侵略或英格兰王国的敌意一样，

雅各布·德·威特

奥兰治家族的野心非常危险。控制为年轻的奥兰治亲王威廉三世征战的民族感情，抵制奥兰治亲王威廉三世对大议长一职的世袭要求和对军队的控制，以及加强荷兰省的议会对政府的控制，成为约翰·德·威特的国内政策的关键。约翰·德·威特认为，和在法兰西王国和斯海尔德河之间加上一道屏障对法兰西人民的福祉一样，上述这些措施对荷兰人民的福祉也至关重要。

奥兰治亲王威廉三世只是一个襁褓中的婴孩。在1651年于海牙举行的大国民议会上，共和派的政策的胜利使奥兰治家族再次陷入了危机。1653年，即约翰·德·威特开始掌权时，威胁荷兰的安全的不是内乱，而是外来侵略。随着英格兰王国恢复元气和英王查理一世的失败，英格兰王国商业自然开始蓬勃发展。荷兰商人再次感觉到，世界各地都有英格兰王国这个竞争对手。这种竞争逐渐成为产生分歧的原因。忠诚的英格兰殖民者宁愿和一股与英王查理一世关系密切的外国势力进行贸易，也不愿和囚禁英王查理一世的反叛者站在一起。因此，荷兰人民成功从英格兰商人手中得到了美洲的大部分贸易。1649年5月，为了这个问题及其他问题，英格兰王国的议会派特使艾萨克·多里斯劳斯去了海牙。艾萨克·多里斯劳斯是已故的英王查理一世的一位法官。在海牙，艾萨

艾萨克·多里斯劳斯

艾萨克·多里斯劳斯被杀害

克·多里斯劳斯被来自英格兰王国的蒙特罗斯的一些人杀害了——这是对英格兰王国的议会处死英王查理一世的报复。这种抱复激起了人们的愤怒。1651年，荷兰人开始考虑让荷兰和英格兰王国成立联合政府，而联合政府所在地则应设在英格兰王国境内。1651年8月，英格兰王国的议会通过了《航海法案》——实际上，这是战争的信号。《航海法案》阐明的首要政策就是在一个半世纪内，各大海洋强国将统治其殖民地，并且会把殖民地仅仅看作一个供养者。《航海法案》规定，外国船只只能将英格兰王国的殖民地的产品运输到英格兰王国，而这显然是针对荷兰人的。荷兰人是当时世界上最大的海上运输群体。《航海法案》不仅破坏了荷兰与英格兰王国的殖民地的贸易，而且会使英格兰三国的船只从荷兰人手中夺取大部分的运输贸易。因此，战争立刻爆发了。罗伯特·布莱克的指挥才能和英格兰舰队的大炮战胜了荷兰海军上将马尔滕·哈珀特松·特龙普和雅各布·范·瓦塞纳·奥普丹。荷兰商船被困在了泰瑟尔岛。英格兰人仍然是海洋的主宰，而葡萄牙人则占领了巴西。荷兰失去了海上贸易——荷兰人甚至无法捕鱼，开始遭受严重的苦难。约翰·德·威特看到了缔造和约的必要性。然而，英格兰王国的掌

罗伯特·布莱克

权者奥利弗·克伦威尔比英格兰王国的议会更加严厉。奥利弗·克伦威尔虽然愿意让荷兰独立，但要求荷兰同意《航海法案》并且承认英格兰王国的优先地位。奥利弗·克伦威尔与约翰·德·威特都厌恶奥兰治家族，认为奥兰治家族是斯图亚特王朝在欧洲大陆的主要支持者。奥利弗·克伦威尔坚持排挤奥兰治家族，并且将荷兰省的议会永远不能让奥兰治家族的成员担任大议长作为缔结和约的必要条件。经过长期谈判，1654年，荷兰和英格兰王国签署了《威斯敏斯特条约》。

《威斯敏斯特条约》不仅成功地让荷兰免遭厄运，而且严重打击了约翰·德·威特的主要敌人。然而，约翰·德·威特无法消除荷兰和英格兰王国的竞争或让荷兰人忘记外国势力曾迫使他们不公正地对待奥兰治家族。虽然战争停止了，但战争的诱因依然存在。合适的机会出现时，每个国家都会继续斗争。然而，只要有共同利益，荷兰和英格兰王国就能相安无事。然而，1660年5月，王政复辟改变了一切。很快，奥兰治家族的支持者就卷土重来，而1661年，法兰西国王路易十四的上台则进一步削弱了共和派的力量。法兰西国王路易十四是欧洲事务的领导人，厌恶所有共和派人士。法兰西国王路易十四用忌妒的目光轻蔑地看着自己的商人邻居。每个月，英格兰政府都会收到消息，称由于荷兰人的存在，东印度公司遭遇了新一轮的失败。英格兰航海家受到了新一轮的侮辱。实际上，甚至贩卖奴隶去巴巴多斯的贸易也落入了荷兰人之手。英格兰王国似乎该采取报复行动了。1664年，英格兰政府派遣一支海盗船队去了几内亚的海岸。这支海盗船队不仅俘获了数艘荷兰船只，而且将荷兰定居者赶出了戈雷岛和其他地方。此外，一支去美洲的探险队夺取了新阿姆斯特丹。英王查理二世毫不犹豫地接收了新阿姆

新阿姆斯特丹

约克公爵詹姆斯

斯特丹并且将其交给了他的兄弟，即约克公爵詹姆斯。约克公爵詹姆斯给新阿姆斯特丹取了个更好的名字——纽约。因此，战争已经不可避免了，1665年3月，战争正式爆发。由于在此前的战事中获益颇多，荷兰人给自己的船只配备了更多人手和威力更大的火炮。虽然英格兰王国只占有航海技术上的优势，但这种优势是能被体现出来的。经过英勇的斗争，英格兰王国逐渐击退了荷兰人。1665年6月3日，荷兰海军上将雅各布·范·瓦塞纳·奥普丹被击溃并且在洛斯托夫特郊外遇害。早在可怕的唐斯海战结束后，荷兰海军上将米希尔·阿德里安森·德·勒伊特和

唐斯海战中的荷兰舰队

唐斯海战

马尔滕·哈珀特松·特龙普被赶回了泰瑟尔岛。1665年8月，英格兰舰队司令第一代阿尔伯马尔公爵乔治·蒙克迫使荷兰海军上将米希尔·阿德里安森·德·勒伊特返回了西兰省的浅滩避难。在弗里港，荷兰商船船队被烧毁了。不幸的战争又引起了荷兰的内乱。约翰·德·威特再次听到了要求恢复奥兰治家族的统治的呼声。约翰·德·威特发现自己有义务接受年轻的奥兰治亲王威廉三世为掌权者并且指导他处理政府事务。

第一代阿尔伯马尔公爵乔治·蒙克

然而，对外战争和国内动乱都没有削弱约翰·德·威特的力量。约翰·德·威特不断努力，想通过外交手段来弥补军事失利，并且获得了一些成就。法兰西国王路易十四虽然有义务帮助荷兰人，但不会向一个自己憎恨并且打算毁灭的国家提供任何援助。在一段时间内，约翰·德·威特确实成功地阻止了法兰西王国与英格兰王国达成共识。显然，与其他国家相比，荷兰更加幸运。1666年，丹麦人和勃兰登堡选帝侯腓特烈·威廉公开与荷兰人结盟，并且迫使好战的明斯特主教克里斯托夫·伯恩哈德·冯·加伦缔结了和约。明斯特主教克里斯托夫·伯恩哈德·冯·加伦曾为了英格兰王国的利益而入侵了上艾瑟尔。不久后，荷兰、勃兰登堡、丹麦和不伦瑞克-吕讷签订了《四国同盟》。《四国同盟》保障了受到法兰西王国侵略的荷兰的安全。然而，帮助荷兰最多的"盟友"是在敌营里蔓延的瘟疫。由于挥霍无度，英王查理二世虽然取得了战争的胜利，但没有适当地修复战争造成的破坏。1665年，伦敦及其周边地区遭受了瘟疫。1666年，一场大火摧毁了半个伦敦，导致军队的补给工作开展得更加困难。1667年年初，英格兰王国虽然取得了胜利，但已经精疲力竭，濒临崩溃。英王查理二世孤立无援，只能向法兰西国王路易十四求助。依据亨丽埃塔·玛丽亚主导的秘密婚约[①]，英王查理二世投入了法兰西国王路易十四的怀抱。英王查理二世同意让法兰西国王路易十四在荷兰自由行动以换取法兰西国王路易十四的支持。1667年5月，在法兰西王国的推动下，在布雷达，和平谈判开始了。然而，由于确信法兰西国王路易十四会秘密提供帮助，英王查理二世并不急于达成协议。约翰·德·威特决定给英王查理二世点颜色看看。1667年6月6日，荷兰海军上将米希尔·阿德里安森·德·勒伊特和科尔内留

---

① 秘密婚约，指亨丽埃塔·玛丽亚安排葡萄牙公主凯瑟琳嫁给英王查理二世一事，而条件则是英格兰王国要向荷兰施压，逼迫荷兰结束与葡萄牙在中南美洲的战争。因此，英王查理二世与法兰西国王路易十四开始联合对付荷兰人。——译者注

伦敦大火中在桥下避难的伦敦市民

伦敦市民避火逃生

斯·德·威特率军悄悄离开了泰瑟尔岛。1667年6月7日早晨，荷兰海军上将米希尔·阿德里安森·德·勒伊特和科尔内留斯·德·威特开始沿泰晤士河逆流而上。占领了希尔内斯后，荷兰人沿着梅德韦河去了罗切斯特，不仅俘虏了一些英格兰王室成员，还烧毁了三艘英格兰军舰。在查塔姆将船弄沉后，荷兰人踏上了去伦敦的路。荷兰人的行动迫使英王查理二世很快接受了条件。英格兰王国放宽了《航海法案》的限制，允许荷兰携带神圣罗马帝国和佛兰德斯的货物去英格兰王国。英格兰王国保留了纽约的主权，而荷兰则获得了东印度群岛的普洛伦港的主权。此外，英格兰王国征服的其他原本属于荷兰的殖民地也被还给了荷兰。

科尔内留斯·德·威特

荷兰舰队突袭梅德韦河

事实再次证明，战争只是被国家用于相互竞争的可怕工具。正如1654年的失败没有剥夺荷兰在世界贸易中的份额一样，1667年的胜利也没有使荷兰垄断世界贸易。战争开始前，一位荷兰大使曾对第一代阿尔伯马尔公爵乔治·蒙克说道："那么，我们必须把我们的生意让给你们吗？"第一代阿尔伯马尔公爵乔治·蒙克坦率地回答道："无论如何，我们都必须分一杯羹。"就这样，战争爆发了。两个最大的欧洲海洋强国之间的旷日持久的决斗让人们意识到了一个事实，即世界是足够大的。然而，对英格兰王国和荷兰来说，这场战争产生的影响十分严重和广泛。战争让英王查理二世认识到，他如果没有法兰西王国的帮助，那么不仅无法享受生活，而且无法随心所欲地追求政治野心。这场战争让约翰·德·威特认识到，面对法兰西国王路易十四的野心，荷兰和英格兰王国的友谊十分重要，而《三国同盟》虽然能暂缓，但绝对无法阻止法兰西国王路易十四在称霸之路上继续向前。

微不足道的英王查理二世时来运转，成为欧洲事务的仲裁人，而法兰西国王路易十四和约翰·德·威特则都认为自己仍然掌握着话语权。法兰西国王路易十四虽然已经下定了毁灭荷兰的决心，但不敢面对英格兰王国和荷兰的联合舰队。约翰·德·威特明白，法兰西王国永远都会威胁荷兰，而荷兰和法兰西王国的昔日友谊和依赖关系则已经随着《明斯特和约》和荷兰贸易的发展消失了。自《明斯特和约》签署后，荷兰的外交政策的核心就是支持西属尼德兰的西班牙政府，让法兰西王国远离安特卫普和斯海尔德河。自《比利牛斯条约》签署后，法兰西王国的外交政策的主要目标就是获得西属尼德兰的要塞作为巴黎的安全保障。自遗产继承战争爆发后，法兰西国王路易十四毫不掩饰自己的野心就是夺取整个西属尼德兰。法兰西王国和荷兰不仅在重要的政策方面水火不容，而且在商业方面同样拥有十分严重的分歧。让-巴普蒂斯特·科尔贝已经制定了贸易保护政策，想尽可能地打压荷兰的贸易。阿姆斯特丹商人对不友好的贸易保护政策感到十分愤怒。因为荷兰的共和派敢于挑战法兰西国王路易十四的霸权，所以法兰西国王路易十四从来没有掩饰过自己对共和派的厌恶。虽然法兰西国王路易十四继续进行着战前准备，不断地进行外交活动，虽然瑞典退出了《三国同盟》，虽然西属尼德兰总督利奥波德·威廉大公已经与世长辞，虽然英王查理二世对约翰·德·威特十分冷淡，但约翰·德·威特仍然无法相信，法兰西国王路易十四会把威胁变成行动。《三国同盟》曾经迅速产生过巨大影响。英格兰王国曾奋起反抗法兰西国王路易十四，而其他欧洲大国则因法兰西国王路易十四而感到风声鹤唳。只要共和派在荷兰的统治地位得到保障，只要没有任何国内纷争来干扰荷兰的行动，约翰·德·威特就相信自己是安全的。实际上，在《多佛尔密约》中，英王查理二世已经埋下了毁灭约翰·德·威特的种子，而约翰·德·威特则浑然不知。法兰西国王路易十四和神圣罗马帝国皇帝利奥波德一世签署了条约，而约翰·德·威特则毫无戒心。约翰·德·威特被自己最信任的两个国家欺骗了。约翰·德·威特认为自己外交的成果是可靠的，甚至认为没有必要采取普通的预防措施。根据在签署于1668年的在《协调方案》的基础上修改而来的《永久敕令》，约翰·德·威特自诩在不牺牲共和派的统治地位的情况下实现了内部和平。《协调方案》和《永久敕令》规定，同一个人不能同时担任大议长、陆军和海军上将，并且规定奥兰治亲王威廉三世应该在二十二岁时被授予军队的指挥权。约翰·德·威特认为，通过对民事和军事权力的分割，不仅荷兰不会再次发生政变，而且荷兰省的政治地位得到了保证。然而，约翰·德·威特非常忌惮奥兰治亲王威廉三世及其所属的党派，甚至因恐惧掌握军权的奥兰治亲王威廉三世会变得更强大而不敢增强荷兰的军事力量。因此，法兰西国王路易十四在边境上集结了荷枪实弹的百万雄师时，荷兰的要塞惨遭吞噬。约翰·德·威特蓄意不为荷兰军队补充兵力和弹药，导致士兵们遭到了围困。约翰·德·威特的目的是保证共和派的霸权。

很快，报应就来了。伴随着震天的战鼓声，法兰西军队拔营扑向阿姆斯特丹。由于认为自己被出卖了，荷兰人民立刻推选奥兰治亲王威廉三世为陆军上将。然而，通常，这种民众运动都是一种疯狂而没有理性的过激反应。荷兰人民要找一个替罪羊来进行报复行动。约翰·德·威特长达二十年的效忠被荷兰人民遗忘了。约翰·德·威特的一个错误被放大为背叛。民众运动爆发时，荷兰省的自私的市民管理者们只会在恐惧中颤抖。让荷兰省的自私的市民管理者们略感安心的是，民众的愤怒似乎只针对约翰·德·威特。1673年6月21日，在海牙的大街上，约翰·德·威特遭到了暴徒的袭击。暴徒们把约翰·德·威特打了个半死，导致约翰·德·威特只能去奥兰治亲王威廉三世的营地避难。1672年8月，约翰·德·威特的哥哥科尔内留斯·德·威特被逮捕并且遭受了酷刑。1672年8月20日，约翰·德·威特被骗去监狱探望科尔内留斯·德·威特。约翰·德·威特和科尔内留斯·德·威特兄弟二人就像被困住的老鼠一样。一群愤怒的暴徒包围了监狱，破门而入，把约翰·德·威特和科尔内留斯·德·威特拖出去暴打了一顿。奥兰治亲王威廉三世煽动暴徒杀掉了约翰·德·威特。1673年的奥兰治亲王威廉三世残忍、冷酷、精于算计，装作不知道任何事，没有阻止即将发生的暴行。和后来处理格伦科大屠杀一样，面对约翰·德·威特的不幸，奥兰治亲王威廉三世睁一只眼闭一只眼，并且试图在事后找借口称是正义处决了罪犯。奥兰治亲王威廉三世是暴徒的从犯，而奥兰治亲王威廉三世的支持者则辩称野心需要牺牲人性。

第 11 章

法兰西国王路易十四和
奥兰治亲王威廉三世

1672年，法兰西国王路易十四的荣耀和法兰西王国的辉煌都达到了巅峰。在年富力强的法兰西国王路易十四的领导下，法兰西王国繁荣富强。法兰西国王路易十四拥有欧洲最高贵的宫廷、最奢华的宫殿和稳如泰山的宝座。在1672年前，法兰西王国国内外的动荡都没有对法兰西国王路易十四的事业造成太大的影响。在让-巴普蒂斯特·科尔贝的管理下，法兰西王国国库充盈。因此，法兰西国王路易十四是最满足的欧洲君主。自遗产继承战争爆发后，偶尔有人会抱怨曾经免除的税款被重新征收的问题。大多纳税人认为，在税收增加的情况下，他们支付税款的能力不会增加。在欧洲各地，由于精明能干的谈判者尽忠职守，法兰西王国都获得了胜利。所有国家都害怕得罪法兰西国王路易十四，都会为了和法兰西国王路易十四保持友谊而割地赔款。警惕而勤奋的卢瓦侯爵路易·弗朗索瓦·玛利·勒·泰利耶是法兰西国王路易十四的荣誉的捍卫者，给法兰西国王路易十四提供了实现雄心的工具，即一支专业的军队。在纪律、组织、领导方面，这支军队比其他所有欧洲军队加在一起还要优秀。法兰西国王路易十四的海军已经变得比西班牙海军更加强大。很快，法兰西海军的发展就威胁到并且可以抗衡英格兰王国和荷兰海军。当时，英格兰王国已经变成了法兰西国王路易十四的附庸；瑞典、波兰和神圣罗马帝国的半数小诸侯都是法兰西国王路易十四的补给盟友；西班牙是法兰西国王路易十四的手下败将——只有阿姆斯特丹的暴发户商人才敢在法兰西国王路易十四面前扬言独立并且质疑法兰西国王路易十四的权威。因此，法兰西国王路易十四不得不出手，拿着欧洲霸权的果实，诱捕自己的猎物。法兰西国王路易十四决定去荷兰"走一遭"，让荷兰人屈服。

法兰西国王路易十四向一个强大的多丘陵国家发动战争的做法并不是盲目和冲动的产物。1672年3月，根据《多佛尔密约》，英王查理二世向荷兰宣战，而法兰西国王路易十四则将一百二十艘法兰西军舰交由英王查理二世指挥。与此同时，强大的荷兰海军上将米希尔·阿德里安森·德·勒伊特正静静地待在港口里。在陆地上，法兰西国王路易十四大举进攻。在被选为战后根据地的沙勒罗瓦，卢瓦侯爵路易·弗朗索瓦·玛利·勒·泰利耶兢兢业业，筹集了大量军需。在科隆选帝侯巴伐利亚的马克西米利安·亨利治下的杜塞尔多夫附近的诺伊斯，卢瓦侯爵路易·弗朗索瓦·玛利·勒·泰利耶建造了更多的弹药库。弗里德兰公爵阿尔布雷赫特·文策尔·欧西比乌斯·冯·瓦伦斯坦当年采用的战术是以战养战，而现代战争则完全不同——军队会从建造在行军沿线的根据地的弹药库中定期获得补给。1672年年初，在孔代亲王路易二世·德·波旁和蒂雷纳子爵亨利·德·拉·图尔·德·奥韦涅的命令下，十七万六千名士兵集结于沙勒罗瓦。1672年5月5日，法兰西国王路易十四御驾亲征，用战争的暴风雨袭击了勤奋的荷兰人。法兰西国王路易十四沿着默兹河谷向前，穿过了列日和马斯特里赫特。由于此前没有人采取过类似行动，马斯特里赫特的要塞中的士兵丝毫没有察觉到法兰西军队的行动。在鲁尔蒙德，法兰西国王路易十四命令军队疾行，并且于1672年5月31日安全到达了诺伊斯的弹药库。就这样，法兰西国王路易十四到达了莱茵河流域。法兰西国王路易十四命令孔代亲王路易二

法兰西国王路易十四指挥法兰西军队横渡莱茵河

世·德·波旁率军在凯瑟维思渡河去扫荡和夺取韦瑟尔，让蒂雷纳子爵亨利·德·拉·图尔·德·奥韦涅沿着左岸向前去夺取奥尔赛、莱茵贝格和布里克的几个小要塞。1672年6月6日，在韦瑟尔，蒂雷纳子爵亨利·德·拉·图尔·德·奥韦涅与孔代亲王路易二世·德·波旁成功会合。法兰西军队势如破竹，穿过了海尔德兰省的边境，并且没有受到任何抵抗。1672年6月11日，在艾瑟尔河边，法兰西军队停了下来——奥兰治亲王威廉三世率领的所有荷兰军队驻扎在艾瑟尔河另一侧。然而，犹豫只是暂时的。为了避免强攻的危险，蒂雷纳子爵亨利·德·拉·图尔·德·奥韦涅没有选择强行突破敌人的防线，而是决定绕过艾瑟尔河。面对艾瑟尔河另一侧的奥兰治亲王威廉三世时，蒂雷纳子爵亨利·德·拉·图尔·德·奥韦涅的左边是宽阔而水浅的旧莱茵河。蒂雷

围攻莱茵贝格

纳子爵亨利·德·拉·图尔·德·奥韦涅如果率军向北，那么会看到莱茵河的一条主要支流，即瓦尔河。阿纳姆位于离艾瑟尔河和莱茵河汇合处几英里远的地方。在阿纳姆，莱茵河会向西流向大海。位于阿纳姆、瓦尔河与莱茵河中间的托尔许伊河有一处浅滩。1672年6月12日，在托尔许伊河的浅滩，孔代亲王路易二世·德·波旁率领骑兵越过了莱茵河，并且几乎没有受到抵抗。1672年6月13日，为了加快行军效率，孔代亲王路易二世·德·波旁架起了一座桥。在法兰西国王路易十四的带领下，法兰西军队过了桥。确保了后方的奈梅亨的安全后，法兰西国王路易十四开始沿着莱茵河向前。经过阿纳姆后，法兰西军队再次轻而易举地越过了莱茵河。因此，法兰西国王路易十四完全削弱了奥兰治亲王威廉三世在艾瑟尔河上的优势。在荷兰，法兰西国王路易十四克服了无

奈梅亨

法想象的困难。不久前，即法兰西国王路易十四离开沙勒罗瓦时，法兰西军队和荷兰军队之间横亘着包括默兹河、瓦尔河和莱茵河在内的多条难以逾越的深水河流，以及包括马斯特里赫特、韦瑟尔、奈梅亨和阿纳姆的要塞在内的多道防线。因此，包括约翰·德·威特的荷兰人很可能认为，根据以往的经验，法兰西军队至少要经过两场战役才能深入荷兰腹地。然而，蒂雷纳子爵亨利·德·拉·图尔·德·奥韦涅以高明的策略克服了所有困难。法兰西国王路易十四虽然距离阿姆斯特丹不远，但不仅没有打过一场仗，而且几乎没有损失一名士兵。在托尔许伊河的浅滩，法兰西国王路易十四越过了莱茵河。实际上，法兰西国王路易十四采取的战术就是法兰西皇帝拿破仑一世说的第四级军事行动①。1705年，封锁乌尔姆时，法兰西国王路易十四采取了同样的战术。封锁乌尔姆和巧渡莱茵河都标志着法兰西国王路易十四的行军以胜利告终，体现出了法兰西国王路易十四的高超的战略能力。

然而，在即将胜利的关键时刻，法兰西国王路易十四撤退了。虽然孔代亲王路易二世·德·波旁曾敦促法兰西国王路易十四抓住有利时机，继续向阿姆斯特丹挺进，一举结束战争，但没有人能劝阻住法兰西国王路易十四。和可以安全地去阿纳姆一样，法兰西国王路易十四本也可以安全地去阿姆斯特丹。然而，不可思议的是，法兰西国王路易十四拒绝了孔代亲王路易二世·德·波旁的提议。给蒂雷纳子爵亨利·德·拉·图尔·德·奥韦涅下达了向鹿特丹行军的命令后，法兰西国王路易十四停在了艾瑟尔河边的小堡垒前。虽然孔代亲王路易二世·德·波旁主动采取行动，准备带领骑兵占领默伊登并且阻止荷兰人打开阿姆斯特丹外的堤坝，但一切都为时已晚。荷兰驻军及时赶到了默伊登。约翰·德·威特命令所有人做好准备，让农民从死亡之地搬了出

---

① 第四级军事行动，即采取混合序列布阵模式，在进攻时分别由一至两个营组成的纵队和横队同时行动的作战方法。

来，准备水淹法兰西军队。此前，荷兰军队一直焦急不安，唯恐法兰西军队会突然出现。然而，到1672年6月18日后，一切尘埃落定——阿姆斯特丹安然无恙。

荷兰最需要的是喘息的时间。如果荷兰能熬过1672年的冬季，那么欧洲肯定会诞生一个反法联盟。1672年6月7日，荷兰海军上将米希尔·阿德里安森·德·勒伊特战胜了法兰西王国和英格兰王国的联合舰队，消除了海上的一切危险。虽然荷兰省是安全的，坚决不肯投降，但荷兰的其他省份要么已经被法兰西国王路易十四征服了，要么暴露在法兰西国王路易十四的强权的威胁下，都渴望着和平。因此，1672年6月月底，荷兰派出了一位特使去见法兰西国王路易十四，同意给法兰西国王路易十四进献六百万里弗和马斯特里赫特及其要塞。法兰西国王路易十四如果想占领西属尼德兰，那么一定会成为西属尼德兰绝对的主人。然而，法兰西国王路易十四采纳了卢瓦侯爵路易·弗朗索瓦·玛

1672年，米希尔·阿德里安森·德·勒伊特在太阳湾战役中击败英法联合舰队

利·勒·泰利耶的建议，故意放弃了唾手可得的果实。法兰西国王路易十四要求荷兰臣服于法兰西王国，用公帑维护天主教，撤销一切对法兰西王国不利的商业法令并且赔款两千四百万里弗。实际上，法兰西国王路易十四是在要求荷兰放弃独立。因此，荷兰人民选举奥兰治亲王威廉三世为大议长和海陆军上将，开始组织联盟对抗法兰西国王路易十四。1672年10月，神圣罗马帝国皇帝利奥波德一世和勃兰登堡选帝侯腓特烈·威廉与荷兰联合了起来，导致法兰西王国和荷兰的这场战争演变成了欧洲的战争。

显然，法兰西王国和荷兰组织的反法联盟力量悬殊。蒂雷纳子爵亨利·德·拉·图尔·德·奥韦涅受命渡过莱茵河进入威斯特伐利亚以防止蒙泰库科利伯爵雷蒙多带领的神圣罗马帝国军队和勃兰登堡军队越过神圣罗马帝国边境去援助奥兰治亲王威廉三世，而孔代亲王路易二世·德·波旁则被派去保卫阿尔萨斯。由于这种兵分三路的战术，法兰西军队失去了决定性的优势。然而，1673年，由于法兰西军队的优越性和蒂雷纳子爵亨利·德·拉·图尔·德·奥韦涅的才能，法兰西军队迎来了胜利。皮奈-卢森堡公爵弗朗索瓦·亨利·德·蒙莫朗西-布特维尔困住了奥兰治亲王威廉三世，而蒂雷纳子爵亨利·德·拉·图尔·德·奥韦涅则不仅凭借巧妙的战略将蒙泰库科利伯爵雷蒙多与勃兰登堡选帝侯腓特烈·威廉隔了开来，而且将勃兰登堡选帝侯腓特烈·威廉赶回了哈尔伯施塔特。1673年6月6日，蒙泰库科利伯爵雷蒙多不得不选择与法兰西人缔结和约。然而，荷兰仍然保持着海上优势。1673年8月21日，在西兰岛附近，英勇的荷兰海军上将米希尔·阿德里安森·德·勒伊特彻底打败了英格兰海军。荷兰海军上将米希尔·阿德里安森·德·勒伊特仍然是英吉利海峡的霸主，而只要荷兰船队在英吉利海峡畅行无阻，荷兰就是安全的。

虽然法兰西国王路易十四获得了胜利，但反法联盟仍然在继续壮

西兰岛附近的海战

大。1673年8月，西班牙和马耶讷公爵洛林的亨利加入反法联盟；1674年1月，丹麦加入反法联盟；1674年3月，巴拉丁选帝侯查理一世·路易加入反法联盟；1674年5月，神圣罗马帝国加入反法联盟；1674年7月，勃兰登堡选帝侯腓特烈·威廉再次冒险加入反法联盟。到1674年下半年，几乎整个欧洲都加入了反法联盟。与此同时，法兰西王国的盟友正在不断减少。1673年秋季，蒙泰库科利伯爵雷蒙多成功与奥兰治亲王威廉三世会合，并且在1673年11月12日攻占了波恩。特里尔选帝侯卡尔·卡斯帕·冯·德尔·莱恩、科隆选帝侯巴伐利亚的马克西米利安·亨利和明斯特主教克里斯托夫·伯恩哈德·冯·加伦都被蒙泰库科利伯爵雷蒙多取得胜利的消息吓坏了，急忙开始讲和。然而，最糟糕的事情不止于

特里尔选帝侯卡尔·卡斯帕·冯·德尔·莱恩

此。1674年2月，凡尔赛宫传来了消息——英格兰王国与法兰西王国因利益问题而分道扬镳。法兰西王国发现自己正在与全世界对抗，而盟友则只有瑞典。

此后又持续了四年的战争是一场非常艰难和崇高的斗争。无论拥有多么出众的将领和组织能力，法兰西王国都不可能长期坚持进行一场不对等的斗争。只要等到法兰西王国筋疲力尽，反法同盟就一定能取得胜利。然而，在一段时间内，法兰西军队的指挥官的战略和智谋为反法同盟的胜利画上了一个问号。法兰西军队的指挥官意识到，法兰西军队必须采取行动保护西属尼德兰和莱茵河沿线的要塞。1674年，孔代亲王路易二世·德·波旁撤离荷兰，并且在默兹河和桑布尔河战胜了奥兰治亲王威廉三世。1674年8月11日，在瑟内夫，孔代亲王路易二世·德·波旁夺取了奥兰治亲王威廉三世的行李车。法兰西国王路易十四占领了弗朗什-孔泰，而蒂雷纳子爵亨利·德·拉·图尔·德·奥韦涅则通过佯攻莱茵河转移了神圣罗马帝国军队的注意力。渡过莱茵河后，蒂雷纳子爵亨利·德·拉·图尔·德·奥韦涅开始向辛茨海姆行军。在辛茨海姆打败了敌人后，蒂雷纳子爵亨利·德·拉·图尔·德·奥韦涅渡过了内卡河。然而，由于带领的军队无法守住像上莱茵兰这样的大片土地，蒂雷纳子爵亨利·德·拉·图尔·德·奥韦涅进退维谷，采取了一项极端措施。蒂雷纳子爵亨利·德·拉·图尔·德·奥韦涅以大火和武器把莱茵河两岸的富饶土地变成了荒漠，并且因此缩小了战场。蒂雷纳子爵亨利·德·拉·图尔·德·奥韦涅退守莱茵河另一侧，准备把对手挡在河对岸的港口里。虽然蒂雷纳子爵亨利·德·拉·图尔·德·奥韦涅坚持了好几个月，但1674年10月下旬，神圣罗马帝国军队与勃兰登堡军队成功会合，躲过了蒂雷纳子爵亨利·德·拉·图尔·德·奥韦涅的监视——在美因茨，神圣罗马帝国军队与勃兰登堡军队渡过了莱茵河。神圣罗马帝国军队与勃兰登堡军队沿着莱茵河行进，并且在阿尔萨

瑟内夫战役获胜后，路易十四在凡尔赛官接见孔代亲王路易二世。德·波旁

斯的低地成功安营扎寨。因此，法兰西王国在莱茵河上的屏障消失了。如果蒂雷纳子爵亨利·德·拉·图尔·德·奥韦涅不能在1675年，即再次开战前收复失地，那么战争的浪潮肯定会蔓延到孚日山脉和沙隆平原。幸运的是，蒂雷纳子爵亨利·德·拉·图尔·德·奥韦涅战胜了危机。蒂雷纳子爵亨利·德·拉·图尔·德·奥韦涅率领的是一支吃苦耐劳、忠心耿耿并且有作战经验的军队。蒂雷纳子爵亨利·德·拉·图尔·德·奥韦涅决定采取一个巧妙的策略。在孚日山脉与莱茵河平行、离莱茵河大约二十英里的地方，丰饶的河谷被群山环绕，而向南绵延的山脉则越来越高，越来越险峻，一直延伸到会在冬天被大雪覆盖的大巴隆峰。过了大巴隆峰后，群山陡降。出了著名的贝尔福山口后，群山便会消失在沙隆平原上。贝尔福山口是孚日山脉和汝拉山脉的分界线。斯特拉斯堡和米尔豪森之间的莱茵河河谷中坐落着几个富裕的城镇，而神圣罗马帝国军队则分散驻扎在那里。1674年11月月底，蒂雷纳子爵亨利·德·拉·图尔·德·奥韦涅退居至孚日山脉，仿佛要去洛林过冬并且把孚日山脉当作自己和敌人之间的屏障。然而，在利克塞姆，蒂雷纳子爵亨利·德·拉·图尔·德·奥韦涅突然掉头向南，一直前进到了孚日山脉南端的崎岖地带，即摩泽尔河发源地。随后，蒂雷纳子爵亨利·德·拉·图尔·德·奥韦涅将麾下的部队分成四个师，命令四个师分头踏雪翻越几个山口去贝尔福会合。1674年12月27日，蒂雷纳子爵亨利·德·拉·图尔·德·奥韦涅麾下的法兰西军队的行军结束了。四万名最优秀的士兵聚集在富饶的莱茵河河谷高处，而他们的敌人则毫无防备，正安逸地待在莱茵河河谷中。1674年12月28日，蒂雷纳子爵亨利·德·拉·图尔·德·奥韦涅率军穿过贝尔福山口，冲向敌人，迅速占领了米尔豪森。在科尔马，蒂雷纳子爵亨利·德·拉·图尔·德·奥韦涅击败了勃兰登堡选帝侯腓特烈·威廉，将敌军全部赶出了阿尔萨斯。在斯特拉斯堡，蒂雷纳子爵亨利·德·拉·图尔·德·奥韦涅通过

科尔马战役

一场战役重新夺回了莱茵河一线的控制权。蒙泰库科利伯爵雷蒙多受命火速增援莱茵河一线。蒙泰库科利伯爵雷蒙多虽然被认为是对付可怕的蒂雷纳子爵亨利·德·拉·图尔·德·奥韦涅的唯一人选，但时运不佳。1675年春季，在斯特拉斯堡附近，蒂雷纳子爵亨利·德·拉·图尔·德·奥韦涅渡过了莱茵河。蒂雷纳子爵亨利·德·拉·图尔·德·奥韦涅采取一系列巧妙的战术，迫使蒙泰库科利伯爵雷蒙多撤退去了内卡河和黑林山一带。在黑林山的萨斯巴赫，蒂雷纳子爵亨利·德·拉·图尔·德·奥韦涅被迫在一个不可能战胜敌人的地方作战。1675年7月26日，看到敌人时，蒂雷纳子爵亨利·德·拉·图尔·德·奥韦涅说道："我抓住他了。"然而，说出这句话时，蒂雷纳子爵亨利·德·拉·图尔·德·奥韦涅胸部中枪，当场毙命。

蒂雷纳子爵亨利·德·拉·图尔·德·奥韦涅胸部中枪

随着蒂雷纳子爵亨利·德·拉·图尔·德·奥韦涅倒地不起，法兰西王国最后的希望破灭了。蒙泰库科利伯爵雷蒙多把惊慌失措的法兰西士兵赶回了阿尔萨斯，而孔代亲王路易二世·德·波旁则带领援军及时赶到，阻止了蒙泰库科利伯爵雷蒙多，挽救了阿格诺和菲利普斯堡。克雷基公爵查理三世·德·布朗谢福尔-克雷基接管了孔代亲王路易二世·德·波旁在摩泽尔河的指挥权。1675年9月，克雷基公爵查理三世·德·布朗谢福尔-克雷基失去了特里尔。瑞典军队虽然声东击西，攻击了勃兰登堡选帝侯腓特烈·威廉，但在陆地上的费尔贝林，遭到勃兰登堡选帝侯腓特烈·威廉的痛击。在波罗的海，丹麦和荷兰的联合舰队彻底打败了瑞典舰队。1675年年底，由于厌倦了战争，孔代亲王路易二世·德·波旁决定不再担任司令。法兰西人渐渐精疲力竭，开始怨声载道。此外，由于让-巴普蒂斯特·科尔贝的改革仍然没有完成，财务问题带来了腐败现象。然而，在战斗中，法兰西士兵仍然显露出一股霸气。

费尔贝林战役

由于从未取得实质性的胜利，法兰西王国、荷兰和神圣罗马帝国都厌倦了战争。因此，荷兰人、英王查理二世和法兰西国王路易十四开始了漫长的谈判。奥兰治亲王威廉三世竭尽所能，想阻止和约的签署。1678年8月14日，在蒙斯附近，奥兰治亲王威廉三世与皮奈-卢森堡公爵弗朗索瓦·亨利·德·蒙莫朗西-布特维尔进行了一场激烈的战斗，导致数千名士兵失去了生命。奥兰治亲王威廉三世虽然中断了谈判，但知道和约已经签署了——一切都已经太晚了。1678年8月10日，法兰西王国和荷兰缔结了和约；1678年9月17日，西班牙和法兰西王国达成了协议；1679年2月2日，法兰西王国和神圣罗马帝国签署了和约。不久后，一些参战的小国也和法兰西王国达成了协议。

根据这一系列条约，即通常所说的《奈梅亨和约》，荷兰虽然没有失去一寸土地，但取消了对法兰西王国的贸易的限制。西属尼德兰仍然是荷兰和法兰西王国中间的屏障，而西班牙则甚至收复了沙勒罗瓦和其他一些在《第一亚琛条约》中失去的城镇。西属尼德兰的边界成了一条直线，从敦刻尔克直到莫伯日的桑布尔河。神圣罗马帝国皇帝利奥波德一世虽然收复了菲利普斯堡，但交出了弗赖堡和布赖萨赫的河道的通行权。法兰西王国的唯一收获是完全吞并了弗朗什-孔泰和洛林。为了报答唯一和忠实的盟友，法兰西国王路易十四坚持要把勃兰登堡选帝侯腓特烈·威廉从瑞典手中夺走的原本属于神圣罗马帝国的领土归还给瑞典。

《奈梅亨和约》虽然常被视为法兰西国王路易十四成功的顶峰和荣耀的巅峰，但同样是法兰西王国走向衰落的第一步。《奈梅亨和约》是法兰西国王路易十四的权力之路的终点。法兰西国王路易十四执意要争夺欧洲的霸权，却遭遇了失败。法兰西国王路易十四决心要向那个敢对抗他的意志的小国复仇，却遭受了挫折。此外，法兰西国王路易十四的失败不仅是军事上的失败，而且是政策上的失败。这次失败让法兰西国王路易十四确信，他如果再次做出类似的尝试，那么将再次失败。无论如何精心策划，如何出色地领导军队，法兰西国王路易十四都无法单独与整个欧洲作战。如果法兰西国王路易十四继续推行自己的霸权政策，那么欧洲迟早会再次联合起来，就如潮涨潮落一样。英王查理二世的自私，明斯特主教克里斯托夫·伯恩哈德·冯·加伦的野心，瑞典寡头的贪婪，波兰贵族的贫困，以及神圣罗马帝国皇帝利奥波德一世的狡猾与惰性，都可能使法兰西王国促成荷兰、英格兰王国和瑞典的中立。然而，不祥的阴云笼罩着欧洲，法兰西王国的暴政的威胁近在眼前时，荷兰、英格兰王国和瑞典无法继续保持中立。最终，在民族精神和爱国主义的强烈冲击下，无论被编织得多么巧妙，法兰西国王路易十四的外交网络都肯定会被撕成碎片。约翰·德·威特和《三国同盟》已经向欧洲展示了如何约束法兰西王国这头怪物。与法兰西王国有利益冲突的事物数量巨大、类型多样、根深蒂固，不会长期被外交艺术掩盖，也不会被政府间的联盟平息。权力平衡的原则肯定迟早会起作用。只要法兰西国王路易十四坚持要成为欧洲的独裁者——无论是以征服荷兰，还是吞并西班牙，或者促成神圣罗马帝国解体的方式——欧洲就都会长期联合起来反对法兰西王国，阻止法兰西国王路易十四成功实现独裁政权。不幸的是，和后来的法兰西皇帝拿破仑一世一样，法兰西国王路易十四没能认识到自己的权力永远会受到限制。法兰西国王路易十四不明白，他的愿景是不可能实现的。和看待《第一亚琛条约》一样，法兰西国王路易十四仅仅把《奈梅亨和约》看作是他在下棋时被将了一军。法兰西国王路易十四知道自己在棋局中出现了一些失误。法兰西国王路易十四坚信，他如果在高手的指导下重下一局，那么一定能取得胜利。和赌徒一样，法兰西国王路易十四深信自己的方法绝对正确。赌徒会把失利归咎于计算错误，认为自己只要凭借经验和谨慎的态度就能发现这些错误。因此，法兰西国王路易十四绝不会因《奈梅亨和约》和失败而不安，而是更加勤恳地组织谋划，等待着机会，准备再次争夺自己想要的东西。

蒙斯战役

签订《奈梅亨和约》

实际上，法兰西国王路易十四认为，他正以政治家的风格稳步走向一个既定的目标，而他最终成功的机会正在日益减少。为了对抗法兰西国王路易十四，欧洲不仅制定了政策，而且选出了领导者。法兰西国王路易十四是一位干大事业的英雄，而能与他匹敌的人则只有奥兰治亲王威廉三世。奥兰治亲王威廉三世受过逆境的磨炼，知道自己的责任，早已成为一个男子汉。刚出生时，奥兰治亲王威廉三世就被卷入了各种阴谋。奥兰治亲王威廉三世成长于猜疑的氛围中，并且一直遭到敌人的打击。因此，奥兰治亲王威廉三世心中的慷慨大方早已消失殆尽。二十岁时的奥兰治亲王威廉三世像第一代塔列朗公爵夏尔·莫里斯·德·塔列朗-佩里戈尔一样无情，像第一代奥福德伯爵罗伯特·沃波尔一样肆无

第一代塔列朗公爵夏尔·莫里斯·德·塔列朗－佩里戈尔

第一代奥福德伯爵罗伯特·沃波尔

忌惮，像尼科洛·迪·贝尔纳多·代·马基雅维利一样冷酷无情和唯我独尊。心浮气躁、自私自利、沉默寡言的奥兰治亲王威廉三世与心胸开阔、出类拔萃、英勇无比、风度翩翩、正当壮年的法兰西国王路易十四形成了鲜明的对比。然而，奥兰治亲王威廉三世冰冷的胸膛深处燃烧着一簇火焰，而这簇火焰比不时照亮法兰西国王路易十四的灵魂的任何一抹闪光都更加持久和强烈。面对法兰西王国的入侵时，奥兰治亲王威廉三世把对荷兰的爱转化为对法兰西王国的侵略和暴政的仇恨。经历了漫长的苦难和忍耐后，奥兰治亲王威廉三世慢慢地把自己的自私无情化为了英雄的铁石心肠。奥兰治亲王威廉三世没有得到用高尚的行为迷惑世界的能力，无法像蒂雷纳子爵亨利·德·拉·图尔·德·奥韦涅那样策划战役，不能像孔代亲王路易二世·德·波旁或皮奈-卢森堡公爵弗朗索瓦·亨利·德·蒙莫朗西-布特维尔那样赢得战争，不能像第二代查塔姆伯爵约翰·皮特①那样把不相关的事物联系起来，不能像瑞典国王卡尔十二世那样让欧洲赞叹，不能像法兰西国王亨利四世那样让欧洲迷恋，不能像瑞典国王古斯塔夫二世·阿道夫那样得到人们的钦佩，也不能像枢机主教黎塞留那样要求人们服从。奥兰治亲王威廉三世的思想和性格

第二代查塔姆伯爵约翰·皮特

---

① 第二代查塔姆伯爵约翰·皮特（1756—1835），英格兰军人和政治家，以把海军和行政部门联系起来而闻名。——译者注

深深影响着荷兰，影响着世界，却与他狭隘、平庸和迂腐的天性格格不入。在很大程度上，奥兰治亲王威廉三世继承了自己的祖先的那种不屈不挠的品质。耐心、坚忍和毅力使奥兰治亲王威廉三世激励着他人，鼓舞着自己，不仅促使他投身爱国和自由的崇高事业，而且把他变成了一位英雄。奥兰治亲王威廉三世不会承认失败，也不会接受失败，更不知道什么是绝望。奥兰治亲王威廉三世从来没有想过让个人野心凌驾于公共福祉。对奥兰治亲王威廉三世来说，反抗法兰西王国的责任就是实现他的个人野心的方式。

奥兰治亲王威廉三世看重英王查理二世只是因为英格兰王国有能力帮助荷兰对付强大的敌人。发现英格兰王国左右摇摆并且以狭隘的目光来看待荷兰和法兰西王国之间的战争时，奥兰治亲王威廉三世就准备放弃依靠英格兰王国。奥兰治亲王威廉三世不是自吹自擂，而是决意奋战到底之人。正如斯巴达国王莱昂尼达斯一世[①]不会考虑在温泉关向波斯人屈服，奥兰治亲王威廉三世也不会考虑把荷兰人民的宗教和自由交给法兰西国王路易十四。本着奋战到底的精神，奥兰治亲王威廉三世进行了长达三十年的军事和外交斗争。奥兰治亲王威廉三世始终都不是以征服者，而是以守卫者的身份战斗的。最终，奥兰治亲王威廉三世为自己赢得了荷兰的救星和欧洲的自由的捍卫者的地位。奥兰治亲王威廉三世把所有的精力都集中在自己被卷入的争斗中，却从来没有充分意识到问题的严重性和他采取的政策的深远影响。奥兰治亲王威廉三世的继任者们的任务是收获奥兰治亲王威廉三世呕心沥血才得到的果实，即在法兰西国王路易十四被推翻后重新规划欧洲版图，并且在《乌得勒支和约》的框架下建立新的欧洲权力平衡体系。奥兰治亲王威廉三世自然不知道斯

---

① 斯巴达国王莱昂尼达斯一世（？—前480），曾在温泉关率领一支小部队与一支庞大的波斯军队作战。在温泉关战战中，包括莱昂尼达斯一世在内的斯巴达人全部阵亡。——译者注

滕凯尔克战役①不过是布莱尼姆战役②的序曲，也不知道只有拉乌格战役③才能使普拉西和魁北克等地的辉煌成为可能。然而，如果让奥兰治亲王威廉三世参与拉米伊战役④或在一个世纪后面对特拉法尔加海战⑤中的残船破舰沉思，那么奥兰治亲王威廉三世也许会骄傲地说，第一代马尔伯勒公爵约翰·丘吉尔和霍雷肖·纳尔逊的额头上的桂冠也有他的功劳。

马尔伯勒公爵约翰·丘吉尔

---

① 斯滕凯尔克战役，发生于1692年8月3日。斯滕凯尔克战役的结果是法兰西军队战胜了英王威廉三世率领的英格兰王国、荷兰和神圣罗马帝国的联合军队。——译者注
② 布莱尼姆战役，发生于1704年8月13日，是西班牙王位继承战争中的一场重大战役。在布莱尼姆战役中，大同盟军队通过击败法兰西军队确保了维也纳的安全，并且防止了大同盟的瓦解。
③ 拉乌格战役，发生于1692年5月29日，被英格兰人称为英格兰王位继承之战。——译者注
④ 拉米伊战役，发生于1706年5月23日，是西班牙王位继承战争中的一场战役。第一代马尔伯勒公爵约翰·丘吉尔取得了拉米伊战役的胜利。——译者注
⑤ 特拉法尔加海战，发生于1805年10月21日，是第三次反法同盟战争中最重要的战役之一。霍雷肖·纳尔逊取得了特拉法尔加海战的胜利。——译者注

霍雷肖·纳尔逊

虽然荷兰和法兰西王国的战争结束后的十年间，欧洲一直处于和平状态，但实际上，这种和平只是下一轮斗争的暴风雨来临前的宁静。奥兰治亲王威廉三世忙着为自己的岳父，即后来的英王詹姆斯二世的王冠筹谋，而法兰西国王路易十四则忙着利用外交和武力手段巩固边防。奥兰治亲王威廉三世和法兰西国王路易十四都意识到他们之间的决斗仍然没有结束，犹豫着要不要先释放战争恶魔。与此同时，法兰西王国国内出现了一些严重的困难。自宗教改革后，法兰西教会一直保持着比西班牙、意大利和神圣罗马帝国教会更大的权威和独立性。西班牙教会面对着来自伊斯兰教的压力，而神圣罗马帝国教会则必须承受宗教异端的压力。因此，罗马的教皇自然会对西班牙和神圣罗马帝国等国施加影响。

法兰西王国的情况则相反。法兰西王国强调的民族精神和民族自豪感是从英格兰王国的桎梏中解放出来的，体现在征服意大利的任务中。英格兰人民和法兰西人民从感情上都强烈反对教皇。人们认为，为了获得利益和在与贵族的斗争中获得一个有用的盟友，欧洲的国王们会满足教皇的要求。然而，由于法兰西王国的王权逐渐凌驾于国家生活的各个部门，在争吵中，欧洲的国王们开始接二连三地拿起棍棒对付教皇并且成就了自己的辉煌。法兰西国王弗朗索瓦一世差点就宣布法兰西王国独立于圣座；瓦卢瓦国王曾多次拒绝参加特伦托宗教会议的任何活动；洛林主教与法兰西主教一起出现时，与其说他们的目的是参加讨论，倒不如说是给出结论。法兰西王国根本没有正式接受特伦托宗教会议的决定。在法兰西王国，以胡格诺派这种形式出现的异端受到的来自法兰西国王的压制要远大于来自教皇的压制。被接纳进入法兰西王国时，耶稣会受到了严格的限制。枢机主教黎塞留和枢机主教朱尔·马萨林虽然是罗马教会的枢机主教，但毫不犹豫地推行了一项与教皇的意愿完全对立的政策。在统治的最初几年里，法兰西国王路易十四也曾毫不顾忌地公开侮辱罗马教廷。正统观念使国王们及其政府的工作人员更加愤恨包括教皇在内的其他君主在他们的领地上指手画脚的行为。

虽然法兰西王国王室有一项公认的权力是没收所有空缺主教的收入，即所谓的"国王特权"，但这是一项完全取决于习俗的权力，仅适用于法兰西国王的古老领地。然而，1673年，法兰西国王路易十四仍然颁布了一项法令，宣称按照法律和习俗，"国王特权"适用于法兰西王国的所有主教辖区。帕米耶和阿莱的主教们反对耶稣会在宫廷中占主导地位，而教廷则立即做出了对帕米耶和阿莱的主教们有利的决定。帕米耶和阿莱的主教们和教廷的举动把国王和神职人员之间的金钱纠纷变成了法兰西教会和教廷之间的较量。和英格兰人问教皇有什么权力要求得到英格兰王国的圣职者的俸禄一样，法兰西人也想问教皇有什么权力干

托马斯·克兰默

涉法兰西国王的"国王特权"。幸运的法兰西国王路易十四发现自己身边有一个比托马斯·克兰默[1]或奥利弗·克伦威尔更加高尚的拥护者。莫城主教雅克-贝尼涅·波舒哀给托马斯·莫尔爵士的正统观念中加入了萨米埃尔·贝尔纳的雄辩与伊拉斯谟的学识和品位。莫城主教雅克-贝尼涅·波舒哀心中燃烧着炽热的爱国主义火焰，忠心耿耿地践行着自己所处的时代的原则——对莫城主教雅克-贝尼涅·波舒哀来说，这是最重要的美德。法兰西国王路易十四诧异地睁大眼睛，不像是一个贪婪的暴君，而像是被教会压迫的人的捍卫者。莫城主教雅克-贝尼涅·波舒哀

---

① 托马斯·克兰默（1489—1556），英格兰王国宗教改革运动的领袖，曾任坎特伯雷大主教，促成了英格兰教会与罗马教廷的分离，支持王室至高无上的原则，即国王对自己领土上的教会拥有主权。——译者注

莫城主教雅克－贝尼涅·波舒哀

托马斯·莫尔爵士

萨米埃尔·贝尔纳

觉得自己必须继承让·沙利耶·德·热尔松①和皮埃尔·德·阿伊②的衣钵，奉法兰西国王路易十四之命去领导法兰西王国的神职人员根据康斯坦茨宗教会议③的决议着手开展工作。不久后，法兰西人再次将建立宪政体制提上日程，并且开始讨论如何限制教皇的权力。1682年，在圣日耳曼，法兰西国王路易十四召集法兰西神职人员，召开了一次会议，讨论

皮埃尔·德·阿伊

① 让·沙利耶·德·热尔松（1363—1429），法兰西学者、教育家、改革家和诗人，最杰出的神学家之一，师从皮埃尔·德·阿伊。——译者注
② 皮埃尔·德·阿伊（1351—1420），法兰西神学家、占星家。——译者注
③ 1414年始在罗马召开的天主教会议，目的是调解教会和教皇之间的矛盾。——译者注

康斯坦茨宗教会议

了应该如何限制教皇的权力。莫城主教雅克-贝尼涅·波舒哀带头促成了与会人员承认法兰西国王路易十四在法兰西王国境内的"国王特权"这一结果，并且通过了限制教皇权力的四项决议。这四项决议包括：

1. 在世俗事务上，君主不受教皇支配；教皇不能废黜君主；君主的臣民可以不再宣誓效忠教皇。

2. 主教特别会议的决定优先于教皇的决定。

3. 教皇的权力受议会规则和教规的制约；教皇不能决定违背沄兰西教会的规则和法兰西宪法的任何事情。

4. 教皇的决定如果没有得到教会同意，是可以被更改的。

法兰西神职人员通过的四项决议不仅被巴黎议会登记，而且被索邦神学院接受，成为所有法兰西国王的忠诚臣民都必须遵守的法律。

关于旧的宪法，教会和教皇再次提出了问题。有一股力量支持着在圣日耳曼达成的四项决议的推行。这四项决议在初期的教会中是不容

格列高利十二世

置疑的，在中世纪的教会中被反复提及，并且曾在康斯坦茨宗教会议上被系统阐述。英格兰教会大胆维护了这四项决议。这四项决议与格列高利十二世[①]的继任者的主张和特伦托宗教会议的决议完全相反。人们认为，无论多么软弱，教皇都能立刻对这四项决议置之不理。教皇因诺森特十一世觉得自己别无选择，立即谴责了这四项决议，拒绝发放教皇诏书，惩罚了那些接受这四项决议的神职人员。在法兰西王国，至少有三十个主教教区已经有好几年没有主教。法兰西王国有数百种措施对付罗马教廷，却没有采取有效措施。法兰西王国的情况与英格兰王国非常相似。法兰西王国和英格兰王国都通过了不允许神职人员把担任教职第

① 格列高利十二世（1015—1085），一位为确立教皇和教会至高无上的地位而不断奋斗的教皇。——译者注

一年的收入上缴给教皇的条例，庄严地宣布了各自境内教会的与罗马教廷的权利截然相反的宪法权利。罗马教廷谴责这种分裂行为。虽然法兰西王国和英格兰王国的大多数神职人员都支持境内教会的宪法权利，准备按照国王的命令与教皇争夺权力，但实际上，神职人员的这种行为只会加强王权对他们的统治。实际上，按照法兰西国王路易十四和英格兰国王亨利八世的说法，国家教会的自由意味着国王的权力的增加。然而，与英格兰国王亨利八世不同的是，法兰西国王路易十四非常谨慎，不会走向极端。只要某种公开行为会被人们认为宗教独立，法兰西国王路易十四就会小心翼翼，避免这种行为的出现。法兰西国王路易十四完全采取消极的态度。在教皇诏书被拒绝颁发的地方，圣座仍然空着，而国王则会享受圣座的收入。法兰西教会与教皇没有完全分离使事情复杂化了。英格兰国王亨利八世已经等不及了，而法兰西国王路易十四则可以继续等下去。人们虽然会大谈法兰西王国的主教职位问题，但仍然没有采取明确的措施来解决问题。因此，和解已经成为最符合各方利益的方案。由于法兰西王国卷入了与奥格斯堡同盟①的战争和曼特农夫人在宫廷中变得至高无上，法兰西国王路易十四发现自己与教皇长期争吵既不体面又带有偏见。与此同时，教皇也愿意做出让步。因此，圣日耳曼会议的四项决议被否决了，而教皇则承认并且批准了所有的法兰西王室的命令。教会事务走上了正轨。对法兰西国王路易十四来说，与奥格斯堡同盟的战争的唯一作用就是推动了法兰西王国的文学发展，促成了一些关于教会和政府的有价值的著作的诞生。法兰西王国与奥格斯堡同盟的战争还帮助法兰西国王路易十四的竞争对手奥兰治亲王威廉三世坐上了英格兰王位。

---

① 奥格斯堡同盟，神圣罗马帝国、西班牙、瑞典、巴伐利亚、巴拉丁和萨克森在1686年于奥格斯堡缔结的同盟。1689年，英格兰王国也加入了奥格斯堡同盟。奥格斯堡同盟旨在阻止法兰西王国侵占西欧土地。——译者注

然而，毫无疑问的是，法兰西王国与罗马教廷的较量间接地促使法兰西国王路易十四承认了自己在统治期间犯下的最大的错误和罪行就是废除了《南特敕令》。在枢机主教黎塞留的打压下，胡格诺教徒早已放弃了所有政治野心。《南特敕令》允许胡格诺教徒享有信仰自由让胡格诺教徒中的中产阶级感到十分满意，投身于各种工业生产并且取得了巨大的成功。以前，出于政治方面的考虑，许多贵族选择了信仰胡格诺派。然而，后来，唯利是图的贵族选择了重新信仰天主教。即使在投石党作乱的那些日子里，胡格诺派也安分守己。开始掌权时，让-巴普蒂斯特·科尔贝发现，胡格诺教徒是技艺精湛、任劳任怨和忠心耿耿的法兰西工匠。不幸的是，在法兰西国王路易十四和卢瓦侯爵路易·弗朗索瓦·玛利·勒·泰利耶的统治下，胡格诺教徒的忠诚和财富成为胡格诺教徒被迫害的原因。虽然枢机主教黎塞留圆满完成了自己的工作，但实际上，他能做的不过是拔出毒蛇的毒牙。一种有利于某个阶层的特殊法律的存在意味着单一宗教国家是存在缺陷的。如果法兰西人在宗教层面的忠诚和在政治层面不一样，那么法兰西王国也不会成为一个单一宗教国家。

　　17世纪，像法兰西国王路易十四这样的人物虽然目光短浅，但收放自如，有很多吸引人的地方。在17世纪的那些日子里，单一的君主政体无情地牺牲了社会差别、贸易利益和地方独立。为什么不同的宗教派别不受同一法律的约束？无论多么满足和忠诚，胡格诺教徒都是绝对君主制的缺陷的表现。然而，只要法兰西王国需要，胡格诺派就应该被容纳。随着年龄的增长，法兰西国王路易十四的性格发生了一些变化。周围的人的阳奉阴违使宫廷生活成为对法兰西国王路易十四的一种束缚。实际上，法兰西国王路易十四非常讨厌自己周围的人大声奉承的声音。宗教对法兰西国王路易十四的影响一直都很大。随着生活的乐趣和虚荣化为灰烬，法兰西国王路易十四对宗教的要求变得更加专横了。法兰西国王路易十四不仅一直都是虔诚的天主教教徒，而且变得越来越虔诚。法兰西国王路易十四为宫廷生活制定了更严格的规定。举止简单、责任心强和谈吐冷静是活动在法兰西宫廷的人们的主要特点，导致法兰西国王路易十四的大臣们抱怨称凡尔赛宫活像一座修道院。早在1669年，法兰西国王路易十四就选择了残疾的滑稽诗人保罗·斯卡龙的遗孀蒙斯卡龙夫人，即后来的曼特农夫人，为法兰西王室的孩子们的家庭教师。虽然起初，法兰西国王路易十四看不惯循规蹈矩的曼特农夫人，但渐渐地，曼特农夫人的出众的性格、优雅的谈吐、敏锐的判断力被信仰的热

曼特农夫人

情照亮并且变得神圣了起来，与法兰西国王路易十四的优秀品质相得益彰，完全征服了法兰西国王路易十四。1683年，即西班牙的玛丽亚·特蕾莎去世两年后，法兰西国王路易十四秘密与曼特农夫人结婚了。虽然曼特农夫人从未想过获得王后的尊荣，但在法兰西王国和欧洲，她的地位得到了充分的尊重。由于出众的地位和美德，曼特农夫人受到了所有人的尊敬。曼特农夫人的政治影响力因为很难评价，所以往往会被夸大。除非是在那些女性总是非常感兴趣的个人事务上，曼特农夫人很少直接干预政治。然而，曼特农夫人对法兰西国王路易十四的间接影响是非常巨大的。法兰西国王路易十四不仅非常看重，而且会经常咨询曼特农夫人。更重要的是，曼特农夫人对法兰西国王路易十四的性格和思想有一种隐形的影响力。在曼特农夫人的影响下，法兰西国王路易十四变得更加虔诚了。对宗教的热爱自然而然地影响了法兰西国王路易十四的其他政策。自身信仰因教会的要求而变得更加敏感时，法兰西国王路易十四的感触比之前更加深刻了。法兰西国王路易十四很清楚作为欧洲第一天主教强国的法兰西王国的职责。虽然如果曼特农夫人作为保罗·斯卡龙的遗孀在贫困中度过余生，那么法兰西国王路易十四或许仍然会坚持撤销《南特敕令》，与教皇和解并且不会制造罗亚尔港事件，但法兰西国王路易十四受到了曼特农夫人的影响和感染也是不争的事实。

法兰西国王路易十四热衷于宗教统一事业。法兰西国王路易十四虽然会在罗马遇到困难，但仍然不仅渴望证明自己的信仰才是正统信仰，而且相信让胡格诺教徒改变信仰的时机已经成熟。1681年，法兰西国王路易十四开始实施自己的政策，打压胡格诺教徒，不再允许胡格诺教徒担任任何公职。和天主教教徒在英格兰王国一样，胡格诺教徒也受到了约束。和他人不同的宗教信仰使胡格诺教徒不再适合担任公职。然而，打压胡格诺教徒只是法兰西国王路易十四的政策的一个方面——那些顽固坚持信仰和宗教独立的人会被认定为是不值得信任的人，而那些服从主的意志的人则会得到福利和津贴。1682年，法兰西王国各地都执行了改变异教徒的信仰的任务。莫城主教雅克-贝尼涅·波舒哀满腔热忱，投身于改变异教徒的信仰的任务并且取得了成功。在巴黎，一个叫保罗·佩利松的人设立了一个办事处，负责让异教徒改变信仰的工作。改信天主教的胡格诺教徒会得到奖赏，担任政府要职和领取政府津贴。由于改变信仰者的人数很多，法兰西国王路易十四认为自己可以安全地进行下一步的计划，即从根本上摧毁异端邪说。法兰西国王路易十四颁布法令，关闭了胡格诺派的教堂和学校，将胡格诺派牧师的传教行为定为刑事犯罪。然而，很快，法兰西国王路易十四就发现自己错了。法兰

保罗·佩利松

西王国南部和中部的中产阶级中的许多人认为，对他们来说，宗教比财产——甚至生命，都更加重要。1682年，最优秀和勤劳的法兰西工匠开始离开法兰西王国，而不是放弃信仰。法兰西国王路易十四立即禁止了胡格诺教徒的移民行为，宣布移民者将被关进监狱。因此，留给可怜的胡格诺教徒的出路只剩下了一条。胡格诺派不仅被剥夺了在法兰西王国的一切体面工作，而且被阻止去另一个国家寻找工作。1683年，在塞文山脉，绝望的人们开始制造骚乱。然而，骚乱不仅在刚出现时就被军队镇压了，而且成为不人道的野蛮行为的借口。法兰西骑兵围困着可怜的胡格诺教徒，迫使他们放弃信仰。许多胡格诺教徒虽然愿意为信仰而死，但不忍心看到自己的家人和家园遭受蹂躏。1684年，在整个法兰西王国南部，法兰西国王路易十四的这种卑劣的政策被强行推行开来，导致大批胡格诺教徒只能宣布改变自己的宗教信仰。据说，在朗格多克，仅仅三天，就有六万多人宣布改变宗教信仰。最终，1685年10月，这项充满了罪恶和血腥的制度的压轴大戏上演了。法兰西国王路易十四颁布了一项法令，取消了《南特敕令》赋予胡格诺派的所有特权，不仅打压了形成于宗教改革后的信仰，而且驱逐了牧师，把胡格诺派变成了一个非法宗教。

废除《南特敕令》的结果与法兰西国王路易十四和大臣们的期望大不相同。胡格诺教徒非但没有被压垮，反倒被逼疯了。由于意识到自己已经没有了与法兰西王国和平相处的机会，胡格诺教徒开始一个接一个、一家接一家地逃离家园。胡格诺教徒选择留下财产，把生命掌握在自己手中。一些胡格诺教徒被逮捕和送进了监狱，而更多的人则逃脱了追捕，并且把勤俭的品质和精湛的技艺带到了法兰西王国的敌人，即英格兰王国、勃兰登堡和荷兰那里。在让-巴普蒂斯特·科尔贝的开明政策的支持下，胡格诺教徒曾经靠勤俭的品质和精湛的技艺使法兰西王国成为欧洲最富有的国家。然而，自《南特敕令》被废除后，荷兰的工业复

第二代吕维尼侯爵亨利·德·马叙

兴和勃兰登堡的工业发展便开始了。像第二代吕维尼侯爵亨利·德·马叙和第三代朔姆贝格公爵格迈因哈特·朔姆贝格一样的胡格诺派将领把法兰西军队的严明纪律和训练方法带到了英格兰王国和荷兰的军队中。据说，五万个胡格诺派家庭逃离法兰西王国并且用他们的技术帮助法兰西王国的敌人们发展了工业。在塞文山脉，那些因太贫穷或太无知而无法逃离法兰西王国的胡格诺教徒继续与压迫者进行着狂热而没有章法的斗争。在法兰西国王路易十四最贫穷的时候，即遗产继承战争爆发时，胡格诺派将军和身经百战的胡格诺派士兵一直是最优秀的法兰西军人。此外，法兰西国王路易十四心中看重的宗教统一也没有实现。在法兰西王国，虽然大量新教教徒的孩子改信了天主教，但胡格诺教徒没有消失——胡格诺派在社会生活和政治方面无足轻重，却仍然活着。很快，法兰西王国就发现，迫害胡格诺教徒使法兰西王国不仅失去了人才储备和财富，而且甚至无法得到本该作为回报的民族团结。

无论多么紧张，教会的利益问题都从未动摇过法兰西国王路易十四的政策。法兰西国王路易十四的目光一刻也没有离开过称霸欧洲的宏图。由于变得更加虔诚了，法兰西国王路易十四拥有了更大的野心；由于受到了扮演教会捍卫者的决心的影响，法兰西国王路易十四制订了更加宏大的计划。《奈梅亨和约》一签署，法兰西国王路易十四就开始寻找借口拒绝履行责任。根据《奈梅亨和约》的规定，割让给法兰西王国的城镇与"各自属地"要被物归原主。"各自属地"这个短语表述不清——可能是被有意这样表述的——给外交手段高超的法兰西国王路易十四提供了一个很好的机会。1679年，法兰西国王路易十四组织了一个叫"联合法庭"的特别法庭。联合法庭由梅斯、布赖萨赫和贝桑松的法院的官员组成，负责裁决阿尔萨斯、弗朗什-孔泰、梅斯、布赖萨赫和贝桑松的领属问题。这些属地因为属于《奈梅亨和约》提到的"各自属地"，所以属于法兰西王国。由于很清楚自己的职责，联合法庭成员毫不犹豫地宣布，阿尔萨斯、茨韦布吕肯、萨尔布吕克和其他一些较小的地区都属于《奈梅亨和约》提到的"各自属地"。联合法庭的决定刚被宣布，法兰西军队就占领了争议领土，把吞并弗拉讷变成了既定事实。那些被随意夺取了土地的诸侯们徒劳地进行着抗议。法兰西国王路易十四明白自己掌握着军队和财富。诸侯们抗议时，法兰西国王路易十四正在准备着更大胆的行动。由于整个阿尔萨斯都被判给了法兰西国王路易十四，斯特拉斯堡也自然而然地被纳入了《奈梅亨和约》提到的"各自属地"的范围中。然而，斯特拉斯堡不可能像萨尔布吕克或蒙贝利亚尔那样在片刻之内被占领。因此，法兰西国王路易十四的黄金和外交手段开始发挥作用——斯特拉斯堡的法官们都收到了贿赂或恐吓。1681年9月月底，整个欧洲都开始流传一种说法，即法兰西国王路易十四是上莱茵的主人。塞巴斯蒂安·勒普雷斯特·德·沃邦将军立即发挥自己的专长，开始在上莱茵修筑防御工事。战争再次爆发前，斯特拉斯堡不仅已经被纳入了坚固的要塞的保护下，而且威胁着从里尔到皮涅罗尔的敌人。和后来的天资聪颖的法兰西皇帝拿破仑一世一样，在和平时期，法兰西国王路易十四会对不听话的敌人诉诸武力以便在外交或战争中获得有利的地位并且为未来的军事行动打下良好的基础。由于受到土耳其人的威胁，神圣罗马帝国皇帝利奥波德一世不愿意为了斯特拉斯堡而再次发动战争。法兰西国王路易十四稳扎稳打，继续推行着计划。法兰西军队占领斯特拉斯堡时，法兰西国王路易十四与曼托瓦公爵斐迪南·卡洛·贡萨加一起计划并且占领了皮埃蒙特的卡萨尔。1684年，短暂交战

曼托瓦公爵斐迪南·卡洛·贡萨加

后，法兰西王国与西班牙签署了《雷根斯堡停战协定》。法兰西国王路易十四靠不正当手段夺得卡萨尔，并且占有卡萨尔长达二十年。

卢瓦侯爵路易·弗朗索瓦·玛利·勒·泰利耶使法兰西军队达到了前所未有的完美程度。卢瓦侯爵路易·弗朗索瓦·玛利·勒·泰利耶建立的教导营是沙隆和奥尔德肖特的军事训练中心的前身。军团不再像过去那样由上校雇用，而是由国家提供军饷、衣服、武器和军粮。法兰西军队沿着边境建立了一些军事仓库——整个法兰西王国都在为战争做着准备，到处回荡着武器碰撞的叮当声。让-巴普蒂斯特·科尔贝的长子塞涅莱侯爵让-巴普蒂斯特·安托万·科尔贝满腔热情，将精力集中

塞涅莱侯爵让－巴普蒂斯特·安托万·科尔贝

布歇侯爵亚伯拉罕·迪凯纳

在海军上面。在布列斯特和土伦，法兰西人建造了一些军火库。法兰西人建造的战船不仅可以容纳一百八十人，而且配备着当时最先进的海战设备。西班牙海军衰落后，威尼斯人、土耳其人和阿尔及尔的海盗共同控制着地中海。在布歇侯爵亚伯拉罕·迪凯纳和图维尔伯爵阿内-伊拉里翁·德·图维尔·科斯唐坦的率领下，法兰西海军不仅轻松地赢得了地中海的霸权，而且要求与英格兰海军在对海洋的统治方面建立伙伴关系。1683年，布歇侯爵亚伯拉罕·迪凯纳消灭了阿尔及尔和的黎波里的海盗，解放了阿尔及尔和的黎波里的基督教奴隶。1685年，布歇侯爵亚伯拉罕·迪凯纳迫使热那亚共和国放弃了与西班牙的传统同盟，成为法兰西王国的附庸。

法兰西王国的野心昭然若揭，激起了沉睡中的其他欧洲大国的嫉妒。然而，过了很久后，法兰西王国的敌人才开始采取积极的措施。从1678年到1685年，土耳其人给神圣罗马帝国皇帝利奥波德一世带来了很大的麻烦。1685年，詹姆斯二世登上了英格兰王位，导致奥兰治亲王威廉三世得以放开手脚，专心保卫荷兰。随着时间的推移，法兰西国王路易十四的失策给法兰西王国的敌人们带来了机会。与教皇的长期争端和与土耳其人的联盟使法兰西国王路易十四疏远了欧洲的狂热的天主教思潮，失去了民众对他的感情支持，而这种支持正是法兰西国王路易十四当时最希望得到的。作为教皇的敌人和土耳其人的朋友，法兰西国王路易十四怎么能宣称自己是虔诚的天主教教徒呢？沾满了"迫害新教教徒"的血和刚刚废除了《南特敕令》的法兰西国王路易十四又有什么资格面对新教的支持者或宗教自由的朋友呢？由于与土耳其人策划阴谋，法兰西国王路易十四失去了波兰国王扬三世·索别斯基的协助。由于夺取了茨韦布吕肯公国，法兰西国王路易十四疏远了自己的瑞典盟友。此外，法兰西国王路易十四因对阿尔及尔和的黎波里的进攻而失去了与土耳其人的友谊。神圣罗马帝国境外的附庸国制度已经完全崩溃。法兰西国王路易十四的行为造成的直接结果是奥格斯堡同盟的建立。1686年，神圣罗马帝国、西班牙、瑞典、德意志北部的诸侯国和荷兰秘密组成了奥格斯堡同盟，意在反对《雷根斯堡停战协定》和法兰西王国的统治。1687年，巴伐利亚和意大利的诸侯们加入了奥格斯堡同盟，而教皇因诺森特十一世则暗中支持奥格斯堡同盟。

奥格斯堡同盟的成立导致法兰西国王路易十四惯用的政治手段失效了。法兰西国王路易十四虽然知道奥格斯堡同盟一事，但有所顾虑，没有在敌人毫无准备时首先发动战争。法兰西国王路易十四甚至允许奥格斯堡同盟突然袭击他最重要的盟友。英王詹姆斯二世与英王查理二世截然不同，具有更加旺盛的精力，更具独立精神，完全没有政治手腕，也

波兰国王扬三世·索别斯基

不歧视他人。很快，法兰西国王路易十四就发现自己的首要任务就是要使英格兰王国和从前一样谦卑地跟随法兰西王国的战车。英王查理二世关心的只是平静的生活和大量的金钱，而英王詹姆斯二世则有很大的政治野心，希望英格兰王国信仰天主教并且采用绝对君主制。与自己的目标相比，英王詹姆斯二世对法兰西王国的扩张和法兰西国王路易十四的荣耀毫不在意。法兰西王国需要英吉利海峡的英格兰舰队和莱茵河上的英格兰士兵的帮助时，英王詹姆斯二世不能违背自己的议会和人民的意志。虽然英王詹姆斯二世能否帮助法兰西王国是法兰西国王路易十四非常关心的事情，但实际上，英王詹姆斯二世只关心自己的国内政策。英王詹姆斯二世不顾法兰西国王路易十四和教皇因诺森特十一世的强烈抗议，意图削弱英格兰王国国教、消除天主教对英格兰王国的不利影响和修改英格兰王国的宪法。法兰西国王路易十四决心教训一下英王詹姆斯二世。法兰西国王路易十四记得，多年前，他曾教训过英王查理二世。英格兰王国如果想要法兰西王国的黄金，那么必须服从法兰西王国的命令。法兰西国王路易十四认为，英王詹姆斯二世需要的是严厉的教训。法兰西国王路易十四知道，奥兰治亲王威廉三世不仅和英格兰王国的不少政客保持着密切的联系，而且已经完全准备好了夺取英格兰王位。法兰西国王路易十四掌握着英王詹姆斯二世的命运——没有法兰西国王路易十四的帮助，奥兰治亲王威廉三世根本不敢入侵英格兰王国。1688年，科隆主教的选举问题给了法兰西国王路易十四夺取莱茵河的机会。法兰西国王路易十四相信，奥兰治亲王威廉三世入侵英格兰王国不仅必然会引起一场战争，而且会迫使英王詹姆斯二世卑躬屈膝，请求法兰西王国协助镇压叛乱。因此，面对海上的奥兰治亲王威廉三世，法兰西国王路易十四选择了放行。法兰西军队从荷兰的边境转移到莱茵河一线，占领了巴拉丁。然而，取得胜利时，法兰西国王路易十四听到了令人震惊的消息——英王詹姆斯二世已经逃亡至凡尔赛宫；英格兰王国加入了强大的奥格斯堡同盟；四面八方的军队正威胁着法兰西王国。

从1688年持续到1698年的奥格斯堡同盟战争是历史上最耗精力和最无趣的一场战争。法兰西国王路易十四发现自己没有一个盟友，独自对抗着全世界。从实际军力来看，在奥格斯堡同盟战争中，法兰西王国很大程度上是防御一方。多亏了法兰西国王路易十四的先见之明和塞巴斯蒂安·勒普雷斯特·德·沃邦将军的战术，一连串的要塞保卫着法兰西王国的边疆。在道路恶劣、武器原始的时代，围困者只有经历长期封锁后才能夺取要塞。然而，由于经常性的疾病和露天的环境，采取围困战术对围困者而言更加致命。法兰西国王路易十四的将军们可以将法兰西王国的边境上的要塞作为作战基地，向敌人发起攻击或者在需要时撤退和招募士兵。看到法兰西军队的防御力量很强后，奥格斯堡同盟的军队开始构筑防御工事，准备以要塞对抗要塞。落入荷兰人手中的那慕尔与蒙斯的要塞与法兰西人控制的里尔和沙勒罗瓦的要塞实力相当。法兰西王国和奥格斯堡同盟的将军们都很适合玩战争游戏。在蒂雷纳子爵亨利·德·拉·图尔·德·奥韦涅所处的时代和第一代马尔伯勒公爵约翰·丘吉尔所处的时代中间，欧洲没有一位名副其实的军事家。皮奈-卢森堡公爵弗朗索瓦·亨利·德·蒙莫朗西-布特维尔是一位杰出的军事家。在战场上，皮奈-卢森堡公爵弗朗索瓦·亨利·德·蒙莫朗西-布特维尔没有对手。然而，谁都懂得如何赢得战争和利用胜利。奥兰治亲王威廉三世虽然是一位出色的军事人才，在备战时不知疲倦，于逆境中不屈不挠，但没有多少领导才能。在蒙斯和那慕尔的要塞附近，战争

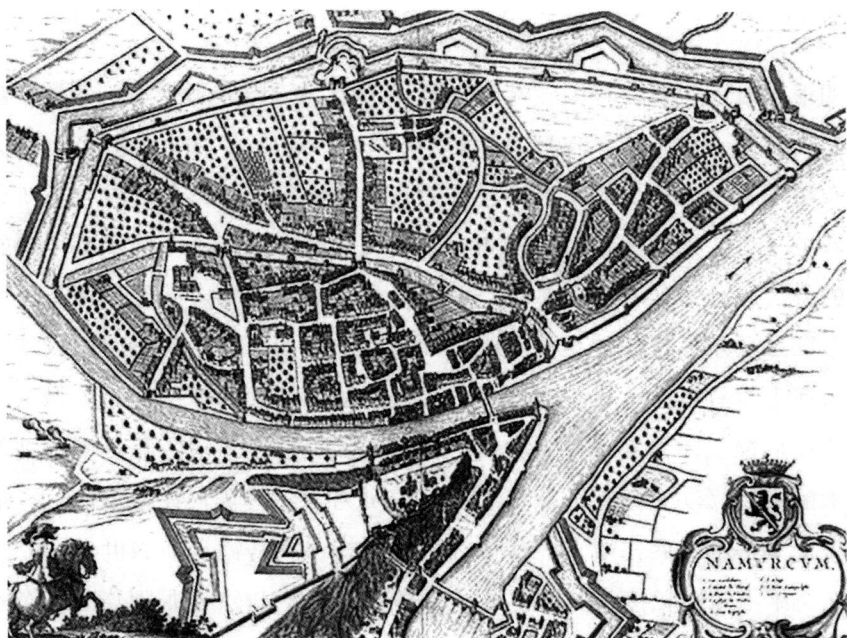

那慕尔要塞平面图

斯滕凯尔克战役

的浪潮时起时伏。1691年和1692年，法兰西王国分别夺走了蒙斯和那慕
尔的要塞。1692年，皮奈-卢森堡公爵弗朗索瓦·亨利·德·蒙莫朗西-
布特维尔努力夺回了那慕尔，并且在斯滕凯尔克和内尔温登打败了英王
威廉三世。斯滕凯尔克和内尔温登的胜利标志着法兰西王国的军事实力
的巅峰。1695年，英王威廉三世重新夺回了那慕尔。英王威廉三世重新
夺回那慕尔不仅使他声名大噪，而且是法兰西王国日益衰落的表现。莱
茵河上没有发生什么引人瞩目的大战。虽然法兰西王国不断征派兵员去
西属尼德兰，消耗了许多力量，但在意大利，由于尼古拉·卡蒂纳的战
术的成功，法兰西王国保存了自己的实力。1689年，在斯塔法达，尼古
拉·卡蒂纳彻底击败了萨伏依公爵维克托·阿马德乌斯二世。1693年，
在奇维塔短兵相接后，尼古拉·卡蒂纳将萨伏依-卡里尼亚诺的尤金王子
赶出了皮埃蒙特。

奥格斯堡同盟战争的争夺焦点是制海权。英法舰队之间的战斗犹如可怕的马上刺枪比赛，而这场比赛贯穿了整个18世纪，从滩头一直延伸到特拉法尔加，并且把英格兰王国扶上了帝国之位。征服了英格兰人和苏格兰人后，英王威廉三世开始用英格兰海军来对付法兰西海军。爱尔兰人对英王詹姆斯二世的一贯忠诚导致法兰西国王路易十四必须取得制海权。法兰西国王路易十四如果没有制海权，那么不可能让爱尔兰人成为詹姆斯二世的军事力量。因此，爱尔兰的独立问题完全取决于英格兰王国和法兰西王国在海上的胜负。1690年7月，在滩头，图维尔伯爵阿内-伊拉里翁·德·图维尔·科斯唐坦大胜英格兰舰队，使法兰西王国在近两年的时间里扮演了英吉利海峡的霸主角色。法兰西国王路易十四让法兰西军队全副武装挺进爱尔兰的做法不仅远远弥补了博因河战役的损失，甚至给英格兰王国带去了被入侵的威胁。然而，在拉乌格战役中，英格兰海军上将爱德华·拉塞尔击败了图维尔伯爵阿内-伊拉里翁·德·图维尔·科斯唐坦，终结了法兰西王国的野心和梦想。法兰西人不得不搁置所有入侵英格兰王国的念头，而爱尔兰则只能听任残忍的征服者的蹂躏。法兰西王国不得不承认英格兰王国的海上霸权，默许英格兰王国占领和吞并法兰西人在印度东部和西部的殖民地。法兰西王国将自己的贸易拱手让给了英格兰王国，只能以合法化的私人船只进行无能而有利可图的报复。

　　经过八年的战争后，参战各方都渴望着和平。由于一直供养着至少四支作战军队，法兰西王国已经筋疲力尽，十分需要和平。法兰西王国国内乱象丛生：货币贬值；人头税翻了一番；官职被公开出售——实际上，有些官职就是为了出售而设置的；十分之一的人失去了谋生手段；政府落入了卑鄙无耻之徒手中。让-巴普蒂斯特·科尔贝、卢瓦侯爵路易·弗朗索瓦·玛利·勒·泰利耶和塞涅莱侯爵让-巴普蒂斯特·安托万·科尔贝都去世了，而接管财政事务的蓬查特兰伯爵路易·菲利佩厄

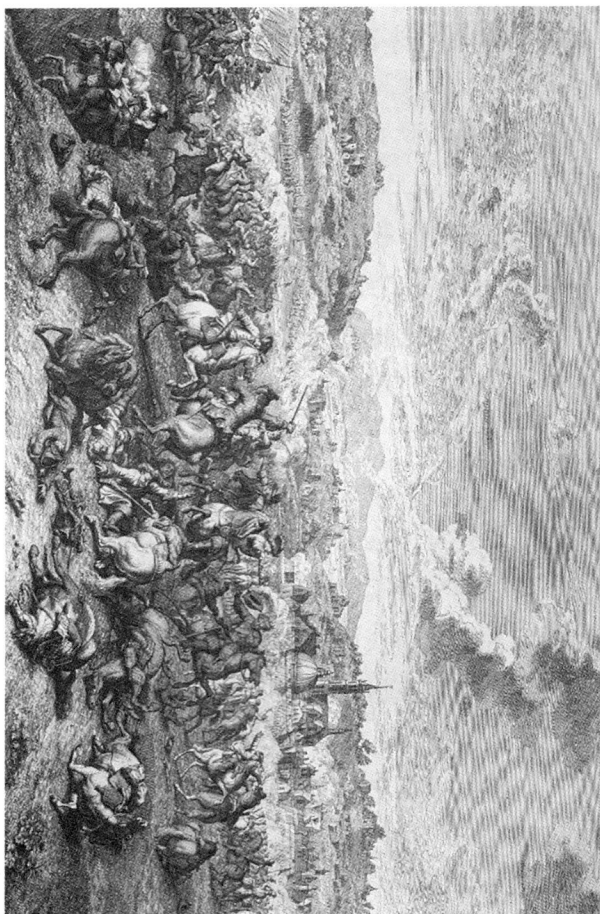

斯塔法达战役

博因河战役

则庸碌无能。在陆军部，巴伯齐厄侯爵路易·弗朗索瓦·玛利·勒·泰利耶继承了自己的父亲卢瓦侯爵路易·弗朗索瓦·玛利·勒·泰利耶的职位，年纪轻轻，没有经验，然而，当他表示自己缺乏经验时，喜爱他的法兰西国王路易十四回答道："别发愁——我培养了你父亲，也可以培养你。"法兰西国王路易十四似乎认为自己可以在人这张白纸上写上任何喜欢的东西。由于没有得到荣耀和利益，英格兰王国也厌倦了战争。英王威廉三世备受疾病折磨，而他的臣民则憎恨、阻挠和反对战争。英王威廉三世焦急万分，十分愿意终结战争。1696年，维克托·阿

巴伯齐厄侯爵路易·弗朗索瓦·玛利·勒·泰利耶

马德乌斯二世公爵退出奥格斯堡同盟，与法兰西王国签订条约，并且开始了全面和平的谈判。最终，1698年，在法兰西王国的布夫莱尔公爵路易·弗朗索瓦·德·布夫莱尔和荷兰的第一代波特兰伯爵汉斯·威廉·本廷克的努力下，各方开始谈判并且在赖斯韦克签署了和约。

根据《赖斯韦克和约》，法兰西王国交出了自《奈梅亨条约》被签署后占领的除斯特拉斯堡外的所有城镇，并且同意西属尼德兰的主要边境应由荷兰驻军以确保安全，而巴伐利亚的约瑟夫·克莱门斯则成为科隆选帝侯。此外，英王威廉三世对英格兰王位的继承权得到了法兰西王国的认可。《赖斯韦克和约》不仅严重打击了法兰西国王路易十四的野心，而且削弱了法兰西国王路易十四的权力。在再次卷入西班牙三位继承战争前，法兰西王国一直没有从可怕的奥格斯堡同盟战争中恢复过

签订《赖斯韦克和约》

来。法兰西王国的经济遭到了严重破坏，而法兰西海军则被摧毁了。继承了法兰西王国的辉煌的国家是法兰西王国曾经憎恨的对手，即英格兰王国。英王威廉三世将斯图亚特王朝逐出了英格兰王国，迫使法兰西王国承认了他的继承权。英王威廉三世将自己和法兰西国王路易十四之间的个人决斗变成了国家决斗，而在这场决斗中，英格兰王国不仅从法兰西王国手中夺取了制海权，而且迫使法兰西国王路易十四放弃了成为欧洲独裁者的野心和天主教捍卫者的身份。

第 12 章

东南欧

　　直到19世纪后，欧洲史料才对奥斯曼帝国表现出一些兴趣。东方问题是欧洲政局中的重要问题，影响着世界的和平与福祉，随着奥斯曼帝国的衰落而产生。然而，奥斯曼帝国苏丹处于权力的顶峰时，土耳其军队在多瑙河上行军时，土耳其海盗掠夺意大利和西班牙的海岸时，基督教教士被奴役并且不得不每年都向征服者提供充军的孩子时，基督教徒和文明的欧洲却很少关注东方问题。在宗教信仰方面，奥斯曼帝国反对基督教。教皇偶尔会派出一些小规模的远征军；神圣罗马帝国皇帝查理五世曾试图捣毁制造麻烦的阿尔及尔海盗的老巢；法兰西王国、神圣罗马帝国或勃艮第的分遣队不时会被派去帮助神圣罗马帝国皇帝或匈牙利国王。然而，上述行动是断断续续的，充其量只是一种利己主义。阻止奥斯曼帝国的真正工作被留给了半文明的拥有斯拉夫血统的部落。拥有斯拉夫血统的部落散居在多瑙河流域、波斯尼亚和阿尔巴尼亚的山地中。瓦拉几亚人、塞尔维亚人、阿尔巴尼亚人和马扎尔人因拯救欧洲而付出生命和自由时，教皇正与最虔诚的基督教国王进行决斗。教皇坚决地反对异教。15世纪和16世纪的政治家和诸侯们没有意识到危机，没有预见到奥斯曼帝国将为十字军东征复仇，更没有料到奥斯曼帝国苏丹穆

奥斯曼帝国苏丹穆罕默德二世

罕默德二世会马踏圣彼得教堂。无论什么时候，奥斯曼帝国苏丹穆罕默
德二世都可能会威胁基督教国家的安全。

　　生与死的斗争从来没有像这样漫不经心地进行。在地中海进行的
抵抗完全是局部的。为了争夺罗得岛的要塞，医院骑士团与奥斯曼帝国
苏丹穆罕默德二世交战多年。最终，在马耳他岛的混战中，奥斯曼帝国
苏丹穆罕默德二世吃了败仗。在奥斯曼帝国统治最强盛的时期，威尼斯
人将整个土耳其舰队挡在干地亚长达二十年之久。教皇和威尼斯人与来

勒班陀战役

自希腊和非洲的海盗展开了一场竞争。在这场竞争中，获得金钱的欲望胜过了战胜异教徒的野心。1571年，勒班陀战役传来了最令人高兴的消息。勒班陀战役具有决定性作用，而这种决定性作用不是因为勒班陀战役标志着基督教世界战胜了共同的威胁，而是因为勒班陀战役正好发生在奥斯曼帝国内部开始出现问题的时候。陆地上的情况和海上相似。虽然入侵者一片一片、一叶一叶地吃掉了巴尔干半岛这朵洋百合，但消化过程非常艰难。早在15世纪中叶，新月形标志就出现在了匈牙利平原

奥斯曼帝国苏丹苏莱曼一世

上。然而，即使是在奥斯曼帝国苏丹苏莱曼一世的统治达到巅峰时，土耳其人也没有完全占领匈牙利。16世纪初叶，特兰西瓦尼亚和摩尔达维亚承认自己属于奥斯曼帝国。克里米亚的鞑靼人虽然承认了奥斯曼帝国苏丹穆罕默德二世的地位，但向来只是他的附庸而已。虽然在各地，土耳其人都建立了自己的政权，但在波斯尼亚和塞尔维亚，独立的地方仍然存在。在欧洲的历史上，有一个关于奥斯曼帝国的再也清楚不过的事实，即奥斯曼帝国能征服的范围不是由对手的战术决定的，而是由奥斯曼帝国自身固有的缺陷决定的。1396年，在尼科波利斯战役中，匈牙利国王卢森堡的西吉斯蒙德和法兰西-匈牙利十字军败给了奥斯曼帝国苏丹巴雅泽一世。1480年，奥斯曼帝国苏丹穆罕默德二世骄傲地将奥斯曼帝

尼科波利斯战役

国的旗帜插在了奥特朗托的城墙上。似乎没有什么东西可以阻止异教徒进军欧洲文明的心脏，统治匈牙利国王的荒地和教皇的废墟。

然而，对欧洲人来说，幸运的是，土耳其人有两个固有的缺陷，而这两个缺陷使得奥斯曼帝国苏丹穆罕默德二世无法在文明国家中永久立足。奥斯曼帝国苏丹穆罕默德二世不仅无法同化和治理文明国家，而且没有远见、毅力和组织这些文明政府的领导人的主要和必要的能力。土耳其人席卷欧洲的样子就像猛烈的洪水从山门冲向下面的平原，在田野和花园中蔓延开来，淹没了一处接一处的树篱、树木和小丘等所有传统地标，直到整个地平线上都充斥着奔流的浪花。然而，洪水离河床越远，洪水造成的破坏就越小。漩涡和回潮不仅阻挡了汹涌的潮水，而且甚至把边缘的洪水的浪头变成了和缓的小溪。人们可以利用小溪随心所欲地灌溉土地。洪水虽然可能会持续好几天甚至几个星期，但终将退去。山上的泉源会干涸，而小溪则会很快退回到原来的河床。树木、篱笆、田野和各种建筑物等传统地标虽然会一处接一处地映入人们的眼帘，但已经不是过去的模样——茫茫大地上呈现出一副荒凉、被撕裂、破烂不堪、堆着沙土和瓦砾的景象。在灾难突然降临的那一刻，田野、树木和人们的生活面目全非。然而，在上帝和阳光的温暖下，在人类的远见卓识的帮助下，丰收和希望会很快重现。和洪水一样，土耳其人虽然"淹没"，但没有彻底毁灭东南欧的文明，由于土耳其人没有更好的措施来处理东南欧的文明，东南欧的文明继续存在着，只是因受到伤害而变得残破。虽然奥斯曼帝国强行统治着被征服的土地，但当地人们不仅仍然遵循着旧法律旧习俗，而且信仰着旧宗教。对多瑙河流域外的边远地区，土耳其人只想从那里得到贡品，并且会将独立国家的地位赋予进贡的国家，而这种独立国家的独立程度远超过印度从英格兰政府手中得到的独立程度。对土耳其在欧洲征服的大部分地方而言，被征服主要意味着强加的新的统治阶级和新的主导宗教——这个统治阶级不时实施专制，而这个宗教则很少实施迫害。因此，许多基督教教徒虽然背上了异端或分裂教会的污点，但会发现自己在伊斯兰教的统治下的生活变得更好了。在威尼斯和奥斯曼帝国的战争中，由于担心会被迫害自己的人统治，希腊和威尼斯各岛屿的东正教教徒经常会为支持奥斯曼帝国而进行艰苦的战斗。

奥斯曼帝国苏丹穆罕默德二世无法同化和管理被征服的民族。穆罕默德二世不能把如一盘散沙的奥斯曼帝国拥有的各种物质熔合在一起，也不能支配奥斯曼帝国的各个部分。土耳其管理者少得令人惊讶。土耳其人没有管理政府、发展贸易和艺术的能力。刚征服东南欧，土耳其人就发现自己不得不把东南欧各地的管理权交给被征服的人的子女。土耳其艺术只是基督教艺术和阿拉伯艺术勉强结合的产物。被土耳其人征服的地区的贸易要么被掌握在基督教商人手中，要么落入了基督教列强的手中。停止征服时，奥斯曼帝国变得不再繁荣了。土耳其人变得懒散、奢侈和懈怠，似妖魔般抑制和摧残着人间的文明和精神，阻碍一切发展和进步。和不能改变生活方式一样，土耳其人也不能激发一个民族的智慧。

随着征服的洪水开始消退，被淹没的民族开始重新出现。基督教国家没有必要再次征服曾被土耳其人征服的地区。毕竟，神圣罗马帝国已经夺回了法兰西王国。基督教国家只要清除骑在他们身上和压榨他们的来自国外的精神妖魔，就可以驱逐外国驻军。因此，在东南欧，土耳其人入侵的浪潮虽然几乎没有停止过流动，但在突然之间就开始消退。土耳其人总结了自己获得巨大成功的三个原因，即基督教世界的分裂、早期奥斯曼帝国苏丹的非凡活力和能力，以及军纪严明的土耳其禁卫军[①]。

土耳其禁卫军

---

① 土耳其禁卫军，建立于奥斯曼帝国苏丹穆拉德一世统治时期，属于奥斯曼帝国的皇室军队和现代化常备军，是一支精锐的步兵部队。——译者注

在15世纪和16世纪，这三个原因结合在一起，大大增强了土耳其的实力。奥斯曼帝国只组建了一支军队。奥斯曼帝国的这支军队不是以国家的名义，而是以一个阵营的形式组织起来的，是在军事和个人天赋首屈一指的欧洲最伟大的君主带领下建立起来的。奥斯曼帝国的军队的一个兵源是基督教教徒的贡童。这些贡童成长于伊斯兰教的信仰下，是伊斯兰教的特殊捍卫者，严守军纪。这些贡童不仅有狂热的宗教信仰，而且是专业的军人。与此同时，欧洲大国不仅正缓慢而痛苦地在封建制度的废墟中摸索君主政体，而且没有专业化的军队。土耳其军队看准时机，扑向了欧洲。14世纪中叶，在贡童制度的建立者奥罕·加齐的率领下，土耳其军队首次进入了欧洲。在奥斯曼帝国苏丹穆拉德一世的指挥下，

奥罕·加齐

奥斯曼帝国苏丹穆拉德一世

土耳其军队占领了鲁米利亚和保加利亚。在奥斯曼帝国苏丹巴雅泽一世的率领下，土耳其军队带着战利品和武器进入塞尔维亚，并且越过多瑙河进入了瓦拉几亚。在奥斯曼帝国苏丹穆拉德二世带领下，土耳其军队占领了马其顿和匈牙利。奥斯曼帝国苏丹穆罕默德二世不仅获得了征服君士坦丁堡的最高荣誉，而且将自己的统治范围扩展到特拉布宗、希腊和爱琴群岛、波斯尼亚、阿尔巴尼亚，甚至是克里米亚的鞑靼人那里。1481年，这位伟大的征服者、奥斯曼帝国苏丹穆罕默德二世逝世时，奥斯曼帝国还在继续扩张。在1520年至1566年在位的奥斯曼帝国苏丹苏莱曼一世的统治下，奥斯曼帝国的发展达到了巅峰。奥斯曼帝国苏丹苏莱曼一世不仅把医院骑士团赶出了罗得岛，而且越过多瑙河，攻占了贝尔格莱德，把半个匈牙利变成了奥斯曼帝国的一个省。奥斯曼帝国苏丹苏莱曼一世还强迫特兰西瓦尼亚和摩尔达维亚的诸侯向奥斯曼帝国进贡。

与此同时，列强开始意识到强大的奥斯曼帝国苏丹苏莱曼一世的重要性。法兰西国王弗朗索瓦一世想通过得到奥斯曼帝国苏丹苏莱曼一世的友谊来对抗神圣罗马帝国皇帝查理五世和获得能为法兰西王国在东方的影响奠定基础的特权。从此，法兰西王国的政策的主要目标一直是维持北欧和东欧的联盟，而这个目标会威胁到神圣罗马帝国——神圣罗马帝国如果和法兰西王国开战，那么会腹背受敌。瑞典人、波兰人和土耳其人组成的一个联盟努力保持着与法兰西人的牢固友谊——这一直是法兰西王国的外交的一大特色。17世纪，奥-西哈布斯堡王朝成为法兰西王国的主要对手时，波兰人和奥斯曼帝国苏丹的援助是非常重要的。奥斯曼帝国衰落和德意志北部的诸侯的势力日益强大时，俄国沙皇取代奥斯曼帝国苏丹，成为法兰西王国的重要盟友。16世纪，奥斯曼帝国似乎要毁灭欧洲文明时，法兰西王国的政策促使奥斯曼帝国的苏丹们与欧洲的君主们建立了联盟。

然而，实际上，洪水已经到达了最高水位——奥斯曼帝国苏丹越来越喜欢在伊斯坦布尔[①]的宫廷里过安逸的生活，不喜欢领导军队或打理各种事务。奥斯曼帝国苏丹苏莱曼一世不仅将征税权下放，而且把奥斯曼帝国的主要事务的管理权留给了大臣们。在后来那些羸弱的奥斯曼帝国苏丹的领导下，奥斯曼帝国迅速退化。权力从奥斯曼帝国苏丹的无力的手中落到了无能和卑鄙的人手中。宫廷阴谋主导着奥斯曼帝国的重要事务。在土耳其宫廷中，女人和太监组成了小集团，专注于扶植和废黜大臣。腐败像癌症一样蔓延到了整个奥斯曼帝国。土耳其禁卫军非但不再是奥斯曼帝国的野心的拥护者，反倒成为国内革命中的英雄。从布达到巴格达，从里海到屹立于直布罗陀海峡两岸的赫拉克勒斯柱[②]，组织松

---

① 伊斯坦布尔，即君士坦丁堡。——译者注
② 赫拉克勒斯柱，直布罗陀海峡东端的两个海岬的古称。据传，这两个海岬由半神赫拉克勒斯所立并且因此而得名。——译者注

散的奥斯曼帝国不仅没有任何除中央政府外的有凝聚力的机构，而且没有除集奥斯曼帝国苏丹和哈里发两个头衔于一身的伊斯坦布尔统治者外的领导者。头部变得软弱无力时，整个有机体就会开始衰竭和腐烂。在1571年的勒班陀战役中，基督教国家大胜由奥斯曼帝国苏丹苏莱曼一世的继任者，即塞利姆二世领导的奥斯曼帝国。奥斯曼帝国虽然因勒班陀战役而遭受了惨重的损失，但以惊人的速度恢复了元气，并且征服了塞

塞利姆二世

浦路斯。然而，和1529年奥斯曼帝国苏丹苏莱曼一世进攻维也纳失败将奥斯曼帝国的势力范围限制在了多瑙河流域一样，勒班陀战役将奥斯曼帝国的势力范围永远限制在了地中海海域。

　　随着16世纪的谢幕，奥斯曼帝国的扩张也画上了句号。在17世纪的最初几年里，奥斯曼帝国一次又一次地向后撤退。根据奥地利的马蒂亚斯与奥斯曼帝国苏丹艾哈迈德一世签订于1606年的《锡特瓦托洛克条约》，神圣罗马帝国每年向奥斯曼帝国进贡的三万达克特金币的约定被

奥斯曼帝国苏丹艾哈迈德一世

废除了，而这三万达克特金币原本是用于支付奥斯曼帝国管辖匈牙利的开支的。从《锡特瓦托洛克条约》签订那天起，奥斯曼帝国对东南欧的控制就开始逐渐减弱。十五年战争[1]是一场争夺多瑙河控制权的霸权战争，非常激烈。随着时间的流逝，土耳其人被逐渐赶出了多瑙河流域。到16世纪末，土耳其甚至连蒂萨河和普鲁特河之间的多瑙河北岸的一英亩土地都没有了。解放工作稳步、缓慢地进行着。克里米亚、瓦拉几亚、摩尔达维亚、比萨拉比亚、塞尔维亚、希腊、波斯尼亚和保加利亚一个接一个地被基督教国家从奥斯曼帝国手中夺回，要么完全获得了独立，要么成为邻近的基督教强国的附庸。然而，和基督教内部的分裂使土耳其人在15世纪和16世纪轻易地征服了东南欧一样，基督教列强互相忌妒的行为使19世纪的解放工作变得非常缓慢和困难。实际上，多年来，欧洲大国因为认为奥斯曼帝国扩张的邪恶程度要小于俄国，所以一直默许着奥斯曼帝国苏丹在欧洲的统治。

俄国的野心导致东方问题出现前，奥–西哈布斯堡王朝是基督教国家中决心击退奥斯曼帝国的主要力量。毫无疑问，神皇罗马帝国的皇帝们觉得，作为基督教国家的传统领主，他们有义务带头将基督教土地和神皇罗马帝国的附庸从异教徒的枷锁中解放出来。出于政治上的考量，神皇罗马帝国的皇帝们感到自己更有必要击退奥斯曼帝国。此外，匈牙利和克罗地亚的国王与特兰西瓦尼亚的统治者认为自己必须成为多瑙河、德劳河和萨沃河流域无可争议的主人。由于土耳其人已经在在达站稳了脚跟并且距离阿格拉姆只有一步之遥，维也纳已经变得不安全了。此外，奥地利和意大利之间的通道随时可能被截断。神皇罗马皇帝对神圣罗马帝国的领导权被剥夺得越多，神圣罗马帝国对莱茵河的控制就越弱。因此，在东南欧，17世纪的历史是神圣罗马帝国皇帝和奥斯曼帝国

---

① 十五年战争，又称十三年战争，是一场哈布斯堡王朝和奥斯曼帝国争夺瓦拉几亚、特兰西瓦尼亚和摩尔达维亚等土地的战争。——译者注

苏丹为多瑙河流域的政治和军事霸权而战的历史。法兰西王国、威尼斯、波兰和俄国等其他参战国不时会为了野心、利益或爱国主义加入战争，对战争的走向产生巨大的影响。然而，战争的本质没有改变。

神圣罗马帝国的皇帝们非常幸运——他们最软弱的时候也正是他们的敌人最无能和堕落的时候。从奥斯曼帝国苏丹穆罕默德三世去世的1603年到奥斯曼帝国苏丹穆拉德四世去世的1640年，奥斯曼帝国成为革命、无政府状态和犯罪的天堂，而奥斯曼帝国苏丹则成为软弱的傀儡，

奥斯曼帝国苏丹穆罕默德三世

奥斯曼帝国苏丹穆拉德四世

无力利用三十年战争带来的机遇。在奥斯曼帝国苏丹的思想中，享乐和保护自己的生活比加强自己的权力要重要得多。在统治奥斯曼帝国的八年时间里，奥斯曼帝国苏丹穆拉德四世用严厉的手段镇压了派系内斗，并且精简了混乱的土耳其禁卫军的组织。然而，1640年，即奥斯曼帝国苏丹穆拉德四世死后，无政府势力再次抬头。奥斯曼帝国苏丹穆拉德四世的继任者奥斯曼帝国苏丹易卜拉欣一世因受到极大阻力而未能大规模屠杀奥斯曼帝国境内的基督教教徒。1645年，奥斯曼帝国苏丹易卜拉欣一世组织一支舰队并且展开了征服坎迪亚的行动。然而，由于奥斯曼帝国的政府太过混乱，奥斯曼帝国苏丹易卜拉欣一世不可能有任何成功的机会。奥斯曼帝国苏丹易卜拉欣一世的行动只会激起威尼斯人和医院骑士团的报复。1648年，不幸的奥斯曼帝国苏丹易卜拉欣一世被废黜和谋杀了。1649年，奥斯曼帝国苏丹易卜拉欣一世生前组织的舰队兵败爱琴海。与此同时，小亚细亚爆发了战争。在伊斯坦布尔，奥斯曼帝国的大臣们相继迅速开始服从善变的宫廷和军队。1656年，威尼斯海军上将拉扎罗·莫塞尼戈占领了达达尼尔海峡，威胁到了君士坦丁堡的安全。奥斯曼帝国似乎即将因管理不善而分崩离析。

奥斯曼帝国苏丹易卜拉欣一世

一位坚强的天才人物挽救了奥斯曼帝国。柯普吕律家族的成员虽然是阿尔巴尼亚人的后裔，但在君士坦丁堡定居已久。柯普吕律家族当时的领导者柯普吕律·穆罕默德是一位年过古稀的老人。柯普吕律·穆罕默德精力充沛，性格坚强，广受尊敬。1656年，由于奥斯曼帝国苏丹穆罕默德四世的权力不断减弱，奥斯曼帝国苏丹穆罕默德四世的母亲图尔汗·哈蒂杰不得不向柯普吕律·穆罕默德求助，恳求柯普吕律·穆罕默

图尔汗·哈蒂杰

德接受大维齐尔的职位。柯普吕律·穆罕默德同意了图尔汗·哈蒂杰的请求，而条件则是他的权力不能受到限制。从此，柯普吕律·穆罕默德和柯普吕律家族成为奥斯曼帝国的真正统治者长达二十年。17世纪后半叶，柯普吕律·穆罕默德和柯普吕律家族使奥斯曼帝国以惊人的速度走上了复兴之路。柯普吕律家族忠实于东方的君主政体，以追求强大的军事力量为目标。柯普吕律家族的目标不是适应新的要求，而是复兴古老的精神。柯普吕律家族对欧洲文明视而不见，尽可能避免与欧洲列强打交道。柯普吕律家族认为，签署条约、获得特权和学习欧洲艺术是软弱

柯普吕律·穆罕默德

的表现，是对某种宗教组织的承认，而这种宗教组织永远不可能存在于基督教和伊斯兰教之间。柯普吕律家族心中的理想政府是奥斯曼帝国苏丹穆罕默德二世和早期的奥斯曼帝国苏丹统治时期的政府形态。在柯普吕律家族心中的理想政府的统治下，统治者与被统治者的关系是一个秩序井然的家庭中的主人与奴隶的关系，而在这个家庭中，奴隶一方面渴望公平和正义，另一方面又要对主人俯首帖耳。柯普吕律家族认为：土耳其人的使命就是征服对手和向被征服的人发号施令，而只要基督教和西方文明还有生命力，土耳其人就有敌人。

奥斯曼帝国迅速获得了成功，而土耳其人立刻感觉自己有了一个优秀的领袖。这个领袖能够按照土耳其人的原则做事。在奥斯曼帝国，由于土耳其人接受了军号的呼唤，不仅无政府状态消失了，而且军队的纪律被重新建立起来了。很快，奥斯曼帝国便用希腊牧首和四千名土耳其禁卫军开了刀。1657年，由于威尼斯海军上将拉扎罗·莫塞尼戈被杀，威尼斯舰队被迫离开了达达尼尔海峡。利姆诺斯岛和忒涅多斯岛重新回到了土耳其人手中。1659年，土耳其人与法兰西人的同盟宣告破裂。情绪高涨的土耳其人围攻了干地亚，并且开始准备再次发动征服欧洲的战争。1661年，去世时的柯普吕律·穆罕默德对奥斯曼帝国再次实现统一的情景感到十分满意。奥斯曼帝国准备再次倾尽全力对神圣罗马帝国发动侵略战争。

柯普吕律扎德·法齐尔·艾哈迈德继承了自己的父亲，即柯普吕律·穆罕默德的衣钵。柯普吕律扎德·法齐尔·艾哈迈德不仅得到了柯普吕律·穆罕默德的职位和能力，而且继续奉行柯普吕律·穆罕默德的政策。1663年，柯普吕律扎德·法齐尔·艾哈迈德率领二十万名士兵入侵匈牙利，在格兰越过多瑙河，不仅占领了诺伊豪森的要塞，而且掠夺了摩拉维亚和奥尔米茨等地。然而，由于被柯普吕律·穆罕默德没有维护埃斯特拉德伯爵戈德弗鲁瓦的行为激怒了，法兰西国王路易十四向神圣罗马帝国皇帝利奥波德一世提供了援助。得到了法兰西士兵的帮助后，蒙泰库科利伯爵雷蒙多自信十足，认为自己可以通过进攻维也纳来威胁奥斯曼帝国的侧翼。柯普吕律扎德·法齐尔·艾哈迈德立即率军向南撤退，保护布达。在圣戈塔尔，蒙泰库科利伯爵雷蒙多和柯普吕律扎德·法齐尔·艾哈迈德率领的两支军队正面遭遇了。事实证明，柯普吕律扎德·法齐尔·艾哈迈德的军队无法与蒙泰库科利伯爵雷蒙多的才能和英勇的法兰西骑兵抗衡。然而，神圣罗马帝国皇帝利奥波德一世只从1664年的圣戈塔尔战役中看到了缔造和平和摆脱法兰西王国的机会。1664年8月10日，神圣罗马帝国皇帝利奥波德一世签署了《沃什堡和约》，承认了奥斯曼帝国苏丹穆罕默德四世对特兰西瓦尼亚的宗主权，允许奥斯曼帝国苏丹穆罕默德四世保留匈牙利境内的诺伊豪森的要塞。柯普吕律扎德·法齐尔·艾哈迈德获得了成功，心满意足，开始将注意力集中于与威尼斯的战争。在干地亚，柯普吕律扎德·法齐尔·艾哈迈德亲自率军展开了包围行动。虽然欧洲的防御工程技术很高，但人们很快看出，战争不能再持续下去了。和土耳其人谈判时，干地亚的英勇卫士弗朗切斯科·莫罗西尼被迫选择了投降。1669年9月17日，克里特岛落入了奥斯曼帝国之手。最终，威尼斯和土耳其的宫廷之间恢复了和平。奥斯曼帝国和威尼斯之间的战争是伊斯兰世界对基督教世界的最后一次征服。

　　与威尼斯人的战争刚结束，柯普吕律扎德·法齐尔·艾哈迈德就发现自己卷入了与奥斯曼帝国最北端的一个基督教强国的战争——这个国家就是波兰。由于与立陶宛大公国的联合，早在中世纪时，波兰就撤除了抵御西方的岗哨。然而，波兰的文明程度比自己在南方和西方的邻国低得多。直到17世纪初，从波罗的海的利沃尼亚和库尔兰到黑海的波多利亚和德涅斯特河下游等地区仍然威胁着波兰。波兰的利益不可侵犯；波兰的领土不可践踏；波兰的人民独立自主、桀骜不驯。在波兰，让一位伟大的政治家推动民族团结事业并且引导国家走上进步道路几乎是一

弗朗切斯科·莫罗西尼

项不可能完成的任务。然而，波兰人为追求幸福而团结起来的情况并不是完全不存在的。波兰占据着欧洲的地理中心。直到俄国和普鲁士崛起，波兰才摆脱了被征服的严重危险。波兰人属于斯拉夫民族，信仰天主教。除了16世纪末的那几年，波兰几乎没有受到宗教或种族纷争的困扰。波兰人天生无所畏惧，忠诚爱国。然而，在波兰，与政治和社会制度的黑暗相比，团结和力量带来的希望微不足道。波兰人不仅绝对不会接受约束，而且从来没有意识到法律的好处。波兰人不明白为什么社会繁荣的必然要求是限制个人自由，完全不承认纪律是一种美德。波兰人的这种精神面貌是波兰的社会制度培养出来的。波兰只有两个阶级——一个阶级是掌握着全部财富和政权的贵族，而另一个阶级则是境遇比奴隶好不了多少的农奴，根本没有生命和财产权来对抗贵族。和一个阶级占主导地位的所有欧洲国家一样，在特权和自私面前，波兰人的正义和爱国主义失去了生命力。每个阶级都有权为自己的目的做有利于自己的决定，而这种做法不是一个阶级对另一个阶级的压迫，而是佛罗伦萨的民主特点，类似于阿姆斯特丹或现代法兰西王国的民主特点。与后来的马克西米利安·弗朗索瓦·玛利·伊西多·德·罗伯斯庇尔①和法兰西皇帝拿破仑一世一样，波兰的地主和贵族过度利用民主，错误地把权力

马克西米利安·弗朗索瓦·玛利·伊西多·德·罗伯斯庇尔

① 马克西米利安·弗朗索瓦·玛利·伊西多·德·罗伯斯庇尔（1758—1794），法国律师、政治家，是法国议会、制宪会议和雅各宾派的成员，主张废除奴隶制。——译者注

当成自由，毫不犹豫地以个人权力替代了爱国主义。无意中给自己找了一个主人是波兰的地主和贵族的最大的心病。因此，波兰的地主和贵族竭尽所能地剥夺波兰国王的一切实权，故意消除了波兰统一的可能性。中世纪的波兰国王虽然在名义上是选举产生的，但实际上是世袭君主。直到1572年，即波兰国王西吉斯蒙德二世·奥古斯特去世后，波兰国王才完全由选举产生。波兰国王西吉斯蒙德二世·奥古斯特曾被迫签署了一份契约。根据这份契约，除了任命官员和指挥军队，波兰国王西吉斯蒙德二世·奥古斯特放弃了王室的一切传统权力。因此，实际上，波兰政府属于波兰的元老院和国会。波兰元老院的成员包括主教、高级地方

波兰国王西吉斯蒙德二世·奥古斯特

长官和十二名高级行政官员。起初，所有成年波兰贵族都有权参加波兰国会。在波兰，贵族代表不仅由各省的议会任命，而且一经任命便不能有任何改变。波兰国会会召开六周。所有决定都必须得到一致通过。因此，实际上，波兰国会中的每个代表都有权力阻止任何事务，而阻止事务的方式包括离开国会、投票反对提案或者干脆完全退出国会。波兰国会的制度虽然能阻止不公正的决定获得通过，但实际上造成了波兰国会的解散。

波兰国会的制度虽然可能会被认为是一些愤世嫉俗的哲学家的作品，急于大规模地展示人类本性中不可思议的愚蠢，但实际上，是由恐惧和自私等邪恶精神支配的。在一群脾气暴躁的人手中，波兰国会的制度必将会带来无政府状态，而无政府状态则会很快滋生腐败。很快，法兰西王国就意识到自己如果能控制像波兰这样的强大的尚武国家，那么会在与奥-西哈布斯堡王朝的战争中占据优势。令神圣罗马帝国的皇帝们感到震惊的是，他们的世袭领地几乎被法兰西王国的附庸国包围了。虽然神圣罗马帝国的皇帝们一直竭尽全力，想让波兰人选出一位反对法兰西王国的国王，但法兰西王国的钱袋更鼓。除非有某种特别的威胁和压力，否则，法兰西王国的外交手段和黄金始终可以保持法兰西人和波兰人的紧密联盟。因此，使波兰处于无政府状态成为关系欧洲大国的利益的一个重要问题。如果波兰一直处于无政府状态，那么在拨弄波兰命运的过程中，欧洲大国能更容易地获得决定性的话语权。波兰的邻居们很快就认识到了让波兰处于无政府状态的好处。随着无政府状态的加剧，波兰的力量越来越弱。如果波兰开始中央集权，那么波兰的力量会越来越强。在瑞典国王古斯塔夫二世·阿道夫的统治下，瑞典崛起并且成为波罗的海的霸主；在罗曼诺夫王朝的统治下，俄国结束动荡，恢复了和平；狡猾的勃兰登堡选帝侯腓特烈·威廉也使用外交手段取得了胜利。上述这些因素和一些其他因素共同发挥作用，削弱了波兰的力量。根据

签署于1657年的《魏劳条约》，波兰失去了对东普鲁士的宗主权；根据
签署于1660年的《奥利瓦条约》，波兰把利沃尼亚交给了瑞典；根据签
署于1667年的《安德鲁索沃停战协定》，波兰不得不放弃了第聂伯河以
东的几乎所有的土地，包括斯摩棱斯克和基辅，以及超过一半的乌克兰
的哥萨克部落的领土，并且将上述土地交给了俄国。

　　波兰还因哥萨克人而卷入了与奥斯曼帝国的战争。来自波兰的沉
重枷锁一直压在哥萨克人身上。哥萨克人生性高傲，十分独立，无法忍

哥萨克人

受波兰贵族的傲慢，更不会乖乖地向贪婪的犹太管家①屈服。1648年，哥萨克人开始勇敢地反抗压迫，并且在鞑靼人的帮助下宣布效忠俄国沙皇阿列克谢一世。哥萨克人发动起义的时机正好——很快，波兰国王扬二世·卡齐米日就发现，波兰受到了来自瑞典和俄国的全面攻击。华沙陷落，而波兰国王扬二世·卡齐米日则逃去了西里西亚。然而，《奥利瓦条约》《哥本哈根条约》和《卡尔迪斯条约》签署后，即波罗的海周边再次恢复了和平时，波兰国王扬二世·卡齐米日发现自己又有力量对

俄国沙皇阿列克谢一世

① 犹太管家，当时，波兰贵族地主的管家多是犹太人并且被称为"二地主"。——译者注

付反抗的臣民及其支持者了。后来的波兰国王扬三世·索别斯基以自己的地位和个人品质迫使俄国沙皇阿列克谢一世及其盟友接受了《安德鲁索沃停战协定》。1668年，波兰国王扬二世·卡齐米日宣布退位，导致法兰西王国的追随者和神圣罗马帝国又开始分别筹划针对波兰大选的阴谋。然而，由于波兰国王扬二世·卡齐米日的遭遇和波兰国王扬二世·卡齐米日的法兰西妻子玛丽·路易丝·贡萨加不受欢迎，波兰人将选举一位没有法兰西血统或与法兰西王国没有关系的人为波兰国王——甚至连娶了法兰西女人的扬三世·索别斯基也无权参加波兰国王的选

玛丽·路易丝·贡萨加

举。波兰人认为扬三世·索别斯基代表着法兰西王国的利益，转而支持一位议员，即米哈乌·科里布特·维斯诺维斯基。然而，波兰人推举米哈乌·科里布特·维斯诺维斯基只是因为他有一张英俊的脸和一个特别的名字。哥萨克人认为波兰国王的选举是迫害的开始。波兰人的新国王米哈乌·科里布特·维斯诺维斯基，即米哈乌一世的父亲耶利米·维斯诺维斯基是哥萨克人的最大压迫者。1670年，哥萨克人迅速拿起武器发动了起义。然而，扬三世·索别斯基轻而易举地镇压了起义。由于从扬三世·索别斯基那里得不到正义，哥萨克人陷入了绝望，转而向土耳其

波兰国王米哈乌一世

耶利米·维斯诺维斯基

人求助。哥萨克人提出，只要奥斯曼帝国苏丹穆罕默德四世能保护他们不受波兰暴君的伤害，他们就愿意承认奥斯曼帝国苏丹穆罕默德四世的宗主权，而柯普吕律扎德·法齐尔·艾哈迈德则欣然抓住了这个札会。1671年，奥斯曼帝国向波兰宣战，成为被波兰压迫的民族的捍卫者。

1672年6月，准备工作完成后，在柯普吕律扎德·法齐尔·艾哈迈德的陪同下，奥斯曼帝国苏丹穆罕默德四世来到了几乎坚不可摧的卡缅尼克的要塞。仅仅不到一个月，卡缅尼克的要塞就沦陷了。懦弱的波兰国王米哈乌一世对卡缅尼克的要塞的沦陷感到十分沮丧。在布查兹比，波兰国王米哈乌一世签署了条约，同意交出波多利亚和乌克兰，并且向奥斯曼帝国进贡。然而，波兰国会对这种耻辱感到十分愤怒，拒绝批准这项条约。在扬三世·索别斯基领导下，波兰人团结起来并且进行了最坚决的抵抗。波兰人的英勇斗争持续了四年时间。扬三世·索别斯基没有从其他国家得到任何帮助——野心勃勃的法兰西国王路易十四卷入了莱茵河和斯海尔德河的一场致命冲突；波兰的宫廷阴谋威胁着法兰西国王路易十四；波兰军营里还存在不服从命令的危险情况。凭借人格魅力和军事才能，扬三世·索别斯基不仅成功地阻止了土耳其人对波多利亚和加利西亚的进攻，而且在1673年和1675年分别于乔西姆和伦贝格使土耳其人吃了大败仗。由于受到扬三世·索别斯基的追击，土耳其军队仓皇渡过了多瑙河。1674年，波兰国王米哈乌一世去世了。波兰人热情地为扬三世·索别斯基欢呼并且拥立他为国王。1676年，波兰国王扬三世·索别斯基发现自己身陷可怕的海峡中。在德涅斯特河畔的祖拉夫诺，波兰国王扬三世·索别斯基率领的小股军队被大批敌军包围，无法突破包围圈，似乎没有任何幸存的希望。然而，在被包围的危急关头，被称为"波兰之狮"的波兰国王扬三世·索别斯基的魔力仍然占了上风。土耳其将军易卜拉欣·瑟坦宁愿和波兰国王扬三世·索别斯基这头狮子和平相处，也不愿冒险与其在洞穴里相遇。签署于1676年10月的《祖拉夫诺条约》虽然确保了奥斯曼帝国苏丹穆罕默德四世可以占有卡缅尼克和乌克兰的部分地区，但同样标志着柯普吕律扎德·法齐尔·艾哈迈德的宏大计划的失败。

　　《祖拉夫诺条约》签署不久后，柯普吕律扎德·法齐尔·艾哈迈德就去世了。然而，柯普吕律扎德·法齐尔·艾哈迈德的政策没有被废

乔西姆战役

止。柯普吕律扎德·法齐尔·艾哈迈德的继任者卡拉·穆斯塔法满怀和柯普吕律扎德·法齐尔·艾哈迈德有同样的雄心壮志，却没有同样的聪明才智。不久后，卡拉·穆斯塔法表现出的傲慢、奢侈和自夸的作风就开始破坏奥斯曼帝国苏丹穆罕默德四世和柯普吕律扎德·法齐尔·艾哈迈德努力的成果。与此同时，卡拉·穆斯塔法还想扩张国土，决心通过迅速秘密地征服维也纳来控制基督教国家。通过新的贸易和外交特权，奥斯曼帝国与法兰西王国的同盟延续了下来。奥斯曼帝国还与俄国和波兰签署了和约。卡拉·穆斯塔法想通过上述措施孤立神圣罗马帝国皇帝

卡拉·穆斯塔法

利奥波德一世，并且曾经差点如愿。多年来，匈牙利人与神圣罗马帝国皇帝利奥波德一世的关系一直不好。神圣罗马帝国皇帝利奥波德一世奉行的宗教和政治政策是镇压。为了加强神圣罗马帝国的中央集权，神圣罗马帝国皇帝利奥波德一世废除了巴拉丁的选帝侯，并且开始借维也纳官员之手统治匈牙利。为了扼杀新教，神圣罗马帝国皇帝利奥波德一世不仅将宗教事务的管理权交给了耶稣会会士，而且找借口和煽动人们放逐新教的牧师。神圣罗马帝国皇帝利奥波德一世的高压而不公正的措施带来的结果可想而知。1674年，在埃默里克·特克伊·德·凯什马尔科的率领下，匈牙利人利用法兰西王国忙于莱茵河流域的战争的机会开始反抗压迫者。特兰西瓦尼亚亲王米夏埃尔一世·奥保菲加入了

埃默里克·特克伊·德·凯什马尔科

匈牙利人一方。1681年，埃默里克·特克伊·德·凯什马尔科和特兰西瓦尼亚亲王米夏埃尔一世·奥保菲发现他们的实力足以迫使神圣罗马帝国皇帝利奥波德一世恢复巴拉丁的选帝侯和实行宗教宽容政策。然而，埃默里克·特克伊·德·凯什马尔科拥有更大的野心，即成为匈牙利的统治者。埃默里克·特克伊·德·凯什马尔科听从了卡拉·穆斯塔法的游说，加入土耳其人的阵营，并且接受将匈牙利变成奥斯曼帝国的附庸。一切都已经准备就绪了。卡拉·穆斯塔法相信法兰西国王路易十四不会协助神圣罗马帝国皇帝利奥波德一世，也相信埃默里克·特克

特兰西瓦尼亚亲王米夏埃尔一世·奥保菲

伊·德·凯什马尔科会带领匈牙利人反对神圣罗马帝国皇帝利奥波德一世。1682年，卡拉·穆斯塔法卸下了面具，宣布匈牙利人将向奥斯曼帝国苏丹穆罕默德四世进贡。1683年春季，卡拉·穆斯塔法率领十五万名士兵越过了多瑙河。

卡拉·穆斯塔法的盟友十分强大。焦急的神圣罗马帝国皇帝利奥波德一世发现，无论去哪里寻求帮助，他都会被法兰西王国的外交政策挫败。在神圣罗马帝国，法兰西国王路易十四的策略非常成功。在拉蒂斯邦召开的会议没有给神圣罗马帝国皇帝利奥波德一世提供任何帮助就结束了。虽然波兰的国内斗争非常激烈，但最终，机智而不屈不挠的波兰国王扬三世·索别斯基赢得了胜利。在波兰最需要帮助时，在基督教文明面临威胁的情况下，自私而懦弱的奥-西哈布斯堡王朝袖手旁观。然而，1683年3月31日，波兰国王扬三世·索别斯基与神圣罗马帝国皇

拉蒂斯邦（局部）

帝利奥波德一世缔结了同盟。波兰国王扬三世·索别斯基保证自己会为神圣罗马帝国提供四万名士兵。与此同时，奥斯曼帝国仍然继续发动着战争。为了安全起见，神圣罗马帝国皇帝利奥波德一世撤退去了帕绍，而洛林公爵查理五世则宣布放弃了匈牙利。洛林公爵查理五世在多瑙河河谷等待着波兰的增援，并且委托恩斯特·吕迪格·冯·施塔尔亨贝格伯爵防守维也纳。1683年7月9日，土耳其人的军旗出现在了维也纳城墙前。1683年7月14日，土耳其人开始攻打维也纳。

维也纳的防御工作做得并不好。维也纳只有一万四千名驻军和老旧失修的城墙，而奥斯曼帝国则拥有欧洲最好的工程师和炮兵。然而，卡

洛林公爵查理五世

恩斯特·吕迪格·冯·施塔尔亨贝格伯爵

拉·穆斯塔法并不急于攻克维也纳。1683年8月7日，卡拉·穆斯塔法把神圣罗马帝国军队赶出了壕沟。然而，面对敞开的城门，卡拉·穆斯塔法犹豫了，没有下令进城。卡拉·穆斯塔法想要的是受降的荣耀和战利品。与此同时，在克拉科夫，波兰国王扬三世·索别斯基正在匆忙地集结军队。在和波兰国王扬三世·索别斯基会和前，洛林公爵查理五世不敢行动。和往常一样，由于缺少资金，波兰国王扬三世·索别斯基拖延了很长时间。直到1683年8月15日，波兰国王扬三世·索别斯基才开始率领军队开拔。1683年9月2日，波兰国王扬三世·索别斯基率骑兵到达了多瑙河。1683年9月5日，波兰国王扬三世·索别斯基接管了神圣罗马

维也纳城外的土耳其人

帝国和波兰的联军的指挥权。1683年9月6日,波兰国王扬三世·索别斯基通过图尔恩的一座桥越过了多瑙河。1683年9月11日,波兰国王扬三世·索别斯基到达了卡伦山山顶,看到了驻扎在山峦和圣史蒂芬大教堂所处平原上的土耳其人。虽然波兰国王扬三世·索别斯基赶到了战场,但一切都已经晚了。土耳其工程师已经破坏了维也纳的城墙。在拥挤不堪的维也纳城内,疾病正在蔓延。然而,维也纳人民突然看到了波兰国王扬三世·索别斯基用烟火从山上发出的信号。维也纳人民觉得,磨难已经结束。波兰国王扬三世·索别斯基没有让维也纳人民失望。1683年9月12日,在利奥波德山教堂接受圣餐后,波兰国王扬三世·索别斯基下令发动了进攻。很快,波兰国王扬三世·索别斯基就把土耳其人的先遣卫队从卡伦山两侧的葡萄园里赶了出来,开始直面平原上的土耳其主力军。听到波兰士兵大喊"索别斯基万岁"时，土耳其士兵吓破了胆，四处逃窜。波兰国王扬三世·索别斯基抓住了有利的时机——在匆忙撤退的土耳其士兵回过神来前，波兰国王扬三世·索别斯基率军以排山倒海之势扑了过去。战斗胜利了——不仅维也纳得救了，而且整个基督教世界都得到了保护。土耳其人的营地和帐篷、清真寺，以及各种东西，都落入了胜利者手中。卡拉·穆斯塔法逃过一劫，并且在贝尔格莱德召集了残余的土耳其军队。

1683年，土耳其人对维也纳的进攻以失败告终，导致土耳其人在欧洲的运势急转直下。卡拉·穆斯塔法以自己的脑袋为失败付出了代价。卡拉·穆斯塔法的继任者巴伯特鲁·卡拉·易卜拉欣没能扭转局势。

维也纳战役

1683年10月，在帕尔坎，波兰国王扬三世·索别斯基再次击败了土耳其人并且将其赶出了匈牙利。1684年，威尼斯加入了追捕被打败的土耳其人的行列。神圣罗马帝国皇帝利奥波德一世、波兰人和威尼斯人结成了旨在对抗奥斯曼帝国苏丹穆罕默德四世的神圣同盟。很快，人们就看到了神圣同盟的力量。由于健康状况不佳，波兰国王扬三世·索别斯基越来越虚弱。实际上，早在1685年，波兰国王扬三世·索别斯基就几乎隐退了。然而，多瑙河上征服的浪潮持续不断，而地中海上的胜利则推动着征服的浪潮。1685年，洛林公爵查理五世夺回了除布达的要塞外的全部曾被土耳其占领的匈牙利土地，而弗朗切斯科·莫罗西尼则夺回了阿尔巴尼亚的几个地方。1686年和1687年，奥斯曼帝国苏丹穆罕默德四世的遭遇十分不幸。1686年9月，布达落入了洛林公爵查理五世手中。洛

帕尔坎战役

洛林公爵查理五世在莫哈奇战役中获得胜利

林公爵查理五世还把埃默里克·特克伊·德·凯什马尔科赶去了特兰西瓦尼亚，并且把匈牙利叛军留给了神圣罗马帝国皇帝利奥波德一世和耶稣会的顾问们随意摆布。1687年，在莫哈奇战役中，洛林公爵查理五世击败巴伯特鲁·卡拉·易卜拉欣，夺回了克罗地亚和斯拉沃尼亚。1688年，特兰西瓦尼亚投降后，洛林公爵查理五世越过多瑙河，攻占了贝尔格莱德，甚至一度将战火带到了尼什。在地中海地区，弗朗切斯科·莫罗西尼同样获得了累累战果。1686年，英雄弗朗切斯科·莫罗西尼成为莫里亚半岛①的所有重镇的主人。随后，科林斯和雅典也承认了弗朗切斯科·莫罗西尼的统治。在罗马人等异邦人的多次围攻中幸存下来的万神殿被一枚威尼斯炸弹炸成了废墟。除了雅典，弗朗切斯科·莫罗西尼的

---

① 莫里亚半岛，即伯罗奔尼撒半岛。——译者注

战利品还包括尼格罗蓬特、底比斯和达尔马提亚。到1694年后，土耳其人在希腊和亚得里亚海沿岸的所有财产都被掠夺一空。

显然，连续不断的失利需要有人担责。1687年，一场宫廷革命导致了奥斯曼帝国苏丹穆罕默德四世被废黜，而取代他的则是他的弟弟苏莱曼二世。奥斯曼帝国苏丹苏莱曼二世再次把奥斯曼帝国的主要事务交给了柯普吕律家族。作为柯普吕律扎德·法齐尔·艾哈迈德的弟弟，柯普吕律扎德·法齐尔·穆斯塔法也表现出了柯普吕律家族的那种赫赫有

奥斯曼帝国苏丹苏莱曼二世

名的活力。柯普吕律扎德·法齐尔·穆斯塔法虽然只有两年任期，但他通过对基督教教徒实行宽容政策和严整军纪让土耳其人重新开始取得胜利。1690年，柯普吕律扎德·法齐尔·穆斯塔法收复尼什和贝尔格莱德并且入侵了匈牙利。然而，在1691年的斯兰卡曼战役中，柯普吕律扎德·法齐尔·穆斯塔法遇到了巴登-巴登侯爵路易·威廉。最终，柯普吕律扎德·法齐尔·穆斯塔法失败并且失去了生命。在持续了八年的战争中，虽然土耳其人曾多次取得成功，但神圣罗马帝国军队和威尼斯军队

巴登－巴登侯爵路易·威廉

从未真正失去对匈牙利、特兰西瓦尼亚和莫里亚半岛的控制。1697年，在森塔，萨伏依-卡里尼亚诺的尤金王子亲自对阵奥斯曼帝国苏丹穆斯塔法二世并且大获全胜。与此同时，彼得大帝占领了亚速，标志着俄国第一次正式进入东南欧的政治旋涡。奥斯曼帝国苏丹穆斯塔法二世意识到，随着柯普吕律扎德·法齐尔·穆斯塔法的逝去，奥斯曼帝国再次征服欧洲的可能性已经消失了。然而，奥斯曼帝国苏丹穆斯塔法二世至少要守住多瑙河边界。依据签署于1699年1月的《卡洛维茨条约》，神圣罗马帝国皇帝利奥波德一世不仅收复了匈牙利，而且恢复了对特兰西瓦

森塔战役

签订《卡洛维茨条约》

尼亚的宗主权。波兰仍然占有波多利亚，包括卡缅尼克和亚速，而威尼斯则得到了莫里亚半岛。因此，实际上，奥斯曼帝国的边界被向后推到了多瑙河一线。奥斯曼帝国的衰落和俄国的崛起播下了东方问题的种子——东南欧历史的一个新时代开始了。

土耳其人对多瑙河流域的征服的时间比对地中海的更长。1711年，在普鲁特河，西拉达尔·达马特·阿里意外地战胜了彼得大帝。西拉达尔·达马特·阿里对在西班牙王位继承战争爆发后日益衰弱的奥斯曼帝国充满了野心，决心努力一雪《卡洛维茨条约》的前耻，恢复奥斯曼帝国对匈牙利和莫里亚半岛的统治。再也没有像弗朗切斯科·莫罗西尼那样的英雄来领导威尼斯人了。希腊人虽然从威尼斯政府那里得到了好处，但不够忠诚，意志消沉，不是奥斯曼帝国的对手。一次战役足以恢复奥斯曼帝国对匈牙利和莫里亚半岛的统治。1715年6月，西拉达尔·达马特·阿里穿过了科林斯地峡。1715年9月，西拉达尔·达马特·阿里征服了莫里亚半岛，凯旋君士坦丁堡。然而，在多瑙河上，西拉达尔·达马特·阿里遇到了强敌。1716年8月，在匈牙利的彼得罗瓦拉丁，土耳其军队被萨伏依-卡里尼亚诺的尤金王子彻底击败，导致西拉达尔·达马特·阿里失去了生命。1717年，贝尔格莱德再次落入了神圣罗马帝国皇帝查理六世手中。通向奥斯曼帝国的心脏地带的道路被打开了。土耳其宫廷明白，是时候讲和了。根据签署于1718年的《帕萨罗维茨条约》，土耳其虽然将泰梅什堡和贝尔格莱德交给了奥地利，但保留了莫里亚半岛。从17世纪开始，一个多世纪过去后，骄傲的威尼斯人变成了奴隶，而希腊人则赢得了自由。

第 13 章

北欧历史：从《奥利瓦条约》到
《乌得勒支和约》

  《奥利瓦条约》和《哥本哈根条约》对波罗的海沿岸小国的意义就如同《威斯特伐利亚和约》和《比利牛斯条约》对欧洲大国的意义。《奥利瓦条约》和《哥本哈根条约》不仅结束了长期的战争和动乱，还决定了北欧列强的相互关系。按时髦的话说，《奥利瓦条约》和《哥本哈根条约》调整了北方的力量平衡。《奥利瓦条约》和《哥本哈根条约》标志着丹麦对波罗的海统治的结束和勃兰登堡在北欧霸权的开始，以及瑞典在维护瑞典国王古斯塔夫二世·阿道夫为瑞典赢得的地位方面的第一次巨大失败。当时，北欧列强之间的实力排名已经发生变化。人们仍然没有感觉到来自半开化的俄国的威胁。俄国的威胁出现前，波罗的海诸国已经得到了五十年时间来处理各种事务，而在这五十年间，北欧列强之间的主要政治和利益问题是勃兰登堡能否维持自己获得的至高无上的地位，以及瑞典能否恢复领导地位。因此，瑞典和丹麦之间的竞争不再是波罗的海政局的主要矛盾；瑞典和俄国之间的竞争仍然处于萌芽阶段；瑞典和勃兰登堡之间的竞争是唯一悬而未决的严肃问题。

  其他国家战争为北欧列强带来了改变国内体制的时间。丹麦首先行动了起来。和波兰国王一样，由选举产生的丹麦国王的权力完全没有贵族大。丹麦贵族拥有各种政治权利、社会特权和丹麦的大部分财富，不仅不用纳税，而且垄断了丹麦的所有主要官职。因此，每次选举丹麦国王时，丹麦贵族不仅能决定选举结果，而且能与当选者讨价还价。丹麦贵族的特权虽然对丹麦贵族来说是非常有利的，但对其他人来说是一种负担。在欧洲，没有哪个国家的贵族能和丹麦贵族一样使自己受到其他社会阶层的强烈憎恨。民族不幸自然会导致民族复仇。在1661年的一次会议上，丹麦国王腓特烈三世成功地发动了一场革命，并且得到了神职人员、市民和农民的支持。因此，丹麦国王不仅成为世袭君主，有权组建政府，而且可以传位给女性，而丹麦贵族的特权和选举国王的制度则被废除了。在受到重击却没有流血的情况下，丹麦的君主政体被以法兰西王国的模式进行了重塑。丹麦国王腓特烈三世成为绝对的国王，掌握了政府的所有权力，并且组建了一支专业的军队保卫王位。

瑞典的情况和丹麦完全相反。和瑞典女王克里斯蒂娜年幼时一样，瑞典国王卡尔十一世年幼时，瑞典政府完全落入了贵族手中。不幸的是，当时的瑞典王室没有索德摩伯爵阿克塞尔·古斯塔夫松·奥克森谢尔纳·阿夫·索德摩式的人物。在名义上由瑞典国王卡尔十一世的母亲荷尔斯泰因-戈托尔夫的黑德维希·埃莱奥诺拉把持的摄政委员会认为有必要全方位安抚瑞典贵族。瑞典国王卡尔十一世勉强同意了向贵族提供王室土地这种于己不利的政策，导致瑞典王室陷入了贫困，而瑞典贵族则富裕了起来。贪婪的瑞典大贵族发现，法兰西国王路易十四的黄金决定了瑞典的政策。因此，只要法兰西王国继续提供黄金，瑞典就会一直忠于和法兰西王国的同盟。然而，为了获得更多的战利品，瑞典曾在短时期内表现出独立自主的特征，加入了三国同盟。加入三国同盟几个月后，瑞典后悔并且恢复了和法兰西王国的同盟。1672年，开始掌权的瑞典国王卡尔十一世发现，如果说十一年的贵族统治为他在国外赢得了伟大的法兰西国王路易十四的友谊和支持，那么国内的他只是一个空虚的国库和信誉扫地的政府的继承人。

幼年的瑞典国王卡尔十一世

　　瑞典濒临破产并且受到分裂的威胁时，勃兰登堡选帝侯腓特烈·威廉正努力在自己的各个领地上建立不容置疑的霸权。勃兰登堡选帝侯腓特烈·威廉已经成功地削弱了勃兰登堡和克利夫斯的议会的权力，组织了一个不受领地的议会影响的独立政府。然而，在普鲁士，建立霸权的任务十分困难。《奥利瓦条约》刚签署，勃兰登堡选帝侯腓特烈·威廉就集中精力在普鲁士建立霸权。普鲁士的贵族和市民已经习惯了波兰人的统治，拥有很高的独立自主程度。普鲁士人明白，由于《魏劳条约》和《奥利瓦条约》已经承认了勃兰登堡选帝侯腓特烈·威廉拥有普鲁士的直接主权，旧的关系即将被改变。然而，普鲁士议会没有就范，不仅拒绝认可《魏劳条约》和《奥利瓦条约》，而且起草了一部宪法以确保自己的权利。勃兰登堡选帝侯腓特烈·威廉虽然通过《魏劳条约》和《奥利瓦条约》继承了波兰在普鲁士享有的权利，即封建宗主权，但决心尽可能使自己成为绝对的君主并且削弱议会的权力。而普鲁士议会竟然想占勃兰登堡选帝侯腓特烈·威廉的便宜。在普鲁士，地主和市民为将要征收的税的类型争论不休，都希望对方承担赋税。1662年，勃兰登堡选帝侯腓特烈·威廉以解决争端为借口将军队开进柯尼希斯贝格，并且逮捕了市民领袖罗特·罗德。虽然勃兰登堡选帝侯腓特烈·威廉的决心震慑了普鲁士市民，但普鲁士贵族和地主仍然没有受到制裁。在贵族领袖卡尔克施泰因男爵的领导和波兰人的暗中支持下，贵族和地主的势力十分强大，无法被粉碎。

勃兰登堡选帝侯腓特烈·威廉开始运用外交艺术加强统治。勃兰登堡选帝侯腓特烈·威廉是一位舞文弄墨的大师。1663年，普鲁士国会接受了勃兰登堡选帝侯腓特烈·威廉提交的一份规定了国会的权力的宪章。凭借这份措辞模糊的宪章，勃兰登堡选帝侯腓特烈·威廉宣布：他和他的政府应当享有波兰国王以前享有的权利；普鲁士国会应至少每六年被召集一次并且讨论所有重要事务；未经普鲁士国会同意，任何人都不得增加任何新的税种。然而，根据对权力的界定规则，普鲁士国会失去了所有未被表述清楚的权力，而勃兰登堡选帝侯腓特烈·威廉则获得了所有未被表述清楚的权力。显然，勃兰登堡选帝侯腓特烈·威廉已经得到了权力。勃兰登堡选帝侯腓特烈·威廉如果不给普鲁士国会行使权力的机会，那么会在几年之内得到任命行政官员的权力。勃兰登堡选帝侯腓特烈·威廉如果能得到任命行政官员的权力，那么普鲁士人民召开国会时，便不必像法兰西国王那样担心。普鲁士国会虽然可能会给勃兰登堡选帝侯腓特烈·威廉造成麻烦，但无法构成威胁。通过良好的管理制度和谨慎的政策，勃兰登堡选帝侯腓特烈·威廉渐渐成功地将个人权力扩展到了整个普鲁士。1672年，勃兰登堡选帝侯腓特烈·威廉觉得自己有足够的力量给普鲁士贵族以致命的打击了。卡尔克施泰因男爵是反对勃兰登堡选帝侯腓特烈·威廉的领袖和先锋。1669年，卡尔克施泰因男爵因与波兰人通信而被判返回他的领地。然而，卡尔克施泰因男爵越过边境，逃去了华沙。勃兰登堡选帝侯腓特烈·威廉向波兰国王米哈乌一世要求遣返卡尔克施泰因男爵，却遭到了拒绝。依据自己制定的法律，在波兰的土地上，勃兰登堡选帝侯腓特烈·威廉逮捕了卡尔克施泰因男爵并且将其带到了梅默尔。在梅默尔，卡尔克施泰因男爵被执行了死刑。虽然人们没有想到勃兰登堡选帝侯腓特烈·威廉会公然侵犯波兰的主权，但勃兰登堡选帝侯腓特烈·威廉知道自己的计划一定能成功。勃兰登堡选帝侯腓特烈·威廉的强大使他可以随心所欲地做一切事情。波兰没有宣战的实力。勃兰登堡选帝侯腓特烈·威廉判卡尔克施泰因男爵死刑就是想要普鲁士完全屈服。

通过这些措施，在不太和谐的普鲁士，勃兰登堡选帝侯腓特烈·威廉成功地击溃了所有公开反对他的意志的人。和在波美拉尼亚和勃兰登堡一样，在克利夫斯和普鲁士，勃兰登堡选帝侯腓特烈·威廉也成了政府的中心。没有任何地方机构可以宣称自己在法律上凌驾于勃兰登堡选帝侯腓特烈·威廉或与他平等。勃兰登堡选帝侯腓特烈·威廉虽然掌握了最高权力，但仍然没有获得可以支持他统治的绝对权力。虽然勃兰登堡选帝侯腓特烈·威廉无权干涉许多被赋予了一定权力的地方咨询机构和管理机构，但这些机构不仅无权左右，而且必须协助执行勃兰登堡选帝侯腓特烈·威廉的政策。在政治上，勃兰登堡选帝侯腓特烈·威廉已经统一了国家，为自己和继任者争取了政治独立，为自己和家族赢得了领地的政治领导权。然而，勃兰登堡选帝侯腓特烈·威廉没有建立统一的行政体制，而这必然是一项进展缓慢的工作，可能要花一个世纪才能完成。建立统一的行政体制这项事业虽然是由勃兰登堡选帝侯腓特

普鲁士国王腓特烈·威廉一世

烈·威廉开创的，但直到普鲁士国王腓特烈·威廉一世和腓特烈大帝统治的时代才被完成。勃兰登堡选帝侯腓特烈·威廉掌控了重要部门的官员的任免权，并且任命了各个领地的所有行政首长。作为军队的领导者，勃兰登堡选帝侯腓特烈·威廉将军队收入和国民收入分开，并且将军队收入交由他提名的战争大臣管理。因此，战争开支完全摆脱了民事机构的控制。通过一系列的法令，勃兰登堡选帝侯腓特烈·威廉建立了一套精心设计的社会和特权制度。抬高勃兰登堡选帝侯腓特烈·威廉建立这套制度的目的就是提高他的社会地位。剥夺了普鲁士贵族的政治权利后，勃兰登堡选帝侯腓特烈·威廉决定赋予他们社会地位以便让他们臣服。通过上述方式，勃兰登堡-普鲁士的政府从勃兰登堡选帝侯腓特烈·威廉那里得到了军队和贵族的支持。

勃兰登堡－普鲁士的盾形徽章

勃兰登堡选帝侯腓特烈·威廉绝不会忽视公共福祉。勃兰登堡选帝侯腓特烈·威廉一直在想办法筹集资金。资金问题是勃兰登堡选帝侯腓特烈·威廉的心头大患——勃兰登堡-普鲁士的穷困是勃兰登堡选帝侯腓特烈·威廉的权力的真正弱点。为了改善这种状况，勃兰登堡选帝侯腓特烈·威廉通过明智而谨慎的管理树立了节约的典范，推行了许多发展工商企业的计划，并且诚挚欢迎来自法兰西王国的流亡的胡格诺教徒。《南特敕令》被废除后，法兰西王国的胡格诺教徒将许多一直被法兰西王国垄断的制造业技术带到了勃兰登堡-普鲁士。

然而，勃兰登堡-普鲁士的中央集权和工商事业的发展被法兰西国王路易十四发动的对荷兰的侵略战争粗暴地打断了。无论是从婚姻还是从利益层面看，勃兰登堡选帝侯腓特烈·威廉都与荷兰有着密切的联系，并且是最早在1673年就向法兰西王国宣战的欧洲君主之一。然而，在战场上，勃兰登堡选帝侯腓特烈·威廉被蒂雷纳子爵亨利·德·拉·图尔·德·奥韦涅打得落花流水。对法兰西王国仅仅宣战六个月后，勃兰登堡选帝侯腓特烈·威廉就不得不退出了战争。不久后，在法兰西国王路易十四的处境越来越艰难的情况下，勃兰登堡选帝侯腓特烈·威廉大胆地再次进入战场，率领一万六千名士兵出现在了莱茵河沿岸。然而，法兰西国王路易十四已经为迎击勃兰登堡选帝侯腓特烈·威廉做好了准备。种种迹象显示，瑞典国王卡尔十一世正率军向柏林挺进。因此，勃兰登堡选帝侯腓特烈·威廉不得不立即返回，准备保卫柏林。1675年6月，勃兰登堡选帝侯腓特烈·威廉到达了易北河。勃兰登堡选帝侯腓特烈·威廉率骑兵从瑞典军队的两个师中间疾驰而过，夺取了拉特诺。勃兰登堡选帝侯腓特烈·威廉想阻止瑞典军队的两个师在哈弗尔河上会合——为了做到这一点，勃兰登堡选帝侯腓特烈·威廉不得不把大部分步兵留下。然而，勃兰登堡选帝侯腓特烈·威廉做出了一个伟大将军才

17 世纪的拉特诺

能做出的英明决策，即决定与身边的少数部队一起扑向一支瑞典部队。这支瑞典部队正从勃兰登堡撤退，尚未到达费尔贝林关口。勃兰登堡选帝侯腓特烈·威廉以强行军的方式追击瑞典部队。1675年6月17日，勃兰登堡选帝侯腓特烈·威廉率军出现在了瑞典部队的后防线上。1675年6月18日，瑞典部队被迫打响了战斗。从人数上看，形势对勃兰登堡选帝侯腓特烈·威廉不利——他只有六千名士兵，而瑞典部队则有六约一万两千名士兵。然而，由于瑞典士兵意志消沉，勃兰登堡选帝侯腓特烈·威廉不顾将军们的劝告，坚持发动了进攻。战斗非常激烈。勃兰登堡选帝侯腓特烈·威廉占据着更有利的位置，拥有威力更大的火炮。夜幕降临时，勃兰登堡选帝侯腓特烈·威廉迅速发动反击，破坏了敌人的阵形。勃兰登堡选帝侯腓特烈·威廉率军从费尔贝林关口涌入，彻底打垮了瑞典部队。费尔贝林战役是勃兰登堡-普鲁士军队的第一次伟大胜利，是帮助普鲁士人迈向萨多瓦和色当的第一步，也是瑞典在欧洲的军事威望灭亡之日。从吕岑战役发生后到费尔贝林战役发生前，除了敌人有明显人数优势的战斗，瑞典军队未尝败绩。然而，费尔贝林战役发生后，人们认为，瑞典已经无法再与勃兰登堡-普鲁士匹敌——毕竟，勃兰登堡选帝侯腓特烈·威廉并非只是在费尔贝林战役中取得了胜利。勃兰登堡选帝侯腓特烈·威廉继续向前推进，一直到了瑞典人控制的波美拉尼亚，节节胜利，几乎没有受到任何挑战。沃尔加特、斯德丁、施特拉尔松德和格赖夫斯瓦尔德都相继落入了勃兰登堡选帝侯腓特烈·威廉手中。到1678年10月后，瑞典彻底失去了波美拉尼亚。如果瑞典没有巴黎的盟友，那么不仅瑞典国王古斯塔夫二世·阿道夫和索德摩伯爵阿克塞尔·古斯塔夫松·奥克森谢尔纳·阿夫·索德摩的事业会早在17世纪结束前就彻底失败，而且勃兰登堡选帝侯腓特烈·威廉无疑将成为北欧的主人。然而，法兰西国王路易十四以和平为由，坚持让勃兰登堡选帝侯腓特烈·威廉归还瑞典失去的一切。1679年6月，勃兰登堡选帝侯腓特烈·威廉被迫签署了《圣日耳曼-昂莱和约》。依据《圣日耳曼-昂莱和约》，法兰西王国撤出了克利夫斯。得到了三十万克朗后，勃兰登堡将在波美拉尼亚征服的除奥得河附近的一小片土地外的所有土地都还给了瑞典。

瑞典摆脱了一场失败的战争，没有大量赔款，也没有失去大量的领土。事实证明，瑞典是不幸的受益者，而不是受害者。战争的失败使瑞典摆脱了无能的贵族政府。瑞典国王卡尔十一世为瑞典做的事和丹麦国王腓特烈三世为丹麦做的事一样。瑞典国王卡尔十一世利用政府不得人心的机会，发动了一场支持王权的革命。在神职人员和人民的帮助下，瑞典国王卡尔十一世得到了绝对王权。瑞典贵族被命令归还他们此前瓜

17 世纪 70 年代的瑞典国王卡尔十一世

分的王室领地。瑞典国王卡尔十一世发动的革命使瑞典贵族失去了很大一部分财富，并且沦为了依赖王位的人。瑞典国王卡尔十一世证明了自己有能力承担建设国家的责任。从这场革命到1697年，即瑞典国王卡尔十一世去世时，瑞典一直走在和平、复苏和改革之路上。在没有法兰西王国的补贴的帮助下，瑞典政府运作良好。波罗的海沿岸又恢复了宁静。勃兰登堡选帝侯腓特烈·威廉和他的儿子，即后来的勃兰登堡选帝侯腓特烈三世一直忙于内部改革和对外扩张。丹麦国王克里斯蒂安五世统治下的丹麦人沉浸在享乐和奢侈的生活中，而瑞典人则正在逐步恢复元气。波罗的海诸国的政治利益转向了更远的北方。在涅瓦河和德涅斯特河的沼泽后面，来自俄国的野蛮势力正准备进入文明世界的舞台。

勃兰登堡选帝侯腓特烈三世

俄国是最后诞生文明的欧洲国家。西方各国在教会的领导下、在封建制学校里、在罗马法的启发下全力锤炼着自己的文化和政治时，波罗的海和乌拉尔山脉中间的人烟稀少的大片森林和沼泽地带被鞑靼人统治着，还没有接受文明的洗礼。基督教可能成为落后的北方和文明的南方之间的纽带，从而使北方人过上文明的生活。然而，实际上，由于东西方之间的敌意，基督教只是一种阻碍，而不是帮助。只要君士坦丁堡没有陷落，莫斯科就是君士坦丁堡的追随者和盟友，而君士坦丁堡陷落时，莫斯科则会成为君士坦丁堡的继承人和复仇者。直到16世纪，在伊凡大帝的带领下，俄罗斯人才推翻了鞑靼人的统治。后来，俄罗斯人建

伊凡大帝

伊凡雷帝

立了俄国，并且开始与其他国家建立联系。俄国的繁荣是短暂的。1584年，野蛮的独裁者伊凡雷帝咽下最后一口气后，无政府状态和痛苦立刻开始了，并且直到1612年，即罗曼诺夫王朝开始统治后才结束。

米哈伊尔一世是命途多舛的罗曼诺夫王朝的第一位俄国沙皇，能做的不过是制止混乱和恢复俄国沙皇的权威。然而，俄国沙皇米哈伊尔一世将自己的工作做得很好。因此，1645年去世时，俄国沙皇米哈伊尔一世把一个安全而专制的王朝交给了自己的儿子，即俄国沙皇阿列克谢一世。能威胁到新生的罗曼诺夫王朝的只有两种事物，即波维尔贵族①的狂暴精神和全副武装的射击军。射击军扮演着莫斯科宫廷禁卫军和近卫步

俄国沙皇米哈伊尔一世

---

① 波维尔贵族，俄罗斯的一个贵族阶级，有权参与国家的民事和军事事务。——译者注

射击军

兵的角色，总是一边恐吓，一边保护自己的君主。然而，在俄国沙皇阿
列克谢一世统治早期，一切都很顺利。1648年，俄国沙皇阿列克谢一世
开始向欧洲东南部进军。俄国沙皇阿列克谢一世声称俄国是乌克兰哥萨
克人的保护者，开始对抗波兰，并且成功获得了绝对独裁统治的沄律认
可。俄国沙皇阿列克谢一世把所有国家权力都集中在了自己手中。俄国
沙皇阿列克谢一世不仅建立了俄国的内部体制，而且指明了俄国外交政
策的方向。虽然俄国沙皇阿列克谢一世声称自己是俄国的真正缔造者，
但不幸的是，很快，事态就发生了变化——软弱的俄国沙皇阿列克谢一

世的权力落入他的大臣和宠臣手中；波维尔贵族不仅腐败，而且展开了派系斗争；政府变得没有组织；大城镇几乎都爆发了骚乱。为了挽救自己的生命，俄国沙皇阿列克谢一世不得不多次将大臣献给愤怒的民众。

1676年，俄国沙皇阿列克谢一世突然去世了。俄国沙皇阿列克谢一世的第一次婚姻为他带来了两个儿子，即费奥多尔·阿列克谢耶维奇·罗曼诺夫和伊凡·阿列克谢耶维奇·罗曼诺夫。费奥多尔·阿列克谢耶维奇·罗曼诺夫和伊凡·阿列克谢耶维奇·罗曼诺夫都体弱多病。

费奥多尔·阿列克谢耶维奇·罗曼诺夫

伊凡·阿列克谢耶维奇·罗曼诺夫

俄国沙皇阿列克谢一世的第二次婚姻，即和纳塔利娅·纳雷什金的婚姻，为他带来了一个健壮的小男孩——彼得·阿列克谢耶维奇·罗曼诺夫。俄国沙皇阿列克谢一世去世是一系列宫廷革命爆发的信号。这些宫廷革命使不幸的俄国遭受了数年的苦难。俄国沙皇阿列克谢一世统治末期，纳雷什金家族攫取了所有的重要职位。1676年，费奥多尔·阿列克谢耶维奇·罗曼诺夫虽然成为俄国沙皇费奥多尔三世·阿列克谢耶维奇，但备受排挤。1682年，俄国沙皇费奥多尔三世·阿列克谢耶维奇无嗣而亡，导致纳雷什金家族重新掌权。在波维尔贵族的帮助下，彼得·阿列克谢耶维奇·罗曼诺夫成为俄国沙皇，即彼得大帝。纳雷什金家族的专横行为自然会招来许多敌意。1682年5月，俄罗斯贵族中的反对派号召和煽动射击军，声称伊凡·阿列克谢耶维奇·罗曼诺夫有生命危险。因此，射击军涌入宫殿，推翻了纳雷什金家族的统治，拥护伊凡·阿列克谢耶维奇·罗曼诺夫为俄国沙皇伊凡五世与彼得大帝一起执政，而俄国沙皇伊凡五世和彼得大帝最能干的姐姐索菲娅·阿列克谢耶芙娜·罗曼诺夫则开始了长达七年的摄政。在索菲娅·阿列克谢耶芙娜·罗曼诺夫摄政期间，真正的权力被掌握在瓦西里·瓦西里耶维

索菲娅·阿列克谢耶芙娜·罗曼诺夫

瓦西里·瓦西里耶维奇·戈利岑

奇·戈利岑手中。瓦西里·瓦西里耶维奇·戈利岑是最古老的俄罗斯贵族家族的首领，也是索菲娅·阿列克谢耶芙娜·罗曼诺夫的公认的情人。然而，鉴于瓦西里·瓦西里耶维奇·戈利岑才能出众，人们普遍认为他生不逢时。1686年，俄国与波兰签署了《永久和平条约》，为1667年的《安德鲁索沃停战协定》带来的休战画上了句号。《永久和平条约》规定，俄国虽然可以得到基辅，但必须站在神圣罗马帝国和波兰一边，全力抵抗和击退奥斯曼帝国。因此，1687年和1689年，瓦西里·瓦西里耶维奇·戈利岑发动了两次战争来打击臣服于土耳其宫廷的克里米亚半岛的鞑靼人。然而，瓦西里·瓦西里耶维奇·戈利岑的失败激起了人们的敌意和仇恨。彼得大帝宣布自己是反对派的领袖。1689年9月17日，摄政正式结束。索菲娅·阿列克谢耶芙娜·罗曼诺夫被送去了一所修道院，而瓦西里·瓦西里耶维奇·戈利岑则被放逐去了一个偏僻的村庄。俄国政府落入了贵族派系之手。

彼得大帝十七岁那年，即1689年，奥兰治亲王威廉三世成为大不列颠的主人。奥格斯堡同盟战争已经爆发了。在名义上，彼得大帝是俄国政府的首脑。然而，多年来，彼得大帝对俄国的命运几乎没有什么实质

索菲娅·阿列克谢耶芙娜·罗曼诺夫被关在修道院

性影响。彼得大帝只是一个精力旺盛的孩子，喜欢享受着物质生活。彼得大帝如果能摆脱宫廷里令人厌烦的日常生活，去铁匠铺、木匠铺或他在佩列亚斯拉夫和阿尔汉格尔的造船场时，那么会乐不思蜀。在彼得大帝的胸膛里，野心这个魔鬼还没有苏醒。虽然彼得大帝建造战舰就像孩子观看烟花表演和戏剧表演一样，是一种娱乐，而不是一种军事行为，但战事很快使得彼得大帝建造的战舰派上了用场。1695年，俄国政府决心继续进行与土耳其之间的战争，进攻黑海上的亚速港。彼得大帝冲动地加入了战争，像一个普通士兵一样在军队里当炮兵。这场战争的结果是不幸的——俄国对亚速港的进攻完全失败了。失败的部分原因是纯粹的指挥不当，而另一部分原因则是冲动的彼得大帝缺乏经验。在极度缺乏补给的情况下，俄国军队不得不在冰冻的草原上撤退。彼得大帝是一个善于总结经验和学习的人，认识到预先思考和准备是很有必要的。

攻打亚速港

1696年，情况变得截然不同。在彼得大帝的命令下，被特意安排在沃罗涅日河的舰队占领了顿河河口，阻止了土耳其人从海上支援亚速港的计划。与此同时，陆地上的军事准备工作由奥赫勒什瑞斯的帕特里克·利奥波德·戈登负责。1696年7月29日，发动总攻的命令被下达了。土耳其人明白自己已经不能再待在亚速了，而彼得大帝则高兴地发现自己成为黑海上的一个港口的主人。占领亚速港是彼得大帝的事业的转折点。占领亚速港不仅让俄国拥有了南部的港口，而且激发了彼得大帝的想象力。1696年2月，俄国沙皇伊凡五世无子而亡，导致彼得大帝成为俄国的无可争议的主人。彼得大帝把非凡的智慧和钢铁般的意志都投入到俄国的发展事业上，把俄国政府牢牢掌控在手中，根本不考虑先例、传统、

奥赫勒什瑞斯的帕特里克·利奥波德·戈登

公共或私人权利。彼得大帝驾驶着国家的战车，开始向着实现个人野心和建设强大国家的目标前进。

　　彼得大帝很适合成为实现个人野心和建设强大国家的英雄。与奥赫勒什瑞斯的帕特里克·利奥波德·戈登、俄国海军上将弗朗茨·雅各布·勒福尔和莫斯科的外国居民的友谊使彼得大帝了解到，在文明的征程中，俄国远远落后于其他欧洲国家。彼得大帝告诉自己，他不仅必须按照欧洲的模式塑造俄国，而且要通过打造能对付敌人的陆军和海军使俄国强大起来。彼得大帝想通过提供资源让欧洲国家接纳俄国。虽然在

弗朗茨·雅各布·勒福尔

像俄国这样的国家，改变制度和推翻传统必然会带来一场革命，但彼得大帝不是会因害怕后果而退缩的人。彼得大帝下定决心要采取行动。一般情况下，彼得大帝阳光、快乐、开朗，而在被人反对的情况下，彼得大帝则会怒发冲冠，成为恶魔的化身。没有野蛮人比彼得大帝更残忍；没有暴君比彼得大帝更残暴；没有罪犯比彼得大帝更好色和喜欢酗酒。彼得大帝不知道什么是挫折和阻碍。引起彼得大帝怀疑的人必须接受折磨，而阻挠彼得大帝的人必须接受死亡。1698年，射击军发动起义后，除了被处死的一千多人，还有一千八百人受到了鞭刑和火刑的折磨。许多人受刑时，彼得大帝曾亲临现场。1718年，彼得大帝不仅允许法庭判他的长子，即阿列克谢·彼得罗维奇死刑，而且亲自对阿列克谢·彼得罗维奇的许多所谓的同谋施以酷刑。彼得大帝能持续好几天饮酒狂欢——这可能是只有司酒宴之神科摩斯及其助手才能享受的狂欢。然而，有了杀子的野蛮行为后，彼得大帝拥有了更大的威慑力。每一次从沮丧中解脱出来时，彼得大帝会重新拥有充满活力的头脑和敏锐的思维并且变得非常愉悦。一个人如果没有残酷的敌人，那么同样没有真实的朋友。彼得大帝如果能做野蛮人，那么绝不会做谋士。彼得大帝没有欺骗和伪善这种文明的恶习。彼得大帝粗鲁、诚实、暴躁，像一头在一群宠物狗中跑来跑去的幼狮，危险而高贵。

在国外的两年经历使彼得大帝亲眼看到了欧洲文明和政府的优点，学习到了制造船舶技术，而这些新技术制造的船将被部署在黑海以弘扬俄国的国威。彼得大帝将自己学到的两个方面的东西都付诸实践。一回到俄国，彼得大帝就开始以牺牲国家利益为代价来学习西方的一切东西。彼得大帝介绍了西方的服饰、习惯、舞蹈，甚至西方的修面方式。彼得大帝鼓励外国人去俄国定居，并且与自己的外国朋友在莫斯科郊区度过了很长时间。一占领涅瓦河河口，彼得大帝就开始建造新首都，即圣彼得堡。圣彼得堡取代了保守和传统的莫斯科，成为彼得大帝的统治

彼得大帝与长子阿列克谢·彼得罗维奇

中心。与此同时，彼得大帝精心地保护着俄国政府的安全。1698年的射击军起义给了彼得大帝废除射击军制度的机会。射击军与俄罗斯旧贵族纠缠不清，根本不可能真正效忠新政权。取代射击军的是一支在外国军官的指导下接受欧洲训练模式的专业军队。彼得大帝尽可能地压制波维尔贵族的势力，将像亚历山大·丹尼洛维奇·梅尼希科夫亲王这样的朋友和人才团结在自己周围。此外，彼得大帝团结下层社会人士的政策也非常成功。1711年，彼得大帝觉得自己可以通过禁止波维尔贵族参加议

亚历山大·丹尼洛维奇·梅尼希科夫亲王

莫斯科及全俄罗斯牧首阿德里安

会来结束波维尔贵族的政治权利。1700年，莫斯科及全俄罗斯牧首阿德里安去世后，彼得大帝拒绝提名莫斯科及全俄罗斯牧首的继承人，而是将莫斯科及全俄罗斯牧首的权力交给了一个委员会。后来，这个委员会被称为神圣管理会议。毫无疑问，彼得大帝控制了教会事务。

在俄国国内，彼得大帝把专制的锁链紧紧绕在臣民的脖子上。彼得大帝以牺牲邻国为代价把俄国的边界延伸到了海上。没有人会怀疑俄国发展的首要任务是在波罗的海取得立足点。冰封的白海上的阿尔汉格尔港和黑海上的亚速港不足以使俄国成为一个商业国家。经亚速港去地中海地区进行贸易必须通过土耳其人控制的伊斯坦布尔海峡和达达尼尔海峡。自《斯托尔博沃条约》和《卡尔迪斯条约》签署后，俄国已经默许了瑞典对波罗的海地区的吞并——可以肯定的是，瑞典人不会轻易地放弃《斯托尔博沃条约》和《卡尔迪斯条约》赋予他们的权利。然而，1697年，机会来了。这个机会十分诱人——彼得大帝根本无法抵抗。瑞典国王卡尔十一世去世了，而他的继承人则是年仅十五岁的瑞典国王卡尔十二世。利沃尼亚贵族约翰·赖因霍尔德·帕特库利渴望恢复利沃尼亚的独立地位，向瑞典的敌人丹麦、波兰和俄国请求援助。只要想到自己的野心，丹麦、波兰和俄国都会抓住机会击溃瑞典。1699年，一个卑鄙无耻的同盟形成了，而利沃尼亚的独立事业则仅仅是侵略政策的遮羞布。

不幸的是，很快，丹麦、波兰和俄国发现自己没有考虑到东道主的情况——瑞典国王卡尔十二世是那种天生就具有完美的战斗天赋的人。瑞典国王卡尔十二世没有作为战略家的任何天赋，没有研究过任何

约翰·赖因霍尔德·帕特库利

战争艺术知识，天生就是一位斗士。瑞典国王卡尔十二世喜欢为战斗而战斗。在战场上，瑞典国王卡尔十二世是最快乐的。虽然战争是非常艰苦的，但瑞典国王卡尔十二世乐在其中。瑞典国王卡尔十二世麾下的士兵们知道，无论遇到什么困难，瑞典国王卡尔十二世都会和他们共同分担。瑞典国王卡尔十二世对自己的命运深信不疑，并且成功使别人也相信了他们的命运。瑞典军队士气高昂，心甘情愿地跟随并且服从瑞典国王卡尔十二世的指挥。无论瑞典国王卡尔十二世走上哪条路，瑞典军队都会欣然跟上。瑞典国王卡尔十二世这种有天赋的人不会给他的对手们组成联军的机会。1700年5月月初，瑞典国王卡尔十二世率军直奔哥本哈根，迅速发动和结束了战争。由于无法保卫哥本哈根，丹麦国王腓特

丹麦国王腓特烈四世

烈四世不得不接受英格兰人和荷兰人的斡旋，并且和瑞典国王卡尔十二世缔结了《特拉凡达条约》，从而退出了与波兰人和俄罗斯人的同盟。离开丹麦后，瑞典国王卡尔十二世航行去了芬兰海湾。在芬兰海湾，彼得大帝正率领六万名士兵围攻纳尔瓦的要塞。瑞典国王卡尔十二世虽然只有大约八千名士兵，但毫不犹豫地下达了进攻的命令。彼得大帝的士兵人数很多，却缺乏纪律，很快就陷入了混乱中，惊慌失措地逃回了俄国。瑞典国王卡尔十二世成为无可争议的波罗的海沿岸的主人。瑞典国王卡尔十二世向南进军，穿过利沃尼亚和库尔兰进入了波兰。1702年，瑞典国王卡尔十二世占领了华沙。在克莱索战役中，瑞典国王卡尔十二世击败波兰国王斯奥古斯图斯二世并且将其赶回了萨克森。1703年，瑞

纳尔瓦的俄军向瑞典国王卡尔十二世投降

波兰国王斯坦尼斯瓦夫一世

典国王卡尔十二世占领了托伦和但泽。1704年2月，在华沙举行的一次会议中，波兰国王斯奥古斯图斯二世失去了王冠，而他的继任者则是斯坦尼斯瓦夫·博古斯瓦夫·莱克辛斯基，即波兰国王斯坦尼斯瓦夫一世。瑞典国王卡尔十二世的军事行动节节胜利，在1705年占领了立陶宛，并且将俄国人逐出了立陶宛。1706年，在弗劳恩施塔特，瑞典国王卡尔十二世击败了舒伦堡伯爵约翰·马蒂亚斯。1707年，瑞典国王卡尔十二世入侵了萨克森。在萨克森，瑞典国王卡尔十二世迫使萨克森选帝侯腓特烈·奥古斯图斯一世，即曾经的波兰国王斯奥古斯图斯二世签署了《阿尔特兰施泰特和约》。根据《阿尔特兰施泰特和约》，波兰国王斯坦尼斯瓦夫一世的王冠的合法性得到了确认，而不幸的约翰·赖因霍尔

弗劳恩施塔特战役

瑞典军队在弗劳恩施塔特获胜后的宗教仪式

德·帕特库利则成为瑞典国王卡尔十二世的残酷行为的受害者。瑞典国王卡尔十二世藐视人类的所有原则，通过碎身刑处死了约翰·赖因霍尔德·帕特库利。

1707年冬季，在阿尔特兰施泰特休息时，时年二十五岁的瑞典国王卡尔十二世觉得自己有能力创造奇迹。当时，瑞典国王卡尔十二世受到欧洲列强的追捧，被西班牙王位继承战争困扰着。瑞典国王卡尔十二世如果愿意，那么本可以扮演欧洲事务的仲裁人这一角色。来自凡尔赛宫的法兰西国王路易十四是最受瑞典国王卡尔十二世信任的外交家之一。法兰西国王路易十四提醒年轻的瑞典国王卡尔十二世，瑞典和法兰西王国有着悠久的友谊。法兰西国王路易十四指出了得到圣日耳曼-昂莱的好处，并且提醒瑞典国王卡尔十二世，法兰西王国出现危机时，瑞典人应该义无反顾地拔刀相助。然而，出现在瑞典国王卡尔十二世的宫廷中的法兰西王国的敌人代表是一位很有吸引力的铁汉——第一代马尔伯勒公爵约翰·丘吉尔。第一代马尔伯勒公爵约翰·丘吉尔是当时最伟大的战士，拥有布莱尼姆战役和拉米伊战役的桂冠。第一代马尔伯勒公爵约翰·丘吉尔觐见瑞典国王卡尔十二世并且提出了要求。显然，第一代马尔伯勒公爵约翰·丘吉尔的要求比较容易做到。第一代马尔伯勒公爵约翰·丘吉尔想要的不是瑞典的援助，而是瑞典的中立。第一代马尔伯勒公爵约翰·丘吉尔对瑞典国王卡尔十二世的关注使瑞典国王卡尔十二世感到非常荣幸。瑞典国王卡尔十二世对第一代马尔伯勒公爵约翰·丘吉尔这位外交英雄十分着迷，并且乐于倾听他的建议。因此，信仰新教的瑞典国王卡尔十二世拒绝了与进行宗教迫害的法兰西国王路易十四结盟。此外，强烈的自尊心使瑞典国王卡尔十二世不愿卷入一场他必须处于从属地位的战争。然而，复仇的欲望驱使瑞典国王卡尔十二世与北方的敌人接近。1708年春季，瑞典国王卡尔十二世背对着神圣罗马帝国和莱茵河，走向了荒凉的北方和灭亡。

瑞典国王卡尔十二世一直忙于征服波兰和萨克森，而彼得大帝则充分利用这个机会，兢兢业业地训练着纪律涣散的俄国军队，占领了涅瓦河两岸的波罗的海海岸。彼得大帝已经占领了英格利亚和卡雷利亚，并且开始在涅瓦河河口的一个镇上建造防御工事和房屋，想将此地打造成俄国首都。瑞典国王卡尔十二世没有把彼得大帝的行动放在心上。瑞典国王卡尔十二世与哥萨克人的领袖伊凡·斯捷潘诺维奇·马泽帕缔结了盟约，而伊凡·斯捷潘诺维奇·马泽帕则表示自己会带一支庞大却不可靠的军队加入瑞典国王卡尔十二世的队伍。瑞典国王卡尔十二世

伊凡·斯捷潘诺维奇·马泽帕

率领三万名士兵直奔莫斯科而去，意图捣毁俄国的心脏。然而，一开始，瑞典国王卡尔十二世就遭遇了重重困难，包括糟糕的路况、恶劣的天气，以及缓慢的行军速度。瑞典国王卡尔十二世有一段时间没有听到伊凡·斯捷潘诺维奇·马泽帕的消息了。为了尝试和伊凡·斯捷潘诺维奇·马泽帕取得联系，瑞典国王卡尔十二世离开了主力部队，一头扎进了俄国和乌克兰之间的森林和沼泽。冬季行军的困难让瑞典国王卡尔十二世大吃一惊。在距离莫斯科还有几百英里的地方，瑞典国王卡尔十二世已经很难获得食品和补给了。在瑞典军队中，疾病蔓延开来。绝望的瑞典国王卡尔十二世只能带着勇气继续向前。1709年春季，天气渐渐转暖。瑞典国王卡尔十二世虽然已经筋疲力尽，但仍然选择继续朝莫斯科行军。瑞典国王卡尔十二世注定看不到莫斯科。率领着一支强大的部队的彼得大帝遇到了带着一支护卫队来援助瑞典国王卡尔十二世的老查尔斯·埃米尔·莱文霍普。很快，老查尔斯·埃米尔·莱文霍普就被打得落花流水。1709年6月，在波尔塔瓦，老查尔斯·埃米尔·莱文霍普和瑞典国王卡尔十二世会合了。很快，俄国就报了纳尔瓦的一箭之仇——瑞典军队被人数是自己两倍的俄国军队包围了。瑞典军队只能牺牲自己。两万名瑞典官兵选择了投降，而脚部受伤的瑞典国王卡尔十二世则和几个随从一起穿越边境，投靠了土耳其人。显然，瑞典国王卡尔十二世的梦想破灭了。瑞典国王古斯塔夫二世·阿道夫的事业轰然倒塌。利沃尼亚、爱沙尼亚、里加和勒维都落入了彼得大帝之手。俄国完全控制了波罗的海，并且取代瑞典成为北方的强国。

波尔塔瓦战役虽然摧毁了瑞典军队的有生力量，但没有结束战争。在土耳其的本德避难的瑞典国王卡尔十二世试图鼓动土耳其人向俄国宣战。彼得大帝因胜利而得意洋洋，一直坚定不移地执行着自己的政策，并且不反对把奥斯曼帝国从德涅斯特河一线赶回多瑙河一线的想法。俄罗斯人具有的强烈的宗教精神不仅一直是俄国的政策能有效推行的重要

波尔塔瓦战役

因素，而且促使彼得大帝将自己视为被压迫的摩尔达维亚和瓦拉几亚的基督教教徒的解放者。犹豫了很久后，奥斯曼帝国苏丹艾哈迈德三世下定决心向俄国宣战。由于害怕在黑海遇到俄国舰队，直到1710年，奥斯曼帝国苏丹艾哈迈德三世才正式向俄国宣战。1711年，在普鲁特河畔，奥斯曼帝国苏丹艾哈迈德三世和彼得大帝正面遭遇了。然而，彼得大帝觉得形势似乎对他很不利——由于管理混乱，彼得大帝的军队完全被困在普鲁特河、沼泽和土耳其军队之间，完全受制于敌人。幸运的是，为

奥斯曼帝国苏丹艾哈迈德三世

了和平，西拉达尔·达马特·阿里愿意挺身而出。通过交出亚速港和摧毁奥斯曼帝国境内的所有俄国要塞，彼得大帝和俄国军队避免了投降和被羞辱。到瑞典后，瑞典国王卡尔十二世会发现自己的国家正受到来自俄国、丹麦和波兰的威胁。在长达七年的时间里，瑞典国王卡尔十二世一直与其他欧洲列强和愤愤不平的瑞典贵族徒劳地斗争着。到1715年后，瑞典国王卡尔十二世失去了自己在神圣罗马帝国境内的所有土地。1718年，瑞典军队在挪威围攻腓特烈斯哈尔的要塞时，一名士兵朝瑞典国王卡尔十二世开了一枪。瑞典国王卡尔十二世的逝去不仅结束了许多阴谋，而且让恢复世界和平变得容易多了。瑞典人吸取了瑞典国王卡尔

瑞典国王卡尔十二世死亡

十二世拒绝吸取的教训。根据包括瑞典和俄国签署于1721年的《尼施塔特条约》在内的一系列条约，汉诺威王朝的君主成为不来梅和费尔登的主人；波兰国王奥古斯图斯二世被公认为波兰的合法国王；勃兰登堡-普鲁士获得了瑞典占领的波美拉尼亚的一部分地方、乌瑟多姆岛和吕根岛，以及斯德丁和但泽；丹麦国王腓特烈四世虽然获准兼并了石勒苏益格公国，但必须归还征服和占领的其余瑞典土地；俄国是最大的赢家，获得了英格利亚、爱沙尼亚、利沃尼亚等土地，并且承诺会交出芬兰。

俄国接棒瑞典称霸北方时，在"不知名"的统治者勃兰登堡选帝侯腓特烈三世的领导下，勃兰登堡-普鲁士一直奉行着稳定发展的政策。勃兰登堡选帝侯腓特烈三世的任务是巩固勃兰登堡选帝侯腓特烈·威廉取得的成果。在勃兰登堡选帝侯腓特烈三世的统治下，勃兰登堡-普鲁士迅速繁荣了起来。勃兰登堡-普鲁士拥有越来越金碧辉煌的宫廷，越来越多

签订《尼施塔特条约》

的道路和运河，以及越来越活跃的工厂。建立于1694年的哈勒大学是神圣罗马帝国的文化事业显著发展的表现。在外交事务上，勃兰登堡选帝侯腓特烈三世同样坚持着勃兰登堡选帝侯腓特烈·威廉的政策。值得称道的是，勃兰登堡选帝侯腓特烈三世会定期派军事代表团去帮助奥格斯堡联盟。然而，《赖斯韦克和约》①损害了勃兰登堡选帝侯腓特烈三世的尊严和利益。因此，勃兰登堡选帝侯腓特烈三世深感不满，宣称如果大国再次需要帮助，那么他应该事先确定报酬。1700年，勃兰登堡选帝侯腓特烈三世的机会来了。勃兰登堡选帝侯腓特烈三世坚守诺言，把得到国王的称号作为自己在西班牙王位继承问题上支持神圣罗马帝国皇帝利奥波德一世的条件。过了一段时间后，神圣罗马帝国皇帝利奥波德一世选择了让步。一想到勃兰登堡选帝侯腓特烈三世要在神圣罗马帝国境内的德意志北部建立一个王国，神圣罗马帝国皇帝利奥波德一世就感到难受。神圣罗马帝国皇帝利奥波德一世虽然知道让勃兰登堡选帝侯腓特烈三世建国有悖于神圣罗马帝国的传统，更不愿增加霍亨索伦家族的影响力，但别无选择，只能铤而走险——神圣罗马帝国皇帝利奥波德一世希望能得到勃兰登堡选帝侯腓特烈三世的军事援助，而开出其他条件则无法打动勃兰登堡选帝侯腓特烈三世。为了保全颜面，神圣罗马帝国皇帝利奥波德一世安排勃兰登堡选帝侯腓特烈三世接受了普鲁士国王的头衔，独立于神圣罗马帝国。因此，1701年，勃兰登堡选帝侯腓特烈三世成为普鲁士国王腓特烈一世。为了得到帮助，奥格斯堡同盟中的国家都承认了普鲁士国王腓特烈一世的地位。普鲁士国王腓特烈一世非常忠实地履行了自己的诺言——只要战争爆发，普鲁士人就会坚定地支持自己在奥格斯堡同盟中的盟国。《乌得勒支和约》不仅标志着普鲁士王国是依据国际条约而建立的，而且将西属海尔德兰赠给了普鲁士王国。

---

① 赖斯韦克是荷兰南部的一座城镇。1697年，在赖斯韦克，英格兰王国、西班牙王国和荷兰与法兰西王国签署了《赖斯韦克和约》，结束了奥格斯堡同盟战争。——译者注

与《卡洛维茨条约》和《帕萨罗维茨条约》一样，《乌得勒支和约》和《尼施塔特条约》分别标志着一个时代的结束和另一个时代的开始。17世纪的北欧历史是瑞典努力控制波罗的海和在神圣罗马帝国立足的历史，是勃兰登堡家族在德意志北部成功确立领导地位的历史，是俄国作为一个政治强国诞生的历史。最终，在18世纪的各大条约中，17世纪的这些事情画上了句号。此外，地位大大降低的瑞典被剥夺了在神圣罗马帝国境内的所有土地，退到了波罗的海的另一侧。起初因对手互相攻伐和君主们的出色的个人能力而得到发展的瑞典沦落成了一个默默无闻的三流国家，而普鲁士王国则被欧洲的君主们公认为是平等的国家和德意志北部的无可置疑的领导者，赫然登上了历史舞台。普鲁士王国一直在等待夺取神圣罗马帝国的领导权的机会。在遥远的北方和野蛮而能干的统治者的治理下，俄国将自己的声音传到了欧洲政局中。俄国坐拥波罗的海东岸，一心想成为海上商业强国。俄国将自己的政策目标调整为征服遥远的东南欧。在东南欧，俄国对亚速港的征服和普鲁特河战役造成了奥斯曼帝国和俄国的对峙——东方问题已然形成。

第 14 章

瓜分条约与大同盟

自西班牙国王腓力四世在1665年去世后，一场即将到来的阴霾就笼罩了欧洲。西班牙国王查理二世是哈布斯堡王朝的最后一位西班牙国王。西班牙国王查理二世身体虚弱、头脑迟钝，不能肩负统治的重担。西班牙国王查理二世的第一任妻子是玛丽·路易丝·德·奥尔良。玛丽·路易丝·德·奥尔良去世后，西班牙国王查理二世又娶了诺伊堡的玛丽亚·安娜。然而，西班牙国王查理二世始终没有子嗣。所有人都知道，西班牙国王查理二世去世后，欧洲列强将像围着一头牛的尸首的一群饿狼一样，对西班牙国王查理二世的遗产展开无休止的争夺。只有最好的政治家才能解决西班牙王位的继承问题。然而，欧洲各国的政策、国际法、对公共和私人荣誉的不同处理方式使西班牙王位的继承问题变得复杂了起来。实际上，有三个主体主张自己对西班牙王位拥有继承权。这三个主体分别是波旁王朝、奥地利的哈布斯堡王朝和巴伐利亚的维特尔斯巴赫王朝。不可否认，这三个主体的权利高于其他任何主体。由于西班牙国王查理二世没有继承人，按照合法继承的一般规则，西班牙国王查理二世的遗产将归于西班牙国王腓力四世的其他子女。由于西班牙国王腓力四世的长女是成为法兰西王国的王后的西班牙的玛丽亚·特蕾莎，法兰西国王路易十四和西班牙的玛丽亚·特蕾莎的长子，

王太子路易

即王太子路易，也是西班牙王位的合法继承人。然而，根据《比利牛斯条约》，西班牙国王腓力四世准备通过五十万克朗的嫁妆让西班牙的玛丽亚·特蕾莎明确声明放弃她对西班牙王位的一切权利。因此，如果西班牙的玛丽亚·特蕾莎的声明是有效的，那么王太子路易虽然有继承血统，但依据国际法，仍然无权继承西班牙王位。然而，有人为王太子路易极力争辩，表示西班牙的玛丽亚·特蕾莎的声明是以获得嫁妆为前提的——因为西班牙国王腓力四世一直没有将嫁妆给西班牙的玛丽亚·特蕾莎，所以西班牙的玛丽亚·特蕾莎的声明毫无意义。

西班牙的玛格丽特·特蕾莎

　　西班牙国王腓力四世的另一个女儿，即西班牙的玛格丽特·特蕾莎嫁给了神圣罗马帝国皇帝利奥波德一世。然而，神圣罗马帝国皇帝利奥波德一世和西班牙的玛格丽特·特蕾莎只有一个女儿，即玛丽亚·安东尼娅。玛丽亚·安东尼娅嫁给了巴伐利亚选帝侯马克斯·伊曼纽尔。巴伐利亚选帝侯马克斯·伊曼纽尔和玛丽亚·安东尼娅的儿子是巴伐利亚的约瑟夫·斐迪南·利奥波德。因此，巴伐利亚的约瑟夫·斐迪南·利奥波德成为西班牙的玛格丽特·特蕾莎的权利的代表。然而，和对王太

玛丽亚·安东尼娅

巴伐利亚选帝侯马克斯·伊曼纽尔

巴伐利亚的约瑟夫·斐迪南·利奥波德

子路易一样，国际法也成为巴伐利亚的约瑟夫·斐迪南·利奥波德争取权力的道路上的难以逾越的障碍——在与巴伐利亚选帝侯马克斯·伊曼纽尔成婚时，玛丽亚·安东尼娅明确宣布放弃了自己对西班牙王位的权利。因此，在法律上，巴伐利亚的约瑟夫·斐迪南·利奥波德失去了西班牙王位继承人资格。

西班牙国王查理二世没有孩子，而西班牙国王腓力四世的两个女儿则已经放弃了自己的权利。显然，西班牙国王腓力四世没有可以通过血统和法律来继承西班牙王位的后裔。因此，人们又把目光了转向了西班牙国王腓力三世的后裔。然而，因为西班牙国王腓力四世是西班牙国王腓力三世的唯一有子嗣的儿子，所以西班牙王位继承问题又成为两姐妹之间的问题。西班牙国王腓力三世的长女奥地利的安妮是法兰西国王路易十三的妻子，法兰西国王路易十四的母亲。然而，和西班牙的玛丽亚·特蕾莎一样，婚后的奥地利的安妮明确放弃了对西班牙王位的权利。西班牙国王腓力三世的另一个女儿，即西班牙公主玛丽亚·安娜，嫁给了神圣罗马帝国皇帝斐迪南三世，并且成为神圣罗马帝国皇帝利奥波德一世的母亲。西班牙公主玛丽亚·安娜没有声明放弃任何东西。因此，精明的神圣罗马帝国皇帝利奥波德一世认为，从血统和法律上看，他且只有他是西班牙王位的合法继承人。然而，和法兰西国王路易十四做梦也想不到法兰西王国和西班牙的王冠有可能会被戴在同一个头上一样，神圣罗马帝国皇帝利奥波德一世做梦也想不到欧洲会允许神圣罗马帝国皇帝查理五世建立的帝国复兴。神圣罗马帝国皇帝利奥波德一世将自己对西班牙王位的继承权传给了他的第二个儿子，即奥地利的查理大公，而法兰西国王路易十四和王太子路易则把自己的权利传给了王太子路易的第二个儿子安茹公爵菲利普·德·弗朗斯。

优秀的政治家能解决自己遇到的所有困难问题。毫无疑问，西班牙王位继承问题的最简单的解决办法是神圣罗马帝国皇帝利奥波德一世

从法律层面找到的。放弃声明是法律行为，具有法律效力。然而，任何国家都可能认为奥地利的安妮和西班牙的玛丽亚·特蕾莎的继承权有法律依据，而神圣罗马帝国皇帝利奥波德一世的女儿玛丽亚·安东尼娅的继承权则很难被承认。神圣罗马帝国皇帝利奥波德一世曾想通过让玛丽亚·安东尼娅声明放弃继承权来获得利益。考虑女儿的婚姻时，神圣罗马帝国皇帝利奥波德一世就强迫年幼的玛丽亚·安东尼娅放弃了继承权。谁又能因神圣罗马帝国皇帝利奥波德一世的原因而认为玛丽亚·安东尼娅放弃继承权的声明是无效的，却说西班牙的玛丽亚·特蕾莎放弃继承权的声明是有效的呢？毕竟，西班牙的玛丽亚·特蕾莎从来没有得到嫁妆。然而，如果放弃继承权的声明被认为是无效的，那么西班牙王位继承问题便不会存在了——王太子路易有继承权，而欧洲则会面临远远大于神圣罗马帝国皇帝查理五世的帝国复兴的危险。

人们认为，如何从纯粹的法律层面来解决西班牙王位继承问题是欧洲面临的一个重大问题。欧洲大国本就在竞相争夺荷兰、莱茵河、多瑙河下游地区和波罗的海的控制权，而争夺南美贸易和地中海通道的控制问题使欧洲局势变得更复杂了。然而，由于西班牙日益衰弱，争夺南美贸易和地中海通道的控制问题不难解决。起初，所有欧洲国家都不去干涉西班牙对南美贸易的垄断——毕竟，西班牙已经无法继续进行贸易了。然而，到了17世纪末后，欧洲国家觉得不得不干涉西班牙的贸易了。西班牙一直拥有却不知道如何利用的战利品引起了英格兰王国和荷兰的注意。荷兰和光荣革命后的英格兰王国被称为"海上国家"。在紧密联盟的基础上，英格兰王国和荷兰成功确立商业优势，拥有了比法兰西王国更优越的商业地位。英格兰王国和荷兰已经有了波罗的海、北美和东方的贸易。然而，英格兰王国和荷兰被两个地区的贸易排除在外。西班牙不允许英格兰王国和荷兰参与西属印度的贸易，尤其是利润巨大的黑人贸易。在那些白人无法劳动的中美洲岛屿和地区，黑人贸易变得日益重要。地中海地区缺乏港口和海军基地，导致英格兰王国和荷兰在地中海东部地区的贸易只能任由海盗摆布。只有南欧列强给出善意的信号，英格兰王国和荷兰才可以在地中海地区进行贸易。同时，自《威斯特伐利亚和约》签署后，哈布斯堡家族的政策目标就是控制意大利北部。西班牙蚕食奥地利在莱茵河流域的领土，甚至使土耳其人在莱茵河流域的利益受到了损失。神圣罗马帝国皇帝的政策目标就是在波河流域得到利益补偿神圣罗马帝国在莱茵河上的损失。

显然，西班牙王位继承问题不能仅仅根据各个候选人的法律主张来决定。在所有个人继承主张背后，在所有法律继承权的背后，甚至在所有国家政策的背后，都隐含着权力平衡和商业自由化的大原则。如果法

黑人贸易中的贩奴船

兰西王国不能允许奥地利的哈布斯堡家族得到西班牙王位，如果奥地利的哈布斯堡家族能允许法兰西王国吞并西班牙，那么为了欧洲的利益，无论是神圣罗马帝国、英格兰王国还是荷兰，都不能允许这两个"如果"的成立。但如果欧洲的每个国家都是平等的，如果欧洲各六家族的利益要服从欧洲文明国家这个大家庭的普遍利益，那么海洋国家肯定会要求获得西属印度的贸易，就像荷兰会坚持要一道屏障来预防法兰西王国的侵略和奥地利会为了安全要求控制意大利一样。

　　早在权力移交战争①时期，有远见的法兰西国王路易十四就掌握了形势。当时，年轻的西班牙国王查理二世还没有结婚。西班牙国王查理二世虽然身体虚弱，但仍然有可能在去世前有自己的孩子。然而，西班牙国王查理二世随时都有可能去世。法兰西国王路易十四目光敏锐，决心为一切紧急情况做好准备。法兰西国王路易十四意识到，他和他的家族

---

① 权力移交战争，因法兰西军队在1667年占领了西属尼德兰和弗朗什-孔泰而爆发的战争，以法兰西国王路易十四归还了大部分被占领土而告终。——译者注

不可能完全吞并西班牙及其领地。因此，法兰西国王路易十四决定与神圣罗马帝国皇帝利奥波德一世谈判以获得对法兰西王国最有价值的那部分遗产。法兰西国王路易十四的政策是完全成功的。1668年1月19日，法兰西国王路易十四与神圣罗马帝国皇帝利奥波德一世缔结了一项秘密条约，约定如果西班牙国王查理二世无嗣而亡，那么法兰西国王和神圣罗马帝国会瓜分西班牙及其领地——神圣罗马帝国将获得西班牙、印度和米兰，而法兰西王国则会占领西属尼德兰、弗朗什-孔泰、纳瓦拉、那不勒斯、西西里和加泰罗尼亚。然而，从瓜分条约达成的1668年到《赖斯韦克和约》签署的1697年中间发生了许多事情——法兰西国王路易十四已经吞并了弗朗什-孔泰，成为西属尼德兰的主人，为法兰西王国带来了一道安全而坚固的边界。荷兰在1672年的战争和奥格斯堡同盟战争中成功抵挡了法兰西国王路易十四，并且自1688年后便与英格兰王国结成了亲密的联盟。法兰西国王路易十四知道，荷兰人会战斗到底以封锁斯海尔德河和保证阿姆斯特丹的安全。与此同时，正如我们看到的，作为海上强国，荷兰也有自己的野心，正朝着控制西班牙和地中海贸易的方向发展。荷兰的发展方向虽然避免了与想控制那不勒斯的法兰西王国的斗争，但默许了法兰西王国对那不勒斯的统治或者在西班牙海域的统治地位。

因此，到了1668年后，解决西班牙王位继承问题变得更加困难了。各国如果要通过外交手段来解决西班牙王位继承问题，那么必须征求新的利益集团的意见。如果各国选择顺其自然，不闻不问，那么一场漫长而血腥的战争必然会把整个欧洲拖进可怕的深渊。谁知道这场战争的结果会是什么？政治家们不愿为了在战乱中掠夺而去煽风点火。法兰西王国从一场胜利的战争中获得的利益能比从在1668年的达成瓜分条约中通过外交手段获得的更多吗？这个想法真是疯狂。因此，《赖斯韦克和约》签署和欧洲再次恢复和平后，法兰西国三路易十四派塔拉尔公爵卡米耶·德·霍斯顿·德·拉·鲍默去伦敦执行一项特殊任务——

英王威廉三世即将咽下最后一口气时，塔拉尔公爵卡米耶·德·霍斯顿·德·拉·鲍默给他看了一份瓜分西班牙及其领地的计划。

塔拉尔公爵卡米耶·德·霍斯顿·德·拉·鲍默发现，不仅英王威廉三世表现得非常令人失望，而且英王威廉三世的密友第一代波特兰公爵亨利·本廷克似乎也对此怀有敌意。英王威廉三世和第一代波特兰公爵亨利·本廷克不仅怀疑来自法兰西国王路易十四的礼物，而且十分惊讶——在西班牙国王查理二世尚未去世时，竟然会有人提议瓜分西班牙及其领地。显然，法兰西国王路易十四的提议大胆而鲁莽。英王威廉三世越是仔细考虑法兰西国王路易十四的提议越觉得不可行。荷兰大议长安东尼·海因修斯虽然在原则上不反对法兰西国王路易十四的提议，但

安东尼·海因修斯

认为有关各方应就细节问题展开讨论。英王威廉三世发现，英格兰人民不信任他，怀疑他的计划，敌视他的谋士，要剥夺他对军队的领导权，并且想以贫穷束缚他。因此，英王威廉三世如果要再次号召英格兰人民随他一起讨伐法兰西王国，那么根本不敢指望得到支持。1698年3月，英王威廉三世授权当时身处凡尔赛宫的第一代波特兰公爵亨利·本廷克邀请法兰西国王路易十四提出瓜分条约的建议。英王威廉三世不仅表示自己愿意通过谈判瓜分西班牙及其领地，而且不再认为自己受到和奥格斯堡联盟的谈判的结果约束——英王威廉三世曾保证自己承认并且会帮助实现神圣罗马帝国皇帝利奥波德一世对整个西班牙的继承主张。

1698年4月，就瓜分条约问题，法兰西王国、英格兰王国和荷兰进行了公平的谈判。起初，谈判进展得很快。谈判似乎已经无法进行时，西班牙国王查理二世健康状况恶化的消息使法兰西人、英格兰人和荷兰人又重新热情地开始了谈判工作。然而，由于一些细节和分歧，谈判需要很长时间才能完成。直到1698年9月，经过五个月的谈判，法兰西国王路易十四才确信自己一定会取得成功。这五个月的新闻报道显示，法兰西国王路易十四一直是谈判的积极参与者——在谈判过程中，英王威廉三世和安东尼·海因修斯非常被动，只能批评、接受或拒绝法兰西国王路易十四的建议。然而，随着谈判的继续，人们高兴地看到，各国签署协议的渴望越来越强烈，而信任和坦率则战胜了怀疑。在谈判过程中，法兰西国王路易十四展示出了对欧洲时局的深刻见解，是谈判的主宰者。塔拉尔公爵卡米耶·德·霍斯顿·德·拉·鲍默只是负责扮演法兰西国王路易十四在英格兰王国的耳目和传话筒的角色。英王威廉三世虽然看到了协议的不公平之处，但不像法兰西国王路易十四一样思虑周全。

起初，法兰西国王路易十四高估了英王威廉三世的外交能力。法兰西国王路易十四认为，威廉三世如果准备为荷兰和英格兰王国在地中海的贸易提供充分的安全保障，那么自己可以为安茹公爵菲利普·德·弗朗斯争取到西班牙和印度。然而，法兰西国王路易十四发现自己错了，只能转而贯彻他的两项原则。在谈判过程中，这两项原则决定了法兰西国王路易十四对所有问题的政策。这两项原则分别是防止奥-西哈布斯堡王朝借助西班牙王位继承问题而复兴和通过巩固法兰西王国的边界削弱奥-西哈布斯堡王朝的影响力。巩固边界不只是为了防御，更是为了进攻。为了贯彻巩固边界这一原则，法兰西国王路易十四极力反对承认奥地利的查理大公为西班牙国王。虽然在外部条件的影响下，就西班牙国王的人选问题，法兰西国王路易十四不得不做出了让步，但条件是法兰西王国要占领西班牙和奥地利中间的通道所在的意大利北部和找到一个独立的诸侯管理米兰。一旦控制意大利北部，法兰西王国就能立即切断西班牙和奥地利中间的通道。法兰西国王路易十四不想看到奥地利有能与西班牙直接联系的通道，更不想再次被外交和生活中的意外事件困扰。为了阻塞奥地利和西班牙之间的通道，法兰西国王亨利四世和枢机主教黎塞留付出了巨大代价。在贯彻削弱奥-西哈布斯堡王朝的影响力这一原则的过程中，法兰西国王路易十四一直在精心计划。按照法兰西国王路易十四的计划，如果安茹公爵菲利普·德·弗朗斯不能统治马德里，那么法兰西军队可以通过法兰西国王路易十四得到的吉普斯夸轻而易举地进驻马德里。法兰西国王路易十四还想通过兼并洛林巩固东部边境，并且会通过扬言夺取卢森堡来威胁马德里的安全。

在两次瓜分条约的谈判中，法兰西国王路易十四的两项原则决定了法兰西王国的策略。两次瓜分条约都没有损害英格兰王国和荷兰的主要利益。对英格兰王国而言，最重要的事情是把法兰西国王路易十四从斯图亚特王朝的支持者中分离出来，维护光荣革命的成果。对荷兰而言，拥有一个安全的屏障来抵御法兰西王国的侵略和保障斯海尔德河航运的畅通是国家生存的必要条件。阻止法兰西王国获得西属美洲海域贸易的垄断是英格兰王国和荷兰应承担的重要责任。此外，为了争取贸易份额，英格兰王国和荷兰认为值得冒险。因此，各方都更加渴望防范危险，而不是简单的增强国力。英格兰王国和荷兰想阻止敌人获得优势，而不是为自己争取优势——这就是谈判一直拖延和最终成功的秘密。英王威廉三世和安东尼·海因修斯不仅草率地认为，西班牙国王查理二世去世前，各方有望就解决西班牙王位继承问题达成协议，而且都将被法兰西国王路易十四的善意和友好吸引。然而，英王威廉三世和安东尼·海因修斯很快发现自己不用担心西属尼德兰的安全问题或英格兰王位的继承问题——真正的困难在于如何让王太子路易继承一笔财产以确保法兰西王国能阻止奥-西哈布斯堡王朝复兴又不会威胁到荷兰和英格兰王国在地中海和西属美洲海域的贸易利益。然而，这只是一个细节问题，虽然可能要花很长时间，但肯定可以解决。法兰西国王路易十四的主要目的是防止奥地利人继承西班牙王位，而英王威廉三世和安东尼·海因修斯的主要目的则是防止法兰西人继承西班牙王位。如果英王威廉三世、安东尼·海因修斯和法兰西国王路易十四相信他们的共同利益和彼此的诚意，那么瓜分条约一定会成功签署。

幸运的是，最终，巴伐利亚的约瑟夫·斐迪南·利奥波德被认为满足继承西班牙王位的所有的条件。年仅五岁的巴伐利亚的约瑟夫·斐迪南·利奥波德既不是法兰西人，也不是奥地利人。无论是在影响力还是个人能力方面，巴伐利亚的约瑟夫·斐迪南·利奥波德对任何一方都没有威胁。由于年龄关系，他可以像西班牙人一样接受教育，很可能比任何一个西班牙王位候选人都受欢迎。1698年7月，西班牙、印度和西属尼德兰都同意由巴伐利亚的约瑟夫·斐迪南·利奥波德来继承西班牙王位。王太子路易的继承问题又被讨论了两个多月。1698年10月10日，《第一次瓜分条约》签署了。根据《第一次瓜分条约》，巴伐利亚的约瑟夫·斐迪南·利奥波德将得到西班牙、印度和西属尼德兰；奥地利的查理大公将得到米兰和卢森堡；王太子路易将得到那不勒斯、西西里、托斯卡纳港口、菲纳莱、吉普斯夸、圣塞巴斯蒂安和丰特拉维亚。《第一次瓜分条约》签署的消息传到马德里时，西班牙国王查理二世虽然非常愤怒，但仍然决心尽自己最大的努力拟一份有利于巴伐利亚的约瑟夫·斐迪南·利奥波德的遗嘱。西班牙国王查理二世把全部遗产都给了巴伐利亚的约瑟夫·斐迪南·利奥波德，并且把他接到了西班牙以便按照西班牙宫廷的传统让他接受教育。

由于遭到了无视，神圣罗马帝国皇帝利奥波德一世不太可能温和地默认西班牙王位继承问题的解决方案。西班牙人的骄傲会促使他们战斗到最后，而不是屈从他们辉煌的王国被强制分割这种结果。那不勒斯和西西里的居民很可能不会轻易地断开自己与西班牙王国的联系，而法兰西王国则将不得不以武力征服自己得到的领地。然而，法兰西王国想不出需要担心西班牙会抵抗法兰西军队和荷兰海军的理由——西班牙不仅将处于摄政政府的管理下，由一个来自外国的男孩领导，而且精疲力竭，濒临破产。神圣罗马帝国皇帝利奥波德一世能为在多瑙河流域和海上反对法兰西国王路易十四的巴伐利亚人提供什么实质性的帮助呢？法兰西国王路易十四非常清楚神圣罗马帝国皇帝利奥波德一世头脑迟钝、不易被说服。法兰西国王路易十四相信，神圣罗马帝国皇帝利奥波德一世很快就会接受既定结果并且努力从法兰西国王路易十四征服米兰的过程中获利。对法兰西国王路易十四来说，威尼斯已然是囊中之物。对深处内陆、贫困不堪的奥-西哈布斯堡王朝来说，控制意大利北部和威尼斯的港口比控制黑暗而不稳定的西班牙更有用。虽然《第一次瓜分条约》的缔约国可能不得不通过战争完成自己的计划，但战争不仅不会是全面性的，而且不会拖延很长时间。

然而，一出突发的悲剧毁灭了所有美好的前景——1699年2月6日，巴伐利亚的约瑟夫·斐迪南·利奥波德死于天花，导致《第一次瓜分条约》彻底破产。在遗憾之余，不知疲倦的法兰西国王路易十四毫不犹豫地重新恢复刚刚被放下的外交网络，指示塔拉尔公爵卡米耶·德·霍斯顿·德·拉·鲍默通过谈判达成一项新条约。这次谈判更加复杂，更难安排。已经没有同样符合各方利益的第三方候选人了——和英王威廉三世推荐的巴伐利亚的约瑟夫·斐迪南·利奥波德不受法兰西国王路易十四待见一样，塔拉尔公爵卡米耶·德·霍斯顿·德·拉·鲍默推荐的萨伏依公爵维克托·阿马德乌斯二世也是英王威廉三世和安东尼·海因修斯反感的人。显而易见，奥地利的查理大公是英格兰王国和荷兰唯一能接受的西班牙和印度群岛王位的候选人。英格兰王国和荷兰甚至拒绝听取王太子路易应该拥有已故的巴伐利亚的约瑟夫·斐迪南·利奥波德的一部分财产的建议。英王威廉三世十分不解——在巴伐利亚的约瑟夫·斐迪南·利奥波德已经夭亡的情况下，为什么王太子路易应该得到巴伐利亚的约瑟夫·斐迪南·利奥波德的一部分财产呢？法兰西国王路易十四虽然明白自己如果要达成条约，那么必须让步，但始终坚持着巩固边界的原则，并且竭尽全力想为法兰西王国争取地位以便削弱奥-西哈布斯堡王朝的影响力。

法兰西国王路易十四强烈要求，如果英格兰王国和荷兰一定要支持奥地利的查理大公，那么法兰西王国至少应该得到卢森堡作为补偿。如果奥-西哈布斯堡王朝获准把西班牙纳入治下，那么法兰西王国至少可以恢复对纳瓦拉王国的统治。英王威廉三世和安东尼·海因修斯绝不会允许法兰西国王路易十四吞并卢森堡，更拒绝缩短法兰西国王路易十四的军队去马德里的道路。法兰西国王路易十四明白一个事实，即他必须再次妥协。因此，1699年5月，法兰西国王路易十四、英王威廉三世和安东尼·海因修斯签订了《第二次瓜分条约》。根据《第二次瓜分条约》，西班牙、印度群岛和西属尼德兰将归奥地利的查理大公所有；除了在《第一次瓜分条约》中应得的，王太子路易还将得到米兰。作为一项秘密条款，《第二次瓜分条约》还规定，在神圣罗马帝国皇帝利奥波德一世接受瓜分条约前，奥地利的查理大公不能去西班牙。如果西班牙国王查理二世去世前，神圣罗马帝国皇帝利奥波德一世仍然不接受《第二次瓜分条约》，那么奥地利的查理大公应放弃自己依据《第二次瓜分条约》得到的权利并且将其给予缔约国选择的安茹公爵菲利普·德·弗朗斯。

与《第一次瓜分条约》相比，在表面上，《第二次瓜分条约》对法兰西王国更不利。乍一看，法兰西国王路易十四准备做出巨大的牺牲是件令人吃惊的事——法兰西国王路易十四让奥地利的查理大公坐上西班牙王位，而奥地利的查理大公的哥哥，即匈牙利国王约瑟夫一世，将统治维也纳。法兰西国王路易十四穷尽半生全力对抗奥-西哈布斯堡王

匈牙利国王约瑟夫一世

朝，而这项事业竟然要神奇地终结了吗？然而，只要经过思考，人们就会发现，从法兰西王国的角度来看，支持《第二次瓜分条约》才是明智之举。由于处于非常混乱的状态，西班牙不可能被算作世界强国。西班牙虽然拥有许多资源，但如果没有资本，那么根本无法开发这些资源。奥地利和西班牙都没有钱来开发资源。在奥地利和西班牙，宫廷入不敷出——奥地利和西班牙的驻外大使的收入甚至不够家庭开销。西班牙如果能被并入繁荣和充满活力的法兰西王国，那么会很快变得强盛。然而，濒于破产的奥地利加入西班牙时，西班牙便会成为一个无足轻重的国家。这还不是全部。多年来，西班牙和神圣罗马帝国的财政混乱使法兰西王国摆脱了来自西班牙的所有激烈竞争。在掠夺意大利方面，相比西班牙，法兰西王国具有绝对的优势。法兰西王国占有的那不勒斯和西西里能使法兰西王国成为地中海霸主。只有冲破法兰西舰队在里昂湾的封锁，从奥地利出发的船只才能到达西班牙。没有得到洛林公爵查理四世或威尼斯的同意，任何军队都不可能到达登岸港口。1625年，将米兰作为礼物送给洛林公爵查理四世时，枢机主教黎塞留便实现了自己的目标——米兰关闭了奥地利和西班牙之间的通道，即瓦尔泰利纳山谷。如果洛林公爵查理四世忘记了自己与法兰西王国的关系或者虽然十分清楚，但仍然与法兰西王国的敌人站在一边，那么在日耳曼骑兵快速到达瓦尔泰利纳山谷前，驻扎在托斯卡纳和菲纳莱港口的法兰西军队便已经到达米兰。此外，法兰西舰队可以在第一时刻封锁热那亚和萨伏依的港口。人们发现，即使在西班牙王位继承战争期间，当英格兰舰队以胜利的姿态在里昂湾航行时，当神圣罗马帝国军队占领米兰，而热那亚又对神圣罗马帝国军队持友好态度时，神皇罗马帝国军队也无法轻易得到补给和增援。然而，如果法兰西王国是无可争议的海洋霸主，那么西班牙王位继承战争是绝对不可能发生的。

法兰西国王路易十四虽然通过与海上强国——英格兰王国和荷兰的

简单联盟获得了巨大的优势，但只消除了来自海上强国的反对，没有得到海上强国的支持。历史学家并不是十分赞赏法兰西国王路易十四的做法。奥-西哈布斯堡王朝统治的帝国虽然面积庞大，但因被分割而变得软弱无力。奥-西哈布斯堡王朝统治的帝国由彼此依赖的四大部分组成。奥-西哈布斯堡王朝统治的帝国的各个部分如果得不到外国列强的允许，那么无法互相联系。来自印度群岛的黄金是支付马德里宫廷的支出和政府官员的薪水的必要来源。然而，西班牙怎么才能通过伪装和保护来让自己满载着宝藏的船只不受英法联合舰队的攻击呢？此外，西属尼德兰的总督和军队也要依靠西班牙。一支西班牙舰队如果出现在英格兰王国的肯峤和法兰西王国的皮卡第之间的狭窄海峡中，那么有什么机会不被俘虏呢？只要无法控制地中海，奥地利和西班牙就不能相互协助。只有得到神圣罗马帝国诸侯的允许，西属尼德兰才能与维也纳联系。如果《第二次瓜分条约》被落实，那么毫无疑问，法兰西王国会在不流一滴血的情况下成为欧洲霸主。只有与海上强国的联盟破裂，法兰西王国才会失去引以为豪的地位。正是因为这个原因，海洋大国才会掌握世界的命运。

法兰西国王路易十四完全掌握了形势。法兰西国王路易十四十分清楚，对法兰西王国来说，不仅保持与海上强国的友谊是非常重要的，而且避免与海上强国敌对也是绝对必要的。因此，法兰西国王路易十四才会为成功促成瓜分条约而长期和耐心地工作。法兰西国王路易十四一直努力地压制着法兰西王国驻西班牙大使亨利·德·阿尔古的阴谋诡计，并且一次次地让步，确保瓜分条约的谈判不会中断。英王威廉三世和安东尼·海因修斯虽然不像法兰西国王路易十四那么有远见，但更加多疑。英王威廉三世和安东尼·海因修斯知道与法兰西国王路易十四结盟会给自己带来显赫的地位。然而，英格兰人和荷兰的共和党人在思想上太狭隘，在精神上太顽固，不会承认与法兰西国王路易十四结盟有好处。出于荒谬的对贸易和利益的担心，以及对英王威廉三世的恶意，英格兰人和荷兰的共和党人盲目地反对《第二次瓜分条约》。在英格兰王国，除了宫廷里的那个外国小集团，几乎没有人赞成《第二次瓜分条约》。对《第二次瓜分条约》，即使是最坚定的辉格党人和英王威廉三世的忠诚的追随者约翰·索姆斯也心生疑虑。然而，最终，约翰·索姆斯同意在《第二次瓜分条约》上盖上大印，但只是表示，《第二次瓜分条约》如果能使英格兰王国获得西班牙在美洲的贸易的一大部分份额，那么无疑将受英格兰人的欢迎。英王威廉三世很幸运——英格兰人无力阻止《第二次瓜分条约》的签署。当时，虽然所有的谈判都完全在法兰西国王路易十四的控制下，但为了阻止荷兰人接受《第二次瓜分条约》，阿姆斯特丹商人进行了长期而艰苦的斗争。阿姆斯特丹商人

约翰·索姆斯

侮辱法兰西国王路易十四，并且要求巴黎高等法院登记《第二次瓜分条约》。实际上，法兰西国王路易十四确实被迫将《第二次瓜分条约》放进了巴黎高等法院的档案中。直到1700年4月，法兰西王国、英格兰王国和荷兰才最终签署《第二次瓜分条约》并且互换了批准文书。

《第二次瓜分条约》是维护欧洲和平的一大步，但无法保证和平。只有征得欧洲其他大国的同意，《第二次瓜分条约》的缔约国才能确定该条约能够顺利落实。因此，法兰西国王路易十四和英王威廉三世有理由相信自己遇到的阻力会很大。然而，实际上，法兰西国王路易十四和英王威廉三世遇到的阻力比预期的要小得多。在用自己的公国交换米兰的问题上，洛林公爵利奥波德·约瑟夫没有提出任何问题。1700年6月，

洛林公爵利奥波德·约瑟夫

教皇因诺森特十二世和威尼斯人同意了《第二次瓜分条约》。威尼斯人守住了通过阿尔卑斯山脉去奥地利的通道的大门，而罗马教廷则可以阻挡经由那不勒斯的军队进军奥地利的道路。此外，天主教领袖的意见可能会促使马德里宫廷接受《第二次瓜分条约》。来自神圣罗马帝国的困难更少。为了获得认可，刚刚成为王国的普鲁士王国对《第二次瓜分条约》表示了支持。其余的神圣罗马帝国诸侯也同意了《第二次瓜分条约》。

到了1700年秋季后，葡萄牙国王佩德罗二世对《第二次瓜分条约》表示了支持，导致西班牙国王查理二世、神圣罗马帝国皇帝利奥波德一世和萨伏依公爵维克托·阿马德乌斯二世成为最重要的没有接受《第二

教皇因诺森特十二世

葡萄牙国王佩德罗二世

次瓜分条约》的欧洲势力。在家族中，萨伏依公爵维克托·阿马德乌斯二世扮演着传统角色。萨伏依公爵维克托·阿马德乌斯二世知道法兰西国王路易十四的计划，包括用那不勒斯和西西里交换萨伏依和皮埃蒙特。如果法兰西王国和奥地利终将开战，那么对萨伏依公爵维克托·阿马德乌斯二世来说，与法兰西国王路易十四结盟将是最有价值的事。萨伏依公爵维克托·阿马德乌斯二世能通过占领米兰来支持法兰西觋队的行动。如果神圣罗马帝国皇帝利奥波德一世想秘密地把奥地利的查理大公送去西班牙，那么会发现，萨伏依公爵维克托·阿马德乌斯二世治下的众多萨伏依港口是最有价值的。萨伏依公爵维克托·阿马德乌斯二世深信自己对法兰西王国和神圣罗马帝国都非常重要，决心等待时机，择良木而栖。然而，不久后，萨伏依公爵维克托·阿马德乌斯二世发现自己错估了时机，失去了机会。神圣罗马帝国皇帝利奥波德一世无法说服自己放弃应得的一部分遗产。《第二次瓜分条约》虽然很容易被看作是法兰西王国的外交胜利，但神圣罗马帝国皇帝利奥波德一世通过它能比通过战争得到更多东西。神圣罗马帝国皇帝利奥波德一世虽然早在1668年就自愿缔结了没有《第二次瓜分条约》有利的瓜分条约，不仅不知道到哪里去寻找资金，而且不知道去哪里找盟友，但由于特有的耐心和固执，他决定拖延和通过阴谋来组织《第二次瓜分条约》的落实。神圣罗马帝国皇帝利奥波德一世虽然从来没有明确拒绝过，但同样从来没有真正打算接受《第二次瓜分条约》。神圣罗马帝国皇帝利奥波德一世一心希望借助诺伊堡的玛丽亚·安娜的影响，从西班牙国王查理二世那里得到对奥地利的查理大公有利的遗嘱。

利益斗争转移到了奄奄一息的西班牙国王查理二世的床边。随着时间进入1700年深秋，人们不再有任何怀疑——西班牙国王查理二世的烦恼生活即将结束。所有的补救办法虽然都试过了，但没有发挥任何作用。死亡不会屈服于庸医们那令人厌恶的各种药品或驱魔者的迷信和妄想。在离开曾经生活过的世界时，疲惫的西班牙国王查理二世还剩下一项职责，即选择西班牙王位的继承人。人们想尽可能地把选择权留给西班牙国王查理二世。西班牙国王查理二世如果做出错误的选择，那么可能会使整个欧洲陷入一场悲惨的战争并且让西班牙彻底毁灭。虽然西班牙国王查理二世的选择不是容易的，但顾问们也没有让西班牙国王查理二世更容易地做出选择。西班牙人和自己的国王查理二世虽然在一切决定都要以维护西班牙的完整为大原则这个方面是一致的，但在实现这一目标的手段上存在分歧。西班牙国王查理二世虽然感到十分愤怒，但仍然接受了《第二次瓜分条约》，甚至立下了一个有利于巴伐利亚的约瑟夫·斐迪南·利奥波德的遗嘱，并且派人把巴伐利亚的约瑟夫·斐迪南·利奥波德请来以便在西班牙教育巴伐利亚的约瑟夫·斐迪南·利奥波德成为继承人。西班牙国王查理二世的举措很受欢迎。西班牙国王查理二世和西班牙人都相信，毫无疑问，巴伐利亚的约瑟夫·斐迪南·利奥波德比任何其他候选人都更适合统治西班牙及其领地。巴伐利亚的约瑟夫·斐迪南·利奥波德不幸去世后，西班牙国王查理二世必须在王太子路易和奥地利的查理大公之间做出抉择——这无疑十分困难。神圣罗马帝国皇帝利奥波德一世如果是弱者，那么会亲近传统政策和种族纽带。然而，难道法兰西王国不够强大，不足以夺取和占有西班牙及其领地吗？对奄奄一息的西班牙国王查理二世来说，在身体和精神极度虚弱的最后日子里，选择王太子路易还是奥地利的查理大公这一决定是十分艰难的。

渐渐地，那些站在西班牙国王查理二世床边的人明白了一件事，即只有具有影响力的人才能决定西班牙国王查理二世的遗嘱的内容。在马德里宫廷里，诺伊堡的玛丽亚·安娜是至高无上的。稍加犹豫后，诺伊堡的玛丽亚·安娜便决定全力支持奥地利的查理大公。在马德里宫廷外的人们感觉，形势完全对法兰西王国有利。渐渐地，人们的这种感觉越发强烈。人们普遍相信，神圣罗马帝国皇帝利奥波德一世永远无法破坏《第二次瓜分条约》。教皇声称，有利于法兰西王国的决定不会违背罗马教廷的利益。教皇的话激起了人们的热议。签署《第二次瓜分条约》也没有阻止形势朝有利于法兰西王国的方向发展。西班牙人把诺伊堡的玛丽亚·安娜干涉西班牙国王查理二世立遗嘱一事完全归咎于令人憎恨的荷兰人，即英王威廉三世，并且决心进行宫廷革命。在几个宗教信徒的陪同下，托莱多大主教卢多维克斯·曼努埃尔·费尔南德斯·德·波托卡雷罗在西班牙国王查理二世的病室里安顿了下来，并且拒绝让诺伊堡的玛丽亚·安娜或奥地利的查理大公的任何支持者进入。托莱多大主教卢多维克斯·曼努埃尔·费尔南德斯·德·波托卡雷罗向西班牙国王查理二世表示，有利于法兰西王国的遗嘱是避免西班牙内战和分裂的唯

托莱多大主教卢多维克斯·曼努埃尔·费尔南德斯·德·波托卡雷罗

一途径。西班牙国王查理二世虽然从诺伊堡的玛丽亚·安娜的支配中解脱了出来，但迟迟没有对托莱多大主教卢多维克斯·曼努埃尔·费尔南德斯·德·波托卡雷罗的话表示同意。1700年10月7日，西班牙国王查理二世签署了遗嘱。笔从西班牙国王查理二世那无力的手中掉下来时，西班牙国王查理二世说道："只有上帝才会造就这些王国——这些王国只属于上帝。"1700年10月8日，亨利·德·阿尔古的继任者，即布莱库尔侯爵匆匆赶去巴黎并且把发生在马德里的事告诉了法兰西国王路易十四。1700年11月1日，可怜的西班牙国王查理二世的充满苦难的一生结束了。作为阿拉贡王国的最后一位继承人，西班牙国王查理二世被召去了自己的祖先们那里。打开遗嘱时，人们发现，西班牙国王查理二世的全部遗产都给了王太子路易的次子安茹公爵菲利普·德·弗朗斯——如果安茹公爵菲利普·德·弗朗斯去世，那么安茹公爵菲利普·德·弗朗斯的弟弟贝里公爵夏尔·德·弗朗斯会继承遗产。此外，如果安茹公爵菲利普·德·弗朗斯拒绝接受，那么奥地利的查理大公会得到西班牙国王查理二世的全部遗产。

整整十五天，整个欧洲都在焦急地等待着。法兰西国王路易十四会怎么做？意外之事已经发生了。亨利·德·阿尔古是引人注目的法兰

贝里公爵夏尔·德·弗朗斯

西王国驻西班牙大使。亨利·德·阿尔古坚持认为，法兰西王国最终肯定能获得对自己有利的遗嘱。起初，法兰西王国路易十四虽然总是悄悄地把亨利·德·阿尔古的建议放在一边，但没有禁止亨利·德·阿尔古做任何事，而是不断推行分割政策。事实证明，亨利·德·阿尔古是对的，而法兰西国王路易十四则错了。法兰西国王路易十四如果选择伸出手去拿，那么会得到西班牙国王查理二世的全部遗产。法兰西国王路易十四感到非常困惑——也许这是法兰西国王路易十四一生中第一次看不清前路。法兰西国王路易十四的顾问们产生了一些分歧。塔拉尔公爵卡米耶·德·霍斯顿·德·拉·鲍默强烈敦促法兰西国王路易十四相信其他欧洲国家并且坚持落实《第二次瓜分条约》。起初，法兰西外交家科尔贝·德·托尔西和塔拉尔公爵卡米耶·德·霍斯顿·德·拉·鲍默

科尔贝·德·托尔西

第二代圣艾尼昂公爵保罗·德·博维利耶尔

看法相同。第二代圣艾尼昂公爵保罗·德·博维利耶尔甚至比塔拉尔公爵卡米耶·德·霍斯顿·德·拉·鲍默更果断地对《第二次瓜分条约》表示了支持。由于塔拉尔公爵卡米耶·德·霍斯顿·德·拉·鲍默、科尔贝·德·托尔西和第二代圣艾尼昂公爵保罗·德·博维利耶尔的建议占了上风，法兰西国王路易十四决定派一个特使去见安东尼·海因修斯并且向其保证法兰西王国的诚意。然而，法兰西国王路易十四派特使去见安东尼·海因修斯的信息从未发布，不仅曼特农夫人再三提出愿望，而且王太子路易反复强烈抗议，表示自己不愿看到安茹公爵菲利普·德·弗朗斯不经斗争就被剥夺继承权。法兰西宫廷坚决支持一项大胆的政策。仔细地考量了欧洲的形势后，科尔贝·德·托尔西改变了想法。王太子路易情绪激动，坚持维护安茹公爵菲利普·德·弗朗斯的权利。由于西班牙使者带着西班牙国王查理二世的遗嘱到达了巴黎并且要求得到答复，法兰西人必须立即做出决定——如果法兰西人不接受西班牙国王查理二世的遗嘱，那么西班牙使者会直接去维也纳。1700年11月16日，在凡尔赛宫，法兰西国王路易十四召开会议并且宣布了最终决定。法兰西国王路易十四的大臣们聚集在凡尔赛宫的长廊里。即使是不务正业的人也会感受到凡尔赛宫里那种独特和微妙的气氛。随着时间一分一秒地流逝，人们越来越兴奋，越来越紧张。最终，那些巨大的折叠门都被打开了。行礼时，凡尔赛宫里的人们看到，法兰西国王路易十四正深情地搂着安茹公爵菲利普·德·弗朗斯的肩膀。法兰西国王路易十四习惯性地带着国王的尊严走向讲台，以清晰而慎重的语调说道："先生们，这位是西班牙国王！"法兰西国王路易十四的声音传到了大厅最远的角落里。

掷出骰子后，法兰西国王路易十四该怎么对那些把全部赌资都押在骰子上并且输了的赌客说呢？如果法兰西国王路易十四把道德方面的考虑放在一边，对诚实和诚信置之不理，那么没有人会怀疑法兰西国王路易十四的做法。在特殊的时刻，国家和家庭利益要求法兰西国王路易十四接受西班牙国王查理二世的遗嘱。虽然欧洲列强能从《第二次瓜分条约》中得到恩惠，但《第二次瓜分条约》的执行面临着重重困难。整个西班牙和半个法兰西王国都大声要求安茹公爵菲利普·德·弗朗斯继承西班牙国王查理二世的全部遗产，而以武力将奥地利的查理大公送上西班牙王位则是不可能的。在奥地利的查理大公和神圣罗马帝国皇帝利奥波德一世接受《第二次瓜分条约》前，允许奥地利的查理大公通过奥地利军队在西班牙建立国家是一种危险的做法。宣布奥地利的查理大公的权利被剥夺并且将西班牙和印度群岛交给第三方不仅将激起骄傲的西班牙人和神圣罗马帝国皇帝利奥波德一世的空前愤怒，而且无疑会引发

法兰西国王路易十四宣布安茹公爵菲利普·德·弗朗斯为西班牙国王

战争。神圣罗马帝国皇帝利奥波德一世决心抵制《第二次瓜分条约》。《第二次瓜分条约》虽然给了神圣罗马帝国皇帝利奥波德一世很多东西，但在西班牙国王查理二世去世后，不可能被完全落实。诚然，各缔约国可能已经尽其所能地落实了《第二次瓜分条约》。各缔约国本可以替王太子路易征服那不勒斯和西西里，将米兰交给洛林公爵利奥波德·约瑟夫，并且在做出最终决定前，可能会一直管理着西班牙和西属尼德兰。然而，缔约国如果要实现上述愿景，那么将不仅不得不像公开战争那样耗费大量人力和财力，而且无法避免与神圣罗马帝国皇帝利奥波德一世开战。完全落实《第二次瓜分条约》是不可能的，而部分落实则需要昂贵的代价，十分危险。

和落实《第二次瓜分条约》相反，执行西班牙国王查理二世的遗嘱带来的困难较小。对法兰西王国来说，接受西班牙国王查理二世的遗嘱不仅能保证得到西班牙人的忠实支持，而且不会正面引起神圣罗马帝国皇帝利奥波德一世的敌意。普鲁士君主和神圣罗马帝国诸侯没有理由染指欧洲的权力平衡或承担战争的风险和责任。法兰西王国只需面对来自海上强国的威胁。然而，法兰西国王路易十四知道，无论多么痛恨法兰西王国的行为，英王威廉三世和安东尼·海因修斯都无能为力。相比《第二次瓜分条约》，英格兰王国和荷兰更欢迎有利于法兰西王国的遗嘱。英格兰人完全意识到，只要远离欧洲大陆的复杂形势，他们就不仅是安全的，而且能控制英王威廉三世。英格兰人如果允许英王威廉三世将英格兰的利益与荷兰的利益联系起来，那么会把陆军和海军力量交给英王威廉三世指挥，而英王威廉三世则可以利用军队独立于英格兰王国的议会。在原则上，所有托利党人和许多辉格党人都坚决反对建立一支常备军。托利党人和辉格党人更想让自己的国王，即英王威廉三世保持软弱，而不是变得强大或去阻止法兰西国王路易十四变得强大。在给安东尼·海因修斯的信中，英王威廉三世痛苦地写道："我内心深处非常不安。现在，所有事情都已经被公开了。几乎所有人都在祝贺法兰西国王路易十四，说法兰西王国更愿意接受西班牙国王查理二世的遗嘱，而不是《第二次瓜分条约》。人们坚持认为，无论是对英格兰王国还是对整个欧洲来说，法兰西国王路易十四的做法都是最好的结果。英格兰人完全不关心，也不会考虑世界大事——这似乎是上天的惩罚。英格兰人对岛外的一切漠不关心。然而，实际上，和欧洲大陆的国家一样，英格兰王国也应该有利益意识和焦虑。"

英王威廉三世没有隐瞒一个事实，即无论是反对《第二次瓜分条约》，还是拒绝接受西班牙国王查理二世的遗嘱，英王威廉三世都不可能诱使英格兰王国对法兰西王国宣战。英王威廉三世踌躇满志地敦促着神圣罗马帝国皇帝利奥波德一世不要承认安茹公爵菲利普·德·弗朗斯的继承权和努力争取时间。和英王威廉三世一样，安东尼·海因修斯也处于困境中。在荷兰，共和党人对《第二次瓜分条约》的失败感到非常高兴。阿姆斯特丹市民因奥兰治家族的挫败而欢天喜地，根本不会考虑西班牙国王查理二世的遗嘱可能会给荷兰的贸易或边防带来的任何危险。荷兰议会是否能被说服与英格兰王国结盟并且对法兰西王国宣战是值得怀疑的，而阿姆斯特丹市民不会宣战则是毫无悬念的。就纯粹的政治危险而言，法兰西国王路易十四可以安安全全地接受西班牙国王查理二世的遗嘱，不会遭遇抗议和质疑。因此，法兰西国王路易十四认为自己可以采取进一步的措施了。1701年2月，法兰西国王路易十四占领了西属尼德兰的几座边境城镇，俘虏了一些荷兰驻军，并且将这些城镇还给了巴伐利亚选帝侯马克斯·伊曼纽尔。巴伐利亚选帝侯马克斯·伊曼纽尔曾是西班牙政府任命的西属尼德兰总督。为了要回被法兰西俘虏的士兵，荷兰承认安茹公爵菲利普·德·弗朗斯为西班牙国王。英王威廉三世虽然坚持了很长的时间，但最终不得不向大臣们屈服。1701年4月，英格兰王国也承认了安茹公爵菲利普·德·弗朗斯为西班牙国王腓力五世，让法兰西

西班牙国王腓力五世

国王路易十四感到很满意。法兰西国王路易十四看准机会把自己的孙子推上了西班牙王位，不仅没有费一枪一炮，而且没有让法兰西王国卷入战争。在马德里，西班牙国王腓力五世受到了最热烈的欢迎。法兰西国王路易十四的豪言壮语成真了——"比利牛斯山脉不复存在了"。

　　然而，法兰西国王路易十四取得的成果的代价是什么呢？自枢机主教黎塞留第一次发动法兰西王国的领土扩张战争后，自君主们在和彼此来往时有意识或无意识地采用了马基雅维利主义原则后，没有哪种行为不和法兰西国王路易十四拒绝承认《第二次瓜分条约》的做法一样胜之不武。在国际关系中，诚实、公信、个人荣誉都是毫无意义的言辞。如果国王们第一天缔结条约，第二天又撕毁条约，那么原因只是这种行为是有利的。

如果马基雅维利主义原则继续指导欧洲国家的行为，那么欧洲会很快再次陷入纯粹的野蛮状态——毕竟，文明和进步来自契约。然而，公信消亡时，国家之间又有什么契约呢？如果强权是正确的，那么条约和讨价还价不仅无用，而且虚伪。虽然人们都说君主应该落实自己签署的条约，但法兰西国王路易十四并没有坚持贯彻《第二次瓜分条约》。《第二次瓜分条约》基本上是法兰西国王路易十四的杰作——法兰西国王路易十四不仅首先提出了《第二次瓜分条约》，而且一直在为之奋斗和牺牲。在法兰西国王路易十四的努力下，《第二次瓜分条约》已经不仅向全世界发布，而且被欧洲接受了。实际上，法兰西国王路易十四比英王威廉三世和安东尼·海因修斯更认同《第二次瓜分条约》。法兰西国王路易十四因算计不周而不得不损坏欧洲的公共道德，而恢复公共道德则需要数年时间。显然，法兰西国王路易十四的行为虽然从道德层面看是不合理的，但从政治层面看是有利的——没有人比法兰西国王路易十四更清楚这一点。法兰西国王路易十四指示塔拉尔公爵卡米耶·德·霍斯顿·德·拉·鲍默去见英王威廉三世的做法证明了上述观点。在后来的辩论中，法兰西国王路易十四的辩护者们向全世界提出的所有论点都是反对制定，而不是支持废除瓜分条约的。法兰西国王路易十四的辩护者们的论点或许可以证明法兰西国王路易十四愚蠢地制定了一个条约，却无法证明撕毁刚刚制定的条约是正确的做法。法兰西国王路易十四的辩护者们的论点说明，在开始谈判时，法兰西国王路易十四就没有郑重其事。实际上，法兰西国王路易十四根本无法判断神圣罗马帝国皇帝利奥波德一世会不会拒绝接受《第二次瓜分条约》。虽然神圣罗马帝国皇帝利奥波德一世拒绝接受《第二次瓜分条约》的事实大大降低了分割政策最终成功的机会，但这是一个预料之中的意外情况。实际上，《第二次瓜分条约》已经为意外情况做了精心准备。

许多英格兰历史学家有一种倾向，即夸大法兰西国王路易十四的罪名。关于瓜分条约的所有谈判被描绘成了一个精心策划的骗局，而骗局的目的则是蒙上海上强国的眼睛，直到法兰西王国成功实施关于西班牙的阴谋并且获得有利于安茹公爵菲利普·德·弗朗斯的遗嘱。亨利·德·阿尔古被认定为真正执行法兰西国王路易十四的政策的人，而塔拉尔公爵卡米耶·德·霍斯顿·德·拉·鲍默则被认为是遭到法兰西国王路易十四故意欺骗的人。与此同时，法兰西国王路易十四以巨大的诚意让英王威廉三世和安东尼·海因修斯也遭到了蒙骗。在西班牙的这出大戏里，无耻的恶行无处不在，而简单的美德则受到了压迫和欺骗。虽然法兰西国王路易十四最终遭到了报应，但英格兰历史学家的说法不仅与历史事实，而且与人性相对立。在两年半的时间里，在没有同谋和亲信帮助的情况下，法兰西国王路易十四进行了大规模的欺骗，让欧洲最能干的知识分子处于不利地位，而这些知识分子中的大多数人都曾怀疑并且渴望报复法兰西国王路易十四。法兰西国王路易十四邪恶至极，与人们对他的一般了解背道而驰。法兰西国王路易十四经常扮演伪君子的角色，破坏公信，并且在全欧洲虚张声势。法兰西国王路易十四宣称自己合法拥有西属尼德兰，并且凭借联合法庭的决议获得了阿尔萨斯的部分地区。法兰西国王路易十四已经不是狡猾，而是堪称大胆。法兰西国王路易十四经常扮演恶霸的角色。在长期的统治中，除了放逐贝勒侯爵尼古拉·富凯，法兰西国王路易十四再没有什么值得称道的行为。对贝勒侯爵尼古拉·富凯的怀疑足以证明法兰西国王路易十四是个老练的伪装者。法兰西国王路易十四甚至也会崇拜自己。英格兰历史学家的说法有什么根据呢？英格兰历史学家的说法包含了一种思想，即在两年半的时间里，被法兰西国王路易十四欺骗的不仅有英王威廉三世、安东尼·海因修斯、神圣罗马帝国皇帝利奥波德一世和西班牙国王查理二世，而且包括法兰西国王路易十四最信任的大使和朋友。法兰西国王路易十四欺骗了自己的外交大臣科尔贝·德·托尔西和包括塔拉尔公爵卡米耶·德·霍斯顿·德·拉·鲍默及亨利·德·阿尔古在内的法兰西大使。法兰西国王路易十四只靠亨利·德·阿尔古的力量就可以获得西班牙王位。在给亨利·德·阿尔古的密信中，法兰西国王路易十四表示自己已经决定采取另一种政策。然而，在公开信件中，法兰西国王路易十四从未说自己要"采取另一种政策"。通常，法兰西国王路易十四的密信会由专门的信使传送，根本不会通过外交部送出。法兰西国王路易十四肯定实施了大规模的欺骗，并且精心设计了一个令人震惊的骗局。法兰西国王路易十四装模作样地写了几百封信，和下属们举行了多次会议，单独与很多人进行了多次会谈，向各国大使发表了多次讲话，并且与包括第一代泽西伯爵爱德华·维利尔斯在内的许多大使举行了多次长时间的会谈。在整个过程中，法兰西国王路易十四从来没有说

第一代泽西伯爵爱德华·维利尔斯

过任何话或做过任何事能让人们对他的诚意产生丝毫怀疑！此外，法兰西国王路易十四太过自负。如果法兰西国王路易十四的真正目的是在取悦海上强国的同时酝酿法兰西王国在西班牙的阴谋，那么法兰西国王路易十四会设法拖延瓜分条约的谈判进程以便尽可能少地制造麻烦和避免引起英王威廉三世的怀疑。然而，法兰西国王路易十四与塔拉尔公爵卡米耶·德·霍斯顿·德·拉·鲍默的密信表明，法兰西国王路易十四不断为自己制造着不必要的麻烦。实际上，法兰西国王路易十四一心只想着谈判。法兰西国王路易十四洋洋洒洒地阐述了自己对外交博弈的每个阶段的看法。西班牙国王查理二世的健康状况越来越不理想时，法兰西国王路易十四正不断地催促人们快马加鞭促成谈判。法兰西国王路易十四如果不想郑重其事，那么可以选择休息。知道西班牙国王查理二世立下了一个有利于巴伐利亚的约瑟夫·斐迪南·利奥波德的遗嘱和法兰西王国在西班牙变得非常不受欢迎时，法兰西国王路易十四本可以继续推行分割政策。在托莱多大主教卢多维克斯·曼努埃尔·费尔南德斯·德·波托卡雷罗进行宫廷革命的几个月前，在西班牙国王的人选的所有可能性都指向得到了诺伊堡的玛丽亚·安娜的口头承诺的奥地利的查理大公时，法兰西国王路易十四甚至允许亨利·德·阿尔古离开马德里——如果法兰西国王路易十四真正以诚待人，那么他的行为完全是愚蠢的。

基于上述事实，有人会怀疑法兰西国王路易十四是否真心地进行了瓜分条约的谈判。法兰西国王路易十四的行为准则虽然无法堪称严格意义上的高尚，但同样远不如人们说的那样可耻。写给亨利·德·阿尔古和塔拉尔公爵卡米耶·德·霍斯顿·德·拉·鲍默的密信完全阐释了法兰西国王路易十四的政策。法兰西国王路易十四的政策不仅始终是一致的，而且是可以理解的。法兰西国王路易十四从未反对让波旁王朝获得西班牙国王查理二世的全部遗产的观点，更没有想过引诱西班牙国王查理二世立一个对法兰西王国有利的遗嘱。法兰西国王路易十四的政策是阻止奥地利的哈布斯堡家族获得西班牙国王查理二世的全部遗产——或者说，阻止奥地利的哈布斯堡家族获得大部分遗产——以免神圣罗马帝国会威胁到法兰西王国的欧洲霸主地位。如果确保不让欧洲卷入战争不是唯一的办法，那么最好的办法便是借助瓜分条约解决西班牙王位继承问题，但瓜分条约的谈判仍然有可能失败。因此，法兰西国王路易十四让亨利·德·阿尔古自由地按照最符合法兰西王国的利益的方式行事，直到瓜分条约成为既定事实。完成工作后，亨利·德·阿尔古去边境统领军队，并且因此无法继续在西班牙国王查理二世的宫廷里捍卫法兰西王国的利益了。随着外交时代的结束，战争时代到来了——亨利·德·阿尔古的军队接到命令去阻止奥地利的查理大公进入西班牙。然而，意外发生了。法兰西国王路易十四发现自己成了西班牙国王查理二世的全部遗产的拥有者。法兰西国王路易十四知道自己很有可能在不流血的情况下成功得到西班牙国王查理二世的全部遗产——这个诱惑太大了。经过几个星期的深思熟虑后，法兰西国王路易十四背弃了自己制定的政策和盟友对他的信任。

无论动机是什么，1701年春季，法兰西国王路易十四的政策都似乎取得了成功。法兰西国王路易十四的孙子稳稳地坐在了西班牙王位上。西班牙人热情洋溢。只有神圣罗马帝国皇帝利奥波德一世正在武装军队——这是众所周知的。法兰西王国将荷兰人逐出了西属尼德兰边境的要塞，完全支配了西属尼德兰。虽然神圣罗马帝国皇帝利奥波德一世正为战争做着准备，但海上强国对西班牙国王腓力五世的承认似乎保证着欧洲的和平。没有人比法兰西国王路易十四更清楚，风暴没有过去——不祥的平静正笼罩着西班牙。为了避免踏入陷阱，每迈出一步，法兰西国王路易十四都十分小心和谨慎。无论有没有盟友，神圣罗马帝国皇帝利奥波德一世都有可能对法兰西王国宣战。英王威廉三世和安东尼·海因修斯努力敦促英格兰王国和荷兰采取行动。在给安东尼·海因修斯的信中，英王威廉三世写道："能和法兰西王国玩的计谋就是在法兰西王国不知情的情况下与其开战。"只要神圣罗马帝国诸侯能得到足够的钱并且承担较小的风险，反法同盟就会立即形成。由于与下莱茵兰的利益息息相关，普鲁士王国不能置身事外。法兰西国王路易十四从来没有比当时更有必要表现出那种善于调停的品质。法兰西国王路易十四的所有演说和自我克制都是为了顺利地解决困难、消除猜疑与平息偏见。如果一个除神圣罗马帝国皇帝利奥波德一世外的强大君主决心拔剑，那么战争的血十字会在一瞬间席卷整个欧洲。一些迹象已经表明，英格兰王国的托利党人和荷兰的共和党人保持着他们一贯的冷漠态度。然而，1701年，荷兰议会要求英王威廉三世采取必要措施保护荷兰人——或许，在法兰西国王路易十四和英王威廉三世之间，当时的人们更不信任法兰西国王路易十四。法兰西国王路易十四如果想保持自己获得的优势并且不被卷入战争，那么必须避免引起英格兰王国和荷兰的敌意。

然而，最终，法兰西国王路易十四引起了英格兰王国和荷兰的敌意。法兰西国王路易十四声称，安茹公爵菲利普·德·弗朗斯对法兰西王位的权利不会因继承西班牙王位而受到任何损害。1701年年初，法兰西国王路易十四将荷兰军队驱逐出西属尼德兰的要塞并且用法兰西军队取而代之。法兰西国王路易十四不仅拒绝接受任何关于给神圣罗马帝国皇帝利奥波德一世补偿除西班牙领土外的领地的建议，而且拒绝给荷兰人一个能保障安全的屏障。法兰西国王路易十四颁布商业法令，明确禁止英格兰王国和荷兰商船参与西班牙在美洲的贸易，蓄意违反了《赖斯韦克和约》，傲慢而盲目地完成了自己的杰作。1701年9月，即流亡的英王詹姆斯二世去世后，法兰西国王路易十四承认英王詹姆斯二世的儿子詹姆斯·弗朗西斯·爱德华·斯图亚特是合法的英格兰国王，而这个错误的做法很快造成了严重后果。法兰西国王路易十四成功帮助英王威

詹姆斯·弗朗西斯·爱德华·斯图亚特

廉三世做到了怎么耍手段都做不到的事，即激起包括辉格党人和托利党人在内的所有英格兰人的斗志。法兰西国王路易十四的做法无疑是对英格兰人的蔑视，不仅威胁到了英格兰人的商业利益，而且是对英格兰人的自由和独立的直接攻击。因此，英格兰王国与荷兰和神圣罗马帝国联合了起来，决心使法兰西国王路易十四这位傲慢的欧洲暴君屈服。1701年冬季，英格兰王国、神圣罗马帝国、荷兰、普鲁士王国和黑森大公国缔结条约并且组成了大同盟，而目的则是抵抗法兰西国王路易十四的暴政。大同盟决定将意大利交给神圣罗马帝国皇帝利奥波德一世，将印度群岛交给荷兰和英格兰王国，想以此对抗法兰西国王路易十四。

组织大同盟是英王威廉三世在与法兰西国王路易十四的斗争中最后一次于英格兰王国获准的行动。虽然1702年3月，英王威廉三世去世了，但英王威廉三世的精神没有消失。英王威廉三世的继承人是女王安妮。女王安妮虽然属于托利党人，但在朋友兼闺蜜，即马尔伯勒公爵夫人萨拉·丘吉尔的影响下，贯彻着英王威廉三世的政策并且全心全意地投入到了工作中。1702年5月，战争爆发了——法兰西国王路易十四不得不再次面对愤怒的欧洲。

第 15 章

西班牙王位继承战争与
法兰西国王路易十四之死

战争首先爆发于意大利。1701 年春季，根据法兰西国王路易十四与萨伏依公爵维克托·阿马德乌斯二世签订的一项条约中的规定，即法兰西军队可以自由穿越萨伏依去意大利北部，尼古拉·卡蒂纳率领四万名士兵占领了米兰。随后，法兰西军队开始向加尔达湖附近的威尼斯边境推进，准备进攻从山口进入平原的奥地利军队——在意大利北部的平原，来自奥地利或东方的入侵者会遇到重重军事困难。深不见底的波河会截断奥地利人通向南方的道路。在奥地利人面前，波河周围的沼泽、险峻的河岸和湍急的水流几乎是无法逾越的障碍。更致命的是，奥地利人的行军路线上的最重要的几个据点是由亚历山德里亚、皮亚琴察和曼托瓦的要塞防守着的。一系列源自北方的阿尔卑斯山脉流入到波河的支流虽然在河流特征上与波河相似，但流量较小。波河的支流造就的地貌使控制着波河的支流的每一座城池都成为易守难攻的战略要地。在帕维亚低地，源自马焦雷湖的提契诺河汇入了波河。在克雷莫纳，源自瓦尔泰利纳山谷、注入科莫湖并且流经米兰东部的阿达河汇入了波河。奥廖河源自贝加莫的山地中，位于阿达河以东，一路流入波河。奥廖河的一条支流保护着重要城市布雷西亚。在曼托瓦，源自加尔达湖南端、靠近佩斯基耶拉的要塞的明乔河直接汇入了波河。阿迪杰河的滔滔河水从通向布伦纳山口的宽阔山谷奔流而下，流经威尼斯。经过维罗纳、莱尼亚戈和卡尔皮的要塞后，在无法通行的沼泽中，阿迪杰河注入了波河北面的海洋。因此，来自日耳曼和奥地利的侵略者如果要入侵米兰，要么一个接一个地攻破这些河流旁的据点，要么取道他处。尼古拉·卡蒂纳已经料定奥地利军队会知难而退，正在仔细观察着加尔达湖以北的山谷。然而，萨伏依-卡里尼亚诺的尤金王子突然出现在了尼古拉·卡蒂纳身后的布雷西亚。尼古拉·卡蒂纳毫无顾忌地迅速沿阿迪杰河河谷挥师而下，进犯威尼斯。尼古拉·卡蒂纳在维罗纳后方行军，并且在卡尔皮渡过了阿迪杰河。随后，尼古拉·卡蒂纳转向西北，渡过了明乔河，出现在了佩斯基耶拉和布雷西亚中间。然而，尼古拉·卡蒂纳突然意识到自己已经离开了可以隐蔽的山区，只能迅速撤退到奥廖河一线的米兰。

由于对不利的战事开端感到非常愤怒，法兰西国王路易十四派第二代维勒鲁瓦公爵弗朗索瓦·德·纳维尔取代了尼古拉·卡蒂纳。这次临阵换帅没有给法兰西国王路易十四带来任何好处。第二代维勒鲁瓦公爵弗朗索瓦·德·纳维尔虽然是个优秀的舞者，但只是个才华一般的将军。第二代维勒鲁瓦公爵弗朗索瓦·德·纳维尔率领的法兰西军队的人数远远超过萨伏依-卡里尼亚诺的尤金王子的军队。1701年9月1日，第二代维勒鲁瓦公爵弗朗索瓦·德·纳维尔渡过了奥廖河。在基里亚，和萨伏依-卡里尼亚诺的尤金王子交战后，第二代维勒鲁瓦公爵弗朗索瓦·德·纳维尔被击退了。第二代维勒鲁瓦公爵弗朗索瓦·德·纳维尔默认了自己的失败，只能在奥廖河河边占据一个能保护米兰的位置，并且把总部设在克雷莫纳准备过冬。有了安全保障后，在克雷莫纳，第二代维勒鲁瓦公爵弗朗索瓦·德·纳维尔过得悠闲自得。然而，萨伏依-卡里尼亚诺的尤金王子看到了机会。1702年2月，在围攻曼托瓦的同时，萨伏依-卡里尼亚诺的尤金王子从曼托瓦出发并且开始行军。在黑夜的掩护

基里亚战役

下，萨伏依-卡里尼亚诺的尤金王子率军突袭了克雷莫纳，不仅俘虏了第二代维勒鲁瓦公爵弗朗索瓦·德·纳维尔及其幕僚，而且迫使法兰西军队只能退守阿达河一线。萨伏依-卡里尼亚诺的尤金王子的行动立竿见影，产生了巨大影响。摩德纳公爵里纳尔多·德·埃斯特和瓜斯塔拉公爵温琴佐·贡扎加加入了神圣罗马帝国的行列；萨伏依公爵维克托·阿马德乌斯二世开始寻求改变立场的机会。然而，很快，法兰西王国的增援部队就赶到了。1702年8月，旺多姆公爵路易·约瑟夫·德·波旁和西

旺多姆公爵路易·约瑟夫·德·波旁

班牙国王腓力五世离开那不勒斯并且出现在了伦巴第，即萨伏依-卡里尼亚诺的尤金王子的侧翼。由于法兰西军队占有绝对的人数优势，奥地利军队不得不退回到阿迪杰河附近的防御阵地——在那里，法兰西军队不敢贸然进攻奥地利军队。

与此同时，全面战争爆发了。1702年5月，第一代马尔伯勒公爵约翰·丘吉尔不仅被英格兰女王安妮任命为英格兰军队的总司令，而且被荷兰议会选为荷兰军队的总司令。第一代马尔伯勒公爵约翰·丘吉尔麾下大约有一万名英格兰士兵和两万名荷兰士兵，以及两万名主要由日耳曼人组成的雇佣兵。雇佣兵都是英格兰王国和荷兰政府雇用的。有趣的是，在第一代马尔伯勒公爵约翰·丘吉尔的军队中，英格兰士兵的数量竟然是最少的。英格兰士兵的人数虽然没有雇佣兵多，但随着战争的发展不断增加。毫无疑问，战争开始时，由于所有英格兰人不信任常备军和英王威廉三世，很少有英格兰士兵能在战场上对抗法兰西王国的有作战经验的士兵。

虽然英格兰将军的杰出才能很难弥补英格兰士兵因缺乏训练而失去的东西，但第一代马尔伯勒公爵约翰·丘吉尔从蒂雷纳子爵亨利·德·拉·图尔·德·奥韦涅身上得到了宝贵的军事启蒙，并且在1689年于对爱尔兰南部的一次远征的指挥中表现出了卓越的指挥才能。然而，没有人能从第一代马尔伯勒公爵约翰·丘吉尔的过去预料到，在1702年被任命为军队统帅时，第一代马尔伯勒公爵约翰·丘吉尔的独特品质将使他成为欧洲第一人。第一代马尔伯勒公爵约翰·丘吉尔足智多谋，接受过全面而科学的训练，是少数有能力在大规模战争中筹谋和执行联合行动的将军之一。第一代马尔伯勒公爵约翰·丘吉尔具有远见，能把整个欧洲看作一个战区，可以指挥四五支军队完成一项共同任务。由于具有独创的特征和出众的谋略，作为一位战略家的第一代马尔伯勒公爵约翰·丘吉尔可以充分展示他的才能。第一代马尔伯勒公爵约翰·丘吉尔虽然比不上腓特烈大帝、法兰西皇帝拿破仑一世或老毛奇，但可以与第一代威灵顿公爵阿瑟·韦尔斯利或蒂雷纳子爵亨利·德·拉·图尔·德·奥韦涅相匹敌。第一代马尔伯勒公爵约翰·丘吉尔不必担心战争的结果。即使荷兰人的胆怯、不合理的要求或来自英格兰王国国内的政治危险将使第一代马尔伯勒公爵约翰·丘吉尔战绩平平，但第一代马尔伯勒公爵约翰·丘吉尔指挥的战役也能显示出他把握事物的能力——只有智力最高的人才具有这种能力。第一代马尔伯勒公爵约翰·丘吉尔明白如何用自己的智谋把事做好，并且以迅雷不及掩耳之势做完重要的事情。第一代马尔伯勒公爵约翰·丘吉尔从不耗费自己的精力和生命，从不冒不必要的风险。第一代马尔伯勒公爵约翰·丘吉尔会直接攻击敌人的阵形的关键位置。此外，第一代马尔伯勒公爵约翰·丘吉尔有能力准确地判断出自己与敌军在力量和资源方面的差距——在这方面，第一代马尔伯勒公爵约翰·丘吉尔与第一代威灵顿公爵阿瑟·韦尔斯利非常相似。和第一代威灵顿公爵阿瑟·韦尔斯利一样，第一代马尔伯勒公爵约翰·丘吉尔经常打胜仗；与第一代威灵顿公爵阿瑟·韦尔斯利不同的是，第一代马尔伯勒公爵约翰·丘吉尔几乎没有输过一场战争。在战场上，第一代马尔伯勒公爵约翰·丘吉尔和第一代威灵顿公爵阿瑟·韦尔斯利的战术能力在伯仲之间。在战场上，第一代马尔伯勒公爵约翰·丘吉尔能敏锐地发现敌人的弱点，并且会立刻利用最佳机会来达到目的。在布莱尼姆战役和拉米伊战役中，第一代马尔伯勒公爵约翰·丘吉尔巧妙地利用了形势复杂的战场，取得了胜利。真正发起进攻时，第一代马尔伯勒公爵约翰·丘吉尔会显示出和法兰西皇帝拿破仑一世一样的实力，集中军队的全部力量完成任务。和后来的法兰西皇帝拿破仑一世在奥斯特利茨战役指挥让-德-迪厄·苏尔特发动的著名进攻一样，在布莱尼姆战役中，第一代马尔伯勒公爵约翰·丘吉尔率军强行穿过敌人的阵地中心，把纪律严明的敌军变成了混乱的乌合之众。然而，除了军事天才，第一代马尔伯勒公爵约翰·丘吉尔的外交能力和独特的人事管理方法同样引人注目。第一代马尔伯勒公爵约翰·丘吉尔孜孜不倦、镇定自若、坚定不移。从长远来看，第一代马尔伯勒公爵约翰·丘吉尔的目标一定会实现。不可否认，大同盟的建立和在1708年于阿尔特兰施泰特与瑞典国王卡尔十二世的谈判都是第一代马尔伯勒公爵约翰·丘吉尔的外交能力的表现。与萨伏依-卡里尼亚诺的尤金王子和第一代戈尔多芬伯爵西德尼·戈尔多芬的亲密友谊，以及对专横而焦

第一代戈尔多芬伯爵西德尼·戈尔多芬

躁的马尔伯勒公爵夫人萨拉·丘吉尔的爱，都证明了第一代马尔伯勒公爵约翰·丘吉尔也有温暖和和蔼可亲的一面。无论是亲手制订的最好的计划毁于一旦，还是名誉受到威胁；无论是动机受到怀疑，还是取得的成功遭人嫉妒并且被胆小愚蠢的荷兰人和英格兰王国的恶毒党派玷污，都不能动摇第一代马尔伯勒公爵约翰·丘吉尔坚定的爱国主义。如果有人说法兰西王国不像大同盟一样有实力，那么法兰西王国国内同样不像大同盟中一样存在分歧和争端。

1702年，在西属尼德兰，第一代马尔伯勒公爵约翰·丘吉尔开始指挥大同盟军队。第一代马尔伯勒公爵约翰·丘吉尔很清楚，大同盟军队面临的主要威胁是孤立的奥地利面临的威胁。奥地利与海洋隔绝，无法直接得到英格兰舰队和荷兰舰队的帮助。从意大利去奥地利需要越过蒂罗尔的几个山口。奥地利军队如果在蒂罗尔的山口处被击溃，那么很可能会被包抄。奥地利不是受到威胁，而是处于非常危险的境地。由于巴伐利亚即将与法兰西王国达成共识，法兰西王国和巴伐利亚的联军可能会早早到达维也纳，而那些行动缓慢的救援者只能在晚些时候从德意志北部或西属尼德兰艰难地开始赶路。因此，第一代马尔伯勒公爵约翰·丘吉尔的首要任务就是控制莱茵河下游的河谷以便能在必要时与莱茵河上游或多瑙河上游的神圣罗马帝国军队取得联系。然而，在控制莱茵河下游的河谷的过程中，第一代马尔伯勒公爵约翰·丘吉尔遇到了相当大的困难。在法兰西人手中，西属尼德兰变成了一座坚固的堡垒。在西属尼德兰这座堡垒里面，法兰西王国可以秘密地为突袭阿姆斯特丹做准备或在突袭失败后招兵买马。布夫莱尔公爵路易·弗朗索瓦·德·布夫莱尔率领法兰西军队构筑了一条战线。这条战线始于斯海尔德河河边的安特卫普，沿着默兹河河边的芬洛向前，一直延伸到了莱茵河河边的凯瑟维思，并且因此切断了三条河谷。布夫莱尔公爵路易·弗朗索瓦·德·布夫莱尔如果受到正面攻击，那么可以退到代默尔河一线，即安特卫普和列日之间，或者再退到从安特卫普到勒芬、蒂勒蒙和那慕尔的梅艾涅河一线，又或者退得再远一点，躲在里尔、图尔奈、蒙斯、沙勒罗瓦和那慕尔要塞里面。面对警惕而英勇的法兰西士兵，要一个接一个地拿下要塞和击溃守卫要塞的敌军是非常困难的事，必须花很多年时间。此外，通过从莱茵河河谷和摩泽尔河河谷向法兰西王国推进来夺取要塞的策略肯定会遭到荷兰人强烈反对——胆怯的荷兰人只会想着法兰西人已经抵达了阿姆斯特丹。因此，第一代马尔伯勒公爵约翰·丘吉尔不得不非常谨慎地行动。第一代马尔伯勒公爵约翰·丘吉尔利用布夫莱尔公爵路易·弗朗索瓦·德·布夫莱尔的战线太长的劣势发起了进攻，并且佯装要在布拉班特向法兰西军队左翼行军。布夫莱尔公爵路易·弗朗索瓦·德·布夫莱尔掉进了陷阱，急忙调动部队保卫自己的左翼，却把右翼拱手让给了第一代马尔伯勒公爵约翰·丘吉尔。在默兹河和莱茵河中间，第一代马尔伯勒公爵约翰·丘吉尔轻易地突破了布夫莱尔公爵路易·弗朗索瓦·德·布夫莱尔的右翼防线，把法兰西军队赶回了梅艾涅河一线。在默兹河河谷和莱茵河河谷站稳脚跟后，第一代马尔伯勒公爵约翰·丘吉尔夺取了芬洛、鲁尔蒙德和列日。

1703年，第一代马尔伯勒公爵约翰·丘吉尔进一步扩大战果，指挥荷兰士兵向佛德斯推进，准备围攻安特卫普，突破了法兰西军队在斯海尔德河的防线。接着，第一代马尔伯勒公爵约翰·丘吉尔沿莱茵河向前推进，占领了科隆选帝侯巴伐利亚的约瑟夫·克莱门斯的领地。1703年5月，第一代马尔伯勒公爵约翰·丘吉尔宣布自己已经占领了波恩。随后，由于与德意志北部的盟友取得了联系，第一代马尔伯勒公爵约翰·丘吉尔准备组织一支日耳曼军队去摩泽尔河上作战并且与神圣罗马帝国皇帝利奥波德一世保持联系，却突然被紧急召回西属尼德兰协助荷兰人。或许是等不及围攻安特卫普必需的攻城装备和运输工具，或许只是纯粹为了掠夺，荷兰人向佛兰德斯派出了分遣队。然而，荷兰海军上

小雅各布·范·瓦塞纳·奥普丹

将雅各布·范·瓦塞纳·奥普丹的儿子小雅各布·范·瓦塞纳·奥普丹率领的一支分遣队突然遭到了布夫莱尔公爵路易·弗朗索瓦·德·布夫莱尔的攻击，并且在1703年6月完全被打垮了。由于分遣队战败，荷兰人感到十分害怕，断然拒绝围攻安特卫普。第一代马尔伯勒公爵约翰·丘吉尔赶到战场时，布夫莱尔公爵路易·弗朗索瓦·德·布夫莱尔已经撤退去了梅艾涅河的防线后面，并且精心加固了城墙和塔楼。虽然第一代马尔伯勒公爵约翰·丘吉尔确信自己有能力攻破梅艾涅河的防线，开始为进攻做准备，但荷兰人拒绝合作。第一代马尔伯勒公爵约翰·丘吉尔感到困惑而沮丧，只能攻占了几个战略意义一般的要塞。

与此同时，莱茵河上游的局势变得对大同盟十分不利。法兰西国王路易十四一直打算在莱茵河上游发动进攻。法兰西国王路易十四的计划包括在萨伏依公爵维克托·阿马德乌斯二世和巴伐利亚选帝侯马克斯·伊曼纽尔的帮助下从多瑙河流域和意大利同时向维也纳推进，以及让在西属尼德兰作战的布夫莱尔公爵路易·弗朗索瓦·德·布夫莱尔拖住大同盟军队，使大同盟军队疲于攻打一些要塞和防御工事。萨伏依-卡里尼亚诺的尤金王子虽然在意大利取得了胜利，但由于没有做好充分的准备，拖延了自己的行动。1703年年初，一切都准备好了。在阿迪杰河一线，旺多姆公爵路易·约瑟夫·德·波旁面对着萨伏依-卡里尼亚诺的尤金王子，准备发起进攻。巴伐利亚选帝侯马克斯·伊曼纽尔明确宣布自己站在法兰西王国一边，并且占领了乌尔姆。1703年2月，在斯特拉斯堡，法兰西元帅马蒂格亲王克洛德·路易·埃克托尔·德·维拉

马蒂格亲王克洛德·路易·埃克托尔·德·维拉尔

尔渡过莱茵河，不仅攻占了凯尔，而且强行穿过了黑林山的山口。在多瑙河一线，马蒂格亲王克洛德·路易·埃克托尔·德·维拉尔与巴伐利亚选帝侯马克斯·伊曼纽尔成功会合。在莱茵河一线，塔拉尔公爵卡米耶·德·霍斯顿·德·拉·鲍默率领着另一支军队负责支援马蒂格亲王克洛德·路易·埃克托尔·德·维拉尔和保护前后方的通信联络。巴登-巴登侯爵路易·威廉和指挥大同盟军队的林堡-斯蒂勒姆伯爵赫尔曼·奥托二世无力与法兰西人正面交锋，只能向施托尔霍芬的防线撤退。为了给神圣罗马帝国军队在莱茵河上游建立一个作战基地和击垮塔拉尔公爵卡米耶·德·霍斯顿·德·拉·鲍默，大同盟军队精心加固了防线。神圣罗马帝国皇帝利奥波德一世的处境十分艰难。在匈牙利贵族弗朗西斯

弗朗西斯二世·拉科齐

二世·拉科齐的领导下，匈牙利人发动了起义，并且准备从东面进攻维也纳。旺多姆公爵路易·约瑟夫·德·波旁追击并且迫使萨伏依-卡旦尼亚诺的尤金王子慢慢向后撤退，越过布伦纳山口到达了因斯布鲁克。奥地利剩下的唯一一支军队被困在施托尔霍芬的防线后面。巴伐利亚选帝侯马克斯·伊曼纽尔和维也纳之间根本没有任何敌人。马蒂格亲王克洛德·路易·埃克托尔·德·维拉尔强烈敦促巴伐利亚选帝侯马克斯·伊曼纽尔立即进军维也纳并且一举结束战斗。马蒂格亲王克洛德·路易·埃克托尔·德·维拉尔驻扎在多瑙沃特以保卫巴伐利亚选帝侯马克斯·伊曼纽尔的侧翼。

不幸的是，巴伐利亚选帝侯马克斯·伊曼纽尔没有战胜大同盟军队的实力。巴伐利亚选帝侯马克斯·伊曼纽尔决定先击溃萨伏依-卡旦尼亚诺的尤金王子。1703年6月，在去因斯布鲁克的路上，巴伐利亚选帝侯马克斯·伊曼纽尔经过库夫施泰因，而旺多姆公爵路易·约瑟夫·德·波旁则已深入特伦托。在库夫施泰因和特伦托之间的群山中。萨伏依-卡里尼亚诺的尤金王子的军队来回穿梭。萨伏依-卡里尼亚诺的尤金王子认为自己的军队能保持完整性归功于他的财富，而不是他的战术技巧。与此同时，犹豫再三后，萨伏依公爵维克托·阿马德乌斯二世加入了大同盟，导致旺多姆公爵路易·约瑟夫·德·波旁不得不迅速撤回皮埃蒙特以保证通信安全。听说旺多姆公爵路易·约瑟夫·德·波旁撤退后，由于不敢独自面对萨伏依-卡里尼亚诺的尤金王子，巴伐利亚选帝侯马克斯·伊曼纽尔也开始撤退。此外，蒂罗尔人的起义导致巴伐利亚选帝侯马克斯·伊曼纽尔不得不奋力赶回巴伐利亚。巴伐利亚选帝侯马克斯·伊曼纽尔发现，面对巴登-巴登侯爵路易·威廉和林堡-斯蒂勒姆伯爵赫尔曼·奥托二世时，马蒂格亲王克洛德·路易·埃克托尔·德·维拉尔似乎有些难以为继。巴伐利亚选帝侯马克斯·伊曼纽尔到达奥格斯堡前，巴登-巴登侯爵路易·威廉已经离开斯蒂勒姆，开始向奥格斯堡进军，希望加强对奥格斯堡的围攻的力度。然而，马蒂格亲王克洛德·路易·埃克托尔·德·维拉尔的速度比巴登-巴登侯爵路易·威廉更快。1703年9月20日，在霍赫施塔特战役中，马蒂格亲王克洛德·路易·埃克托尔·德·维拉尔彻底击败了巴登-巴登侯爵路易·威廉并且将其赶回了纽伦堡。巴登-巴登侯爵路易·威廉撤回施托尔霍芬一线后，奥格斯堡落入了巴伐利亚选帝侯马克斯·伊曼纽尔手中。

神圣罗马帝国皇帝利奥波德一世暂时安全了。很快，1703年就过去了。虽然在1703年年内组织一场对维也纳的联合进攻已经不可能了，但所有人都清楚，下一场战役将在维也纳进行。同样可以肯定的是，法兰西军队开始进攻维也纳后，如果第一代马尔伯勒公爵约翰·丘吉尔和荷兰军队不出手相助，那么法兰西国王路易十四会取得胜利。为了攻打维也纳，法兰西国王路易十四做了大量准备。由于巴伐利亚选帝侯马克斯·伊曼纽尔对傲慢的马蒂格亲王克洛德·路易·埃克托尔·德·维拉尔非常不满，法兰西国王路易十四决定把马蒂格亲王克洛德·路易·埃克托尔·德·维拉尔派去塞文山脉镇压胡格诺派残余分子的起义。斐迪南·德·马尔桑伯爵取代了马蒂格亲王克洛德·路易·埃克托尔·德·维拉尔后，法兰西军队实力大增。法兰西军队的作战计划很简单——斐迪南·德·马尔桑伯爵和巴伐利亚选帝侯马克斯·伊曼纽尔将沿着多瑙河直冲维也纳，而弗朗西斯二世·拉科齐则负责从匈牙利一侧进攻维也纳。塔拉尔公爵卡米耶·德·霍斯顿·德·拉·鲍默率领三万五千名士兵驻扎在阿尔萨斯，通过保障通信和侧翼安全为前线部队提供支持。第二代维勒鲁瓦公爵弗朗索瓦·德·纳维尔带着三万名士兵被派去了西属尼德兰以阻止第一代马尔伯勒公爵约翰·丘吉尔支援维也纳。面对势不可当的法兰西军队，神圣罗马帝国皇帝利奥波德一世只能仰仗巴登-巴登侯爵路易·威廉和萨伏依-卡里尼亚诺的尤金王子。如果有人能救得了神圣罗马帝国皇帝利奥波德一世，那么这个人一定是第一代马尔伯勒公爵约翰·丘吉尔。然而，第一代马尔伯勒公爵约翰·丘吉尔怎么能离开西属尼德兰以致荷兰被入侵呢？难道荷兰人会通过牺牲自己的安全捍卫神圣罗马帝国皇帝利奥波德一世吗？荷兰人如果去支援神圣罗马帝国皇帝利奥波德一世，那么到达多瑙河时，有可能躲过塔拉尔公爵卡米耶·德·霍斯顿·德·拉·鲍默、斐迪南·德·马尔桑伯爵和巴伐利亚选帝侯马克斯·伊曼纽尔的军队的联合进攻吗？

上述问题是1704年夏季的第一代马尔伯勒公爵约翰·丘吉尔必须回答的。第一代马尔伯勒公爵约翰·丘吉尔想出了一个绝妙的计划，即将他麾下的除荷兰军队外的其余全部军队从西属尼德兰的战场上转移去多瑙河上游的作战基地。第一代马尔伯勒公爵约翰·丘吉尔计划在塔拉尔公爵卡米耶·德·霍斯顿·德·拉·鲍默从莱茵河赶来提供援助或第二代维勒鲁瓦公爵弗朗索瓦·德·纳维尔从默兹河来接替塔拉尔公爵卡米耶·德·霍斯顿·德·拉·鲍默前消灭斐迪南·德·马尔桑伯爵和巴伐利亚选帝侯马克斯·伊曼纽尔的有生力量。然而，除非第一代马尔伯勒公爵约翰·丘吉尔是一位擎天架海的将军，否则，他的计划必然会失败。第一代马尔伯勒公爵约翰·丘吉尔的计划不仅要求大同盟军队战胜与其实力对等甚至更强的法兰西军队，而且是一次危险的长距离侧翼行军，必须和时间赛跑。此外，采取行动前，第一代马尔伯勒公爵约翰·丘吉尔将不得不通过制造安全的假象来欺骗荷兰人和第二代维勒鲁瓦公爵弗朗索瓦·德·纳维尔。一旦怀疑第一代马尔伯勒公爵约翰·丘吉尔会转移大同盟军队并且离开荷兰边境，荷兰人就会极力阻挠。一旦猜中第一代马尔伯勒公爵约翰·丘吉尔正沿着莱茵河进行长途行军，第二代维勒鲁瓦公爵弗朗索瓦·德·纳维尔可能就会马上发动针对性的侧翼进攻。为了克服上述困难，第一代马尔伯勒公爵约翰·丘吉尔一边对真正的计划绝对保密，一边公开宣称自己打算通过借道摩泽尔河向法兰西王国推进来巩固西属尼德兰的一些要塞和防线。公开请求并且获得了荷兰人对"借道摩泽尔河向法兰西王国推进"这一计划的认可后，第一代马尔伯勒公爵约翰·丘吉尔得以把勃兰登堡分遣队召集到了莱茵河河边的美因茨，并且在没有引起怀疑的情况下将自己的总部搬到科布伦茨。为了守住默兹河的防线和防止第二代维勒鲁瓦公爵弗朗索瓦·德·纳维尔进攻阿姆斯特丹，第一代马尔伯勒公爵约翰·丘吉尔把奥弗柯克勋爵亨利·德·拿骚留在了荷兰军队中。最终，第一代马尔伯勒公爵约翰·丘吉尔的计划取得了成功。第二代维勒鲁瓦公爵弗朗索瓦·德·纳维尔率军徒劳地等待着大同盟军队，完全被骗了。荷兰军队被留在马斯特里赫特，无法干涉第一代马尔伯勒公爵约翰·丘吉尔的计

奥弗柯克勋爵亨利·德·拿骚

划。1704年6月，第一代马尔伯勒公爵约翰·丘吉尔丢掉伪装，开始沿莱茵河逆流而上，强行向美因茨挺进。成功和勃兰登堡分遣队会和后，第一代马尔伯勒公爵约翰·丘吉尔离开莱茵河一线，率军直接向多瑙河上游的多瑙沃特挺进。在海尔布隆，一支日耳曼军队加入了第一代马尔伯勒公爵约翰·丘吉尔的军队；在乌尔姆附近，萨伏依-卡里尼亚诺的尤金王子和巴登-巴登侯爵路易·威廉也加入了第一代马尔伯勒公爵约翰·丘吉尔的行列。人们认为，萨伏依-卡里尼亚诺的尤金王子应该回到施托尔霍芬去对付塔拉尔公爵卡米耶·德·霍斯顿·德·拉·鲍默。在大同盟军队开始攻打巴伐利亚选帝侯马克斯·伊曼纽尔和斐迪南·德·马尔桑伯爵前，萨伏依-卡里尼亚诺的尤金王子可以防止塔拉尔公爵卡米耶·德·霍斯顿·德·拉·鲍默为巴伐利亚选帝侯马克斯·伊曼纽尔和斐迪南·德·马尔桑伯爵提供援助。此外，萨伏依-卡里尼亚诺的尤金王子同样可以对付可能会出现在施托尔霍芬的第二代维勒鲁瓦公爵弗朗索瓦·德·纳维尔。第一代马尔伯勒公爵约翰·丘吉尔和巴登-巴登侯爵路易·威廉直接和早已在多瑙沃特附近的施伦贝格站稳了脚跟的巴伐利亚选帝侯马克斯·伊曼纽尔开战了。1704年6月2日，第一代马尔伯勒公爵约翰·丘吉尔和巴登-巴登侯爵路易·威廉连续突破多条战线，把巴伐利亚选帝侯马克斯·伊曼纽尔赶回了奥格斯堡。由此，第一代马尔伯勒公爵约翰·丘吉尔率军到达了法兰西王国和维也纳中间，完全可以保证维也纳的安全。

虽然第一代马尔伯勒公爵约翰·丘吉尔取得了辉煌的成绩，但最困难的时刻仍然没有到来。发现了第一代马尔伯勒公爵约翰·丘吉尔的诡计后，第二代维勒鲁瓦公爵弗朗索瓦·德·纳维尔率领三万名士兵穿过阿尔萨斯，并且在施托尔霍芬与塔拉尔公爵卡米耶·德·霍斯顿·德·拉·鲍默成功会合。留下第二代维勒鲁瓦公爵弗朗索瓦·德·纳维尔对付萨伏依-卡里尼亚诺的尤金王子后，塔拉尔公爵卡米耶·德·霍斯顿·德·拉·鲍默立即出发去援助斐迪南·德·马尔桑伯爵和巴伐利亚选帝侯马克斯·伊曼纽尔。1704年8月月初，在奥格斯堡，塔拉尔公爵卡米耶·德·霍斯顿·德·拉·鲍默、斐迪南·德·马尔桑伯爵和巴伐利亚选帝侯马克斯·伊曼纽尔会合了。算上第二代维勒鲁瓦公爵弗朗索瓦·德·纳维尔的军队后，法兰西王国和巴伐利亚的军队的人数远远超过了大同盟军队。第一代马尔伯勒公爵约翰·丘吉尔不仅与自己的作战基地相距甚远，而且没有堡垒或坚固的营地以供储存物资、建立医院和招募军队。第一代马尔伯勒公爵约翰·丘吉尔如果想要保障自己的安全，那么必须快速有力地出击。幸运的是，斐迪南·德·马尔桑伯爵等人的做法正中第一代马尔伯勒公爵约翰·丘吉尔下怀。由于想战胜第一代马尔伯勒公爵约翰·丘吉尔太过急切，斐迪南·德·马尔桑伯爵和塔拉尔公爵卡米耶·德·霍斯顿·德·拉·鲍默不会等第二代维勒鲁瓦公爵弗朗索瓦·德·纳维尔到来。斐迪南·德·马尔桑伯爵和塔拉尔公爵卡米耶·德·霍斯顿·德·拉·鲍默没有采用费边战术[①]，只想着消灭第一代马尔伯勒公爵约翰·丘吉尔。因此，斐迪南·德·马尔桑伯爵和塔拉尔公爵卡米耶·德·霍斯顿·德·拉·鲍默开始沿着多瑙河向第一代马尔伯勒公爵约翰·丘吉尔所在地进发。为了追击塔拉尔公爵卡米耶·德·霍斯顿·德·拉·鲍默，萨伏依-卡里尼亚诺的尤金王子放弃了施托尔霍芬。1704年8月11日，在多瑙沃特附近，萨伏依-卡里尼亚诺的尤金王子与第一代马尔伯勒公爵约翰·丘吉尔会合了。1704年8月13日，在布莱尼姆的战场上，法兰西军队与大同盟军队开始对峙。

在内伯尔河的防线后面，法兰西军队已经占据了一个与多瑙河成直角的防御阵地。在法兰西军队左翼，塔拉尔公爵卡米耶·德·霍斯顿·德·拉·鲍默强行占领了布莱尼姆；在法兰西军队右翼，斐迪南·德·马尔桑伯爵和巴伐利亚选帝侯马克斯·伊曼纽尔率军占领了卢

---

① 费边战术，金图斯·法比尤斯·马克西莫斯提出的一种作战战术，强调尽量避免和敌方军队正面交战，采取迂回或拖延时间的战术。——译者注

青根；法兰西军队中军有内伯尔河及其附近的沼泽的保护，被认为有足够的安全保障，不会受到严重攻击。然而，实际上，由于主要由骑兵组成，保卫法兰西军队中军的力量是较弱的。显然，法兰西军队的作战计划是先放大同盟军队冲向布莱尼姆和卢青根的坚固阵地，再趁大同盟军队筋疲力尽时从两翼夹击并且打败大同盟军队。侦察战场时，第一代马尔伯勒公爵约翰·丘吉尔立即发现，法兰西军队的弱点在中央——沼泽并不像看上去那样无法通行。因此，第一代马尔伯勒公爵约翰·丘吉尔命令萨伏依-卡里尼亚诺的尤金王子猛攻斐迪南·德·马尔桑伯爵和巴伐利亚选帝侯马克斯·伊曼纽尔占领的卢青根，约翰·卡茨也对塔拉尔

约翰·卡茨

公爵卡米耶·德·霍斯顿·德·拉·鲍默占领的布莱尼姆发起了猛攻。指挥发动这些攻击时，第一代马尔伯勒公爵约翰·丘吉尔暗中对法兰西军队中军发动了真正的攻击。克服了千难万险后，第一代马尔伯勒公爵约翰·丘吉尔成功地越过了沼泽地。第一代马尔伯勒公爵约翰·丘吉尔从法兰西军队的两翼中间猛冲过去，把国王卫队[①]完全赶出了战场，将法兰西军队一分为二。随后，第一代马尔伯勒公爵约翰·丘吉尔转向法兰西军队右翼，将身处布莱尼姆的塔拉尔公爵卡米耶·德·霍斯顿·德·拉·鲍默夹在大同盟军队和多瑙河中间，导致塔拉尔公爵卡米

布莱尼姆战场上的第一代马尔伯勒公爵约翰·丘吉尔（左二）

---

① 国王卫队，由从其他部队中抽调的精锐骑兵和优秀步兵组成的一支法兰西部队，几乎参与了法兰西在16世纪和17世纪的所有军事活动。——译者注

布莱尼姆战役

耶·德·霍斯顿·德·拉·鲍默只能选择投降。发现中军和右翼被歼灭后，斐迪南·德·马尔桑伯爵和巴伐利亚选帝侯马克斯·伊曼纽尔不得不立即越过黑林山，一路逃向第二代维勒鲁瓦公爵弗朗索瓦·德·纳维尔驻扎的莱茵河一线。然而，第二代维勒鲁瓦公爵弗朗索瓦·德·纳维尔正被杀气腾腾的萨伏依-卡里尼亚诺的尤金王子追击着。法兰西军队被彻底打败了。随着太阳从布莱尼姆的战场上落下，法兰西国王路易十四的荣耀也消失了。

布莱尼姆战役的胜利让整个英格兰王国和欧洲都兴奋不已。人们认为，布莱尼姆战役对解决西班牙王位继承问题具有决定性作用。虽然法兰西王国不仅在战场上仍然有其他的军队，而且可以召集新的军队，但永远无法用其他军队或新军替代参与了布莱尼姆战役的训练有素的士兵。法兰西王国不能再对欧洲颐指气使了。法兰西王国也许会赢得几场胜利，也许会成功保卫自己的边疆，也许会体面地从战争中抽身。然而，正如一个世纪后从莫斯科撤军一样，布莱尼姆战役后的法兰西王国已经无法再对欧洲发号施令了。布莱尼姆战役不仅在法兰西国王路易十四的嘴上套了一个笼头，摧毁了训练有素的法兰西军队，使神圣罗马帝国皇帝利奥波德一世免于灭顶之灾，而且出人意料地造就了一个具有决定性力量的欧洲国家。自英格兰王国创建舰队后，英格兰士兵就被认为是一股强大的力量。然而，自阿让库尔战役后，英格兰士兵一直没有机会证明自己的真正价值。在欧洲战争史上，布莱尼姆战役和罗克鲁瓦战役一样重要，而原因不是布莱尼姆战役给了某个过时的战术体系致命一击，而是布莱尼姆战役成为一股新的一流军事力量的发源地。在欧洲，从布莱尼姆战役到滑铁卢战役，英格兰士兵不仅一直是最优秀的斗士，而且让英格兰王国在世界上最早的军事国家中占有了一席之地。

法兰西王国不仅在布莱尼姆失去了军事威望和优势，而且在海上遭到了挫败和侮辱。1702年，英格兰王国和荷兰派出的由乔治·鲁克爵士指挥的联合舰队到达了西班牙海岸。乔治·鲁克爵士十分走运，与载着黄金的西班牙船队和法兰西船队不期而遇。当时，法兰西船队正停泊在维哥的港口中负责保护载着黄金的西班牙船队。一场激烈的战斗结束后，西班牙船队和法兰西船队都被彻底摧毁了。1704年夏季，乔治·鲁克爵士攻占了坚不可摧的直布罗陀巨岩，并且击败了试图收复直布罗陀巨岩的法兰西舰队。因此，不仅英格兰王国控制了地中海，而且大同盟确立了海上优势。随着时光的流逝，地中海的价值逐渐为人所认识。很快，英格兰王国占领地中海就导致法兰西王国失去了意大利。1706年，即萨伏依-卡里尼亚诺的尤金王子在意大利的战役中取得了辉煌的胜利后，意大利北部完全落入了神圣罗马帝国手中，导致那不勒斯和法兰西

维哥战役

王国无法继续保持联系。1706年，在都灵，萨伏依-卡里尼亚诺的尤金王子大获全胜，把法兰西军队赶回了法兰西王国的边境。此外，那不勒斯爆发了一场革命，让法兰西王国完全失去了意大利。

布莱尼姆战役结束后，法兰西军队被迫采取防御行动。战争的焦点再次转向西属尼德兰。1705年，第一代马尔伯勒公爵约翰·丘吉尔实施了自己之前欺骗第二代维勒鲁瓦公爵弗朗索瓦·德·纳维尔和荷兰人的计划。命令萨伏依-卡里尼亚诺的尤金王子返回意大利指挥战事后，第一代马尔伯勒公爵约翰·丘吉尔与巴登-巴登侯爵路易·威廉开始沿着摩泽尔河和萨尔河向前，准备针对法兰西王国发动一场联合进攻以扭转西属尼德兰的被动局面。然而，光阴荏苒，日月如梭。大同盟军队没有做好准备。1705年5月，即神圣罗马帝国皇帝利奥波德一世去世后，神圣罗马帝国军队被召回国了。神圣罗马帝国军队的离开造成了针对法兰西王国的联合行动的流产。与此同时，第二代维勒鲁瓦公爵弗朗索瓦·德·纳维尔挥师沿默兹河而上，一路奔袭，威胁到了列日的安全。因此，第一代马尔伯勒公爵约翰·丘吉尔离开摩泽尔河一线，开始向列日进军。和布夫莱尔公爵路易·弗朗索瓦·德·布夫莱尔在1703年做的一样，第二代维勒鲁瓦公爵弗朗索瓦·德·纳维尔选择了退守安特卫普和那慕尔之间的梅艾涅河一线。然而，荷兰人对第一代马尔伯勒公爵约翰·丘吉尔很有信心，并且允许他发动进攻。第一代马尔伯勒公爵约翰·丘吉尔指挥军队佯攻法兰西军队两翼，轻而易举地突破防线并且攻入了位于蒂勒蒙的法兰西军队中心。第一代马尔伯勒公爵约翰·丘吉尔把第二代维勒鲁瓦公爵弗朗索瓦·德·纳维尔赶回了勒芬和布鲁塞尔，切断了第二代维勒鲁瓦公爵弗朗索瓦·德·纳维尔与那慕尔和法兰西王国的直接联系。第二代维勒鲁瓦公爵弗朗索瓦·德·纳维尔驻扎在迪莱河的防线后方。荷兰人认为第二代维勒鲁瓦公爵弗朗索瓦·德·纳维尔的据点非常安全——从正面发动进攻将徒劳无功，因此，第一代马尔伯勒公爵约翰·丘吉尔改变进攻方向，开始威胁布鲁塞尔。为了拯救布鲁塞尔，法兰西军队撤退到布鲁塞尔，驻扎在靠近苏瓦涅森林的海湾里。一百多年后，法兰西人驻扎的地方成为英格兰人在滑铁卢战役中的阵地。在追击法兰西军队的过程中，第一代马尔伯勒公爵约翰·丘吉尔占领了后来被法兰西皇帝拿破仑一世占领的土地。然而，面对唾手可得的猎物，第一代马尔伯勒公爵约翰·丘吉尔不得不选择了撤退。第一代马尔伯勒公爵约翰·丘吉尔深感懊恼——虽然第一代马尔伯勒公爵约翰·丘吉尔原本打算把在西属尼德兰的斗争留给荷兰人，将自己麾下的军队与萨伏依-卡里尼亚诺的尤金王子的军队联合起来，但现实不允许第一代马尔伯勒公爵约翰·丘吉尔这样做。只要驻扎在迪莱河附近的第二代维勒鲁瓦公爵弗朗索瓦·德·纳维尔没有受伤，只要马蒂格亲王克洛德·路易·埃克托尔·德·维拉尔仍然坚守在莱茵河一线，第一代马尔伯勒公爵约翰·丘吉尔就不能离开荷兰人。因此，1706年春季，第一代马尔伯勒公爵约翰·丘吉尔又开始指挥佛兰德斯的军队，准备解决第二代维勒鲁瓦公爵弗朗索瓦·德·纳维尔这个麻烦。无能而自负的第二代维勒鲁瓦公爵弗朗索瓦·德·纳维尔同样渴望与第一代马尔伯勒公爵约翰·丘吉尔这位布莱尼姆战役的英雄决斗，并且没有等斐迪南·德·马尔桑伯爵率领的有一万五千名士兵的增援部队到达就离开了迪莱河的防线，开始向那慕尔进发。1706年5月23日，在拉米伊，第一代马尔伯勒公爵约翰·丘吉尔与第二代维勒鲁瓦公爵弗朗索瓦·德·纳维尔遭遇了。

第二代维勒鲁瓦公爵弗朗索瓦·德·纳维尔巧妙地选择了据点。第二代维勒鲁瓦公爵弗朗索瓦·德·纳维尔让右翼的士兵驻扎在塔维耶尔。塔维耶尔位于梅艾涅河附近的一个小高地上，并且受到梅艾涅河的保护。第二代维勒鲁瓦公爵弗朗索瓦·德·纳维尔的中军士兵驻扎在拉米伊。对法兰西军队来说，拉米伊是最关键的位置。沼泽保护着法兰西军队的左翼，而大部分法兰西士兵都集中在塔维耶尔和拉米伊。第一代

拉米伊战役

第一代马尔巴勒公爵约翰·丘吉尔在拉米伊战场

马尔伯勒公爵约翰·丘吉尔观察发现，虽然法兰西军队左翼有天然沼泽的保护，但法兰西军队左翼的防守非常薄弱，而大同盟军队阵地内的地貌可以掩护大同盟军队在法兰西军队无法发现的情况下转移。根据观察结果，第一代马尔伯勒公爵约翰·丘吉尔迅速制定了作战计划。1706年5月23日早晨，第一代马尔伯勒公爵约翰·丘吉尔对法兰西军队左翼发动了猛烈的进攻。第二代维勒鲁瓦公爵弗朗索瓦·德·纳维尔以为第一代马尔伯勒公爵约翰·丘吉尔要再次在沼泽地上强行军，开始急匆匆地指挥士兵出发去保卫受到威胁的法兰西军队左翼。看到法兰西军队的动向后，在地貌掩护下，第一代马尔伯勒公爵约翰·丘吉尔将麾下的大部分士兵调回了中部。与此同时，在法兰西军队面前，第一代马尔伯勒公爵约翰·丘吉尔留下了足够的人手，成功让第二代维勒鲁瓦公爵弗朗索瓦·德·纳维尔相信大同盟军队的主要进攻目标是法兰西军队左翼。一切准备就绪后，第一代马尔伯勒公爵约翰·丘吉尔指挥军队突然扑向位于塔维耶尔和拉米伊中间的力量较弱的法兰西军队中军。第一代马尔伯勒公爵约翰·丘吉尔虽然迅速推进到了塔维耶尔，但没有取得战斗的胜利。国王卫队的士兵铭记着自己昔日的名声，一心要为布莱尼姆战役的耻辱复仇，成功抵挡住了大同盟军队向拉米伊发起的连续进攻。与此同时，法兰西士兵急匆匆地回到了原来的阵地上。围绕拉米伊，法兰西军队和大同盟军队来回拉锯了一段时间。最终，法兰西军队选择了后撤。拉米伊被占领后，法兰西军队的阵地中部也被强行夺走了。第二代维勒鲁瓦公爵弗朗索瓦·德·纳维尔发出了撤退的信号。很快，第二代维勒鲁瓦公爵弗朗索瓦·德·纳维尔的军队溃败了，导致西属尼德兰的重镇纷纷向胜利的大同盟军队敞开了大门，而法兰西军队则被赶回了法兰西王国的边境的要塞中。

虽然都灵战役和拉米伊战役使法兰西军队退回了法兰西王国的边境一线。在阿尔特兰施泰特，第一代马尔伯勒公爵约翰·丘吉尔忙于谈判事务，并且因恶劣的天气而无法进行重要的军事行动。然而，在莱茵河上，马蒂格亲王克洛德·路易·埃克托尔·德·维拉尔成功地夺取了施托尔霍芬，阻止了神圣罗马帝国军队的推进。对大同盟最有利的消息是从西班牙传来的。1703年，在英格兰王国驻葡萄牙大使保罗·梅休因爵士的努力下，英格兰王国和葡萄牙达成了一项条约。这项条约使葡萄牙成为英格兰王国的忠实拥护者。由于葡萄牙加入了大联盟，奥地利的查理大公公开宣称自己要拿回对西班牙的主权。1704年，在里斯本，奥地利的查理大公率领一万两千名来自英格兰王国和荷兰的士兵登陆

保罗·梅休因爵士

了。奥地利的查理大公率领的这支军队由第三代朔姆贝格公爵格迈因哈特·朔姆贝格指挥，而目标则是入侵西班牙。然而，这次远征没有成功。1705年，高尔韦伯爵亨利·德·马叙取代了第三代朔姆贝格公爵格迈因哈特·朔姆贝格。与此同时，英格兰王国派第三代彼得伯勒伯爵查尔斯·莫当特率领五千名士兵去帮助萨伏依公爵维克托·阿马德乌斯二世。第三代彼得伯勒伯爵查尔斯·莫当特希望自己能得到在西班牙任职的机会。第三代彼得伯勒伯爵查尔斯·莫当特拥有丰富的想象力，十分自负，并且成功说服奥地利的查理大公相信了他的指挥能力。第三代彼

第三代彼得伯勒伯爵查尔斯·莫当特

巴塞罗那

得伯勒伯爵查尔斯·莫当特沿西班牙海岸航行，在加泰罗尼亚登陆，并且攻占了巴塞罗那。1705年10月，第三代彼得伯勒伯爵查尔斯·莫当特成了阿拉贡的主人。

高尔韦伯爵亨利·德·马叙决心从葡萄牙进军西班牙，去支持取得了成功的第三代彼得伯勒伯爵查尔斯·莫当特。高尔韦伯爵亨利·德·马叙不仅占领了马德里，而且宣布奥地利的查理大公是西班牙国王。法兰西国王路易十四运用自己的政治智慧，决定不给西班牙人强加一位来自外国的国王，尊重西班牙人的意愿。1706年，在西班牙，反对奥地利的查理大公的行动蔓延了开来——有英格兰军队驻扎的地方的人们会选择顺从，而只要英格兰军队一撤走，人们就会立刻开始反对奥地利的查理大公。更糟的是，英格兰军队中暴发了疫病。高尔韦伯爵亨利·德·马叙觉得自己必须从马德里撤退并且去和第三代彼得伯勒伯爵查尔斯·莫当特会和。1707年，由于决定再次尝试进军马德里，高尔韦

阿尔曼萨战役

伯爵亨利·德·马叙告别第三代彼得伯勒伯爵查尔斯·莫当特，走水路去了瓦伦西亚，并且准备从瓦伦西亚去马德里。然而，在阿尔曼萨，第一代贝里克公爵詹姆斯·菲茨詹姆斯迎击并且彻底打败了高尔韦伯爵亨利·德·马叙。由于不久前刚刚接收了法兰西王国在意大利的军队，第一代贝里克公爵詹姆斯·菲茨詹姆斯实力大增。由于失去了瓦伦西亚和阿拉贡，第三代彼得伯勒伯爵查尔斯·莫当特只能统治动荡的加泰罗尼亚。此后，大同盟的军事行动停止了数年，不再试图以武力手段将西班牙国王腓力五世逐下王位。高尔韦伯爵亨利·德·马叙被召回了英格兰王国，第一代斯坦诺普伯爵詹姆斯·斯坦霍普取代了高尔韦伯爵亨

利·德·马叙。然而，除了在1708年于梅诺卡夺得马翁港，第一代斯坦诺普伯爵詹姆斯·斯坦霍普未能取得任何重要的成就。由于战事失利，大同盟发现外交手段是让西班牙国王腓力五世失去王冠的更好的武器。

1707年，在莱茵河上，神圣罗马帝国军队遭遇了失败。1708年，法兰西国王路易十四做出了很大努力，想收复自己失去的土地。法兰西国王路易十四组织了一支舰队护送詹姆斯·弗朗西斯·爱德华·斯图亚特去苏格兰登陆。根据《1707年联合法案》，苏格兰王国和英格兰王国将统一为大不列颠王国。在摩泽尔河附近，法兰西国王路易十四部署了一支军队。摩泽尔河附近的这支法兰西军队由第一代贝里克公爵詹姆斯·菲茨詹姆斯指挥，负责监视萨伏依-卡里尼亚诺的尤金王子和神圣

第一代贝里克公爵詹姆斯·菲茨詹姆斯

罗马帝国军队。此外，在几乎没有遭遇抵抗的情况下，旺多姆公爵路易·约瑟夫·德·波旁率领的法兰西军队不仅推进到并且占领了佛兰德斯的大城市，即根特和布吕赫，而且在斯海尔德河一线建立了阵地，准备与第一代贝里克公爵詹姆斯·菲茨詹姆斯一起向前推进。1708年7月，由于第一代马尔伯勒公爵约翰·丘吉尔仍然按兵不动，旺多姆公爵路易·约瑟夫·德·波旁推进到了蒙斯。在蒙斯和布吕赫中间，以奥德纳尔德为中心，法兰西军队组织了一条长长的防线。看到机会后，第一代马尔伯勒公爵约翰·丘吉尔派人火速赶去了萨伏依-卡里尼亚诺的尤金王子那里。萨伏依-卡里尼亚诺的尤金王子被命令迅速率领骑兵与第一代马尔伯勒公爵约翰·丘吉尔会合。第一代马尔伯勒公爵约翰·丘吉尔率兵猛攻法兰西军队的阵地中部。旺多姆公爵路易·约瑟夫·德·波旁立刻觉察到了法兰西军队部署的缺陷，只能急忙撤退并且将兵力向奥德纳尔德集中。第一代马尔伯勒公爵约翰·丘吉尔和萨伏依-卡里尼亚诺的尤金王子全速跟在旺多姆公爵路易·约瑟夫·德·波旁后面，把自己的后防线推过斯海尔德河，使敌军后防线变成了前线。在距奥德纳尔德几英里远的地方，战斗打响了——这是一场士兵之间的决斗。大同盟军队有唯一的指挥官，而在一片混乱中，旺多姆公爵路易·约瑟夫·德·波旁和王太子路易则紧张而匆忙地发出了互相矛盾的命令，导致法兰西军队乱作一团。最终，大同盟军队将法兰西军队赶出了战场。法兰西军队撤退去了根特。第一代马尔伯勒公爵约翰·丘吉尔率军成功插入了法兰西军队和法兰西王国的边境中间。除了几个边境要塞，再没有什么能阻挡第一代马尔伯勒公爵约翰·丘吉尔去巴黎。里尔是第一代马尔伯勒公爵约翰·丘吉尔和巴黎之间的最大的一座要塞。据说，第一代马尔伯勒公爵约翰·丘吉尔曾希望完全无视里尔，直接向巴黎进军。然而，考虑到布夫莱尔公爵路易·弗朗索瓦·德·布夫莱尔率领的一万五千名士兵和第一代贝里克公爵詹姆斯·菲茨詹姆斯率领的三万名士兵，萨伏依-卡里尼亚诺的尤金王子认为第一代马尔伯勒公爵约翰·丘吉尔的计划太大胆了。因此，1708年8月，大同盟军队开始围攻里尔。萨伏依-卡里尼亚诺的尤金王子负责挖建战壕，而驻扎在利斯河和斯海尔德河中间的第一代马尔伯勒公爵约翰·丘吉尔则负责保护来自奥斯坦德的港口的物资车队和阻止第一代贝里克公爵詹姆斯·菲茨詹姆斯或旺多姆公爵路易·约瑟夫·德·波旁向里尔提供援助。第一代贝里克公爵詹姆斯·菲茨詹姆斯和旺多姆公爵路易·约瑟夫·德·波旁都不敢尝试援助里尔，只是想拦截大同盟军队的物资车队。1708年9月27日，在维纳代尔，由于约翰·里士满·韦布将军的英勇行为，而不是第一代马尔伯勒公爵约翰·丘吉尔的高明战术，第一代贝里克公爵詹姆斯·菲茨詹姆斯和旺多姆公爵路

奥德纳尔德战役

第一代马尔伯勒公爵约翰·丘吉尔在奥德纳尔德战场

易·约瑟夫·德·波旁拦截大同盟军队的物资车队的想法被彻底挫败了。终于，里尔再也坚持不住了。1708年10月22日，里尔守军选择了投降。旺多姆公爵路易·约瑟夫·德·波旁历经艰辛，安全抵达了蒙斯。蒙斯和那慕尔成为了法兰西王国保卫自己的底牌——大同盟军队即将打开去巴黎的大门。

然而，越有机会赢得一场辉煌的战役时，大同盟利用机会的能力便越弱。虽然大不列颠王国不仅不断扩大着殖民地和贸易，而且取得了海上霸权，但长期的战争使大不列颠王国不堪重负。布莱尼姆战役结束后，欧洲的自由和商业面临的危险消失后，托利党人重新流露出了冷漠的情绪。无论坐上西班牙王位的是法兰西人还是奥地利人，只要欧洲的和平和大不列颠王国的自由不受影响，大不列颠王国就没有人会在乎坐上西班牙王位的是法兰西人还是奥地利人。在大不列颠王国，一场宫廷

维纳代尔战役

革命正在酝酿着。每个大臣都知道，第一代马尔伯勒公爵夫人萨拉·丘吉尔对女王安妮的支配已经成为过去时。因此，第一代马尔伯勒公爵约翰·丘吉尔不敢冒险发动一场没有胜算的战争。在战场上，第一代马尔伯勒公爵约翰·丘吉尔保持着克制，尽量待在不显眼的地方。在内阁中，第一代马尔伯勒公爵约翰·丘吉尔坦白自己愿意听取和平建议——听到这个消息时，法兰西国王路易十四非常高兴。和大不列颠王国一样，法兰西王国也处于十分疲惫的状态。对法兰西王国来说，长期的战争摧毁了训练有素的军队，清空了弹药库，使将军们名誉扫地，并且让税收的税率达到了极限。由于筹集不到资金，法兰西王国设置了百余个重要的官职用来出售。在法兰西王国，不仅人头税被永久征收了，而且出生、婚姻和死亡都必须缴税。更让人无法忍受的是，1708年冬季的严寒毁坏了果树和葡萄藤，给法兰西王国境内的最美丽的地区带去了恐怖的饥荒。1709年年初，在海牙，法兰西王国和大同盟开始了和平谈判。然而，大同盟似乎决心要羞辱法兰西王国并且让法兰西国王路易十四名誉扫地。大同盟要求将法兰西王国交出蒙斯和那慕尔并且从阿尔萨斯撤军，以及西班牙国王腓力五世退位，作为进行和平谈判的先决条件。显然，为了敌人的利益而伤害自己的孙子西班牙国王腓力五世不是法兰西国王路易十四的风格。法兰西国王路易十四决心呼吁法兰西王国的爱国主义民众反对残酷而不公正的条款。面对法兰西国王路易十四的呼吁，法兰西王国迅速做出了回应。在法兰西王国，到处都有人自愿保护法兰西王国的神圣土地——男性贵族、女性贵族和农民分别送来了黄金、珠宝和积攒的钱币，想让自己的国家组织一支国民军。1709年，在受尽屈辱的日子里，作为法兰西人民的真正的国王和领袖，法兰西国王路易十四把法兰西王国的最后一支军队派去了前线。

马蒂格亲王克洛德·路易·埃克托尔·德·维拉尔受命出征，肩负着法兰西王国最后的希望。马蒂格亲王克洛德·路易·埃克托尔·德·维拉尔必须证明自己能承担保卫法兰西王国的责任。训练新兵和收集物资的时候，马蒂格亲王克洛德·路易·埃克托尔·德·维拉尔态度坚决，表示自己一定不会让法兰西人民失望。1709年夏季，第一代马尔伯勒公爵约翰·丘吉尔和萨伏依-卡里尼亚诺的尤金王子不敢在朗斯附近攻击马蒂格亲王克洛德·路易·埃克托尔·德·维拉尔，只能向蒙斯行进。为了减轻蒙斯的压力，马蒂格亲王克洛德·路易·埃克托尔·德·维拉尔开始向蒙斯进发。在马尔普拉凯，马蒂格亲王克洛德·路易·埃克托尔·德·维拉尔占据了一个坚不可摧的位置。马蒂格亲王克洛德·路易·埃克托尔·德·维拉尔命令侧翼部队驻扎在树林茂密的高地上，让主力部队牢牢守住了侧翼部队中间的缺口，开始等待大同盟军队发起进攻。除了正面进攻，再没有办法可以越过马蒂格亲王克洛德·路易·埃克托尔·德·维拉尔的防线。因此，大同盟军队必须直

马尔普拉凯战役

接攻击法兰西军队。1709年9月11日，第一代马尔伯勒公爵约翰·丘吉尔和萨伏依-卡里尼亚诺的尤金王子率军扑向缺口。然而，马尔普拉凯战役不是一次战斗，而是一场大屠杀。虽然大同盟军队强行占领了阵地，但取代了受伤的马蒂格亲王克洛德·路易·埃克托尔·德·维拉尔的布夫莱尔公爵路易·弗朗索瓦·德·布夫莱尔指挥法兰西军队顺利撤退了。蒙斯成为征服者的战利品。

马尔普拉凯战役给战败者带来的荣誉要比战胜者更大。在大不列颠王国，马尔普拉凯战役甚至没有让第一代马尔伯勒公爵约翰·丘吉尔重新建立影响力。1709年，第一代马尔伯勒公爵夫人萨拉·丘吉尔被解除了宫廷职务。1710年，第一代牛津伯爵罗伯特·哈利负责成立了一个

牛津伯爵罗伯特·哈利

完全由托利党人组成的负责进行和平谈判的部门。显然，对第一代马尔伯勒公爵约翰·丘吉尔来说，被解职只是时间问题。第一代马尔伯勒公爵约翰·丘吉尔决心不再冒险，只想迫使马蒂格亲王克洛德·路易·埃克托尔·德·维拉尔慢慢退回法兰西王国境内。1711年年初，第一代马尔伯勒公爵约翰·丘吉尔得知，托利党人已经秘密展开了和平谈判。第一代马尔伯勒公爵约翰·丘吉尔有条不紊地把马蒂格亲王克洛德·路易·埃克托尔·德·维拉尔从一个阵地赶到另一个阵地，等待着托利党人的处理结果。第一代马尔伯勒公爵约翰·丘吉尔需要的是政治层面，而不是军事层面的胜利。终于，托利党人做出了决定。1711年12月31日，第一代马尔伯勒公爵约翰·丘吉尔的军队指挥权被正式解除了——实际上，第一代马尔伯勒公爵约翰·丘吉尔已经被架空很久了。

与此同时，西班牙人需要法兰西国王路易十四，而这实际上提高了西班牙国王腓力五世的地位。1709年，为了保卫法兰西王国边境，法兰西军队全部撤出了西班牙。1710年，第一代斯坦诺普伯爵詹姆斯·斯坦霍普和施塔尔亨贝格伯爵吉多·瓦尔德·吕迪格进逼西班牙国王腓力五世并且将其赶出了阿拉贡。随后，西班牙国王腓力五世又被从卡斯蒂利亚赶去了巴利亚多利德，而大同盟军队则趁机占领了马德里。然而，西班牙人发起了一场支持西班牙国王腓力五世的全国性运动。法兰西国王路易十四让旺多姆公爵路易·约瑟夫·德·波旁负责指挥西班牙军队。大同盟军队发现自己无法在马德里立足，只能兵分两路，开始向阿拉贡撤退。旺多姆公爵路易·约瑟夫·德·波旁略施巧计，强行率军插入了大同盟军队中间。在布里韦加，旺多姆公爵路易·约瑟夫·德·波旁率军包围了第一代斯坦诺普伯爵詹姆斯·斯坦霍普的部队。第一代斯坦诺普伯爵詹姆斯·斯坦霍普投降后，旺多姆公爵路易·约瑟夫·德·波旁率军扑向施塔尔亨贝格伯爵吉多·瓦尔德·吕迪格，并且在比利亚维西奥萨击败了他。施塔尔亨贝格伯爵吉多·瓦尔德·吕迪格被赶回了巴塞

施塔尔亨贝格伯爵吉多·瓦尔德·吕迪格

罗那。西班牙人再次证明了自己的决心——除了腓力五世，谁都不能统治西班牙。

1709年冬季，在格特鲁登贝格，大同盟和法兰西王国再次开始了和平谈判。法兰西国王路易十四不仅同意交出阿尔萨斯，而且表示会承认奥地利的查理大公为西班牙国王，禁止法兰西人在西班牙当差，甚至会为西班牙的大同盟军队提供补给。然而，大同盟仍然想公开羞辱法兰西国王路易十四。谈判不仅又一次失败了，而且没有再次进行。在大不列颠王国，托利党一上台就开始与法兰西国王路易十四秘密联系，完全没有考虑自己的盟友。1711年9月，法兰西王国和大不列颠王国达成了一项协议，开始为和平谈判做准备。随后，荷兰和其他国家知晓了法兰西王国和大不列颠王国的协议。除了已经成为神圣罗马帝国皇帝查理六世的奥地利的查理大公，所有人都表示愿意进行和平谈判。根据安排，谈判大会将在1712年于乌得勒支举行。最终，在乌得勒支，《乌得勒支条约》起草和签署了。

神圣罗马帝国皇帝查理六世仍然很顽固，拒绝屈服。高傲的神圣罗马帝国皇帝查理六世不会把西班牙王位让给自己的对手。虽然大不列颠王国背叛了大同盟，但萨伏依-卡里尼亚诺的尤金王子仍然被命令进行军事行动。在没有第一代马尔伯勒公爵约翰·丘吉尔的帮助的情况下，即使萨伏依-卡里尼亚诺的尤金王子也无力对抗法兰西王国的爱国主义民众。1712年，在德南，萨伏依-卡里尼亚诺的尤金王子被马蒂格亲王克洛德·路易·埃克托尔·德·维拉尔击败并且被赶回了西属尼德兰边

签订《乌得勒支条约》

德南战役

境。由于《乌得勒支条约》即将签署，萨伏依-卡里尼亚诺的尤金王子只能率军转移去了莱茵河上游。然而，在莱茵河上游，萨伏依-卡里尼亚诺的尤金王子遭遇了不幸。1713年，马蒂格亲王克洛德·路易·埃克托尔·德·维拉尔攻破阿尔萨斯，并且在斯特拉斯堡越过了莱茵河。萨伏依-卡里尼亚诺的尤金王子被迫离开了弗赖堡的营地，导致神圣罗马帝国皇帝查理六世只能同意讲和。1714年，在拉施塔特和巴登，神圣罗马帝国和法兰西王国签署了最终条约。

通常，《乌得勒支条约》《拉施塔特条约》和《巴登条约》被并称为《乌得勒支和约》。《乌得勒支和约》的主要规定如下：

1. 西班牙腓力五世被公认为西班牙和印度群岛的国王，而条件则是法兰西国王和西班牙国王永远不能由同一个人担任。

2. 那不勒斯、米兰、撒丁岛和西属尼德兰归神圣罗马帝国皇帝查理六世所有，而弗尔讷、伊普尔、梅嫩、根特、图尔奈、蒙斯、沙勒罗瓦和那慕尔的军政府则会成为抵挡法兰西王国的屏障并且保护荷兰人的权利。

3. 法兰西王国虽然获准保留阿尔萨斯——包括斯特拉斯堡，但必须交出凯尔、布赖萨赫和弗赖堡。

4. 科隆选帝侯巴伐利亚的约瑟夫·克莱门斯和巴伐利亚选帝侯马克斯·伊曼纽尔的地位得到了承认；法兰西王国会承认大不列颠王国的汉诺威家族对英格兰王位的继承权；英王詹姆斯二世的儿子，即詹姆斯·弗朗西斯·爱德华·斯图亚特会被逐出法兰西王国。

汉诺威家族纹章

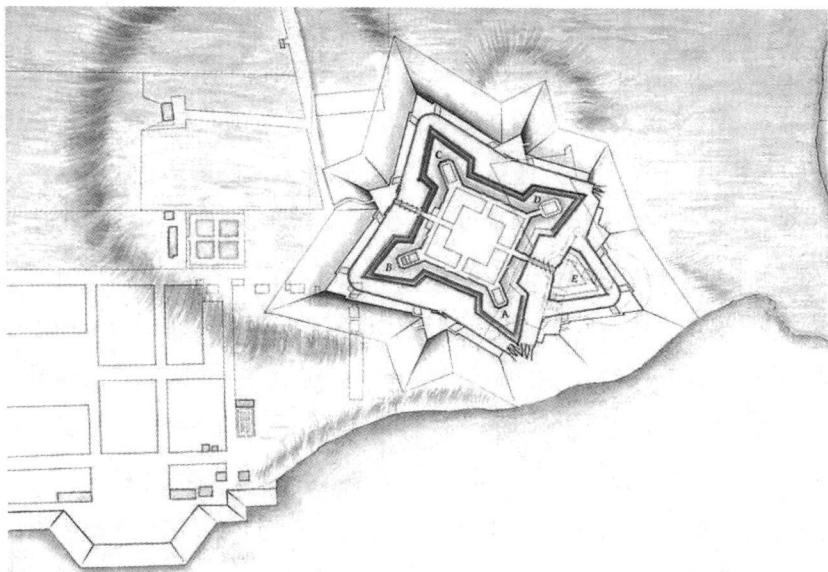

阿卡迪亚平面图

5. 大不列颠王国得到了直布罗陀、梅诺卡、纽芬兰的除岸边的捕鱼权外的主权，以及哈得孙湾、阿卡迪亚和圣基茨岛；经西班牙同意后，大不列颠王国将有权并且依照严格的规定与某些西班牙城镇进行贸易。

6. 普鲁士王国将得到承认并且会获赠西属海尔德兰。

7. 西西里和米兰的一部分将归萨伏依公爵维克托·阿马德乌斯二世管辖，而敦刻尔克的防御工事则要被完全拆除。

在欧洲，除了签署于1815年的《维也纳条约》，《乌得勒支和约》可能是遭到谴责最强烈的条约。在种种谴责声中，人们关注得更多的是国家和党派的特殊利益，而不是欧洲的普遍福祉。因此，虽然很多人都谴责了《乌得勒支和约》，但更多人谴责的是为落实《乌得勒支和约》而采取的手段。为了争取和平，大不列颠王国背着自己的盟国与敌人进行了秘密谈判，而这或许是大不列颠王国历史的最大污点。得到大同盟的承诺后，加泰罗尼亚和塞文山脉的人们起身反抗统治者，却在没有任何保护的情况下，受到了西班牙国王腓力五世和法兰西国王路易十四的粗暴对待。大不列颠王国的失信行为不仅是一种罪行，而且是一种错误。谁还能相信大不列颠王国呢？大不列颠王国允许西班牙国王腓力五世保留王冠，允许法兰西王国保留阿尔萨斯，损害了奥地利的哈布斯堡家族的利益，而这些做法不仅对一贯反对法兰西王国的霸权的国家是不公平的，而且违背了大同盟的承诺。毫无疑问，在海牙和格特鲁登贝格做出让步后，法兰西国王路易十四最终会签署一项更有利于神圣罗马帝国皇帝查理六世及其支持者的条约。法兰西国王路易十四想讲和，不会冒风险继续战争。人们也许会认为，大不列颠王国国内爆发继承危机时，为了避免国外的麻烦，托利党人只能尽快设法实现和平，并且因此没有考虑除大不列颠王国外的其他国家。然而，从关乎欧洲福祉的角度来看，和《威斯特伐利亚和约》一样，《乌得勒支和约》主要是登记和批准了既成的事实。总的来说，基于当时各国达成共识的过程，《乌得勒支和约》规划了未来欧洲发展的方向。

自几件大事得到解决后，欧洲政局发生了三点重大变化：

1.毫无疑问，凭借领土扩张政策，辉煌的宫廷，君主的野心，勤劳的人民，以及富饶的土地和优越的地理位置，法兰西王国获得了欧洲主要国家的地位——如果人们忽视了这个事实，那么欧洲的安定便不能持续超过十年。大同盟表现出了超凡的智慧，即一边允许法兰西王国保留合法赢得的地位，一边通过在法兰西王国的边界上培植足够的力量来有效控制和打压法兰西王国。事实证明，大同盟的做法是正确的。实际上，奥地利、荷兰、普鲁士王国、神圣罗马帝国和萨伏依，以及奥地利在意大利的后备军，足以对付18世纪的法兰西王国。直到欧洲的权力平衡和国家体系被激进的民主革命摧毁后，法兰西王国才再次成为欧洲的自由的威胁。

2.通过建立的殖民和商业霸权，大不列颠王国将成为世界上最繁荣的国家。大不列颠王国尝试建立自己的殖民帝国，而主要方法则是征服法兰西王国无法支持的殖民地，而不是自己的努力。大不列颠王国的海上霸权始于拉乌格战役，并且在维哥战役和占领直布罗陀和梅诺卡后得到了加强。法兰西王国和西班牙虽然可能会时不时地挑战，但永远无法结束大不列颠王国对直布罗陀和梅诺卡的统治。占领直布罗陀和梅诺卡后，在法兰西王国的殖民地和西班牙，大不列颠王国很自然地取得了贸易特权，而这仅仅是一个开端。很快，大不列颠王国就控制了邪恶却利润丰厚的奴隶贸易。在北美洲得到的大片土地是大不列颠王国建立种植园的开始。这些土地包括在18世纪完全由大不列颠王国统治、现在被称为加拿大的土地，以及大不列颠王国在哥伦比亚的殖民地。大不列颠王国变得越来越强大，不仅获得和独享着特权，而且获得了海上霸权。《乌得勒支和约》不仅帮助大不列颠王国取得了长足发展，而且在很大程度上为整个世界的财富积累和繁荣做出了贡献。

3. 《威斯特伐利亚和约》认可了存在一千多年的神圣罗马帝国的解体，使得神圣罗马帝国的民族感情和民族政策荡然无存。为了攻伐或防御，较小的一些日耳曼国家自然而然地围绕在北方和南方的大国，即普鲁士王国和奥地利周围。因此，在莱茵河一线，其他欧洲国家必须建立一道能阻挡法兰西王国扩张的障碍——这样做不是为了建立另一个神圣罗马帝国，而是为了加强和利用普鲁士王国和奥地利的力量。《乌得勒支和约》尽可能地落实了阻挡法兰西王国扩张的政策。《乌得勒支和约》把普鲁士王国变成了在莱茵河下游对抗法兰西王国的前哨。由于在莱茵河下游得到了土地和尊严，普鲁士王国开始以更大的热情履行自己的职责，而奥地利则不需要激励就能在莱茵河上游和意大利履行类似的责任。然而，遗憾的是，奥地利缺乏必要的资源。在《乌得勒支和约》签署前的一系列战役中，大不列颠王国的黄金和军队把奥地利从无可挽回的没落中拯救了出来。《乌得勒支和约》将意大利最富有的土地交给奥地利，并且通过牺牲萨伏依确保奥地利不会遭受法兰西王国的直接攻击。《乌得勒支和约》使欧洲防务得到了加强，可以对抗法兰西王国的暴政，并且会为奥地利的哈布斯堡家族的野心服务。

欧洲国家如果没有指责《乌得勒支和约》的正当理由，那么无须抱怨称自己的愿望被忽视了。虽然奥属尼德兰的要塞是用栅栏围起来的，但荷兰仍然从中获得了保护——保护的效果不比从西属尼德兰得到的保护差。凭借贸易优势，西班牙和大不列颠王国开始建立殖民帝国。与此同时，海洋国家都开始发展商业贸易。发展商业贸易是海洋国家希望借助武力手段实现的主要目标之一。葡萄牙保持了独立，并且依据《梅休因条约》^①与大不列颠王国展开了贸易竞争。萨伏依仍然是法兰西王国和奥地利之间的缓冲地带，具有重要的政治作用，并且因此获得了扶持。普鲁士王国被接纳为独立君主国的成员。西班牙虽然失去了完整性，但仍然保住了自己的国王，即西班牙国王腓力五世。然而，正是因为没有夺去西班牙国王腓力五世的王冠，《乌得勒支和约》受到了最猛烈的抨击。批评《乌得勒支和约》的人声称，西班牙王位继承战争的目的是阻止波旁家族登上西班牙王位。持续十一年的可怕的流血斗争结束后，《乌得勒支和约》认可了法兰西王位和西班牙王位之间的联系——大同盟的成立正是为了使这种联系成为不可能。18世纪的各种家族契约常常被用来说明这种联系的恶劣影响。虽然人们可能会为《乌得勒支和约》厘清了哈布斯堡王朝和波旁王朝之间的关系这一点感到满意，但实际上，哈布斯堡王朝和波旁王朝的关系是最难解决的问题。根据《第二次瓜分条约》或在西班牙王位继承战争初期，人们也许可以把奥地利的查理大公强行推上西班牙王位。然而，到了1712年后，让成为神圣罗马帝国皇帝查理六世的奥地利的查理大公登上西班牙王位已经变得不可能

① 《梅休因条约》，葡萄牙和英格兰在1703年签订的军事和商业条约，是因西班牙王位继承战争而产生的条约之一。——译者注

了。在没有法兰西王国帮助的情况下，西班牙人把奥地利的查理大公赶出了西班牙。西班牙国王腓力五世被留在西班牙王位上是因为没有其他人可以被安置在那里。事实很快证明，奥地利，甚至加上那不勒斯和西西里，都无法与西班牙抗衡。《乌得勒支和约》的缺点和18世纪的家族契约对欧洲的威胁都源自和平谈判无论如何都无法控制的事——哈布斯堡家族的固有弱点。虽然18世纪的家族契约对欧洲的威胁这种说法可能有些夸张，但实际上，法兰西王国和西班牙不是比奥地利、米兰和那不勒斯强大，而是更会利用机会。善于利用机会这种能力会使波旁家族及其政治顾问高人一等。

《乌得勒支和约》标志着17世纪的结束——这个说法是恰当的。《乌得勒支和约》虽然体现了17世纪孕育的真诚和雄心的成就，但同样是17世纪孕育的真诚和雄心的埋葬之地。法兰西王国在欧洲建立独裁统治的企图已经失败。《乌得勒支和约》被签署后，法兰西王国成为一个欧洲国家，不再是欧洲霸主。与此同时，大不列颠王国决心成为世界商业霸主；普鲁士王国努力想取得神圣罗马帝国的领导地位；奥地利决心控制多瑙河一线并且在意大利立足——这些企图都已经实现了。正如《奥利瓦条约》和《比利牛斯条约》是在《威斯特伐利亚和约》被签署后达成的一样，《帕萨罗维茨条约》和《尼施塔特条约》也是在《乌得勒支和约》被签署后达成的。依据《帕萨罗维茨条约》和《尼施塔特条约》，瑞典和波兰必须将北欧霸权交给俄国和普鲁士王国，而土耳其与俄国则应以普鲁特河和黑海为界。《威斯特伐利亚和约》提供了解决宗教争端的办法，而《乌得勒支和约》和《尼施塔特条约》则给出了政治问题的答案。最终，波旁家族和奥地利的哈布斯堡家族争夺莱茵河控制权的竞争结束了。普鲁士王国的称霸，俄国的崛起，英格兰王国的发展，瑞典的失败，以及奥斯曼帝国的衰落，不仅成为既定事实，而且在诸条约中得到了认可和说明。未来的欧洲的重大政治问题将以不同形式被呈现在人们面前。随着奥-西哈布斯堡王朝的力量因《乌得勒支和约》而粉碎，法兰西王国和神圣罗马帝国之间的问题取代了法兰西王国和西班牙之间的问题。随着俄国向普鲁特河一线推进和土耳其人退居多瑙河一线，东方问题出现了。随着大不列颠商人不断深入世界各地，法兰西王国和大不列颠王国之间的矛盾将因另一场"百年战争"而不断加剧。显然，上述问题都是将来的问题，而将来的问题出现在历史的舞台上时，作为导火索的17世纪的问题则会被载入史册。

作为17世纪最伟大的人物，法兰西国王路易十四疲惫不堪，而他一生的奋斗则会随着他的薨逝而消失。在最难熬的那几年里，不仅法兰西王室接连遭遇不幸，而且法兰西民众的情绪也十分低落。从1711年至1712年，王太子路易和勃艮第公爵路易·德·弗朗斯先后被天花夺去了生命。勃艮第公爵路易·德·弗朗斯是王太子路易的长子和最受康布雷大主教弗朗索瓦·费奈隆喜爱的学生。法兰西王位的继承人是年幼的安茹公爵路易·德·弗朗斯，即后来的法兰西国王路易十五，而唯一能合法担任摄政王的王室成员则是奥尔良公爵菲利普二世。展望未来时，法兰西国王路易十四忧心忡忡，并且因未能把国家事务处理得更好而感到绝望。在生命的最后几年里，法兰西国王路易十四带着一种近乎狂热的情绪将注意力转向了赎罪工作。在曼特农夫人的敦促下，法兰西国王路易十四决心尽可能地将异端邪说从自己的领地上铲除。法兰西国王路易十四攻击了让森主义者[①]，而教皇克莱门特十一世则因此谴责了法兰西国王路易十四。法兰西国王路易十四还制造了罗亚尔港事件——罗亚尔港是法兰西王国最热心的知识分子和可能是最高尚的人的家园。在这场错误的斗争进行期间，法兰西国王路易十四的末日来临了。1715年9月1日，伟大的法兰西国王路易十四咽下了最后一口气。临终前，法兰西

---

① 让森主义者，即信仰让森主义的人。让森主义是一种神学原则，强调原罪和宿命，否定自由意志，并且因此被罗马教廷视为异端。——译者注

康布雷大主教弗朗索瓦·费奈隆与勃艮第公爵路易·德·弗朗斯

国王路易十四让年幼的安茹公爵路易·德·弗朗斯继承了法兰西王位。虽然太阳已经从黑暗和朦胧的云层中落了下去，但在历史的一页上，法兰西国王路易十四的光辉显然压倒了其他所有君主。可以说，法兰西国王路易十四比大多数国王和政治家都更加有血有肉。在长达半个多世纪时间里，法兰西王国的荣耀和福祉完全贯穿了法兰西国王路易十四的思想、动机和灵感。

译名对照表

Abbé Fouquet	阿贝·富凯
Abel Servien	阿贝尔·塞尔维安
Abraham de Fabert	亚伯拉罕·德·法贝尔
Abraham Duquesne	亚伯拉罕·迪凯纳
Absolute Monarch	绝对君主制
Acadia	阿卡迪亚
Achilles	阿喀琉斯
Adam Count of Schwarzenberg	施瓦岑贝格伯爵亚当
Adda	阿达河
Adige	阿迪杰河
Adolf Frederick I	阿道夫·腓特烈一世
AEgean	爱琴群岛
Agram	阿格拉姆
Agreement of Mühlhausen	《米尔豪森协定》
Ahmed I	艾哈迈德一世
Ahmed III	艾哈迈德三世
Aides	间接税
Ake Henriksson Tott	奥克·亨里克松·托特
Albania	阿尔巴尼亚
Albert Frederick	阿尔伯特·腓特烈
Albert of Prussia	普鲁士的阿尔伯特
Albert von Waldstein	阿尔伯特·冯·瓦尔德施泰因
Aldershot	奥尔德肖特

Aleksander Danilovich Menshikov	亚历山大·丹尼洛维奇·梅尼希科夫
Alessandria	亚历山德里亚
Alexander Leslie	亚历山大·莱斯利
Alexei Petrovich	阿列克谢·彼得罗维奇
Alexis I	阿列克谢一世
Algier	阿尔及尔
All Souls College Oxford	牛津大学万灵学院
Almanza	阿尔曼萨
Alps	阿尔卑斯山脉
Alsace	阿尔萨斯
Alvise Contarini	阿尔威瑟·孔塔里尼
Amboyna Massacre	安波那大屠杀
Ambrogio Spinola Doria	安布罗乔·斯皮诺拉·多里亚
America	美洲
Andernach	安德纳赫
Anna of Jülich-Cleves-Berg	于利希－克利夫斯－伯格的安娜
Anna of Cleves	克利夫斯的安娜
Anne Marie Louise d'Orléans	安妮·玛丽·路易丝·德·奥尔良
Anne of Austria	奥地利的安妮
Anne Robert Jacques Turgot	阿内·罗贝尔·雅克·杜尔哥
Anne-Armande de Créquy	安妮－阿芒德·德·克雷基
Anne-Geneviève de Bourbon-Condé	安妮－热纳维耶芙·德·波旁－孔代
Anthonie Heinsius	安东尼·海因修斯
Antwerp	安特卫普
Aragon	阿拉贡
Archangel	阿尔汉格尔
Archbishop of Cambrai	康布雷大主教
Archbishop of Paris	巴黎大主教
Archbishop of Salzburg	萨尔茨堡大主教
Archbishop of Toledo	托莱多大主教
Archduk of Styria	施蒂里亚大公
Archduke Charles of Austria	奥地利的查理大公

Archduke Leopold Wilhelm	利奥波德·威廉大公
Archduke of Austria	奥地利大公
Aristides	阿里斯提得斯
Armada	无敌舰队
Armand de Bourbon	阿尔芒·德·波旁
Armand-Nompar de Caumont	阿尔芒-纳普尔·德·科蒙
Armentieres	阿尔芒蒂耶尔
Armistice of Stuhmsdorf	《斯图姆斯道夫停战协定》
Arnhem	阿纳姆
Arnold Johan Messenius	阿诺尔德·约翰·梅塞纽斯
Arthur Wellesley	阿瑟·韦尔斯利
Artois	阿图瓦
Asia Minor	小亚细亚
Ath	阿特
Augustus II	奥古斯图斯二世
Aulic Council	宫廷会议
Austrian	奥地利人
Austrian Netherlands	奥属尼德兰
Austro-Spanish House	奥-西哈布斯堡王朝
Auxiliaries	雇佣军
Avesnes	阿韦讷
Avignon	阿维尼翁
Azof	亚速
Bajazet I	巴雅泽一世
Balkan Peninsula	巴尔干半岛
Baltic	波罗的海
Barbados	巴巴多斯
Barcelona	巴塞罗那
Baron Kalkstein	卡尔克施泰因男爵
Basel	巴塞尔
Battle of Austerlitz	奥斯特利茨战役
Battle of Blenheim	布莱尼姆战役

Battle of Bosworth Field	博斯沃思原野战役
Battle of Breitenfeld	布赖滕费尔德战役
Battle of Castelnaudary	卡斯泰尔诺达里战役
Battle of Clissow	克莱索战役
Battle of Crecy	克雷西战役
Battle of Fehrbellin	费尔贝林战役
Battle of Hochstadt	霍赫施塔特战役
Battle of Ivry	伊夫里战役
Battle of la Hogue	拉乌格战役
Battle of Lützen	吕岑战役
Battle of Malplaquet	马尔普拉凯战役
Battle of Mohács	莫哈奇战役
Battle of Nicopolis	尼科波利斯战役
Battle of Nordlingen	讷德林根战役
Battle of Poitiers	普瓦捷战役
Battle of Pultava	波尔塔瓦战役
Battle of Ramillies	拉米伊战役
Battle of Rocroi	罗克鲁瓦战役
Battle of Saint Gotthard	圣戈塔尔战役
Battle of Slankamen	斯兰卡曼战役
Battle of Solferino	索尔费里诺战役
Battle of Steinkirk	斯滕凯尔克战役
Battle of the Boyn	博因河战役
Battle of the Downs	唐斯海战
Battle of the Dunes	迪讷战役
Battle of the Weser River	威悉河战役
Battle of Trafalgar	特拉法尔加海战
Battle of Turin	都灵战役
Bavaria	巴伐利亚
Bay of Biscay	比斯开湾
Bayburtlu Kara Ibrahim	巴伯特鲁·卡拉·易卜拉欣
Belgrade	贝尔格莱德

Below Pavia	帕维亚低地
Bender	本德
Beneficent Despotism	慈善专制主义
Benjamin de Rohan	邦雅曼·德·罗昂
Berg	贝格
Bergamo	贝加莫
Bergues	贝尔格
Bernhard of Saxe-Weimar	萨克森－魏玛的伯恩哈德
Besancon	贝桑松
Bessarabia	比萨拉比亚
Bidassoa	比达索阿
Binch	班什
Bishop of Bamberg	班贝格主教
Bishop of Meaux	莫城主教
Bishop of Münster	明斯特主教
Bishop of Paderborn	帕德博恩主教
Black Forest	黑林山
Blois	布卢瓦
Bogusław XIV	博古斯瓦夫十四世
Bonn	波恩
Bosnia	波斯尼亚
Brabant	布拉班特
Brandenburg	勃兰登堡
Brandenburg-Prussia	勃兰登堡－普鲁士
Brazil	巴西
Breda	布雷达
Bregenz	布雷根茨
Breisach	布赖萨赫
Breisgau	布赖斯高
Breitenfeid	布赖滕费尔德
Bremen	不来梅
Brenner Pass	布伦纳山口

Brescia	布雷西亚
Bresse	布雷斯
Brest	布列斯特
Brihuega	布里韦加
Bruges	布吕赫
Bruhl	布吕尔
Brunswick-Luneburg	不伦瑞克－吕讷
Brunswick-Wolfenbüttel	不伦瑞克－沃尔芬比特尔
Buczaczby	布查兹比
Budweis	布德韦斯
Bugey	比热
Bulgaria	保加利亚
Burgundy	勃艮第
Bürick	布里克
Calais	加来
Caliph	哈里发
Calmar	卡尔马
Calvinism	加尔文主义
Camille d'Hostun de la Baume	卡米耶·德·霍斯顿·德·拉·鲍默
Camin	卡明
Canada	加拿大
Canal du Languedoc	朗格多克运河
Cape Finisterre	菲尼斯特雷角
Cape of Good Hope	好望角
Carelia	卡雷利亚
Carinthia	克恩滕
Carl Gustav Wrangel	卡尔·古斯塔夫·弗兰格尔
Carlo Borromeo	卡洛·博罗梅奥
Carniola	卡尼奥拉
Carpi	卡尔皮
Casale	卡萨尔
Case of Port Royal	罗亚尔港事件

Caspian	里海
Castile	卡斯蒂尔
Castle of Blois	布卢瓦城堡
Catalan	加泰罗尼亚人
Cathedral City	大教堂城
Cathedral of Prague	布拉格大教堂
Catherine Henriette de Bourbon	卡特琳·亨丽埃特·德·波旁
Catholicism	天主教
Central American	中美洲
Cerdagne	塞尔达涅
César de Bourbon	塞萨尔·德·波旁
César duc de Choiseul	舒瓦瑟尔公爵塞萨尔
Cevennes	塞文山脉
Ceylon	锡兰
Chambre de S. Louis	圣路易议会
Chambres des Reunions	联合法庭
Chapel of the Leopoldsberg	利奥波德山教堂
Charleroi	沙勒罗瓦
Charles Bonaventure de Longueval	查尔斯·博纳旺蒂尔·德·隆格瓦
Charles d'Albert	夏尔·德·阿尔贝
Charles de France	夏尔·德·弗朗斯
Charles de Gontaut	夏尔·德·贡托
Charles de Lorraine	夏尔·德·洛林
Charles de Valois	夏尔·德·瓦卢瓦
Charles Emil Lewenhaupt the Elder	老查尔斯·埃米尔·莱文霍普
Charles Emmanuel I	夏尔·埃马纽埃尔一世
Charles I	查理一世
Charles I Coskaer	查理一世·科斯卡尔
Charles I Louis	查理一世·路易
Charles II	查理二世
Charles III	查理三世
Charles III de Blanchefort-Créquy	查理三世·德·布朗谢福尔－克雷基

Charles IV	查理四世
Charles Le Brun	夏尔·勒·布兰
Charles Mordaunt	查尔斯·莫当特
Charles Prince of Wales	威尔士亲王查理
Charles V	查理五世
Charles VI	查理六世
Charles X Gustavus	卡尔十世·古斯塔夫
Charles XI	卡尔十一世
Charles-Amédée de Savoie	夏尔－阿梅代·德·萨瓦
Charter of Reform	《改革宪章》
Château de Vaux-le-Vicomte	沃子爵城堡
Chatham	查塔姆
Cherasco	凯拉斯科
Chiari	基里亚
Choczim	乔西姆
Christendom	基督教世界
Christian II	克里斯蒂安二世
Christian IV	克里斯蒂安四世
Christian of Anhalt	安哈尔特的克里斯蒂安
Christian the Younger	小克里斯蒂安
Christoph Bernhard von Galen	克里斯托夫·伯恩哈德·冯·加伦
Chur	库尔
Civita	奇维塔
Clement VIII	克莱门特八世
Clergy	神职人员
Cleves-Julich Question	克利夫斯－于利希问题
Coast of Pomerania	波美拉尼亚海岸
Coblentz	科布伦茨
Col du Montgenèvre	蒙热内夫尔山口
Colbert de Torcy	科尔贝·德·托尔西
Colmar	科尔马
Commonalty	市民

Como	科莫湖
Comte de Beaumont-le-Roger	博蒙勒罗歇伯爵
Comte de Chalais	沙莱伯爵
Comte de Nanteuil	南特伊伯爵
Comte de Pontchartrain	蓬查特兰伯爵
Comte de Tourville	图维尔伯爵
Comus	科摩斯
Concino Concini	孔奇诺·孔奇尼
Confession of Augsburg	《奥格斯堡信纲》
Congress of Vienna	维也纳会议
Constance	康斯坦茨
Constantinople	君士坦丁堡
Constitutionalism	宪政主义
Cornelius Bicker von Swieten	科尔内留斯·比克尔·斯威滕
Cornelius de Witt	科尔内留斯·德·威特
Corpus Evangelicorum	新教同盟
Cossack	哥萨克人
Council of Constance	康斯坦茨宗教会议
Council of Trent	特伦托宗教会议
Count of Bucquoy	比夸伯爵
Count of Fürstenberg-Heiligenberg	菲尔斯滕贝格－海利根贝格伯爵
Count of Gondomar	贡多马尔伯爵
Count of Limburg-Stirum	林堡－斯蒂勒姆伯爵
Count of Mansfeld	曼斯费尔德伯爵
Count of Ortala	奥尔塔拉伯爵
Count of Södermöre	索德摩伯爵
Count of Soissons	苏瓦松伯爵
Count of Starhemberg	施塔尔亨贝格伯爵
Count of Tilly	蒂伊伯爵
Count Palatine	普尔法茨伯爵
Count Palatine of Neuburg	诺伊堡的巴拉丁伯爵
Counter-Reformation	反宗教改革运动

Country Seigneurs	乡村诸侯
Courland	库尔兰
Courtrai	科特赖克
Cracow	克拉科夫
Cremona	克雷莫纳
Crete	克里特岛
Crimea	克里米亚
Croatia	克罗地亚
Cyprus	塞浦路斯
Dalmatia	达尔马提亚
Dantzig	但泽
Danube	多瑙河
Dardanelles	达达尼尔海峡
Dauphine	多菲内
Delft	代尔夫特
Demer	代默尔河
Denain	德南
Dessau Bridge	德绍大桥
Devonshire	德文郡
Diego Sarmiento de Acuña	迭戈·萨缅托·德·阿库尼亚
Dietrich IV of Fürstenberg	菲尔斯滕贝格的迪特里希四世
Dinastia de Bragança	布拉干萨王朝
Directory	督政府
Dnieper	第聂伯河
Dniester	德涅斯特河
Don	顿河
Donauwörth	多瑙沃特
Doomed Field	死亡之地
Dordrecht	多德雷赫特
Douai	杜埃
Douanes	关税
Drave	德劳河

Dresden	德累斯顿
Duben	杜本
Duc de Biron	比龙公爵
Duc de Créquy	克雷基公爵
Duc de La Force	德·拉·福斯公爵
Duc de La Rochefoucauld	拉罗什富科公爵
Duc de La Vieuville	德·拉·维厄维尔公爵
Duc de Lesdiguières	莱斯迪吉埃公爵
Duc de Saint-Aignan	圣艾尼昂公爵
Duc de Soubise	苏比斯公爵
Duc de Tallard	塔拉尔公爵
Duchess consort of Prussia	普鲁士公爵夫人
Duchess of Chevreuse	谢夫勒斯公爵夫人
Duchess of Longueville	隆格维尔公爵夫人
Duchess of Marlborough	马尔伯勒公爵夫人
Duchess of Montpensier	蒙庞西耶女公爵
Duchesse de Créquy	克雷基公爵夫人
Duchesses of Elboeuf	埃尔伯夫公爵夫人
Duchy of Bavaria	巴伐利亚公国
Duchy of Cleves	克利夫斯公国
Duchy of East Prussia	东普鲁士公国
Duchy of Schleswig	石勒苏益格公国
Duke of Albemarle	阿尔伯马尔公爵
Duke of Angoulême	昂古莱姆公爵
Duke of Anjou	安茹公爵
Duke of Bavaria	巴伐利亚公爵
Duke of Berry	贝里公爵
Duke of Berwick	贝里克公爵
Duke of Boufflers	布夫莱尔公爵
Duke of Buckingham	白金汉公爵
Duke of Burgundy	勃艮第公爵
Duke of Enghien	昂吉安公爵

Duke of Épernon	埃佩尔农公爵
Duke of Friedland	弗里德兰公爵
Duke of Guastalla	瓜斯塔拉公爵
Duke of Guise	吉斯公爵
Duke of Jülich-Cleves-Berg	于利希－克利夫斯－伯格公爵
Duke of Longueville	隆格维尔公爵
Duke of Lorraine	洛林公爵
Duke of Lucera	卢切拉公爵
Duke of Luxembourg	卢森堡公爵
Duke of Luynes	吕讷公爵
Duke of Mantua	曼托瓦公爵
Duke of Marlborough	马尔伯勒公爵
Duke of Mayenne	马耶讷公爵
Duke of Mecklenburg	梅克伦堡公爵
Duke of Modena	摩德纳公爵
Duke of Montmorency	蒙莫朗西公爵
Duke of Nemours	内穆尔公爵
Duke of Nevers	讷韦尔公爵
Duke of Palatinate-Neuburg	巴拉丁－诺伊堡公爵
Duke of Piney-Luxembourg	皮奈－卢森堡公爵
Duke of Pomerania	波美拉尼亚公爵
Duke of Portland	波特兰公爵
Duke of Prussia	普鲁士公爵
Duke of Rohan	罗昂公爵
Duke of Savoy	萨伏依公爵
Duke of Schomberg	朔姆贝格公爵
Duke of Sully	叙利公爵
Duke of Talleyrand	塔列朗公爵
Duke of Thouars	图阿尔公爵
Duke of Vendôme	旺多姆公爵
Duke of Villeroy	维勒鲁瓦公爵
Duke of Wellington	威灵顿公爵

Dunkirk	敦刻尔克
Dusseldorf	杜塞尔多夫
Dwina	德维纳河
Earl of Arlington	阿林顿伯爵
Earl of Chatham	查塔姆伯爵
Earl of Clarendon	克拉伦登伯爵
Earl of Galway	高尔韦伯爵
Earl of Godolphin	戈尔多芬伯爵
Earl of Jersey	泽西伯爵
Earl of Leven	利文伯爵
Earl of Orford	奥福德伯爵
Earl of Oxford	牛津伯爵
Earl of Peterborough	彼得伯勒伯爵
Earl of Portland	波特兰伯爵
East India Company	东印度公司
Eastern Question	东方问题
Ecclesiastical Reservation	教会保留权
Edict of Nantes	《南特敕令》
Edict of Restitution	《归还敕令》
Edmund Burke	埃德蒙·伯克
Edward Cecil	爱德华·塞西尔
Edward Hyde	爱德华·海德
Edward I	爱德华一世
Edward Villiers	爱德华·维利尔斯
Egon VIII	埃贡八世
Ehrenbreitstein	埃伦布赖特施泰因
Eilenburg	艾伦堡
Elbe	易北河
Elector of Brandenburg	勃兰登堡选帝侯
Elector of Cologne	科隆选帝侯
Elector of Mainz	美因茨选帝侯
Elector of Saxony	萨克森选帝侯

Fort of S. Martin	圣马丹城堡
Francesco I de'Medici	弗朗切斯科一世·德·美第奇
Francesco Morosini	弗朗切斯科·莫罗西尼
Franché-Comté	弗朗什－孔泰
Francis I	弗朗索瓦一世
Francis II Rákóczy	弗朗西斯二世·拉科齐
Francis Vere	弗兰西斯·维尔
Francisco de Melo	弗朗西斯科·德·梅洛
Franco-German Question	法德问题
Franco-Hungarian chivalry	法兰西－匈牙利十字军
François de Bassompierre	弗朗索瓦·德·巴松皮埃尔
François de Bonne	弗朗索瓦·德·博内
François de Montmorency-Bouteville	弗朗索瓦·德·蒙莫朗西－布特维尔
François de Neufville	弗朗索瓦·德·纳维尔
Francois Fenelon	弗朗索瓦·费奈隆
François Ravaillac	弗朗索瓦·拉瓦亚克
François VI	弗朗索瓦六世
François-Auguste de Thou	弗朗索瓦－奥古斯特·德·图
François-Michel le Tellier	弗朗索瓦－米歇尔·勒·泰利耶
Franee	弗拉讷
Frankenthal	弗兰肯塔尔
Franz Jakob Lefort	弗朗茨·雅各布·勒福尔
Franz von Mercy	弗朗茨·冯·梅西
Frauenstadt	弗劳恩施塔特
Frederick Augustus I	腓特烈·奥古斯图斯一世
Frederick Henry	腓特烈·亨利
Frederick III	腓特烈三世
Frederick IV	腓特烈四世
Frederick the Great	腓特烈大帝
Frederick V	腓特烈五世
Frederick William	腓特烈·威廉
Fredriksten	腓特烈斯哈尔

Freiburg	弗赖堡
French Revolution	法国大革命
Friedrich Wilhelm I	腓特烈·威廉一世
Friesland	弗里斯兰
Fuentarabia	丰特拉维亚
Funen	菲英岛
Furnes	弗尔讷
Gabelle	盐税
Gabriel Bethlen	加布里埃尔·拜特伦
Gabrielle d'Estrees	加布丽埃勒·德·埃斯特雷斯
Galicia	加利西亚
Gap of Belfort	贝尔福山口
Gascon	加斯科涅人
Gaston Duke of Orléans	奥尔良公爵加斯东
Georg Friedrich	格奥尔格·弗里德里希
Georg Wilhelm	格奥尔格·威廉
George Monck	乔治·蒙克
George Villiers	乔治·维利尔斯
German Protestant Union	德意志新教同盟
Gertruydenberg	格特鲁登贝格
Ghent	根特
Gian Lorenzo Bernini	吉安·洛伦佐·贝尔尼尼
Gian Rinaldo Monaldeschi	吉安·里纳尔多·莫纳尔代斯基
Girolamo Savonarola	吉罗拉莫·萨伏那洛拉
Giulio Mazzarini	朱利奥·马扎里尼
Glorious Revolution	光荣革命
Gluckstadt	格吕克施塔特
Godefroi Comte d'Estrades	埃斯特拉德伯爵戈德弗鲁瓦
Golden Bull	《金玺诏书》
Goree	戈雷岛
Gota	约塔河
Gottenburg	戈滕堡

Gottfried Heinrich	戈特弗里德·海因里希
Gottingen	格丁根
Graf zu Pappenheim	楚帕彭海姆伯爵
Gran	格兰
Grand Alliance	大同盟
Grand Duchy of Lithuania	立陶宛大公国
Grand Duke of Tuscany	托斯卡纳大公
Grand Vizier	大维齐尔
Greifswald	格赖夫斯瓦尔德
Grisons	格劳宾登州
Groningen	格罗宁根
Guelderland	海尔德兰
Guerre de Dévolution	遗产继承战争
Guido Wald Rüdiger	吉多·瓦尔德·吕迪格
Guienne	吉耶纳
Guinea	几内亚
Guipuscoa	吉普斯夸
Gulf of Finland	芬兰海湾
Gulf of Lyons	里昂湾
Gustav Horn	古斯塔夫·霍恩
Gustav I	古斯塔夫一世
Gustav II Adolf	古斯塔夫二世·阿道夫
Hague	海牙
Haguenau	阿格诺
Halberstadt	哈尔伯施塔特
Halland	哈兰
Halle	哈勒
Hans William Bentinck	汉斯·威廉·本廷克
Hanseatic League	汉萨同盟
Harbours of Flie	弗里港
Havelberg	哈弗尔贝格
Hedwig Eleonora	黑德维希·埃莱奥诺拉

Heidelberg	海德堡
Heilbronn	海尔布隆
Henri Coiffier de Ruzé	亨利·夸菲耶·德·吕泽
Henri de La Tour d'Auvergne	亨利·德·拉·图尔·德·奥韦涅
Henri de La Trémoille	亨利·德·拉·特雷莫伊莱
Henri de Massue	亨利·德·马叙
Henri de Schomberg	亨利·德·朔姆贝格
Henri de Talleyrand-Périgord	亨利·德·塔列朗－佩里戈尔
Henri II	亨利二世
Henri II de Bourbon	亨利二世·德·波旁
Henri II de Rohan	亨利二世·德·罗昂
Henri II d'Orléans	亨利二世·德·奥尔良
Henri III	亨利三世
Henrietta Maria	亨丽埃塔·玛丽亚
Henry Bennet	亨利·贝内特
Henry Bentinck	亨利·本廷克
Henry de Nassau	亨利·德·拿骚
Henry d'Harcourt	亨利·德·阿尔古
Henry I	亨利一世
Henry I the Fowler	"捕鸟者"亨利一世
Henry IV	亨利四世
Henry of Lorraine	洛林的亨利
Henry Offley Wakeman	亨利·奥夫利·韦克曼
Hercule de Charnacé	埃居尔·德·沙尔纳塞
Hermann Otto II	赫尔曼·奥托二世
Höcht	赫希斯特
Holstein	荷尔斯泰因
Holstein-Gottorp	荷尔斯泰因－戈托尔夫
Holy Governing Synod	神圣管理会议
Holy League	神圣同盟
Holy Roman Emperor	神圣罗马帝国皇帝
Horatio Nelson	霍雷肖·纳尔逊

Hotel de Ville	市政厅
House of Bourbon	波旁王朝
House of Guise	吉斯家族
House of Habsburg	哈布斯堡王朝
House of Hanover	汉诺威王朝
House of Medici	美第奇家族
House of Montmorency	蒙莫朗西家族
House of Neuburg	诺伊堡家族
House of Orange	奥兰治家族
House of Romanov	罗曼诺夫王朝
House of Stuart	斯图亚特王朝
House of Tudor	都铎王朝
House of Valois	瓦卢瓦家族
House of Vasa	瓦萨王朝
House of Wittelsbach	维特尔斯巴赫王朝
Hudson's Bay	哈得孙湾
Huguenot republic	胡格诺共和国
Huguenots	胡格诺派
Hugues de Lionne	于格·德·利奥纳
Hundred Years' War	百年战争
Ibrahim	易卜拉欣
Ibrahim Seytan	易卜拉欣·瑟坦
Imperial Courts of Appeal	帝国上诉法庭
Imperial Diet	帝国议会
Ingolstadt	英戈尔施塔特
Innsbruck	因斯布鲁克
Isaac Dorislaus	艾萨克·多里斯劳斯
Island of Java	爪哇岛
Isle de France	法兰西岛
Istanbul	伊斯坦布尔
Isthmus of Corinth	科林斯地峡
Italy	意大利

Ivan Alekseyevich Romanov	伊凡·阿列克谢耶维奇·罗曼诺夫
Ivan Stepanovych Mazepa	伊凡·斯捷潘诺维奇·马泽帕
Ivan the Great	伊凡大帝
Ivan the Terrible	伊凡雷帝
Jacob van Wassenaer Obdam	雅各布·范·瓦塞纳·奥普丹
Jacob van Wassenaer Obdam Younger	小雅各布·范·瓦塞纳·奥普丹
Jacques Clément	雅克·克莱门特
Jacques-Bénigne Bossuet	雅克－贝尼涅·波舒哀
James Duke of York	约克公爵詹姆斯
James FitzJames	詹姆斯·菲茨詹姆斯
James Francis Edward Stuart	詹姆斯·弗朗西斯·爱德华·斯图亚特
James I	詹姆斯一世
James II	詹姆斯二世
James Stanhope	詹姆斯·斯坦霍普
Jan Žižka	扬·杰士卡
Janissaries	土耳其禁卫军
Jansenist	让森主义者
Jean Charlier de Gerson	让·沙利耶·德·热尔松
Jean de Coligny-Saligny	让·德·科利尼－萨利尼
Jean Guiton	让·吉东
Jean-Baptiste Antoine Colbert	让－巴普蒂斯特·安托万·科尔贝
Jean-Baptiste Colbert	让－巴普蒂斯特·科尔贝
Jean-Baptiste d'Ornano	让－巴普蒂斯特·德·奥尔纳诺
Jean-Baptiste Racine	让－巴蒂斯特·拉辛
Jean-de-Dieu Soult	让－德－迪厄·苏尔特
Jean-François de Gondi	让－弗朗索瓦·德·贡迪
Jean-Louis de Marillac	让－路易·德·马里亚克
Jeremi Wiśniowiecki	耶利米·维斯诺维斯基
Jesuit College	耶稣会学院
Joachim Ernst	约阿希姆·恩斯特
Johan de Witt	约翰·德威特
Johann Adam von Bicken	约翰·亚当·冯·比奇肯

Johann Adolf	约翰·阿道夫
Johann Georg I	约翰·格奥尔格一世
Johann Matthias	约翰·马蒂亚斯
Johann Reinhold Patkul	约翰·赖因霍尔德·帕特库利
Johann Tserclaes	约翰·采克拉斯
Johann von Aldringen	约翰·冯·阿尔德林根
Johann von Werth	约翰·冯·韦特
John Churchill	约翰·丘吉尔
John Cutts	约翰·卡茨
John II Casimir	扬二世·卡齐米日
John III	约翰三世
John III Sobieski	扬三世·索别斯基
John Pitt	约翰·皮特
John Richmond Webb	约翰·里士满·韦布
John Sigismund	约翰·西吉斯蒙德
John Somers	约翰·索姆斯
John William	约翰·威廉
Joseph Clemens of Bavaria	巴伐利亚的约瑟夫·克莱门斯
Joseph Ferdinand Leopold	约瑟夫·斐迪南·利奥波德
Joseph I	约瑟夫一世
Jura	汝拉山脉
Jutland	日德兰半岛
Kahlenberg	卡伦山
Kaiserwerth	凯瑟维思
Kaminiec	卡缅尼克
Kara Mustafa	卡拉·穆斯塔法
Karl Kaspar von der Leyen	卡尔·卡斯帕·冯·德尔·莱恩
Karl XII	卡尔十二世
Kent	肯特
Kief	基辅
King of Bohemia	波希米亚国王
King of Denmark	丹麦国王

King of Hungary	匈牙利国王
King of Poland	波兰国王
King of Sparta	斯巴达国王
Kingdom of Aragon	阿拉贡王国
Kingdom of France	法兰西王国
Kingdom of Great Britain	大不列颠王国
Kingdom of Navarre	纳瓦拉王国
Konigsberg	柯尼希斯贝格
Köprülü Family	柯普吕律家族
Köprülü Mehmed	柯普吕律·穆罕默德
Köprülüzade Fazıl Ahmed	柯普吕律扎德·法齐尔·艾哈迈德
Köprülüzade Fazıl Mustafa	柯普吕律扎德·沄齐尔·穆斯塔法
Kufstein	库夫施泰因
La Rochelle	拉罗谢尔
Lago Maggior	马焦雷湖
Landrecies	朗德勒西
Languedoc	朗格多克
Largo di Garda	加尔达湖
Lazzaro Mocenigo	拉扎罗·莫塞尼戈
League of Augsburg	奥格斯堡同盟
League of Heilbronn	海尔布隆联盟
League of the Grisons	格劳宾登联盟
Lebus	莱布斯
Legnago	莱尼亚戈
Leipzig	莱比锡
Lemberg	伦贝格
Lemnos	利姆诺斯岛
Lennart Torstenson	伦纳特·托尔斯滕松
Lennart Torstensson	伦纳特·托尔斯腾松
Leonidas I	莱昂尼达斯一世
Leonora Dori Galigaï	莱奥诺拉·多里·加利盖
Leopold I	利奥波德一世

Leopold Joseph	利奥波德·约瑟夫
Levant	黎凡特
Leyden University	莱顿大学
Liege	列日
Lion of Lechistan	波兰之狮
Lisbon	里斯本
Lithuania	立陶宛
Livonia	利沃尼亚
Lixheim	利克塞姆
Loderbach	洛德巴赫河
Lombardy	伦巴第
Lord Overkirk	奥弗柯克勋爵
Loretto	洛雷托
Lorraine	洛林
Louis d'Aubusson de La Feuillade	路易·德·奥比松·德·拉·菲亚德
Louis de Bourbon	路易·德·波旁
Louis de France	路易·德·弗朗斯
Louis François de Boufflers	路易·弗朗索瓦·德·布夫莱尔
Louis François Marie Le Tellier	路易·弗朗索瓦·玛利·勒·泰利耶
Louis Grand Dauphin	王太子路易
Louis II de Bourbon	路易二世·德·波旁
Louis Joseph de Bourbon	路易·约瑟夫·德·波旁
Louis le Roi	《路易十四》
Louis Phélypeaux	路易·菲利佩厄
Louis William	路易·威廉
Louis XIII	路易十三
Louis XIV	路易十四
Louise de La Vallière	路易丝·德·拉·瓦利埃
Louvain	勒芬
Louvre	卢浮宫
Lower Austria	下奥地利
Lower Palatinate	下巴拉丁

Lower Saxon Circle	下萨克森圈状领地
Lowestoft	洛斯托夫特
Lübeck	吕贝克
Lusatia	卢萨蒂亚
Lutheranism	路德教
Lutter	卢特河
Lützen	吕岑
Lutzingen	卢青根
Lyons	里昂
Macchiavellianism	马基雅维利主义
Macedonia	马其顿
Madagascar	马达加斯加
Madame de Maintenon	曼特农夫人
Madame Scarron	蒙斯卡龙夫人
Maestricht	马斯特里赫特
Magdeburg	马格德堡
Magyar	马扎尔人
Main River	美因河
Maison du Roi	国王卫队
Malta	马耳他岛
Mannheim	曼海姆
Mardyke	马迪克
Margaret of Valois	瓦卢瓦的玛格丽特
Margaret Stuart	伊丽莎白·斯图亚特
Margaret Theresa	玛格丽特·特蕾莎
Margrave of Baden-Baden	巴登－巴登侯爵
Margrave of Baden-Durlach	巴登－杜尔拉赫藩侯
Margrave of Brandenburg-Ansbach	勃兰登堡－安斯巴赫藩侯
Marguerite of Lorraine	洛林的玛格丽特
Maria Anna	玛丽亚·安娜
Maria Antonia	玛丽亚·安东尼娅
Maria Eleonora of Brandenburg	勃兰登堡的玛丽亚·埃莱奥诺拉

Maria Theresa	玛丽亚·特蕾莎
Mariana of Austria	奥地利的玛丽安娜
Marie de Rohan	玛丽·德·罗昂
Marie de'Medici	玛丽·德·美第奇
Marie Eleonore of Cleves	克利夫斯的玛丽·埃莱奥诺雷
Marie Louise d'Orléans	玛丽·路易丝·德·奥尔良
Marie Louise Gonzaga	玛丽·路易丝·贡萨加
Marie Mancini	玛丽·曼奇尼
Mario	马里奥
Maritime Nations	海上国家
Mark of Brandenburg	勃兰登堡的马克
Marquess of Balbases	巴尔巴斯侯爵
Marquis d'Ancre	昂克尔侯爵
Marquis de Belle-Île	贝勒侯爵
Marquis de Blécourt	布莱库尔侯爵
Marquis de Louvois	卢瓦侯爵
Marquis de Ruvigny	吕维尼侯爵
Marquis de Seignelay	塞涅莱侯爵
Marquis d'Effiat	埃菲亚侯爵
Marquis d'Esternay	埃斯特尔奈侯爵
Marquis du Bouchet	布歇侯爵
Marquis of Barbezieux	巴伯齐厄侯爵
Marquis of Cinq-Mars	桑马尔斯侯爵
Marshal Johan Banér	约翰·巴纳元帅
Martin Luther	马丁·路德
Mary Princess Royal	皇家公主玛丽
Massacre of Glencoe	格伦科大屠杀
Mathieu Molé	马蒂厄·莫莱
Matthias Gallas	马蒂亚斯·加拉斯
Matthias of AustriaTournay	奥地利的马蒂亚斯
Maubeuge	莫伯日
Maurice Landgrave of Hesse-Kassel	黑森－卡塞尔伯爵莫里斯

Maurice of Nassau	拿骚的莫里斯
Maurice Prince of Orange	奥兰治亲王莫里斯
Maximilian Henry of Bavaria	巴伐利亚的马克西米利安·亨利
Maximilian I	马克西米利安一世
Maximilien de Béthune	马克西米利安·德·贝蒂纳
Mecklenberg	梅克伦堡
Medway	梅德韦河
Mehaigne	梅艾涅河
Mehmed III	穆罕默德三世
Mehmed IV	穆罕默德四世
Meinhardt Schomberg	格迈因哈特·朔姆贝格
Memoirs of Sully	《叙利回忆录》
Merseburg	梅泽堡
Methuen Treaty	《梅休因条约》
Metz	梅斯
Meuse	默兹河
Michael I	米哈伊尔一世
Michael I Apafi	米夏埃尔一世·奥保菲
Michał I	米哈乌一世
Michał Korybut Wiśniowiecki	米哈乌·科里布特·维斯诺维斯基
Michel de Marillac	米歇尔·德·马里亚克
Michel Letellier	米歇尔·勒泰利耶
Middle Mark	中马克
Milan	米兰
Miltiades the Elder	大米尔蒂亚季斯
Mincio	明乔河
Minden	明登
Minorca	梅诺卡
Misnia	麦森
Mohammed II	穆罕默德二世
Moldavia	摩尔达维亚
Moliere	莫里哀

Moltke the Elder	老毛奇
Montauban	蒙托邦
Montbeliard	蒙贝利亚尔
Montferrat	蒙费拉
Montrose	蒙特罗斯
Moravia	摩拉维亚
Moravian brethren	摩拉维亚弟兄会
Morea	莫里亚半岛
Moselle	摩泽尔河
Mulhausen	米尔豪森
Murad I	穆拉德一世
Murad IV	穆拉德四世
Mussulman	伊斯兰教
Muyden	默伊登
Nancy	南锡
Naples	那不勒斯
Napoleon I	拿破仑一世
Narva	纳尔瓦
Naryshkin family	纳雷什金家族
Nationalism	民族主义
Naumburg	瑙姆堡
Navarre-Bearn	纳瓦拉－贝阿恩
Navigation Act	《航海法案》
Nebel	内伯尔河
Neckar	内卡河
Neerwinden	内尔温登
Negropont	尼格罗蓬特
Neubrandenburg	新勃兰登堡
Neuss	诺伊斯
Neva	涅瓦河
Nevers	讷韦尔
New Amsterdam	新阿姆斯特丹

New Holland	新荷兰
New Jersey	新泽西
New Mark	新马克
New York	纽约
Newfoundland	纽芬兰
Neytard von Thüngen	内塔德·冯·廷根
Nicholas Catinat	尼古拉·卡蒂纳
Nicolas Boileau-Despréaux	尼古拉·布瓦洛－德普雷奥
Nicolas Fouquet	尼古拉·富凯
Nimwegen	奈梅亨
Ninon de Lenclos	尼农·德·朗克洛
Nisch	尼什
Nismes	尼姆
Nobility	贵族
Nordlingen	讷德林根
Normandy	诺曼底
North America	北美洲
Northern Sea	北海
Nuremberg	纽伦堡
Octroi Duty	入市税
Oglio	奥廖河
Old Mark	旧马克
Old Rhine	旧莱茵河
Oleron	奥莱龙岛
Oliver Cromwell	奥利弗·克伦威尔
Olmutz	奥尔米茨
Orsoy	奥尔赛
Osnabruck	奥斯纳布吕克
Otranto	奥特朗托
Ottavio Piccolomini	奥塔维奥·皮科洛米尼
Otto the Great	奥托大帝
Otto von Bismarck	奥托·冯·俾斯麦

Ottoman Empire	奥斯曼帝国
Oudenarde	奥德纳尔德
Over Ijssel	上艾瑟尔
Palatine	巴拉丁
Pamiers	帕米耶
Parkan	帕尔坎
Parlement de Paris	巴黎高等法院
Parthenon	万神殿
Pass of Fehrbellin	费尔贝林关口
Patrick Leopold Gordon	帕特里克·利奥波德·戈登
Patriotism	爱国主义
Paul de Beauvilliers	保罗·德·博维利耶尔
Paul Pellisson	保罗·佩利松
Paul Scarron	保罗·斯卡龙
Paul-Bernard de Fontaines	保罗－贝尔纳·德·方丹
Peace of Alais	《阿莱斯和约》
Peace of Altranstadt	《阿尔特兰施泰特和约》
Peace of Augsburg	《奥格斯堡和约》
Peace of Cateau-Cambrésis	《卡托－康布雷西和约》
Peace of Montpellier	《蒙彼利埃和约》
Peace of Münster	《明斯特和约》
Peace of Passau	《帕绍和约》
Peace of Rueil	《鲁埃尔和约》
Peace of Ryswick	《赖斯韦克和约》
Peace of Saint-Germain-en-Laye	《圣日耳曼－昂莱和约》
Peace of Vasvár	《沃什堡和约》
Peace of Vervins	《韦尔万和约》
Peace of Westphalia	《威斯特伐利亚和约》
Pedro II	佩德罗二世
Perpetual Edict	《永久敕令》
Persians	波斯人
Peschiera	佩斯基耶拉

Pesth	佩斯
Peter Alekseyevich Romanov	彼得·阿列克谢耶维奇·罗曼诺夫
Peter Ernst	彼得·恩斯特
Peter the Great	彼得大帝
Peterwardein	彼得罗瓦拉丁
Philip II	腓力二世
Philip III	腓力三世
Philip IV	腓力四世
Philip V	腓力五世
Philipp Christoph von Sötern	菲利普·克里斯托夫·冯·绍泰恩
Philipp Ludwig	菲利普·路德维希
Philippe de France	菲利普·德·弗朗斯
Philippe II	菲利普二世
Philipsburg	菲利普斯堡
Piacenza	皮亚琴察
Picardy	皮卡第
Piedmont	皮埃蒙特
Pierre Broussel	皮埃尔·布鲁塞勒
Pierre Corneille	皮埃尔·高乃依
Pierre d'Ailly	皮埃尔·德·阿伊
Pierre Jeannin	皮埃尔·让南
Pignerol	皮涅罗尔
Pillars of Hercules	赫丘利斯柱
Pillau	皮劳
Pinerolo	皮内罗洛
Plain of Chalons	沙隆平原
Plains of Hungary	匈牙利平原
Plassey	普拉西
Podolia	波多利亚
Poitiers	普瓦捷
Polish War	波兰战争
Pope Alexander VI	教皇亚历山大六世

Pope Alexander VII	教皇亚历山大七世
Pope Clement XI	教皇克莱门特十一世
Pope Gregory VII	教皇格列高利七世
Pope Gregory XII	格列高利十二世
Pope Innocent X	教皇因诺森特十世
Pope Innocent XI	教皇因诺森特十一世
Pope Innocent XII	教皇因诺森特十二世
Pope Paul V	教皇保罗五世
Pope Pius V	教皇庇护五世
Pope Sixtus V	教皇西克斯图斯五世
Pope Urban VIII	教皇乌尔班八世
Port Mahon	马翁港
Port of Azof	亚速港
Port of Dunkirk	敦刻尔克港
Port of Finale	菲纳莱港
Port of Puloroon	普洛伦港
Port of Tuscan	托斯卡纳港
Portugal	葡萄牙
Prague	布拉格
Pressburg	普雷斯堡
Prince de Conti	孔蒂亲王
Prince de Martigues	马蒂格亲王
Prince Eugene	尤金王子
Prince of Condé	孔代亲王
Prince of Orange	奥兰治亲王
Prince of Schwarzenberg	施瓦岑贝格亲王
Prince of Transylvania	特兰西瓦尼亚亲王
Project of Harmony	《协调方案》
Protestantism	新教
Provence	普罗旺斯
Province of Holland	荷兰省
Prussia	普鲁士

Pruth	普鲁特河
Pultava	波尔塔瓦
Pyrenees	比利牛斯山脉
Qing Dynasty	清王朝
Quebec	魁北克
Queen Catherine Jagellon	凯瑟琳·雅盖隆王后
Raimondo Count of Montecuccoli	蒙泰库科利伯爵雷蒙多
Rastadt	拉施塔特
Rathenow	拉特诺
Ratzeburg	拉策堡
Ravensberg	拉芬斯堡
Ravenstein	拉芬施泰因
Reformation	宗教改革
Reforming Commissions	改革委员会
Regensberg	雷根斯堡
Reginald Fitzurse	雷金纳德·菲茨－乌尔塞
Reichskam mergericht	帝国枢密法院
Religious wars	宗教战争
Renaissance	文艺复兴
Republic of Genoa	热那亚共和国
Restoration	王政复辟
Retbel	勒泰勒
Rhaetian Alps	里雷蒂亚山脉
Rhe	雷岛
Rheinfelden	莱茵费尔登
Rhineland	莱茵兰
Rhone	罗讷河
Rhynberg	莱茵贝格
Riga	里加
Rinaldo d'Este	里纳尔多·德·埃斯特
River Thames	泰晤士河
Robert Harley	罗伯特·哈利

Robert Walpole	罗伯特·沃波尔
Rochester	罗切斯特
Rock of Gibraltar	直布罗陀巨岩
Roi des Halles	市井国王
Roman Curia	罗马教廷
Romance-speaking nations	罗曼语民族
Rostock	罗斯托克
Roth Rhode	罗特·罗德
Rotterdam	鹿特丹
Roumelia	鲁米利亚
Roussillon	鲁西永
Royal Charter	《皇家宪章》
Royal Council	皇家议会
Rudolf II	鲁道夫二世
Ruremonde	鲁尔蒙德
Russia	俄国
S.Germain	圣日耳曼
S.Kitts	圣基茨岛
S.Petersburg	圣彼得堡
S.Sebastian	圣塞巴斯蒂安
Saale	萨勒河
Saarbruck	萨尔布吕克
Sack of Magdeburg	马格德堡之劫
Sadowa	萨多瓦
Saint Ignatius of Loyola	圣依纳爵·罗耀拉
Saluzzo	萨卢佐
Sambre	桑布尔河
Samuel Bernard	萨米埃尔·贝尔纳
Samuel de Champlain	萨米埃尔·德·尚普兰
Saone	索恩河
Sarah Churchill	萨拉·丘吉尔
Sasbach	萨斯巴赫

Save	萨沃河
Savoy	萨伏依
Savoy–Carignano	萨伏依－卡里尼亚诺
Saxony	萨克森
Scheldt	斯海尔德河
Schellenberg	施伦贝格
Sclavonia	斯拉沃尼亚
Sclavonic peoples	斯拉夫语民族
Sébastien Le Prestre de Vauban	塞巴斯蒂安·勒普雷斯特·德·沃邦
Second Partition Treaty	《第二次瓜分条约》
Second Treaty of Brömsebro	《第二次布勒姆瑟布鲁条约》
Secret treaty of Dover	《多佛尔密约》
Selim	塞利姆
Seneff	瑟内夫
Sheerness	希尔内斯
Sidney Godolphin	西德尼·戈尔多芬
Siege of La Rochelle	拉罗谢尔围城之战
Sigismund II Augustus	西吉斯蒙德二世·奥古斯特
Sigismund III Vasa	西吉斯蒙德三世·瓦萨
Sigismund of Luxembourg	卢森堡的西吉斯蒙德
Silahdar Damat Ali	西拉达尔·达马特·阿里
Silesia-Moravia	西里西亚－摩拉维亚
Silesian	西里西亚人
Sinzheim	辛茨海姆
Sir George Rooke	乔治·鲁克爵士
Sir Paul Methuen	保罗·梅休因爵士
Sir Thomas More	托马斯·莫尔爵士
Sir Walter Raleigh	沃尔特·雷利爵士
Sir William Temple	威廉·坦普尔爵士
Smolensk	斯摩棱斯克
Society of Jesus	耶稣会
Somme	索姆河

Sophia Alekseyevna Romanova	索菲娅·阿列克谢耶芙娜·罗曼诺夫
Sorbonne	索邦神学院
Sound	桑德海峡
Spain	西班牙
Spanish American	西属美洲
Spanish Guelderland	西属海尔德兰
Spanish Indies	西属印度
Spanish Netherlands	西属尼德兰
Spice Islands	香料群岛
St. Bartholomew	圣巴多罗买
Stadtlohn	施塔特洛恩
Staffarda	斯塔法达
Stanisław I	斯坦尼斯瓦夫一世
Stettin	斯德丁
Stolhofen	施托尔霍芬
Straits of Dover	多佛尔海峡
Stralsund	施特拉尔松德
Strasburg	斯特拉斯堡
Styria	施蒂里亚
Suleiman II	苏莱曼二世
Sultan of the Ottoman Empire	奥斯曼帝国苏丹
Susa	苏萨
Swabia-Franconia	施瓦本－弗朗科尼亚
Swedish Peninsula	瑞典半岛
Switzerland	瑞士
Taille	人头税
Tartars	鞑靼人
Tavieres	塔维耶尔
Tenedos	忒涅多斯岛
Territorial Nobility	领地贵族
Territorialism	属地主义
Teutonic race	日耳曼民族

The Accord	《和约文书》
The Quadruple Alliance	《四国同盟》
The Triple Alliance	《三国同盟》
Thebes	底比斯
Their Dependencies	各自属地
Theiss	蒂萨河
Themistocles	塞米斯托克利斯
Thermopylae	温泉关
Thionville	蒂永维尔
Thirteen Years' War	十三年战争
Thomas Cranmer	托马斯·克兰默
Thomas Hobbes	托马斯·霍布斯
Thomas Wolsey	托马斯·沃尔西
Thorn	托伦
Thuringia	图林根
Ticinoe	提契诺河
Tirlemont	蒂勒蒙
Tirol	蒂罗尔
Tolhuys	托尔许伊河
Tommaso Aniello	托马索·阿涅洛
Torgau	托尔高
Toul	图勒
Toulon	土伦
Touraine	图赖讷
Tournai	图尔奈
Transylvania	特兰西瓦尼亚
Treaty of Aix-la-Chapelle	《第一亚琛条约》
Treaty of Angoulême	《昂古莱姆条约》
Treaty of Bärwalde	《贝瓦尔德条约》
Treaty of Brétigny	《布雷蒂尼条约》
Treaty of Cardis	《卡尔迪斯条约》
Treaty of Cherasco	《凯拉斯科条约》

Treaty of Copenhagen	《哥本哈根条约》
Treaty of Karlowitz	《卡洛维茨条约》
Treaty of Knäred	《克奈勒德条约》
Treaty of Königsberg	《柯尼希斯贝格条约》
Treaty of Labiau	《拉比奥条约》
Treaty of Loudun	《卢丹条约》
Treaty of Lübeck	《吕贝克条约》
Treaty of Marienburg	《马林堡条约》
Treaty of Monzon	《蒙松条约》
Treaty of Nijmegen	《奈梅亨和约》
Treaty of Nystad	《尼施塔特条约》
Treaty of Oliva	《奥利瓦条约》
Treaty of Passarowitz	《帕萨罗维茨条约》
Treaty of Perpetual Peace	《永久和平条约》
Treaty of Pressburg	《普雷斯堡条约》
Treaty of Sitvatorok	《锡特瓦托洛克条约》
Treaty of Ste-Menehould	《圣默努尔德条约》
Treaty of Stolbova	《斯托尔博瓦条约》
Treaty of Stolbovo	《斯托尔博沃条约》
Treaty of the Pyrenees	《比利牛斯条约》
Treaty of Travendal	《特拉凡达条约》
Treaty of Utrecht	《乌得勒支条约》
Treaty of Vienna	《维也纳条约》
Treaty of Wehlau	《魏劳条约》
Treaty of Westminster	《威斯敏斯特条约》
Treaty of Xanten	《克桑滕条约》
Treaty of Żurawno	《祖拉夫诺条约》
Trebizond	特拉布宗
Trent	特伦托
Tribes of the Cossacks	哥萨克部落
Tripoli	的黎波里
Truce of Andrusovo	《安德鲁索沃停战协定》

Truce of Willstedt	《威尔施泰持停战协定》
Tuln	图尔恩
Turhan Hatice	图尔汗·哈蒂杰
Turin	都灵
Tuscany	托斯卡纳
Ulm	乌尔姆
Union of Utrecht	乌得勒支联盟
United State of Brandenburg-Prussia	勃兰登堡－普鲁士联邦
University of Halle	哈勒大学
Upper Austria	上奥地利
Upper Palatinate	上巴拉丁
Upper Rhine	上莱茵
Upper Rhine-land	上莱茵兰
Ural	乌拉尔山脉
Usedom	乌瑟多姆岛
Valencia	瓦伦西亚
Valladolid	巴利亚多利德
Valley of The Valtelline	瓦尔泰利纳河谷
Valtelline	瓦尔泰利纳
Vasily Vasilyevich Golitsyn	瓦西里·瓦西里耶维奇·戈利岑
Venetian	威尼斯人
Venice of the North	北方威尼斯
Venlo	芬洛
Verden	费尔登
Verdun	凡尔登
Verona	维罗纳
Versailles	凡尔赛
Victor Amadeus II	维克托·阿马德乌斯二世
Vincenzo Gonzaga	温琴佐·贡扎加
Vincenzo II Gonzaga	温琴佐二世·贡萨加
Viscount of Turenne	蒂雷纳子爵
Viscount Wimbledon	温布尔登子爵

Vistula	维斯图拉河
Vorarlberg	福拉尔贝格
Voronezh	沃罗涅日河
Vosges	孚日山脉
Waal	瓦尔河
Wallachia	瓦拉几亚人
Walloon	瓦隆
Walter Devereux	沃尔特·德弗罗
War of Devolution	权力移交战争
War of the League of Augsburg	奥格斯堡同盟战争
Wesel	韦瑟尔
Weser River	威悉河
West Indies	西印度群岛
Westphalia	威斯特伐利亚
Whig party	辉格党
White Mountain	白山
White Sea	白海
William Duke of Jülich-Cleves-Berg	于利希－克利夫斯－伯格公爵威廉
William II	威廉二世
William III	威廉三世
William Makepeace Thackeray	威廉·梅克皮斯·萨克雷
William the Silent	沉默者威廉
William V	威廉五世
Wimpfen	温普芬
Wismar	维斯马
Wittenberg	威滕伯格
Wittstock	维特施托克
Wohlgart	沃尔加特
Wolf Dietrich von Raitenau	沃尔夫·迪特里希·冯·雷滕努
Wolfgang William	沃尔夫冈·威廉
Wurtzburg	维尔茨堡
Wynendaal	维纳代尔

Yssel	艾瑟尔河
Zablat	萨布拉特
Zealand	西兰岛
Zenta	森塔
Zurawno	祖拉夫诺
Zusmarshausen	楚斯马斯豪森
Zweibrucken	茨韦布吕肯